한말 외국인 기록 05

청한론 | 데니의 서한집 / 묄렌도르프 자서전 | 반청한론 / 조선 서해 탐사기

이 책의 맞춤법과 띄어쓰기는 역주자의 의견을 기준으로 했습니다.

개정판

한말 외국인 기록 05

청한론 | 데니의 서한집 / 묄렌도르프 자서전 | 반청한론 / 조선 서해 탐사기

1999년 10월 20일 초판 1판 1쇄
2019년 11월 1일 개정판 1쇄

저　자 | O. N. 데니 / 묄렌도르프 / B. 홀
역주자 | 신복룡 · 최수근 / 신복룡 · 김운경 / 신복룡 · 정성자
발행인 | 임동규
발행처 | **(주)집문당**
등　록 | 1971. 3. 23. 제2012-000069호
주　소 | 03134 서울시 종로구 돈화문로 82 집문당빌딩 5층
전　화 | (02)743-3192~3 팩스(02)742-4657
이메일 | sale@jipmoon.co.kr
홈페이지 | www.jipmoon.co.kr

편　집 | 장이지
디자인 | 임용우

ISBN 978-89-303-1836-5 04900
978-89-303-1831-0(세트)

가격 22,000원

이 도서의 국립중앙도서관 출판시도서목록(CIP)은 e-CIP홈페이지(http://www.nl.go.kr/ecip)와 국가자료공동목록시스템(http://www.nl.go.kr/kolisnet)에서 이용하실 수 있습니다.
(CIP제어번호: CIP2019042401)

청한론 | 데니의 서한집

China and Korea
&
Owen N. Denny's Documents on Korea

O. N. 데니 지음/신복룡 · 최수근 역주

집문당

China and Korea

by

Owen N. Denny

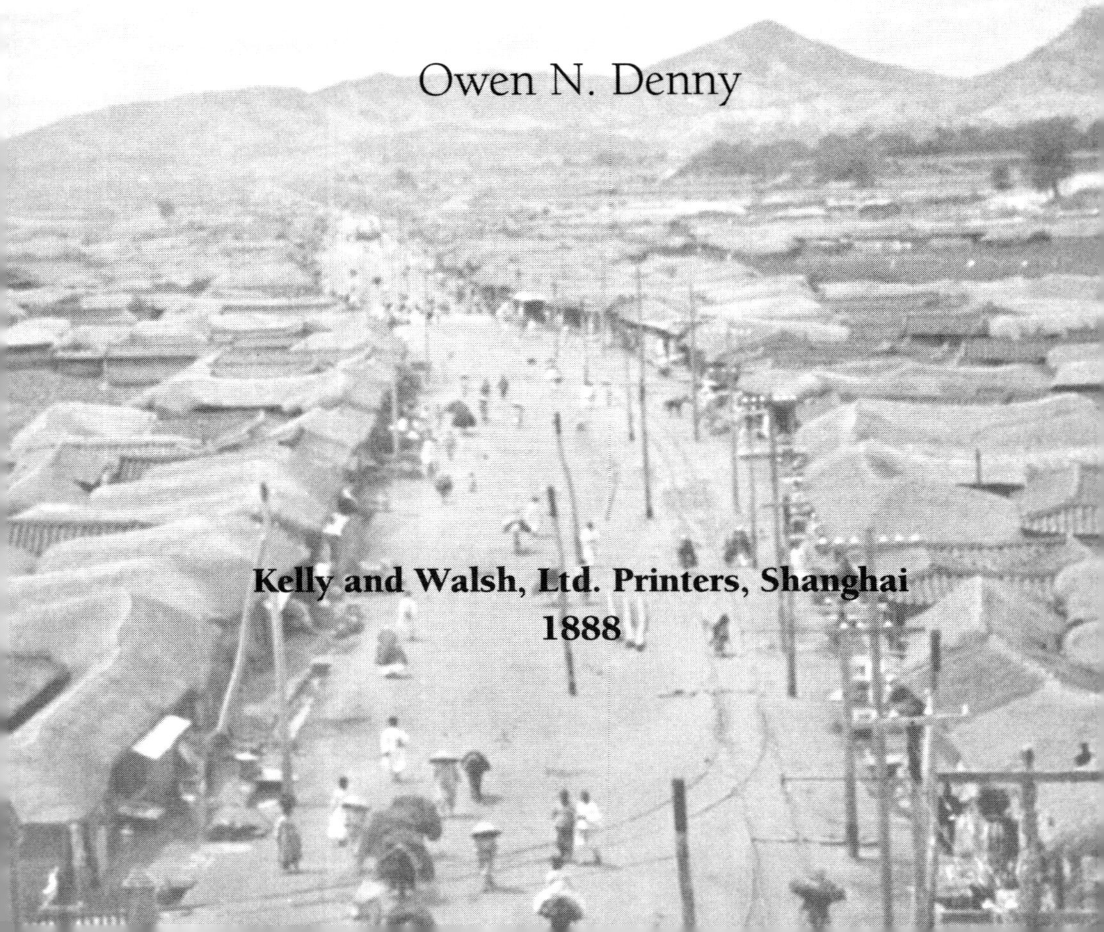

Kelly and Walsh, Ltd. Printers, Shanghai
1888

데니의 초상

역주자 재판 서문

젊었을 적, 내 손으로 한말 선교사의 한국 관계 자료들을 주석하겠다고 다짐한 지 벌써 30년의 세월이 흘렀으니 세월의 무상함과 더불어 만감이 교차한다. 그 동안 활판에서 컴퓨터로 바뀌는 인쇄 혁명과 출판계의 불황 등으로 중도에서 포기했던 『한말 외국인 기록』을 이제 집문당 임경환(林京煥) 사장님의 호의로 번역과 주석 작업을 재개하게 된 것이 한없이 기쁘고 감사하다.

전집 19권을 출판하겠다는 임경환 사장님의 제의를 들었을 때 기쁘기도 했지만 너무도 엄청난 일이라 엄두를 낼 수가 없었다. 그러던 차에 이러한 고충을 들은 1998학년도 건국대학교 정치외교학 과목의 나의 수강생들 300명이 한 장씩 컴퓨터에 입력해 주겠다고 나섰을 때 나는 한없이 고마웠고 크게 용기를 얻었다. 나는 그 300명의 이름을 여기에 일일이 적을 수 없는 것이 미안하고 유감스럽다. 모두가 고생했고 고맙지만, 특히 이형구(李衡求) 군과 김(金)한길 군이 많은 몫을 타이핑했으며, 변영욱(邊泳旭) 군은 교정 작업을 하느라고 많은 고생을 했다. 사내답지 않게 수줍음이 많은 조교 박성진(朴城進) 군은 마음이 넉넉치 못한 나의 방에서 마음 고생이 많았으리라고 생각되며, 주석을 찾기 위해 각국의 대사관과 문화원을 찾아다니면서 싫은 내색 한 번 하지 않았다.

건국대학교 대학원 박사 과정의 고경민(高敬旼) 군[지금은 제주대학교 교수]과 석사 과정의 형은숙(邢恩淑) 양은 컴퓨터 작업을 하느라고 많은 고생을 했다. 그들의 고생이 단순한 고생으로 그치지 않고 앞날의 그들의 학문생활에 좋은 경험이 될 수 있다면 나로서는 미안함을 덜 수 있을 것이다. 사진 촬영을 해준 건국대학교 홍보실의 이명호(李明浩) 선생에게 많은 빚을 졌으며, 편집 교정과 출판 과정에서 고생하신 집문당의 우진주(禹軫柱) 상무님과 편집부 직원 여러분, 그리고 신세 진 모든 분들에게 깊이 감사한다.

※ 후기

이 책의 하편이라 할 수 있는 『데니 문서』는 초판 당시 건국대학교 대학원 박사과정에 재학하고 있던 최수근(崔水根) 양이 번역하고 내가 윤문과 주석을 단 글이다. 최 양은 결혼하여 미국으로 떠난 뒤 소식이 없었다. 나는 이 글의 수정판을 내면서 그의 행적을 찾았더니 놀랍게도 그는 이승의 사람이 아니었다. 참으로 재주 많고 인간미 훌륭한 재원으로 학자로서 성공할 학생이었는데, 하느님은 왜 그리 빨리 그를 데려갔는지 너무 야속하고 슬프다. 그가 남긴 혈육이라도 만나고 싶은데……

1998년 9월 10일
2019년 11월 1일에 가필함
역주자 신복룡 씀

역주자 초판 서문

세상에는 조국이라는 단어처럼 사람을 감동시키는 것도 그리 흔치는 않다. 그런데 사람들 가운데는 자기 조국을 사랑한 만큼 다른 민족을 사랑하며 헌신한 사람들도 많이 있다. 앞서 발행된 전집 『한말외국인기록』의 필자들 대부분이 그러했듯이 여기에 소개하고자 하는 데니(Owen N. Denny) 또한 격동의 구한말에 이 땅에 와서 한국의 개화를 위해 노력한 인물이었다.

여기에 수록된 두 편의 글 가운데 『청한론』(*China and Korea*)은 조선의 주권에 대한 청국의 횡포와, 자기와 견해를 달리하는 묄렌도르프(P. G von Möllendorff)를 겨냥하여 조선의 자주를 옹호하고자 쓴 법률학자의 글이다. 법률학을 전공한 데니는 무렵 국제 관례나 사조에 대해서 눈뜨지 못한 한국인들을 국제 사회에서 보호하는 것이 자신에게 맡겨진 과업이라고 생각했다.

1886년 3월 28일에 내한하여 1891년 1월 22일에 조선을 떠날 때까지 그는 타협을 모르는 법률가로서 조선을 위해 외로운 투쟁을 계속했다. 그의 행적으로 볼 때 그는 탁월한 법률가라는 평가는 받을 수 있지만 탁월한 외교관은 아니었으며, 감성적으로 조선을 사랑한 사람이었지만 이지적으로 문제를 해결하려고 노력한 사람은 아니었다. 이 점에서 그는 매우 이지적이었던 그의 정적 묄렌도르프와 대조적이다.

『청한론』은 매우 난해한 글이다. 어떤 부분에서는 하나의 문장이 2페이지에 걸치는 경우도 있고 무렵 상해의 영자 인쇄술이 낙후한 형편이어서 인쇄 상태도 나쁠 뿐더러 필자의 실수와 식자의 실수로 오자도 있다. 그러나 이 글은 무렵 청한종속론에 대한 중요한 논쟁을 일으킨 역사적 문헌이라고 하지 않을 수 없다. 번역문 가운데 예컨대 (←p. 19→)의 표시는 원서의 19페이지가 끝나고 20페이지로 넘어가는 마디를 뜻한다. 굳이 이와 같이 원서의 페이지를 명기할 수밖에 없는 이유는 본서와 합본된 묄렌도르프의 "데니 씨의 청한론에 대한 답변"이 데니의 원서의 페이지를 인용하여 반박하고 있기 때문이다.

데니의 두 번째 문서인 『서한집』은 국사편찬위원회에서 출판한 『데니 문서』(*Owen N. Denny's Documents on Korea*, National History Compilation Committee, Seoul, 1981) 가운데서 데니의 사신(제1편)을 제외한 공한(제2·3·4편)을 번역한 것이며, 각 문서 번호는 국사편찬위원회에서 매긴 번호를 그대로 썼다. 본디 이 문서는 데니가 조선에서 협판내무부사(協辦內務部事) 겸 외무아문장교사당상(外務衙門掌交司堂上)으로 재직하고 있던 기간 가운데 보낸 공한(公翰)들로서 현재 오레곤대학(University of Oregon) 에 소장되어 있는 것을 스워다우트(Robert R. Swartout, Jr.) 박사가 정리한 것이다.

어찌 글은 데니의 사사로운 문서일 수도 있고 그의 애증과 은원(恩怨)이 잘 나타난 글로서 어찌 보면 학술 서적으로서는 적격이 아니라는 느낌을 줄 수도 있다. 그러나 행간에 깔린 한국의 쇠망에 대한 그의 걱정과 안타까움, 그러면서도 끈끈하게 바닥에 흐르고 있는 미국의 국익에 대한 조언은 당시 열강의 외교 고문들의 내면을 읽는 좋은 재료가 될 것이다.

따라서 데니에 대한 더 깊은 지식을 필요로 하는 분은 스워다우트 씨의 『한말 외국인 고문의 연구 : O. N. Denny의 활동을 중심으로』(*Mandarins, Gunboats, and Power Politics : Owen N. Denny and the International Rivalries in Korea*, The University Press of Hawaii, Hawaii, 1980)를 함께 읽어야 할 것이다. 본서의 번역에도 위의 노작에 힘입은 바가 크다.

데니(Owen Nickerson Denny)는 1838년 9월 4일 오하이오주(Ohio)의 모건 카운티(Morgan County)에서 크리스천 데니(Christian Denny)와 엘리자 데니(Eliza Denny) 사이에 태어났다. 데니가 14세가 되던 해인 1852년

데니 가(家)는 서부로 이주하여 그들은 그해 9월 레바논(Lebanon) 부근에 있는 오레곤주의 린(Linn)에 도착했다. 데니는 처음에는 레바논고등학교(Lebanon Academy)에서 학업을 시작하여 나중에는 살렘(Salem)에 있는 윌라메트대학(Willamette College)에서 학업을 계속했는데, 이때 그는 법학에 상당한 관심을 가지게 되었다. 졸업한 뒤 그는 오레곤시와 살렘에 있는 변호사 사무실에서 근무하다가 24세 때인 1862년 변호사 시험에 합격했다.

그 뒤 데니는 오레곤주의 달레스(Dalles)로 자리를 옮겨 마이그스(C. R Meigs)의 사무실의 직원으로 근무하다가, 나중에는 제5구역(Fifth District)의 검사가 되었다. 그 뒤 얼마 되지 않아 그는 오레곤주 지사인 깁스(A. C Gibbs)에 의해 공석 중인 와스코(Wasco)의 판사로 임명되었으며, 1864년에는 선거를 통해 판사에 재임명되어 1868년까지 4년간 근무했다.

이러한 판사 생활을 통해 그는 주요 정치 인사들과 교분을 갖게 되었을 뿐만 아니라 오레곤주에 있는 공화당 지부를 통해서도 노동조합과 두터운 관계를 맺게 되었는데, 이때 맺은 교분으로 말미암아 그는 뒷날 조선 국왕의 외교 고문으로 봉직할 때 이들로부터 직접·간접으로 많은 도움을 얻게 되었다.

데니는 1868년 12월 23일 화이트(Gertrude Hall White)와 결혼하여 한동안 캘리포니아주의 산 호세(San Jose)에서 살다가 1870년경에 포틀랜드(Portland)로 이주했다. 이 무렵 그는 치안 판사로 선출되어 근무하기도 했다. 1874년에는 무렵 미국 대통령인 그랜트(Ulysses S. Grant)에 의해 데니는 오레곤주와 알래스카주의 내국세 수세관(Collector of Internal Revenue)으로 임명되어 1877년까지 3년간 근무했으며, 같은 해 5월에는 청국 천진(天津) 주재 미국 영사로 임명되어 근무하다가 1880년 4월 상해 주재 총영사로 임명되었다.

그 뒤 1886년(고종 23년)에 청국의 이홍장(李鴻章)이 조선의 내정을 간섭하고자 원세개(袁世凱)를 조선 주재관으로 보내면서 그 무렵 조선 국왕의 외교 고문인 묄렌도르프(Paul George von Möllendorff)의 후임으로 데니를 보내어 외아문당상(外衙門堂上)에 부임하게 되었다.

데니는 고종의 외교 고문으로 부임한 뒤 조선에 대한 청국의 내정 간섭에 반대하고 원세개의 횡포를 비난하기 시작했으며, 조선 정부에게 자주 독립 정신을 갖도록 권고하기도 했다. 그리하여 그는 1887년 조선과 수교를 맺은 각국에 조선의 외교 사절을 파견하도록 도와주었을 뿐만 아니라 1888년에는 한러수호통상조약을 주선하여 조선측 대표의 한 사람으로 조약 문서에 서명하기까지 했다.

이 때문에 데니는 이홍장의 미움을 받아 조선 정부의 외교 고문직을 파면당했다. 이리하여 데니는 조선에서의 4년간의 외교 고문직을 끝으로 자신의 외교관 생활을 끝마쳤다. 그 뒤 1891년 7월 데니는 자신의 고향인 포틀랜드로 돌아가 1900년 사망할 때까지 10년간 포틀랜드저축은행(Portland Saving Bank)의 회계원 및 주 상원 의원으로(1892~1896년) 재직하면서 여생을 보냈다.[1)]

나는 이 책을 번역하면서 몇몇 분들에게 감사의 말씀을 드리지 않을 수 없다. 우선 「데니문서」의 판권을 가지고 있는 국사편찬위원회에서 이의 번역, 전재(轉載)를 허락해 준 데 대해서 박영석(朴永錫) 교수께 감사한다. 뿐만 아니라 이미 오래 전에 『청한론』을 번역하여 발표한 바 있는 김원모(金源模) 교수에게 그 분의 역본(『동양학』 제10집, 단국대학교 동양학연구소, 서울, 1980)을 참조한 것을 사례하고자 하며, 한국의 학계에 데니를 널리 소개한 스워다우트 씨에 대해서도 감사를 드리고자 한다.

---

1) 데니의 생애에 대해서는 Robert R. Swartout, Jr., *Mandarins, Gunboats, and Power Politics : Owen Nickerson Denny and the International Rivalries in Korea*(Hawaii : The University Press of Hawaii, 1980)와 그의 번역본인 신복룡 · 강석찬(역), 『한말외국인고문의 연구 : O. N. Denny의 활동을 중심으로』(서울 : 평민사, 1987)를 참조함.

끝으로 나는 영리를 떠나 좋은 책을 후세에 남기겠다는 일념으로 『한말외국인기록』을 전집으로 출판해 준 평민사의 이갑섭 사장에게 늘 마음속으로 감사하고 있으며, 책이 나올 때마다 교정의 수고로움을 내색하지 않는 강금희 양과 신채호(申采鎬) 학제에게 마음의 빚을 지고 있다.

1987. 5. 25.
신복룡 씀

차 례

청한론(淸韓論)

청한론(淸韓論)

조선의 외무아문[外務衙門 : Dept. of Foreign Affairs : 이하 외부(外部)로 표기함]의 고문과 해관의 세무사가 공석이던 차에 조선의 국왕 전하가 직예 총독 이홍장 각하에게 사람을 추천해 달라는 부탁이 있어 1885년 7월에 내가 그 자리에 초빙되어 외부의 고문직을 맡았다. 내가 동양에 부임하기 전에는 해관이 청국의 관할을 받고 있었다. 그 직책에 부임하면서 나는 최선을 다해 평화와 질서를 유지하고 무엇보다도 조선의 번영을 유지하리라고 스스로 다짐했지만 나는 이홍장을 진심으로 도와주어야 했기 때문에 말하기조차 유감스럽게도 나의 다짐은 이루어지지 못했다.

오히려 애당초에서부터 나는 청국의 당국으로부터 온갖 반대에 부딪치게 되었다. 북경 정부가 이홍장의 대한 정책을 반대한 데 이유가 없다면 나는 이홍장이 이 문제에 관해 자신의 약속을 지키지 못한 이유를 이해할 수가 없다. 이런 점과 청국에게 최선의 이익을 제공할 것 같지도 않다는 사실에 비추어 나는 현재의 상황을 세상에 밝혀 보기로 결심했다.

이와 같은 나의 개인적인 노력은 모두가 부질없는 것이었다. (←p. 3→) 청국이 차지하려고 노력하고 있는 조선에서의 위치는 위험스러운 것이며, 만약 가능하다면, 한반도 국왕의 현재 상황과 청한 관계에서 세상이 다 아는 실수를 시정한다는 점에서, 분쟁에 관한 조선 측의 입장을 세상에 밝혀 보려는 것이 나의 집필 의도이다.

오늘날 청한 관계는 최근 2~3년 동안 실제 행동으로써는 물론 법의 몰이해와 음모를 통해 청국 내의 한자·외국어 신문에 빈번히 오보되어 왔다. 이러한 점을 지적하면서 비판이 가혹하면 할수록 이런 일이 과연 보람이 있는가에 대해 유감스러움만이 가중될 뿐이다. 내가 이 글에서 지적하고자 하는 것은 다음의 세 가지 사실이다.

첫째 : 나는 청국이 조선에 대해 봉신 관계나 종속 관계를 주장하고 있다는 사실에 대해 주의를 환기시키지 않을 수 없다.

둘째 : 청국은 소위 그들의 봉신국을 어떻게 취급하고 있는가 하는 점이다.

셋째 : 청국은 조선의 국왕이 나약하고 나라를 다스리기에 부적합한 인물이라고 비난하고 있다는 사실이다.

나는 이 글을 마치기에 앞서 조선이 의제적인 국가라고 한다면 그와 마찬가지로 청국도 바탕이 없는 나라임을 보여주고자 노력할 것이다. 조선은 주권 국가나 독립 국가가 아니면 가질 수 없는 권리를 행사함으로써 청국으로부터 독립하여 한일우호통상조약을 체결했고 그 뒤에는 국제 관례에 따라서 서방 열강과 조약을 체결했다는 점에 비추어 볼 때 조선이 획득한 권리와 그들이 지키기로 되어 있는 의무는 그러한 조약의 이행을 항상 지배하고 있는 법률들에 따라서 결정되어야만 한다.

이러한 명백하고도 잘 정립된 법규에 비추어 볼 때 조선의 정치적 지위를 분명하게 하려면 주권 국가가 가지는 몇 가지의 권리와 권한 그리고 책임을 구명해 보고, 아울러 봉신 관계란 어떻게 하여 형성되는 것이며 (←p. 4→) 종속 국가가 종주 국가에게 지켜야 할 제반 의무는 무엇인가를 밝혀 두는 것이 순서일 것이다.

일반적으로 볼 때 국제법에 관한 거의 모든 학자들은, 다른 국가로부터 영향을 받지 않고 자신을 지배하고 있는 헌법의 형태가 어떻든 간에, 민족과 국민의 정의를 내리고 있다. 국제법에 관해서라면 최고의 권위자로 인정받아야 하고, 또 청국도 이 방면에서 표준적인 저자로 그 이론을 채택하고 있는 휘튼[1)]은 다음과 같이 말하고 있다.

> "주권이라 함은 어떤 국가를 통치하는 최고 권력이다. 이 최고 권력은 국내적으로나 국제적으로 행사될 수 있다. 대내적 주권이라 함은 어떤 국가의 인민이 고유하고 있는 것이거나 아니면 자치 헌법이나 기본법에 따라 통치자에게 부여된 것이다. 대외적 주권이라 함은 어느 한 정치 사회가 다른 모든 정치 사회와 관련하여 독립성을 갖는 것으로 이루어진다. 또한 대외적 주권은 이와 같은 주권의 지체의 행사에 따라 이루어진다. 여기에서 주권이라 함은 평화시이든 전시이든 하나의 정치 사회가 다른 정치 사회와의 관계에서 지속되는 것이다."

대외적인 문제는 물론이고 대내적인 문제를 외세의 간섭이나 지휘를 받지 않고 독자적인 방법으로 항상 처리해 온 민족은 법률적으로 독립되어 있기 때문에 주권 국가의 범주에 포함되어야 한다. 그러나 주권 국가나 독립 국가의 여부를 가늠하는 틀림없는 시금석은 한 나라가 다른 주권 국가나 독립국과 협상하고, 우호 · 항해 · 통상 조약을 체결하고, 공사를 교환하고, (←p. 5→) 전쟁과 평화를 선언할 수 있는 권리를 가지고 있느냐의 여부이다.

이러한 권리는 주권과 양립 · 일치할 수 있는 것이며, 한 국가가 이러한 권리를 가질 때 그 국가는 독립 국가들로써 이루어진 국제 사회에서 위치를 차지하게 된다. 이와 반대로 그러한 권리를 가지지 못한 국가들은 협약에

---

1) 헨리 휘튼(Henry Wheaton : 1785~1848) : 미국의 국제법학자이며 외교관. 로드 아일랜드의 프로비덴스(Providence)에서 출생하여 그곳에서 법학을 공부한 뒤 외교계에 투신. 프러시아 주차 미국 공사(1837~1846)를 역임했다. 대표적 저술로는 『국제법의 본질』(1836)이 있다.

명시된 조항에 따라서 준독립 국가이거나 종속 국가의 계열에 속해야 한다. 몇 달 전에 『화북일보』는 조선에 대한 자신의 입장을 지지하면서 구체적으로 다음과 같은 논조로써 봉신국의 입장을 주장했다.

> "17세기 말엽에서부터 18세기 초엽에 이르기까지 조선의 왕이 책봉한 세자(世子)는 청국 황제의 재가를 받은 뒤에야 법적 상속인이 될 수 있었다. 따라서 북경으로부터 그러한 재가를 받기 이전에는 왕의 칭호를 들을 수가 없었다."

그 신문의 특파원은 확인된 사실보다 더 과장해서 사안을 설명하고 있다. 만약 그 특파원이 그러한 관계를 북경 정부에 대한 피지배적 의무에 기초를 둔 것이라기보다는 봉신국의 품위 있는 처사 곧 자청(自請)에 의한 것이라고 설명했더라면 그는 좀 더 사실에 가깝게 설명했다고 말할 수 있다. 그러나 그 특파원이 사실을 과장했는지 아니면 은폐했는지의 여부는 구체적인 차이가 없다. 왜냐하면 특별한 경우이거나 약자의 공경스러운 처사를 통하지 않고서는 강국의 명령만으로써 봉신 관계가 이루어지는 것은 아니기 때문이다.

중국은 역사상 유구나 안남이나 버마에 대해 근거도 불확실한 종주권을 주장했다. 이 세 국가들은 지난날에는 같은 입장이었지만 오늘날 유구는 일본제국 주권의 일부를 이루고 있고, (←p. 6→) 안남은 프랑스에 예속되었으며, 버마는 최근 영국의 주권 관할에 들어갔다. 휘튼은 『화북일보』의 특파원이 청국의 취지에 찬성하고 있는 정도보다 더 강력하게 이 사안에 관해서 특파원에게 명료한 반론을 제기하고 있다. 휘튼은 이렇게 말하고 있다.

> "어떤 특정 국가가 경우에 따라 다른 국가의 명령에 복종했다고 해서 그 주권이 손상되는 것은 아니며, **심지어 그 국가의 의회에 대해 관례적인 영**

향력을 행사할 경우라도 그 주권이 손상되는 것은 아니다. 다만 이러한 복종이나 영향력이 **명확한 조약의 형태를 취하고 있고** 그 조약에 따라서 약소 국가의 주권이 법적으로 다른 국가에 의해 영향을 받을 경우에는 그 국가의 주권이 손상된다."

오스틴[2]은 국제법에서 주목할 만한 명성을 떨친 근대의 학자인데, 그는 1873년 런던에서 행한 그의 유명한 강연 가운데 하나에서 주권의 문제에 관해 휘튼에 못지않게 명료하게 지적하고 있다. 그는 이렇게 말하고 있다.

"약소국은 자신의 독립을 불안하게 유지하고 있으며 그 독립성은 강대국의 의사에 좌우된다. 왜냐하면 약소국은 그 강대국의 침략을 꺼려하고 있기 때문이다. 그리고 약소국은 강대국의 침략을 꺼리고 있기 때문에 약소 국가와 그 국민들의 대부분은 강대 국가가 때때로 명시하거나 넌지시 암시하는 명령에 복종한다. 그러나 복종과 명령은 수효나 강도에서 비교적 약한 것이기 때문에 이러한 문제로써 강대국과 약소국 사이에 종속 관계를 형성하기에는 충분치 않다.

비록 강대국이 영원히 우월하다고 할지라도 이러한 명령이나 복종에도 불구하고 약소국이나 그 국민들은 독립된 정치 사회이며 그 국가에서 강대국은 (←p. 7→) 주권의 일부를 이루지 않는다. 또한 비록 약소국이 영원히 열세라고 할지라도 약소국의 입장에서는 명령이나 그에 대한 복종의 관습도 없으며, 약소국이 자신의 독립을 방어하고 유지할 수 없다고 하더라도 **약소국은 실제 면에서나 관행의 면에서 강대국으로부터 독립된 것이다.**"

국제법에 따라 인정된 봉신 관계나 종속 관계는 단지 정복이나 국제 협약

---

2) 오스틴(John Austin : 1790~1859) : 영국의 법률학자. 런던대학 교수(1828~1832)를 역임했고 『법률학 강의』(1861~1863)라는 명저를 남겼으며 아내(Sarah Austin : 1793~1867)는 역사학자로 유명함.

또는 모종의 협정의 결과로 이루어질 뿐이다. 대신이나 종속 관계는 두 나라 사이에 필요 조건에 따라 존속되는 것은 아니며 어느 모로 보더라도 협약이나 협정에 따라 합리적으로 이루어질 가능성은 없다. 앞으로 정복에 의해 그러한 관계가 지속될는지의 여부는 장차 두고 볼 문제로 남아 있다.

그러나 조선은 청국의 조공국일 뿐이다. 조공 관계라 함은 지난날 최고의 신뢰가 있을 때만 지속되어 왔다. 바꿔 말해서 조선은 청국의 처사가 관대하고 우호적이며 공정한 한, 진심으로 조공 관계를 지속시키고자 했다. 그러나 한 국가가 다른 국가에게 맺고 있는 조공 관계란 주권이나 독립권에 영향을 미칠 정도가 아니며 영향을 미칠 수도 없다.

이러한 이유로 볼 때 조선이 해마다 청국에 조공을 바친 것은 영국이 버마 문제로 말미암아 청국에게 조공을 바침으로써 자신의 주권이나 독립권을 손상한 정도라든가 지난날 유럽의 해양 강국들이 북아프리카의 회교국들에게 조공을 바침으로써 (←p. 8→) 자신의 주권이나 독립권에 영향을 미친 정도를 넘어설 정도로 자신의 주권과 독립성을 손상하지는 않는다. 북아프리카의 회교국들과 관련하여 휘튼은 다음과 같이 기술하고 있다.

> "성격적으로 볼 때 그들의 관계가 변칙적이기는 하지만 비정기적인 조공을 바치고, 술탄[3]의 명령에 대해 수시로 복종을 한다고 해서 유럽과 미주의 유럽 국가들이 그들을 독립국이 아닌 나라라고 간주하도록 만들지는 않는다. 그들의 국제 관계는 무슬림의 여러 나라들과 동등한 기초 위에 전쟁과 평화를 유지하고 있다."

오늘날 조선이 청국과 더불어 2세기 이상이나 그토록 우호적으로 존속해 왔던 전통적인 우호를 지속하고자 하는 명백하고도 선의적인 이유가 여기

---

3) 술탄(Sultan) : 일반적으로 회교국의 군주이지만 터키의 황제를 의미하는 경우도 있다.

에 있다. 그들의 지리적 위치는 우호적인 관계 아래에서 피차간에 힘의 원천이 되고 있다. 그런가 하면 조선은 인구 · 언어 · 종교 · 법률 · 교육 · 예절 · 풍습에서 중국에 깊이 빠져 있다.

이러한 모든 점들이 연대를 더욱 튼튼하게 할뿐만 아니라 조선이 지난날과 마찬가지로 청국에게 지시가 아닌 우정어린 충고를 기대하게 만들었다. 내가 판단하기에는, 이러한 우호 관계를 방해할 만한 것은 아무것도 없다. 그러나 오늘날 조선은 청국으로부터 불법적이고도 강압적인 처사를 받고 있으며, 청국은 조선을 집어삼킴으로써 탐구적이고도 끈질기게 조선의 주권을 파괴하려고 시도한다.

조선의 국왕 전하에게 서방 열강과 조약을 맺으라는 압력적인 충고가 있었을 때 (←p. 9→) 조선 왕에게 천진의 이중당(이홍장)과 협의하도록 만든 것도 조선을 위해 청국의 우호를 보이리라는 약속을 믿었기 때문이었다. 내가 아는 바에 따르면 그러한 조약을 맺는 것이 조선과 그 백성들의 생활 조건을 향상시킬 수 있는 가장 확실한 방법이었다.

뿐만 아니라 조선의 주권을 보전하는 것이라고 이중당이 충고하도록 만든 것도 조선의 왕에 대한 위와 똑같은 신뢰심 때문이었다. 그 뒤 시간이 흘러 미국과 처음으로 통상 조약에 관한 협상을 하게 되었을 때 이중당이 왕의 친구로 초청받은 것은 그가 그러한 협상을 지원하는 등의 중요한 문제에서 광범위한 지식을 가지고 있기 때문이었다.

한미수호통상조약이 숙의될 무렵에 두 개의 초안이 부의되었는데 그 가운데 하나는 이중당이 마련한 것이었고 다른 하나는 미국 측의 입장에서 협상을 수행한 특사[4]가 마련한 것이었다. 이중당이 제출한 조약 초안의 제1조는 청국과 조선의 대신 또는 종속 관계를 요구하는 것이었다. 이에 대해

4) 슈펠트(Robert W. Shufeldt : 1850~1934)를 의미함. 슈펠트는 미국의 군사의학자이자 조류학자로서 동방 진출에 투신하여 한미 수교를 성공시켰다. 그 뒤 그는 미국 군사의학 박물관의 관리자로 봉직했다.(1882)

서 미국의 특사는 자신의 임무란 하나의 독립국과 통상 우호 조약을 체결하려는 것이기 때문에 그런 것을 고려하려 하지도 않았고, 또 설령 논의가 되더라도 그러한 조약에는 전혀 뜻이 없다는 식으로 논의를 이어 갔다.

그럼에도 불구하고 이중당은 협상을 결렬시키지 않고서는 더 이상 진척할 수 없을 만큼 종속 관계의 조항을 요구했다. 그러던 터에 이중당이 양보를 했고, 다른 독립 국가들의 조약과 꼭 같은 조건으로 조약이 마무리되어 1882년 3월 22일 제물포에서 체결되었다. (←p. 10→) 설령 협상자들 사이에 한미 조약에 봉신 조항이 인정되었다고 하더라도 그것은 미국 정부와 조선의 왕으로부터 비준을 받지 못했을 것이다.

조선이 체결한 그 다음의 조약은 청국의 요청에 따라서 그해 10월에 이루어진 한청상민수륙무역장정이다. 이 조약에는 여느 조약에서나 볼 수 있는 바와 같이 조선이라고 하는 반도 왕국과 청국 사이의 모든 교섭을 특징짓고 있는 불가해하고도 모호한 요소들이 가득 차 있다. 그러면서도 이 조약은 오히려 우호 · 항해 · 통상 조약의 성격에 가까운데 나는 이 점을 지적하고자 한다. 제3국과의 조약들은 한미조약의 일반적인 논조를 조속히 따르기는 했지만 이홍장이나 청국 정부의 충고를 따르지 않고 천진이 아닌 서울에서 체결되었다.

만약 한미조약이 체결될 무렵에 국제법에 따라 한 · 청 양국 사이에 기존하는 종주 관계나 봉신 관계가 있었더라면 한미조약과 같은 공식 조약에서 우방 열강들로부터 인정을 받아 내려고 이홍장이 그토록 열심히 노력한 바에 대해서 공공 문제에 대단한 조예를 가지고 있는 사람들은 어떻게 이해해야 하는가? 아니, 오히려 이홍장의 그러한 기도는 그가 이러한 주제에 지극히 취약하다는 사실에 오로지 근거하고 있으며, 그 약점이 무엇인지는 이홍장 자신보다 더 잘 알고 있는 사람은 없다.

한미조약이 체결된 뒤 (←p. 11→) 적어도 일시적으로는 조선의 종속 문제가 폐기되었던 것처럼 보인다. 우여곡절을 겪으면서 조약의 체결을 추진하려고 곧 개혁이 이루어졌다. 개항이 이루어지고, 왕은 해관을 설립하고 그곳에 세관 업무를 맡기려고 총세무사와 판무관, 그리고 그 이하의 부하 직원들을 완전히 충원했다. 조약이 비준됨에 따라 외교 사절이 임명되었고, 그들은 때때로 신임장을 제정하고 서울의 대궐에 그들 각자의 대표부를 설치했다.

외교 사절 가운데는 "전하의 총판"(His Majesty's Commissioner)이라는 직함을 가진 청국 사신도 있었다. 그는 이미 언급한 조약을 수행하기 위해 임명된 것이다. 이 청국의 사신 진수당[5]은 그의 동료 외교관들과 동등한 조건으로 겸손하게 처신하면서 2년 이상 자기 나라를 대표했다.

그 자리를 이어받은 사람은 통리교섭통상사의 원세개였다. 그는 1884년에 조선에서 갑신정변이 일어났을 때 청국 정부를 위해 공을 세운 것으로 평가받은 사람으로서 부임 당초에는 당분간 그의 선임자의 발자취를 답습했다. 그러나 그에게 그토록 갑자기 불어 닥친 영예는 그의 심성을 너무도 부풀려서 심각한 결과를 유발케 했다. 그것은 다름이 아니라 그의 무분별한 정열이 종속 체제의 신뢰를 위해서라도 표면화되어서는 안 될 문제였다. 이홍장은 한미조약의 문안을 승인했으며 (←p. 12→) 범례에 따라 유럽의 여러 열강들과 조약을 체결했고, 청국은 2년 반 동안이나 실질적인 작용을 했었다.

그런데 조선의 독립에 기초를 두고 있는 바로 그 한일조약이나 한미조약의 체결이 영예롭게 정착되지 않았다면 이홍장과 이토 히로부미 사이에 체결된 협정(Li-Ito Convention)[6]이 지연되었을 무렵에 이 문제는 마침내 폐

---

5) 진수당(陳樹棠 : ?~?) : 중국 청말 외교관. 초대 주한 상무위원. 1882년 10월 조선과 청국이 체결한 조청상민수륙무역장정에 따라서 이홍장의 추천으로 초대 주한 상무위원으로 파견하였다. 1883년에 총판조선상무위원으로 임명된 그는 한성에서 정식으로 근무 시작하여 1885년 9월에 경질되었다

6) 1884년의 갑신정변의 선후처리를 위해 청국과 일본 사이에 체결된 천진조약(1885년 4월 18일)을 의미함.

기되었어야만 했다. 이(李)-이토 협정의 조항에 따르면 청국은 일본의 동의를 얻지 않고서도 조선에 군대를 파견할 온갖 권리를 가지고 있다. 군대 파견에 관한 조항은 단지 최후의 수단일 뿐이다. 왜냐하면 국가는 다른 나라로부터 유린되거나 문제에 개입해 주기를 요청 받을 때 모든 독립 국가는 자신의 주권을 강화할 권리를 갖기 때문이다.

내가 조선의 외부 고문으로 초빙 받고서도 아직 부임하지 않았던 1885년의 어느 무렵에 점진적이거나 아니면 그 밖의 어떤 방법으로 조선을 천천히 집어삼키려는 정책이 북경 정부에서 결정되었던 것으로 보인다. 조선의 국왕을 위한 고문 직책과 해관의 세무사 직책은 분리되어 있었다. 그리고 해관의 업무는 청국 해관의 통제와 지시를 받고 있었는데, 그렇게 된 이유는 그렇게 하는 것이 좀 더 편하고 경제적으로 운영될 뿐만 아니라 어떤 변화가 있더라도 정치적인 의미는 없다고 하는 그럴 듯한 언질 때문이었다.

어떤 변화가 일어나더라도 해관의 업무는 공정하고도 훌륭하게 운영되었지만 제반 조약이 체결된 후로는 청국과 조선 사이에 정치적으로 존재하는 진정한 관계에 관해 그러한 조치만큼 여론을 극심하게 오도한 처사는 없었다. 이러한 처사야말로 조선의 입장으로서는 잘못된 것이었다.

판무관[7] 원세개는 이 무렵에 가엾게도 "총독"이라는 잘못되고도 기만적인 직함을 청국공사관에서의 자신의 직책으로 채택했기 때문에 그는 게으름을 피울 수가 없었다. (←p. 13→) 그는 또한 매우 오만불손한 방법으로써 길지만 껍데기뿐인 각서를 보내어 왕을 충고하거나 지시하려 했고 정사에 개입했다. 이러한 처사의 뒤에는 자신이 조선에 있으면서도 "내 집에 온 것"이라는 가당치도 않은 구실을 내세우면서 손님이 아니라 주인 행세를 하려는 속셈이었다.

그러나 위에서 언급한 바 있는 세칭 한청수륙무역장정에서 조선이 봉신

---

7) 원세개의 공식 직함은 통리조선통상교섭사의(統理朝鮮通商交涉事宜)였다.

국이라는 점을 분명히 인지하고 있다고 주장하는 사람이 있다.[8] 만약 이 조항이 마치 봉신의 문제와 관련이 있는 그 무엇을 규정한 것이라면 이는 분명히 본의와 상치하는 것이라고 나는 확신을 가지고 주장하는 바이다. 그 장정에는 단 8개 조항의 긴 항목이 있는데, 이는 이미 위에서 살펴본 바와 같이 우호·통상·항해에 관한 일반적인 조약에서 필요한 것만을 다루고 있을 뿐이다. 그 내용을 살펴보면 다음과 같다.

한청수륙무역장정

제1조 : 청국은 자신의 상민들의 이익을 보호하기 위해 서울에 외교권을 가지는 상무위원을, 그리고 모든 개항장에는 관원을 파견한다.

제2조 : 조선은 최혜국대우국의 신민들이 향유하는 바와 꼭 같이 청국의 신민에게도 치외법권을 인정한다.

제3조 : 양국은 피차 상대방의 개항장에 상선의 입항을 허락하며, 이들에게는 관세를 부과하며, 상선이 난파할 경우에는 구조하며, 어선의 활동을 규제한다.

제4조 : 양국은 무역을 목적으로 상민들이 상대국의 개항장을 입항할 수 있도록 허락한다. 각 개항장에서 상민들은 토지와 가옥을 구입할 수 있으며, 재수출 관세는 물론(←p. 14→) 톤세를 부과하며, 양국의 도성에서는 상거를 금지하며, 내지에 들어가서 토산품을 구매하고자 원하는 상민들은 우선 그곳 관원의 허락을 얻도록 하며, 동시에 상대국의 내지를 관광하고자 하는 사람들은 모름지기 통행증을 휴대해야 한다.

제5조 : 기왕의 의주, 회령, 경원 외에 압록강 대안의 의주, 혼춘과 회령의 왕래를 약정하고 개시에는 관서를 두고, 토비를 사찰하고, 홍삼 이외에는 5/100의 관세를 부과하고, 국경 주민의 경제 범죄는 피차의 지방관이 문서에 따라 판결한다.

---

8) 묄렌도르프(Paul G. von Möllendorff)를 의미하는 것으로 보임.

제6조 : 피차에 양약, 지방약, 군기의 운반 · 판매를 금지한다. 홍삼의 밀매를 금하고 이를 위반하는 자는 범칙금 15/100를 추징한다.

제7조 : 매월 1회씩 청국 상민의 배를 조선에 파견하며, 청국의 관원과 기타 거류민을 보호하기 위해 청국의 전선을 수리할 수 있도록 조선의 개항장에 입항을 허락한다.

제8조 : 양국 관민은 이를 준수할 것이며 가감할 것이 있으면 북양대신이 조선 국왕과 협의하여 청국 황제의 조지를 청하여 확정 시행한다.[9)]

이 장정의 어느 부분에도 대신이나 종속에 관한 구절이 없을 뿐만 아니라 그 장정이 체결될 당시에 그러한 관계 자체를 배제한다는 것이 피차간에 요구 · 양해되었다. 만약 청국이 봉신 관계의 타당성을 믿었다면 조선에서의 청국의 신민들의 치외법권이나 통행증을 위한 조항이 이미 마련되어 있었다는 것을 미처 생각할 수 있었을까?

분명히 그렇지 않다. 왜냐하면 조선에서 치외법권이나 통행증에 관한 규정을 넣은 것은 자신의 주권 영역 내에서 자신의 신민들을 위해 치외법권이나 통행증을 요구하는 주권 국가의 모습을 보여주는 것인데 이는 매우 불합리한 짓이기 때문이다. 청국인들이 해석하고 있듯이 봉신에 관한 단 하나의 근거는 장정의 머리에 명시된 전문에 실려 있는데 이는 그 장정이 체결될 당시에 현재와 같은 형태가 될 수도 있었고 되지 않을 수도 있었다. 이 예외적인 전문은 다음과 같이 되어 있다.

"조선은 **우리의 오랜 인방(隣邦)이어서** 법전과 의식에 관한 일체는 모두 정제되어 있으므로 다시 논의할 필요가 없고 오직 현재 각국이 이미 수로로 통행하고 있는 만큼 우리도 급히 항해 금지를 폐지하여 양국의 상민이

---

9) 데니의 원문에는 제5 · 6 · 8조는 빠져 있으나 여기에서는 그 요약문을 첨가하여 기재한다. 『구한말조약휘찬』(하)(서울 : 국회도서관 입법조사국, 1965), pp. 392~398 참조.

일체 상호 무역에 종사케 하여 한 가지로 이익의 혜택을 받게 하는 것이 마땅한바 그 경계선과 호시의 예도 또한 수시하여 변통할 것이나……"

"朝鮮久列**藩封** 典禮所關一切均有定制 毋庸更議 惟現在各國 旣由水路通商 自宜函開海禁令 兩國商民 一體互相貿易 共霑利益 其變界互市之例 亦因時量爲變通……"(한문)

"That pertains to the relations of Corea as ***a boundary state of China*** has been long ago regulated by fixed rules, and no change is required in this respect. But as foreign countries entertain trade with Corea by water, it becomes necessary to remove at once the prohibition of sea trade hitherto enforced between China and Corea, and let the merchants of both countries participate in all the advantage of commercial relations : the regulations affecting the change of produce on the frontier will also, as time may be require."10)(영문 부본)

한 이웃 나라와 더불어 교섭하면서 한 민족의 주권을 인정하는 것이 아니라 그 주권을 보호하기 위해서라니 (←p. 15→) 그러고서도 조약 체결이라는 용어를 쓸 수 있는가? 그것은 독립이라는 사실의 존재를 입증하는 것이 아니라 오히려 거짓을 일방적으로 외치고 있는 것밖에는 되지 않는다. 만약 아직도 더 고려해 볼 만한 가치가 있다면 동 장정 전문의 다음과 같은 마지막 구절을 읽어보자.

---

10) 데니는 이 조약문의 해석이 청한 종속 관계의 중요한 쟁점이라고 강조하고 있으므로 여기에서는 국(國)·한(漢)·영문을 모두 싣는다. 여기에서 문제가 되는 조항이 각기 인방, 번봉, boundary state(영어)로 다르게 표기된 점에 유의해야 한다. 데니가 이 대목을 vassal state라고 표현한 것은 그가 영문 부본을 보지 못하고 청국 측의 문안만을 보았기 때문이다. 진한 글씨는 역자가 첨가한 것임. 『구한말조약휘찬』(하), pp. 394~406 참조.

"…… 다만 이번에 체결하는 수륙무역장정은 중국이 **속방을** 우대하는 후의에서 나온 것인 만큼 다른 각국과 일체 균점하는 예와 같지 않으므로 여기에 각항 약정을 좌와 여히 한다."(국문)

"…… 惟此次所訂水陸貿易章程 系中國優待**屬邦**之意 不在各與國 一體均霑之例 玆定各條如左"

"…… but the new regulations for the maritime and overland trade now decide upon are understood to apply to the relations between and Corea only, the former country granting to the latter certain advantages ***as a tributary Kingdom***, and treaty nations are not to participate therein. It is in this sense that following Articles have been agreed upon."(英文)[11]

청국은 조선에 대해서 종주권을 요구하는 판국에 조선이 청국의 신민에게 치외법권을 부여한다면 그러고도 그 보장이 조선에 대한 후의라고 할 수 있을까? 조선이 청국의 군함으로 자기 나라의 관원과 거류민을 보호하고자 조선의 개항장에서 수리할 수 있도록 허락한 것도 조선에 대한 후의인가? 끝으로 청국의 어느 땅에도 조선의 상민이 하나도 없는 판국에 청국의 상인들이 조선의 도성을 석권하는 것도 조선에 대한 후의인가?

이 전문이 틀림없이 잘못된 또 다른 이유가 있다. 이를테면 이홍장은 이와 같은 보장을 체결한 특명 전권이었는데 그토록 탁월한 관리가 전문에 언급된 조항들은 "다른 나라에 적용된 균점의 예(최혜국대우)와 같지 않다"는 주장의 편을 들리라고는 도저히 믿을 수가 없다. 왜냐하면 이 보장이 체결되기 5개월도 채 되기 전에 조선에 대한 자타가 공인하는 친구의 자격으로

11) 위와 같음. 여기서 "균점의 예"라 함은 그 당시의 "최혜국대우"를 의미한다. 진한 글씨는 역자가 첨가한 것임.

다음과 같은 한미수호통상조약 제14조를 토의하고 승인했기 때문이다. 이 조약 제14조는 다음과 같다. (←p. 16→)

"양체약국은 조선국이 어느 때이든지 어느 국가나 어느 나라의 상인이나 공민에 대해 항해·통상·정치·기타 어떠한 통교에 관련된 것임을 막론하고 이 조약에 따라 부여되지 않은 권리나 특권 또는 특혜를 허가할 때에는 이와 같은 권리나 특권 및 특혜는 미합중국의 관민과 상인 및 공민에게 무조건 **균점**된다."(국문)

"現經 兩國議定嗣後 大朝鮮國君主 有何惠政恩典利益施 及他國或其商民 無論關涉海 而行船通商貿易交往等事 爲該國並其商民從來未霑 抑爲此條約所無者 亦准美國官民一**體均霑**"(한문)

"The High Contracting Powers hereby agree that should at any time the King of Chosun grant to any nation, or to the merchants or citizens of any nation, any right, privilege or favour, connected either with navigation, commerce, political or other intercourse, which is not conferred by this Treaty, such right, privilege, and favour ***shall freely insure to the benefit*** of the United States, its public officers, merchants, and citizens."(영문)

이와 같이 이홍장이 최혜국조관을 인정한 것은 위에서 언급한 한청장정 전문의 존엄성을 파괴했을 뿐만 아니라 다른 체약국이 최혜국대우를 실행코자 할 때는 조선에 대한 종주권을 요구하는 모순에 빠지게 된다. 이홍장의 말대로라면 조선은 조약을 체결할 때마다 상전이 하나씩 생기게 된다. 해외 주차 청국 공사가 누리고 있는 선례에 따라 청국의 모든 해외 주차 공사들은 제3국에 파견된 조선의 신임 공사들을 충고하고, 지도하고, 통제하는 권리를 갖는다니 이것이야말로 견딜 수 없는 노릇이 아닌가?

그뿐이 아니다. 청국과 조선 사이에 지난날에 체결되었든 아니면 앞으로 체결될 것이든 간에 그것이 최혜국대우를 규정하지 않은 것이라면 그것은 일반 조약에 명시된 조항의 정신에 위배되는 것이며 어느 모로 보나 그러한 협약의 특권에 배치되는 것이기 때문에 무효이다. 그러나 최근 이 "천자의 나라"에서도 가장 탁월한 정치가인 이홍장은 (←p. 17→) 다음과 같이 말한 바가 있다.

> "조선은 청국의 봉신국이다. 왜냐하면 조선의 국왕은 서방 열강들과 조약을 체결하면서 협상을 수행하는 전권대신들에게 친필 서한을 주어 상대국의 원수들에게 전달토록 했는데 바로 그 서한에서 조선의 국왕은 봉신의 관계를 시인했기 때문이다."

비록 위의 논지가 이중당과 같은 탁월한 정치가에 의해 제기된 것이라고 하지만 나는 여기에서 또다시 문제를 제기하지 않을 수 없다. 한미수호통상조약이 체결되기 직전에 조선의 국왕은 조약 문서와 더불어 미국의 대통령에게 친필 서한을 전달하도록 한 것은 사실이다. 그러나 그 서한은 오늘날 조선의 국왕이 주장하고 있는 것처럼 조선은 청국에 조공을 바치는 나라(a tributary state)라는 이상의 의미를 담고 있지 않다.

내가 여기에서 지적하고자 하는 것은 그러한 자인이 한 국가의 주권에 영향이나 손상을 입히는 것은 아니라는 점이다. 오히려 그 서한에는 조선의 정부가 항상 주장해 온 주권과 독립성, 그리고 서방의 열강들과 체결된 모든 조약이 기초하고 있는 조건들을 오해해서는 안 된다고 단호하게 주장하고 있다.

다음에 소개하고자 하는 조선국왕의 친필 서한은 적어도 청국에 대한 조선의 관계에 관련해서 의견을 피력한 사실상 최초의 것이나 다름이 없다.

이 글은 조선의 국왕이 미국의 대통령 아더(Chester A. Arthur)에게 보낸 서한을 그대로 옮긴 것이다.

> 조선의 국왕 짐은 이에 국서를 보냅니다. 예로부터 조선은 중국에게 조공을 바친 국가였습니다. (←p. 18→) **그러나 오늘날 조선의 국왕은 국내외의 모든 문제에서 완전한 주권을 행사하고 있습니다.** 조선과 미국은 이제 상호 동의에 따라 조약을 맺으면서 평등을 기초로 하여 상대국을 대우하고 있습니다. 조선의 국왕은 분명히 공언하건대, 짐은 **국제법에 따라** 본 조약을 체결하면서 신의로써 자신의 주권을 완전히 수행할 것입니다. 청국에 대한 조공 국가로서의 조선에 부과된 의무에 관해서 미국은 아무런 관련이 없습니다. 뿐만 아니라 조약을 교섭케 하고자 사신을 임명한 지금 이와 같은 예비 선언을 해 두는 것도 짐의 의무로 여겨지는 바입니다.
>
> 1882년 5월 15일
> 미국대통령 각하

위의 서한에 포함된 명백하고도 달리 오해할 수 없는 자구를 놓고서, 조선은 청국의 봉신국이라고 주장하는 사람들이 어떠한 해석을 늘어놓든 간에, 그리고 그 의미를 악의적으로 곡해하고자 얼마나 많이 시도하든 간에 미국 정부는 그 속에 담긴 본뜻은 물론 그 문맥에 의거해서 조약을 체결했음은 지극히 분명하다. 왜냐하면 적어도 미국 정부가 관련되어 있는 한, 미국은 그 친서에 동봉된 한미수호통상조약에 의거하여 청국에 대한 조선의 봉신문제는 명백히 해결되었다고 오늘날 주장하고 있기 때문이다. (←p. 19→)

워튼(F. Wharton)[12]이 그의 한 저서에서 밝힌 다음과 같은 문장이 미국

12) 워튼(Francis Wharton : 1820~1889) : 미국의 법률가이며 목사. 필라델피아에서 태어

의 입장으로 인용되고 있다.

> "피차 동등한 체약국으로서 두 나라[미국과 한국] 사이에 존재하고 있는 국제 관계는 하나의 수락할 수 있는 사실로서 간단하게 고려될 것이다. 그리고 미국은 청국에 대한 조선의 독립성을 하나의 기정 사실로 보고 있다."[13]

미국만이 홀로 이러한 주장을 펴고 있는 것은 아니다. 조선과의 수교를 요구하고 있는 적어도 두 개의 다른 열강들이 상업적으로는 물론 정치적으로 청국이 요구하고 있는 것과 동등한 조건으로 미국이 주장하고 있는 것처럼 조선도 동등한 주권을 유지해야 한다고 주장하고 있다.

뿐만 아니라 1876년 2월에 체결된 한일수호통상조약의 제1조에 명시된 바와 같이 일본과 조선은 다음과 같이 엄숙하게 공동선언을 하고 있다.

> "조선국은 자주국이며 일본국과 평등한 권리를 보유한다. 이제로부터 양국이 화친의 성의를 표하고자 할진대 모름지기 서로 동등한 예의로서 상대할지며 추호도 침월 시혐함이 있어서는 안 될 것이다."(국문)

> "朝鮮國自主之邦 保有與日本國平等之權 嗣後兩國欲表和親之實 須以彼此同等之禮相待 不可毫有侵越猜嫌"(한문)

조선과 맺은 여러 조약을 떠나서 보더라도, 조선과 중국의 역사적 관계는 종주국이니 봉신국이니 하는 문제에 관해 피차간에 그러한 조건을 제시할

나 법률학을 먼저 공부한 다음 미국 성공회 목사가 되었다. 성공회신학교 교사, 캠브리지대학 교수(1871~81), 국무성 법률 고문(1885~89)을 역임했다.

13) (원저자 주) F. Wharton, *Digest of international Law of the U.S.*, Vol. 1, paragraph 64.

만한 근거가 없다. 조선은 조공에 대한 조약은 체결한 적이 있지만 봉신의 조약은 체결한 적이 없다. 조선은 1636년에 체결한 한 조약[14]에서 봉신의 관계를 시인했다고 말하는 사람도 있다.

그러나 이러한 주장은 잘못된 것이다. 왜냐하면 그 조약도 또한 하나의 조공 조약이었으며, 그나마도 중국과 맺은 조약이 아니기 때문이다. (←p. 20→) 그것은 중국의 한 신민인 만주의 후금 태종과 맺은 항복 문서일 뿐이다. 그 무렵 그는 중국 정부에 대해 공공연히 반란을 일으키고 있었고 조선은 명의 마지막 천자의 편에 서서 그 제후에 대항해 싸웠는데 이는 전쟁 당시인 1636년까지만 해도 명나라 부족이 중국의 천자였기 때문이었다.

이 당시[병자호란]에는 그들 간에 봉신 관계의 조약이 체결된 적이 없었다. 그 뒤 8년이 지난 1644년에 와서야 만주족은 북경에서 황제의 자리에 올랐는데 그 뒤로 조선은 새삼스럽게 봉신 조약을 맺거나 동의한 적이 없었다.

봉신 관계가 국제법적으로 용인된 조건으로서 양국에 의해 지속될 경우에 주권자의 심중을 건드린다는 것은 곧 봉신국의 의향에 영향을 미치는 것이다. 이제까지 외국이 중국에 대해 반란을 일으켰다는 사실은 알려진 바가 없을 뿐만 아니라, 중국의 반란이나 내부적인 불만이 분명하게 조선을 교란시켰거나 영향을 미친 예도 없으며, 있다고 하더라도 그것은 북극에 있는 나라가 적도 지방에 있는 나라에게 영향을 미치는 정도를 넘지 못했다.

만약 조선이 중국의 봉신국이었다면 조선은 이제까지 보유해 왔고 또 자신의 수준에 맞을 만큼 수준을 향상시킬 수도 있었던 몇 십만 명의 군대를 양성하는 것은 물론 군수품을 장만하여 어려운 처지에 빠진 중국을 돕는 것이 중국에 대한 조공국으로서의 조선의 의무였을 것이지만, 군대나 무기는 물론 단돈 몇 푼도 그러한 목적으로 조선에서 중국으로 넘어간 것처럼 보이지 않는다.

---

14) 병자호란 무렵 인조가 삼전도에서 맺은 성하지맹을 의미함.

이와 같이 중요한 사실 이외에도 만약 봉신 관계가 기왕에 존재했었다면 중국은 조선의 문화에, 이를테면 국가적인 (←p. 21→) 상징이나 화폐 또는 법률에 분명히 중국적인 유산을 남겼어야만 했다. 또 다른 방면에서도 조선의 아픔이 치유될 수 있고 잘못이 시정될 수 있을 경우에는 다른 나라들에게 조선이야말로 중국의 책임이라는 것을 공공연히 인지시킴으로써 조선 측에서 스스로 그러한 봉신 관계를 받아들이도록 했어야만 했다.

국제 문제에 조예가 있는 사람에게는 조선이 종속 국가로 보일 수가 없다. 왜냐하면 법률적으로 보나 현실적으로 보더라도 조선은 주권을 가진 독립 국가의 대열에 끼어 있었으며, 앞으로도 강대국이 힘을 통해 조선을 그 대열에서 끌어내지 않는 한 그러한 독립성은 지속될 것이기 때문이다.

조선은 다른 나라와 외교를 교섭할 수 있는 권리를 가지고 있는데, 만약 조선이 봉신국이었다면 그러한 권리를 갖지 못했을 것이다. 조선은 중국의 도움을 받지 않고서도 다른 주권 · 독립 국가와 우호 · 통상 · 항해 조약을 체결했는데 만약 조선이 봉신 국가였더라면 이러한 권리를 갖지 못했을 것이다. 체약국은 상대 국가의 조정에 공사를 파견하는 반면에 봉신 국가들은 총영사조차도 파견할 수 없고 기껏 영사나 상무관을 파견할 수 있을 뿐이다.

조선은 선전 포고나 화의를 할 수 있지만 봉신국은 그의 종주국을 통해서만 그러한 외교 활동을 할 수 있을 뿐이다. 자신의 조약을 맺고 있는 청국은 조선의 조정에 외교관으로써 대표할 수 있고, 개항장에는 영사로써 대표할 수 있다. 그리고 만약 조선 정부의 이해 관계에 비추어 필요하다면 꼭 같은 자격으로 조선은 청국에 대표를 둘 것이다. 뿐만 아니라 양국 사이에는 우호적인 관계가 단절될 수 있는 것도 사실이다.

나는 여기에서 어쩔 수 없이 저명한 근대 국제법학자인 블런칠리[15]의 다

---

15) 블런칠리(J. K. Bluntschli : 1808~1881) : 스위스의 법학자이며 정치가. 취리히대학(1833~), 뮌헨대학(1848~), 하이델베르그대학(1861~)의 교수를 역임했으며 국제법학회를 창설(1873). 『일반국제법』(1852)과 『근대 국제법』(1868)을 저술했다.

음과 같은 구절을 적용해 보고자 한다. 그는 이렇게 말하고 있다. (←p. 22→)

> "주권이란 단일성의 성향이 있기 때문에 봉신국의 주권과 종주국의 주권 사이의 구분은 오래 지속될 수 없다. 역사는 이 원칙이 진리임을 보여주고 있다. 중세에는 유럽과 아시아에 많은 봉신국들이 있었으나 오늘날에는 거의 모두 사라졌다. 왜냐하면 이전의 봉신국들은 이제 주권 국가로 발전했거나 아니면 그보다 더 강한 국가에게 병합되었기 때문이다. 국제법은 이러한 발전을 주목하고 존중해야 한다. 따라서 고전적인 법률의 지탱할 수 없는 형식을 영속화시키는 방법을 모색함으로써 역사의 발전을 퇴행시키는 일이 없도록 해야 할 것이다."

국제법은 약소국들의 그러한 발전을 주목할 것이며, 그들의 권리를 지켜보면서 국가의 독립성을 유지하기 위해 투쟁하고 있는 조선을 주목할 것이다. 강대국들은 신비에 싸인 이 작은 왕국을 그토록 오랜 세월 동안 감싸고 있던 은둔으로부터 끌어내어 문명국가들의 가족 속에 끼워 주었다. 강대국들은 억압이나 부당한 처사가 일어날 경우에는 도움을 주겠다는 명백한 보장과 함께, 그들의 젊은 식구가 국제 사회의 무대에서 교살되도록 함으로써 그들의 약속이 수포로 돌아가도록 하는 일을 결코 용납하지 않을 것이다.

조선은 청국의 진정한 친구요 맹방이 되고자 하는 것이지 자발적인 노예가 되는 데 동의하는 것은 아니다. 오스트리아-헝가리의 외상인 칼노키[16]는 최근에 (←p. 23→) "19세기에 들어와서도 봉신국이 있다면 그것은 시대착오적이다."라고 말한 바 있다. 아무리 그렇다고 하더라도 청국이 그의 독특한 수법으로 조선을 봉신화하는 데 성공한다면 역사는 참으로 마디가 뒤

---

16) 칼노키(G. S. Kalnoky : 1832~1898) : 남작. 오스트리아-헝가리의 정치가이자 외교관. 모라비아 출신. 외상(1881~1885)으로 재임 시 러시아와 화해하고 이탈리아를 삼국동맹에 끌어들였으며(1882), 루마니아와 비밀 협정을 체결했다.(1883)

틀리는 아픔을 겪게 될 것이다.

그뿐만 아니라 청국이 역사의 새로운 장을 열게 된다면 그로티우스[17]나 화텔[18]이나 휘튼과 같은 저명한 학자들도 결코 깨닫지 못했던 원칙들을 국제법에 첨가하게 될 것이다. 청국과 조선이 주권적 독립국의 자격으로 국제사회에 가입했고, 청국이 조약을 체결하면서 조선에 대한 주권적 제약을 포기했고, 이러한 조약의 모든 조항을 준수하리라고 최근에 시인했고, 책임을 질 경우라면 조선의 처사에 대해 책임지리라고 선언했고, 조선과 하나의 조약을 체결한 최근에 이르러서까지도 종속 관계가 존재한다고 주장하는 것은 말장난이요 지성의 유린일 뿐만 아니라 국제 관계를 무시하려는 시도에 지나지 않는다.

이것뿐이 아니다. 종속의 문제를 토의하고 최종적으로 조정하면서 만약에 청국이 인간의 이성이나 오랜 경험의 영역을 초월하는 것이라고 여겨지는 것을 요구한다면 청국의 주장은 성격상 괴이한 짓이 되고 만다. 서구라파의 문명국가에서 이룩하고 채택한 데에서 증명되고 있는 바와 같이 국제법은 지난날에도 다른 나라와의 교섭에서 약소 국가들을 훌륭하게 지도해 왔으며, 청국도(←p. 24→) 이러한 국제법에 따라 자발적으로 조약의 체결을 통해 조약국과의 모든 관계에서 스스로 지배와 통제를 받기로 동의했다.

봉신 문제와 관련하여 아마도 가장 무분별하고도 납득할 수 없는 주장 가운데 하나는 조선 정부가 어떠한 형태의 조건도 없이 봉신 관계를 수락했다는 주장일 것이다. 그러나 이것은 사실과 거리가 멀다. 조선의 왕이 사려 깊은 충고를 듣고서 일본 주차 공사를 임명했고 가능하다면 조선의 문제에 대

17) 그로티우스(Hugo Grotius : 1583~1645) : 네덜란드의 법률학자. 델프트 출신. 라이덴 대학에서 법률학을 공부하고 정치 음모가 발각되어 프랑스에 망명(1621). 뒤에 스웨덴에 귀화하여 주불 대사(1634~45)를 역임. 주저로는 『전쟁과 평화의 법』(1625)이 있으며 근대 국제법의 아버지로 추앙됨.

18) 화텔(Emrnerich von Vattel : 1714~1767) : 스위스 출생의 법률학자. 색슨에서 활약. 주저로는 『국제법』(1758)이 있음.

한 청국의 악의적인 간섭을 저지하고자 유럽과 미국에 전권 사절을 파견한 적이 있었다.

그때 동양에 있는 몇몇 공영 신문의 악랄한 비판은 물론 북경 정부로부터 완강한 반대에 부딪쳤을 때 국왕 전하는 공식적인 처사로써 그와 같은 잘못된 설명을 부인한다는 점을 강조했다. 봉신 관계를 주장하는 사람들이 쓰는 방법에는 끝이 없다는 것이 분명하다.

지난해[1887년] 11월 17일자의 일본 『마이니치신문』에 기고한 한 특파원의 그러한 주장에 희생된 사람처럼 보이는 한 인물이 이렇게 말하고 있다.

> 조선이 외국에 공사를 파견하는 것에 관한 한 · 청간 협정을 체결한 것이 드러났는데 그 협약은 다음과 같은 3개 조로 구성되어 있다.
>
> **제1조** : 조선의 국무장관[19]은 해외에 공사를 파견하기 전에 조선 주차 청국 공사의 충고를 들어야 한다.
>
> **제2조** : 만약 조선의 공사가 해외에서 어떤 업무에 관해 외국 대표와 의견을 교환할 경우가 생기면 (← p. 25→) 그는 그 국가에 주차하고 있는 청국 공사와 상의해야 한다.
>
> **제3조** : 조선의 국무장관은 해외에 파견된 공사의 직급이 어떠하든 간에 그 국가에 파견된 청국 공사보다 상석에 앉는 것을 허락해서는 안 된다.

위의 조약 문서에 억지로 꿰어 맞출 수 있는 유일한 외교 문서는 지난해 11월 5일 무렵에 이홍장이 원세개 공사에게 보낸 다음과 같은 전령이 있다.[20]

> 첫째, 조선의 사절은 임지에 도착한 뒤 청국 공사관을 방문하여 청국 공

---

19) 여기서는 예조판서를 의미하는 것으로 보임.

20) 이 3개 조항은 소위 영약삼단이라고 하는 것으로서 청국이 조선의 외교권을 침해하는 처사였다. 그러나 이것이 협정의 형태로 이루어진 적은 없다.

> 사의 도움을 청해 그곳 외무성에게 자신을 소개해 주도록 대동할 것을 부탁해야 하며, 그런 뒤에야 조선의 사절은 그가 가고자 하는 곳을 갈 수 있다.
>
> 둘째, 만약 그곳 조연에서의 축제나, 공식 모임이나, 만찬이나, 술을 마실 일이 있을 경우 조선과 청국의 사절이 동석을 하게 되면 조선의 사절은 청국의 사절보다 항상 낮은 자리에 앉아야 한다.
>
> 셋째, 만약 논의해야 할 중요하고도 심각한 문제가 발생하면 조선의 사절은 우선 그곳의 청국 공사에게 은밀히 상의해야 하고, 두 사람은 그 문제에 관해 함께 논의하고 숙의해야 한다.

이것은 종속 관계에서 야기된 강제 조항이다. 그러나 이 문제는 다른 나라의 정부와는 무관한 것이기 때문에 제3국인은 이 문제를 캐물을 수 없다. 현재까지도 사절을 파견하는 문제는 속령으로 결정된 바가 없다. 조선 사람들은 (←p. 26→) 우호적인 마음으로 우리의 충고를 받아들여야 한다. 청국과 조선은 서로를 위해 연대감을 가져야 한다. 청국 공사는 평판 좋은 관리 가운데서 선발되고 있기 때문에 그들에게는 신뢰와 존경을 보여야 한다. 이것이야말로 조선의 사절이 청국의 사절을 대하는 법도이다. 이 사실을 조선의 외무아문을 거쳐 조선의 국왕에게 전달해야 하며 국왕은 이에 따라서 행동하도록 사절에게 지시해야 한다.

그러나 청국이 위와 같이 지시했음에도 불구하고 조선의 왕은 "자신의 사절들에게 그처럼 처신하도록" 지시하지 않았다. 그의 단호한 답변에 따르면, 조선의 공사들이 청국의 공사들에게 응분의 존경을 표시하도록 지시할 수는 있지만 조선의 모든 공사들은 열강과의 조약에 따라 왕으로부터 임명받은 것이기 때문에 탐탁지 않은 논평이나 부당한 의심을 일으킬 만한 명분을 주지 않고서는 그들의 직함을 변경시킬 수 없다는 것이었다.

그러므로 조선의 국왕으로부터 임명된 모든 공사들은 주차국의 조정에 알현하면서 다른 나라에서 온 공사들이 알현하는 의전을 따라야 한다는 것이었다. 따라서 위에서 청국이 요구한 여러 조건들을 포함하지 않는 원래의 훈령이 용인되었다.

이와 관련하여 나는 몇 달 전에 조선의 독립에 대해서 겁 없고도 공평했던 한 특파원의 탁월한 기사를 여기에 부담 없이 인용하고자 한다.

"이번 일에 대한 청국의 현재의 처사는 조선의 자유를 말살하려는 시도이며 (←p. 27→) '만약 청국을 포함하여 어떤 제삼국이 조선을 부당하거나 억압적으로 행동할 때 미국은 조선을 위해 그 우의를 표해야 한다.'는 한미수호통상조약 제1조의 범위에 속하는 문제이다. 이와 비슷하게 조선의 왕이 엄명하여 성 제임스의 궁정(Court of St. James)[21]에 파견된 사절이 청국에 의해 그곳에 파견되는 일이 저지될 경우에 대영제국이 어찌해야 할 것인가는 한영수호통상조약에서 쉽게 추론할 수 있다. 이 조약의 제2조는 다음과 같이 명시하고 있다.

'체약국으로서의 조선의(청국의 종주권이나 조선의 봉신에 대한 조항이 없음) 외교 대표 및 영사관들은 타국의 외교관 및 영사관들이 향유하는 특권 및 면제와 함께 그들이 주재하는 지방당국과 개인적으로 또는 서면으로 연락하면서 동등한 권리를 자유롭게 향유한다.'

대영제국은 이 조약에 따라 파견된 조선의 사신을 합법적으로 거절할 수 없다. 프랑스, 독일, 이탈리아, 그리고 러시아도 조선과 더불어 그와 같은 조약 조항을 가지고 있다는 점은 의심할 나위도 없다. 만약 조선이 위의 국가들에게 사절을 파견했을 때에도 청국이 그러한 권리를 제한하고자 어떤 구실을 주장한다면 열강들이 조선의 권리를 승인한 뒤 조선의 사절 파견권에 대해 청국의 그토록 앞뒤가 안 맞는 간섭을 자행하는 일을 열강들이 얼마나 감수하고 얼마나 분노할 것인지는 뒤에 더 두고 볼 일로 남아 있다.

한 국가의 생존에 대해 이토록 중요한 주인을 공감한 나머지 자유와 원칙을

---

21) 대영제국의 왕실을 말함.

사랑하는 사람들의 입장에서 본다면 조선의 자유에 대한 이러한 문제가 청국과 일본에서 발행되는 영국의 신문들에 의해 (←p. 28→) 어떻게 다루어지고 있는가 하는 점이 놀라울 뿐이다. 인구 200만 명의 불가리아와 인구가 백만 명도 채 안 되는 루멜리아[22]의 자유에 대해서 흥분하고 떠들어 댄 것과 비교해 보라. 이 두 국가들은 반야만족으로 혼합되어 있다.

하물며 조선은 1,200만의 인구를 가지고 있고, 적어도 중국과 동등한 문화 수준을 갖춘 민족임에랴. 더구나 동구라파의 한 모퉁이에서 이와 같은 일이 생겼더라면 비탄에 빠질 인도주의적인 열강의 범죄적 침묵과 무관심 속에서 조선이 청국에 의해 병합되고 동양사에서 사라지려고 하는 차제에는 더욱 할 말이 없다.

자신의 자유를 주창하는 조선의 노력은 청국에서 발행되는 영국계 신문의 호감을 사고 있는가? 동양에 있는 어떤 공공 기관이 청국과 투쟁하고 있는 조선의 편에서고 있다는 것을 보여주고자 분명하고도 떳떳하게 말한 사람이 누가 있었던가?"

사실상 청국은 조선에 대해 부주의하고도 진실하지 못한 주장을 수없이 했음에도 불구하고 워싱턴에 파견된 조선 공사는 즉시, 그리고 아무런 물의 없이 국무장관에 의해 대통령에게 소개되었으며 청국 공사와는 별도로 국무장관에게 소개되었다. 이와 마찬가지로 유럽에 파견되는 공사도 도착과 동시에 그 조정에 알현했다.

만약 유럽에 있는 청국 공사들이 그곳에 파견되는 조선 공사의 의전에 대해서 당치 않은 절차를 시도한다고 하더라도 그것은 청국의 뜻대로 되지는 않을 것이다. 왜냐하면 (←p. 29→) 국가적인 명예를 잃지 않으려는 나라라면 봉신국으로부터 어떠한 종류의 전권 공사나 사절 또는 공사를 접견하는

---

22) 루멜리아(Romelia) : 발칸 반도의 옛 터키 제국 영토의 일부로서 알바니아, 마케도니아, 트레이스의 지역을 포함한다.

가당치 않고도 선례가 없는 짓을 시도하는 독립 국가란 없기 때문이다.

조선의 국왕은 북경에서 온 질문에 대한 대답의 형태로 청국의 황제에게 소위 각서라는 것을 보낸 적이 있었고, 그 각서는 자신이 미국과 유럽에 공사를 파견하는 권리는 물론 그 명문을 설명한 적이 있었는데, 청국과 청한 종속을 주장하는 사람들은 그 각서야말로 청국과 조선을 가를 수 없을 만큼 얽어맬 또 다른 관계로 해석하고 있다. 바로 여기에서 분쟁이 일어나고 있는 것처럼 보인다.

조선의 왕이 자신의 조공 관계를 표현하려고 사용한 용어가 청국과 그 지지자들에 따라서는 끈질기고도 가차 없이 봉신 관계를 의미하는 것으로 번역되었다는 점이다. 조선의 국왕이 청국의 황제에게 보낸 그 각서에서 조공사(tributary envoys and plenipotentiaries)라는 말을 썼을 때, 그는 그것이 제삼국과의 관계에서 그들이 해석하고 납득하는 국제법에 전적으로 일치하는 것이라고 알고 있었다.

따라서 청국이 그것을 봉신사(vassal envoys and plenipotentiaries)로 해석한 것은 잘못된 것이다. 왜냐하면 그러한 용어 자체가 문명국가의 법과는 전적으로 모순되기 때문이다. 문명국가의 법률에서는 어떠한 형태의 봉신적 특사, 전권 사절, 또는 공사를 인정하지 않고 있다. 왜냐하면 봉신 국가들은 단지 영사와 상무관만을 임명할 권한이 있기 때문이다.

이 봉신의 문제와 관련하여 우리가 주의를 기울여야 할 또 다른 방안이 있는데 이를테면 각서나 문서를 경우에 따라 적절히 번역하여 청국 내의 신문에 빈번히 게재하여 (←p. 30→) 이것이 조선의 왕에게서 온 것이라고 주장함으로써, 구체적인 논증이 아니라 묵시적으로 조선이 봉신국이 아님을 인정케 하는 것이다.

그러한 기사에 대한 대답으로서 조선의 왕은 어떠한 문서에서도 그러한 관계의 존속을 시인한 적이 결코 없으며, 따라서 "어느 때 정부의 관리가 그러한 봉신 관계를 인정하는 사안을 시인한 적이 있다 하더라도 그것은 책임을 질 만한 사람의 발언이 아니며 무효일 뿐"이라는 사실을 바로 조선의 책임질 만한 당국자로부터 들었다.

조선의 국왕은 자신의 국가에 대한 청국의 음험한 조치의 목적이 어디에 있는지를 너무도 잘 알고 있다. 따라서 그가 그러한 국가적 기만 행위를 시인하고, 2년 반 동안 청국의 위협적이고도 폭력적이며 범죄적인 처사로 말미암아 국왕이 가장 처참한 방법으로 봉신 관계를 시인한다 하더라도 그것이 조선 정부를 속박할 수는 없다. 왜냐하면 강박에 의한 시인은 사실에 대한 증거가 될 수 없을 뿐만 아니라 시인 그 자체가 아니기 때문이다.

상업적인 이해 관계를 보호할 일이 거의 없고 주권을 해결하면서 아무런 문제가 없는 여타의 독립 국가들도 외국에 공식적으로 공사를 파견하는 데 아무런 말썽이 없다. 그런데도 조선의 왕이 다른 독립 국가들과 체결한 조약의 명문에 따라서 같은 일을 하면 어느 쪽에서는 소나기처럼 욕을 퍼붓는가 하면 어느 쪽에서는 점잖은 투로 그러한 처사는 유해하고도 분별없는 것이라고 특징짓는다. 뒷전에 밀려 있어야 할 문제를 억지로 표면에 나타내고 있는 반면에 (←p. 31→) 조선의 왕과 그의 고문들은 그 나라의 자원 개발에 관심을 기울이고 있었다.

봉신의 문제가 억지로 표면에 나타난 것은 조선의 왕과 고문들에 의해서가 아니라 청국의 참견과 억압에 의한 것이었으며, 그러한 처사는 주로 원세개의 행동을 통해서 이루어졌다는 것은 틀림없는 사실이다. 그 옹졸한 기국, 범죄성, 부당성, 그리고 잔혹성이라는 점에서 볼 때 국제 관계의 역사에 원세개 같은 인물은 거의 없었다.

원세개는 청국의 발굽으로 조선의 목을 짓누르고자 조선의 국내 발전을 지향하여 이루어진 모든 노력을 반대했을 뿐만 아니라 자신의 주변에 늘 거느리고 있던 용병대를 이용함으로써 조선의 상류 인사들이 정부와 자신들을 위해 외국과 거래하려는 거의 모든 노력을 파멸시키고 웃음거리가 되도록 만들려고 노력했다. 그는 그러한 행위를 통해서 조선의 백성들이야말로 거래를 결코 배울 수 없는 힘없는 어린 아이의 나라이며 따라서 그들에 대한 후견이 필요하다는 것을 세상에 보여주려고 했다.

원세개는 자신의 소망과 욕망에 부합하도록 꾸미려고 청국의 육전대와 해군 그리고 이홍장의 복수심을 등에 업은 조선의 관리들을 통해서 위협을 되풀이했을 뿐만 아니라, 천박하기 짝이 없는 자신의 쿨리, 노복, 마부까지 데리고 (←p. 32→) 왕의 편전에 이르는 입구에 이르기까지 기마를 타고 입궐함으로써 조선의 유서 깊고도 성스러운 풍속을 더럽히는 등 관리와 백성의 눈에 왕실의 존엄성을 실추시키려고 했다.[23)]

1886년 7월과 8월에는 원세개 탓으로 소요가 일어났다. 그 이유인 곧 조선의 국왕이 쓴 적도 없는 한 문서를 국왕이 썼다고 인정하도록 조정에 압력을 가하려고 했기 때문이었다. 뿐만 아니라 들리는 바에 따르면, 한 우방국가에게 청국의 침략으로부터 보호해 줄 것을 요청하는 내용이 그 글에 들어 있었다는 것이다.[24)] 원세개의 이와 같은 언동은 허풍선이들의 우두머리인 이홍장의 공이 되었을는지도 모른다.

원세개의 처사 가운데서 어느 것은 한 두 명의 외교관[25)]들로부터 찬사와 격려를 받은 적이 있기는 하지만, 그가 욕을 먹은 모든 처사는 조선의 개항장에 파견된 청국의 군함 승무원들과 일부 청국의 말직 관리들에게서만 지지를 받았을 뿐이다. 청국이 개항장에 전선을 파견한 것은 그들의 조약에 명시된 바와 같이 "청국의 영사와 상민을 보호하기 위한 것"이라느니, 아니

---

23) 외교 사절이 입궐 때에는 하마비 앞에 이르러 가마나 말에서 내려 편전까지 걸어가는 것이 상례임에도 불구하고 원세개는 어전까지 가마를 타고 들어감으로써 조선의 조정뿐만 아니라 당시의 외교계에 커다란 물의를 일으켰다. 이에 대한 자세한 논의는 Spencer J. Palmer(ed.), *Korean-American Relations*, Vol. II(Berkeley and Los Angeles : University of California Press, 1963), pp. 92~99 참조.

24) 제2차 한러밀약사건을 의미함. 원세개의 횡포가 심해지자 조존두 등 친러파는 어보와 총리내무부사 심순택의 날인을 받아 웨베르 러시아 공사에게 구원을 요청했고 친청파 민영익은 이를 원세개에게 밀고함으로써 사건이 일어났다. 원세개는 이 사건을 계기로 고종의 폐위를 요구하기에까지 이르렀다.

25) 여기에서는 친청파인 묄렌도르프를 의미함.

면 "속국에 대한 중국의 호의"라는 식으로 조약 전문에서 티를 내고 있다.

그러나 그 진의는 조선에서 홍삼을 밀수하려는 그들의 시도에서 잘 나타나고 있다. 청국 관리들의 요구에 따라서 다소간 화물을 싣는 것이 관례로 되어 있는 이 군함들은 청국을 떠나 조선에 입항할 때는 세관의 검색을 받지 않고 양륙되어야 한다고 주장하나 해관당국자들은 다른 경우와 마찬가지로 과세 품목의 선적 여부를 알아보고자 검사해야 한다고 주장하고 있다.

이러한 종류의 분쟁이 발생하면 예외 없이 청국 영사는 군함 승무원들의 편을 들며, 그들을 위해 (←p. 33→) 서울의 원세개에게 사정을 알린다. 그러면 원세개는 즉시 외무아문의 독판을 협박하여 끝내는 검색 없이 그 품목들이 통관될 수 있도록 지시를 내리게 만든다.

잘 알려진 바와 같이 청국의 군함에 의한 최근의 인삼 밀수 사건은 10월에 일어났다. 이 당시에는 몇 천 달러어치의 인삼이 압수되었는데 그 가운데 가장 큰 상자는 "원세개의 도장과 서명이 찍혀 있었다." 해관의 총세무사는 이와 같은 불법적이고도 기만적인 관례를 타파하기 위해 그의 모든 권한을 행사했다. 그는 외무아문의 독판과 천진의 이홍장, 그리고 청국의 해관 총세무사[26]에게 호소하여 조선 해관의 법규를 집행할 수 있도록 도와 달라고 했지만 아무런 소용도 없었다.

외무아문의 독판은 이런 문제라면 청국인에 대해 자신은 무력하다고 솔직하게 말했다. 그토록 기만적인 처사를 겪었음에도 불구하고 조선의 해관은 이제 방금 막이 내린 금년[27]의 관세 수입은 25만 달러에 이르렀는데, 정당하고도 합법적으로만 운영되었더라면 이 총액은 상당히 증가되었을 것이다.

그러나 냉혈함이 그 극치에 이르렀던 청국 공사 원세개의 행동은 하나의 음모로 나타났다. 조선의 국왕을 폐위·축출하고 나긋나긋한 허수아비 왕

---

26) 1885년에 묄렌도르프의 후임으로 부임한 메릴(H. F. Merrill)을 의미함.

27) 이 책이 1888년 3월에 발행되었다는 사실로 미루어 볼 때 "이제 방금 막이 내린 금년"이라 함은 이 글이 탈고된 1887년 말을 의미하는 것이다.

을 세우려던 그의 음모가 탄로된 것은 지난해(1886) 7월이었다. 이 극악무도한 작업을 수행한다는 것은 수많은 한국인들은 물론 서울에 있는 모든 외국인들의 생명을 위태롭게 하는 이외에도 폭동, 방화, 유혈 그리고 심지어는 암살을 수반하는 것이었다.

이 음모의 모든 세부 사항은 국왕을 겨누고 있었다. (←p. 34→) 만약 민영익 공의 정직함과 충성심이 없었더라면 이 음모는 틀림없이 수행되었을 것이다. 민영익은 조선의 신하 가운데서 가장 유능하고 진실한 인물이며 왕에 대해서 샅샅이 알고 있었다. 그는 과거 한때 원세개의 음모에 연루되었으나 때때로 변모하는 상황을 국왕과 나에게 성실하게 보고함으로써 우리가 그 음모를 억제 · 궤멸시킬 수 있게 해 주었다. 악명 높은 이 음모의 가장 터무니없는 부분은 바로 그 음모의 초벌 구상인데 그에 따르면 원세개는 음모 수행의 여부를 묻고자 이 구상을 이홍장에게 보내기로 되어 있었다. 이 폐위안의 원칙적인 골격을 살펴보면 다음과 같다.

> 양이들로부터 강화를 수비한다는 구실 아래 그곳에서 조선의 군대를 조련하도록 되어 있었다. 이 군인들은 결정적인 순간에 그들의 지휘자를 쉽사리 알아볼 수 있도록 하고자 청국 공사의 사열을 받는다. 그들은 편의에 따라 왕궁 가까이에 배치된다. 그런 다음 전 섭정인 대원군의 궁이나 가옥을 불지른다. 왕의 편전 앞에 신호봉을 설치하여 대원군의 추종자들이 봉기하는 신호로 삼는다. 그들은 이를 갈며 왕비[민비]와 그 일당을 증오하고 있다.
>
> 폭도들은 왕궁을 습격하며, 이때 원세개는 1884년 갑신정변 당시에 했던 것처럼 현장에 나타난다. 원세개는 앞서 언급한 군대를 이끌고 폭도들을 진압한다는 구실 아래 왕의 신병을 확보하여 궁 밖으로 납치한 왕의 형(이재면)의 아들 이준용을 왕세자로 선언하고 (←p. 35→) 대원군을 섭정으로 선언한다. 동의를 받은 왕세자가 다수의 지지를 얻게 되면 대원군의 지휘 아래 청국인들이 조선의 조정과 나라를 위해 완전한 투자를 한다.

원세개는 또한 그 음모의 재정적인 측면도 소홀히 하지 않았다. 그는 어떤 장군에게 3천 타엘(약 4,500달러)을 맡겨 둔 것이 있었는데 그중 군대의 훈련과 동원에 필요한 비용을 지불한다는 것이다. 그러나 민영익이 출국하고[28] 음모가 실패로 돌아가자 그 돈을 도로 찾아가 버렸다.

청국 정부는 그들의 관리들이 조선에서 저지른 처사를 모른다고 변명할 수가 없었다. 왜냐하면 청국 관리들은 기회가 있을 때마다 여러 가지 통로를 통하여 모든 충고를 들었기 때문이다. 나는 국왕의 위임을 받아 두 번에 걸쳐 천진을 방문한 바 있는데 그때 나는 원세개의 상식 밖의 처사와 조선에 대한 북경 정부의 정책에 관해서 이홍장과 충분한 토론을 가진 바 있다. 나는 1886년 9월의 첫 대담에서 홍분과 무질서를 막아낼 수 있는 가장 적절한 방법으로서 한반도에서의 정치 문제에 관해 청·일은 물론 청·러 사이에 우호적인 이해가 있어야 한다고 강조했다.

내가 떠나기 전에 이홍장은 그러한 이해에 도달하게 될 뿐만 아니라 원세개는 나이도 어리고 그 직책에 대한 경험도 적기 때문에 청국으로서는 그를 교체하고자 한다고 자신의 입장을 설명했다. 사실상 이홍장의 말에 따르면, 조선 주차 공사의 직책은 이미 (←p. 36→) 지금의 천진 도대[29]나 이제 방금 임명된 지부의 도대에게 넘겼다지만 그 두 사람은 이를 거절했다.

가능하다면 이홍장을 한 번 더 만나 조선의 국왕에 대한 원세개의 음모를 항변함은 물론, 조선의 사절 파견권과 무역을 목적으로 한 개항 등을 논의하려고 두 번째로 천진을 찾아간 것은 지난해(1887) 10월이었다. 그 자리에서 나는 이홍장이 원세개를 회상시켜 주는 것이라면 귀를 닫아 버린다는 것을 알고서는 예정한 대로 최근의 반역적 처사에 대한 분명한 증거를 제시함으로써 그를 영원히 처치해 버리려고 했다.

---

28) 민영익은 폐위 사건이 실패하자 일시 홍콩으로 몸을 피한 적이 있었다.

29) 도대(道臺) : 명 · 청 시대에 왕명으로 부의 행정을 시찰하고자 파견된 종3품의 관리.

그러나 이홍장은 자신도 폐위 음모를 속속들이 알고 있었고, 원세개가 거기에 연루되었지만 그것은 전적으로 민영익의 실수였으며, 민영익은 그러한 음모를 꾸미고 원세개를 끌어들였으며 그러한 음모에 자신을 끌려 들어가게 만든 어리석음을 엄히 꾸짖었다는 등의 이야기를 냉정하게 내게 들려주는 것을 듣고서 나는 다만 놀라울 뿐이었다.

이와 같은 범죄 기록을 가지고 있는 원세개는 한·청 사이에 맺어진 조약 한청상민수륙무역장정 제1조 후미의 구절을 위배하면서 아직도 조선 주차공사의 직무를 계속하고 있다. 그 조약문은, “이들 관원이 고집과 편성으로 시무에 불미하면 북양대신과 조선 국왕은 피차간에 조회하여 **즉시로 철귀시킨다**”고 되어 있다.

이러한 모든 것을 살피다 보면 원세개가 서울에 머물러 있어야 할 이유가 무엇인가 하는 점을 자연히 자문하게 된다. 그것은 조선을 차지하고자 원하면서도 문명국가의 눈으로서는 (←p. 37→) 그렇게 하는 것이 도저히 변명할 수 없는 청국이 자신의 폭력적인 처사를 통해 어떤 구실을 제공하려고 기대하고 있기 때문일까?

그런 것을 기대해서는 안 된다. 이것이 모두가 아니다. 밀수나 하고, 폐위 음모나 꾸미고, 외교적 범법 행위를 하는 자가 이웃 나라의 조정에서 자기 나라를 대표한다고 주장하는 정부의 도덕적 수준은 도대체 어떤 것이어야만 하는가? 실제로 저질러진 사실과 그러한 사실에 알맞은 다음과 같은 역사적 기록을 어느 저명한 국제법 학자의 글에서 인용한다고 하더라도 나의 말이 지나치지 않으리라고 나는 생각한다.

> “외교사를 보면 대사가 체포되고 추방된 예는 가끔 나타나고 있다. 스코틀랜드 매리 여왕(Mary Queen of Scots)의 대사였던 로스 주교(Bishop of Ross)는 군주에 대한 역모죄로 체포되었다가 영국으로부터 추방된 적이 있는가 하면, 노포크 공작(Duke of Norfolk)과 그 밖의 모반자들은 **재판에 회**

부되었다가 처형되었다. 1584년 엘리자베스 여왕의 폐위를 위해 군대를 끌어들이는 음모를 꾸민 죄로 영국 주차 스페인 대사인 드 멘도사[30)]가 출국 명령을 받았다. 1684년에 영국 주차 프랑스 대사 드 바스는 크롬웰의 암살 음모 혐의로 24시간 안에 영국을 떠나라는 명령을 받았다.

1717년에 영국 주차 스웨덴 대사인 윌렌보리[31)]는 조지 1세의 폐위 음모를 꾸민 적이 있었다. 그는 체포되었고 그의 밀실은 뜯겨 수색을 받았으며 문서들은 압수되었다. 스웨덴은 그에 대한 보복으로 스톡홀름 주차 영국 공사를 체포했다. 윌렌보리의 체포는 자위 수단으로 필요한 조치였지만 국제법의 원칙에 비추어 볼 때 (←p. 38→) 스웨덴이 영국 공사를 체포한 것은 정당화될 수 없다.

그와 비슷한 이유로 프랑스 주차 스페인 대사인 칼라매어가 1718년에 체포되었고 그의 문서가 압수되었으며 그 자신은 군대의 호송을 받아 국경으로 인도되었다. 1848년의 최근까지도 스페인 주차 영국 대사인 벌워 경[32)]은 여권을 회수 당하고 스페인 정부로부터 스페인 영토를 떠나라는 요청을 받았다. 스페인의 어느 지역에서 모종의 소란이 일어난 적이 있었는데 스페인 정부는 벌워 경이 그 불만을 조장했다고 그곳 주민들을 설득시켰다."

만약 조선 정부가 자신의 권리를 집행할 만한 국력을 가졌다면 좀 더 최근에 있었던 또 다른 사건으로 원세개의 이름이 위의 명단에 추가되었을 수도 있다. 청국의 관리들은 일본 정부로부터 김옥균을 인도 받아 오라고 꽤나 닦달을 받은 듯이 보인다. 청국은 그렇게 함으로써 김옥균을 정당하게

---

30) 드 멘도사(Antonio de Mendoza y Pacheco : 1495~1552) : 스페인의 외교관 겸 정치인. 초대 스페인 총독(1535~1550)과 페루 총독(1551~1552)의 재직 중에 현지에서 사망함.

31) 윌렌보리(Carl Gyllenborg : 1679~1746) : 스웨덴의 정치가. 외교관 생활을 거쳐 수상(1739)을 역임했으며 그의 정책은 대러시아전쟁(1741~1743)의 원인이 되었다.

32) 벌워(Sir H. Bulwer : 1801~1872) : 영국의 외교관. 1829년에 외무성에 들어가 스페인 대사(1843~1848), 콘스탄티노플 대사(1858~1865)를 역임했다.

처벌하고자 했었다.

정치범의 인도를 반대하는 국제 선례가 없었더라면 일본 정부는 기꺼이 그를 청국에 인도했으리라는 것은 의심할 나위도 없다. 원세개의 국왕 폐위 음모는 김옥균의 그것에 비하면 훨씬 더 중죄에 해당되는 것이다. 왜냐하면 김옥균은 어느 누구보다도 일부 고관들을 겨냥한 것이지만 원세개의 음모는 조선의 국가 원수이자 얼굴이라고 할 수 있는 국왕을 겨냥한 것이기 때문이다.

만약 청국의 관리들이 (←p. 39→) 김옥균에게 그의 죄과에 대해 정당한 벌을 받도록 하면서 진실했다면 그들은 조선의 왕에 대한 원세개의 더 큰 범죄 행위를 절대로 용납하지 말았어야 했다. 청국인들의 위압적인 처사는 조선에 있는 말직이나 군함을 타고 이 나라를 일시적으로 방문하는 사람들에게만 국한된 것이 아니오, 천진과 북경에까지도 그 폐해가 확대되고 있다.

내가 조선의 천연 자원을 조사하려고 북부 지방에 갔다가 돌아온 뒤 나는 평양이야말로 이 지역의 중심지로서 농산물과 광산물이 풍부하기 때문에 합법적인 무역이 장려 · 증대되어야 하고, 관세 수입을 대폭 늘려야 하고 대동강의 안팎에서 자행되고 있는 밀수 행위를 단속하는 반면에 평양이나 그 근처에 개항장을 설립함으로써 이미 조선 정부에 따라서 확정된 이 지역 부근의 석탄과 기타 광물질을 채광하려면 예비 작업을 추진해야 한다고 권고한 바가 있다. 이와 같은 나의 구상은 해관총세무사로부터 따뜻한 지원을 받았으며 그 뒤 이 유력한 관리는 왕으로부터 그러한 예비 조치를 취하라는 지시를 받았다.

대동강을 탐사하고 평양에서 가장 가까운 실용 지점에 항구의 터를 잡고자 한 세관원을 배에 태운 기선이 파견되었다. 이러한 작업이 진행되는 동안 이홍장은 그곳에 항구를 개설할 수 없다고 원세개에게 알렸다. 이와 같이 불법 · 부당한 (←p. 40→) 간섭으로 모욕을 겪은 총세무사는 그 세관원을 태운 선박이 되돌아오도록 명령을 내리지 않을 수 없었다.

애당초에서부터 국왕은 그러한 명령이 이홍장으로부터 나온 것이라고 믿지는 않았지만 나를 통해서 이홍장과 직접 통문해 본 결과 그것은 원세개의 말이었음을 확인할 수가 있었다. 이 주제를 논의하면서 이홍장은 평양이 청국의 우장항[33]과 가까이 있기 때문에 그곳에 항구를 여는 것은 청국의 무역에 심각한 저애가 된다는 그릇되고도 비논리적인 이유를 내세워 평양의 개항을 반대했다.

그러나 첫째로 우장은 평양으로부터 몇 백 마일이나 떨어져 있고, 둘째로 두 항구 사이에 거래되는 연간 무역고는 1천 달러도 못 된다. 만약 무역고가 1백만 달러나 천만 달러가 된다고 하더라도 조선 정부의 세입·세출에 대해서 청국이 그토록 신경을 써야 할 이유가 없지 않은가? 아니면 조선의 해관을 규제하면서 그것을 지시하고 조작함으로써 조선의 천연 자원과 국부를 조선이 아닌 청국이 이익이 되도록 만들려는 것이 북경 정부의 목적이 아닌가?

무역을 자극·고무하고자 개항함으로써 재화와 인구와 국력을 신장시키고 항해를 확장하고, 세입·예술·농업·상업을 개선하려는 모든 국가들의 권리는 분쟁의 여지가 없는 것이며 하늘 아래 모든 문명국가들이 인정하고 있는 것이다. 그러므로 청국이 사실을 시인하는 것이 빠르면 빠를수록 그 자신의 이해 관계는 물론 (←p. 41→) 그가 우호 관계를 나누고자 시도했던 국제 사회를 위해 해서도 좋은 일일 것이다.

이홍장의 요망은 개항 문제에 그치지 않았다. 왜냐하면 조선은 우선 청국에 대한 동의를 물어 답을 얻기 전에는 과거 몇 세기와 마찬가지로 정사를 처리할 수 있을 뿐만 아니라 조선의 천연 자원을 개발하는 데 도움이 되는 차관을 협상·교섭할 수 없다고 이홍장은 주장했기 때문이다. 여기에서 제시된 바와 같이 잔인하고, 부당하고, 참칭적인 일련의 오랜 처사를 고려해 볼 때 조선에 대해서 종주권을 주장하는 상황 아래서 청국이 양국 간의 우

---

33) 우장(牛莊) : 봉천성 해성 서쪽 60리에 있는 항구 도시로 함풍 8년(1858)에 청영간의 천진조약을 체결한 곳으로 유명하다.

호를 공언한다면 그것은 그 성실성에서 어처구니없는 일일 뿐이다.

그와 같은 간섭의 나쁜 결과는 여기에서 그치지 않는다. 만약 이홍장이 조선 정부를 요리하면서 제3국과 체결된 조약 가운데 상업적인 부분을 사실상 손상시킬 수 있다면 그는 그와 유사한 방법으로 사절의 임명, 무역의 편의를 위한 개항, 관세 징수, 체약국 신민의 인민 · 재산에 대한 제반 문제에서 이들 조약의 모든 조항을 무시할 수도 있다.

제3국의 체약권과 그들 국민의 생명이 얼마나 오랫동안 위험에 빠질 것이고 얼마나 오랫동안 희롱 당할 것인지, 그리고 어떤 제동이 걸릴 때까지는 들이댈 것같이 보이는 청국의 지시가 앞으로 얼마나 용인될 것인지의 문제는 전적으로 미국을 제외한 제3의 열강들이 조선과 체결한 그들의 조약에 얼마나 신뢰와 가치를 부여하는가의 여부에 달려 있다.

내가 여기에서 "미국을 제외한"이란 말을 썼는데 (←p. 42→) 그 이유인즉, 미국은 한반도에서 스스로 보호해야 할 정치적 이해 관계가 없이 다만 한미수호통상조약 제1조에 명시된 신의만은 염두에 두면서, 그들의 탁월한 국무장관 베이아드(Thomas F. Bayard)를 통해 미국이 이미 조선과 우호통상 조약을 체결한 바와 같이, 주권과 독립에 기초해서, 조약상의 권리와 특권이 존중되기를 바란다고 통고한 사실이 있기 때문이다.

만약 조선의 독립이 지속된다는 이유 때문에 청국의 국가적 독립성이 위험에 빠진다거나 그들 신민의 권리와 특권이 위협을 겪는다거나, 그러한 이유 때문에 현재로서는 존재하지 않는 어떤 관계를 상정하거나, 그러한 상정에 대한 허위 의식으로써 노력하는 대신에 조선을 합병하고자 공개적으로 추진한다면 사태는 달라질 수도 있다. 개인의 경우와 마찬가지로 국가에서도 자존권은 천부적이며 그 국가가 그 국민에 대해 가지고 있는 가장 신성하고도 책임 있는 의무는 안정되고도 훌륭한 행정 체제 아래서 그들의 모든 권리를 보장하는 것이다.

조선의 왕은 체약 관계에 있는 모든 나라에 공식 사절을 임명 · 파견했는데 이러한 사실은 조선에 대한 종주권을 주장하고 있는 사람들에게는 치명적인 것이었다. 이러한 상황에서 이제 청국은 조선 문제에 대한 허위의 가면을 벗어버리고 한반도 정책을 확실한 어휘로 솔직하게 발표할 시기가 온 것이다. 이 종속의 문제가 이러저러한 방법으로 해결되기 이전까지는 오늘날과 같이 동양의 정치에서 매우 심각하고도 골치 아픈 문제는 계속될 뿐만 아니라 (←p. 43→) 조선에서 오랫동안 고질화된 권력 남용의 개혁과 내정의 발전은 저지되지는 않을지라도 천연될 것이다.

그러나 서구 사회에서와 같이 조선의 지속적 독립에 유리하도록 문제가 해결되고, 정부의 국제 조약을 통해 이미 규정된 의무에 대해 전면적인 책임을 지게 되고, 왕실은 노동을 신성하게 여기게 되고, 게으름은 비난을 받게 되었다. 서구 사회에서는 진정한 위대함, 영원한 번영, 그리고 국력에 이르는 유일한 관건은 노동조합에 가입하고 기업에 종사하는 것이 존경받을 뿐만 아니라 그것이 위대한 일이라는 진실을 인식하는 데 있다는 사실을 깨닫고 있다. 이러한 현상은 최고의 추앙과 격려를 받을 만한 일이다.

노동을 불명예스럽게 생각하기 때문에 무위도식하며 조선의 노동을 소모시키고 있는 양반 계급도 자기들이 먹을 것을 벌어야 하고, 오늘날 자행되고 있는 불법적인 수탈과 착취로부터 잉여 제품을 보호함으로써 농민 계급을 자극하고 고무하게 되면(정치적 조건이 개선되면 조만간에 이러한 상황이 따르게 될 것이다) 조선은 천연 자원이 정당하게 몫을 하게 될 번영의 시대에 들어가게 될 것이다 .

나는 이제 조선의 국왕이 성격상 나약하고 우유부단하다는 진부한 비난에 대해 몇 마디 대답하고자 한다. 나는 이 정부를 보호하고 (←p. 44→) 바로잡을 수 있는 유능한 사람들에게 조선의 주권의 문제와 슬픔을 맡기고 떠난다. 국왕 전하의 외교 고문이자 외무아문의 협판으로서 2년의 세월은 내가 몇 가지 충고를 할 수 있게 만들었다. 이 기간 동안 조선 문제의 가장 고통스러운 국면의 몇 가지가 제기되어 해결되었는데 이러한 문제의 해결을 통해 국왕은 한 위대한 민족의 군주답게 확고함과 명쾌함과 인내를 보여주었다. 그의 언행은 커다란 불안을 보일 때도 흔히 있었지만 결코 나약하거나 노여움을 보이지는 않았다.

한국인들이 서구인들과 접촉할 때 변화의 새로움과 휘황함에 눈이 부시기도 했고, 몇몇 모험가와 무분별한 사람들의 감언이설에 고무를 받았기 때문에 정부는 실현될 수도 없는 모험을 감행한 적도 있고, 이것이 실패함으로써 사치하고 변덕스럽다는 소문만 나고 이 나쁜 소문을 지우기에는 몇 년 동안의 근신과 절제가 필요하리라는 것도 사실이다. 그러나 아시아의 모든 민족들도 다 그러한 체험을 했고, 조선도 역시 그러한 체험을 하지 않을 수 없었다. 청국의 제국주의적 요구에 거슬리면서까지 구라파와 미국에 사절을 파견한 지금에 와서도 국왕은 겁이 많다거니 성격상 소신이 없다느니 하는 비난을 더 이상 들어서는 안 될 것이다.

국왕 전하는 청국으로부터 항의를 받았을 때에도 조용히 품위를 지킴으로써 중요한 문제에서 처신을 훌륭히 보여주었으며, 사절 파견에 관한 반대 의견을 듣고서도 이에 조심스럽게 대응하여 국제법은 물론 조약으로 명시된 바와 같은 권리에 의해 (←p. 45→) 각 공사들에게 임지로 떠나도록 명령했다. 이러한 처사는 원세개의 거친 행동과 외교적 기행을 겪음은 물론 북경정부의 최후 통첩과 이홍장이 제시한 구체적인 조건과 배치되는 것이었다.

이홍장과 원세개의 이러한 작태의 뒤에는 몇몇 비겁한 조선 관료들의 끈질긴 노력이 도사리고 있었다. 그들은 대궐과 청국 공사관 사이의 잘 다진 길을 이용하여 국왕에 대한 충성과 애국심을 표시하고 있다. 아니, 내가 알기로는 국왕 전하는 성격이 너무 강직했기 때문에 도움도 되지 않을 목적을 가진 그런 사람들이 그런 짓을 하도록 할 수 없었을 것이라고 말하는 것이 오히려 옳을 것이다. 전하는 오만한 "힘"을 과시함으로써 얻을 수 있는 왕국을 가진 것이 아니라, 나약함과 두려움을 보임으로써 잃을 수 있는 왕국을 지키고 있다는 사실을 기억해야 할 것이다.

일상적으로 친절을 베푸는 국왕의 성품은 이제까지 나약한 것으로 오해를 받아 왔었다. 심지어는 몇몇 백성들조차도 공공 사업에서도 지나치리만큼 친절하다고 말하고 있다. 그의 습성은 철저한 절제와 근면이다. 뿐만 아니라 성품상으로 진보적인 국왕은 서구 세계를 인간화하고 기독교화하는 데 커다란 공헌을 이룩한 고도의 문명에 이르는 길로 자기 백성들을 이끌어가는 데 도움이 될 정보를 꾸준히 모색하고 있다.

그러나 불행하게도, 다소의 예외가 있기는 하지만, 이러한 위대한 과업을 수행하면서 왕은 사고무친하다. 서구적 진보를 동정하고 있는 사람들은 예외 없이 영향력도 없고 추종자도 없는 반면에, 그 양자를 모두 갖추고 있는 사람들은 (←p. 46→) 충성심을 가지고 과거의 전통에 더 큰 가치를 두려고 고집하고 있다. 이러한 상황 아래 있는 조선의 국왕은 확실히 모든 사람들로부터 동정과 지원을 받을 만한 분이다.

1888년 2월 3일
조선국 서울에서
데니(O. N. Denny) 씀
(←p. 47)

데니의 서한집

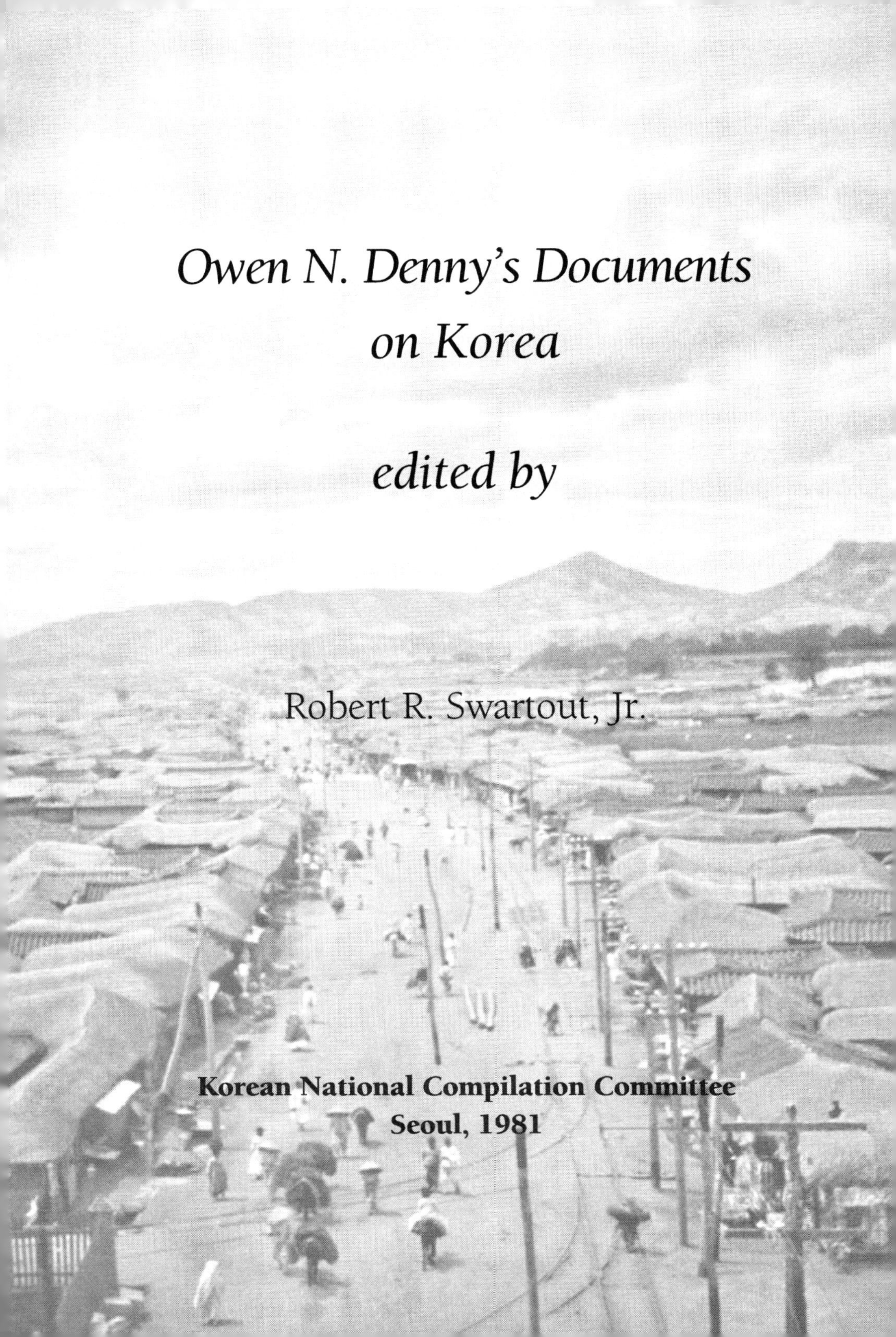

Owen N. Denny's Documents on Korea

edited by

Robert R. Swartout, Jr.

Korean National Compilation Committee
Seoul, 1981

제 I 편 조선의 국제 관계에 관한 서한

편지(No. 35)

서울, 조선, 1886년 6월 29일

총서기관이시며, 후계자의 보호자이시며, 옥새에 수호자이시며, 북부 지역의 무역 감독자이시시며, 직예 총독이신 이중당(이홍장) 각하에게

친애하는 총독 각하

여기에 그 사건[영국의 거문도 점령]에 대한 러시아의 의견을 분명히 담아 러시아의 고관이 저에게 보낸 개인적인 밀서 사본을 동봉합니다. 그리고 그 편지는 영국 정부 측에서 즉각적인 조치를 취하는 것만이 청국과 조선 양국을 위해 더 이상의 분쟁을 방지할 것이라는 점을 분명히 하고 있습니다. 제가 얼마 전 천진에서 각하에게 말했듯이, 만일 영국이 물러난다면 어느 다른 국가도 거문도를 점령할 위험은 없다고 생각합니다.

영국이 물러난다면 어느 다른 나라가 거문도를 점령하리라는 영국의 생각은 영국이 계속 점령할 핑계로서 나오는 것입니다. 러시아는 거문도를 원하는 것이 아니라 영흥항을 원합니다. 그리고 만일 영국이 거문도를 계속하여 점령한다면, 러시아는 영흥항을 점령하여 전례를 핑계로 삼을 것입니다. 영국은 청국이 다른 나라에 의한 비우호적인 점령으로부터 조선을 보호할

결심을 하고 있다는 것을 알아야 합니다.

그리고 영국이 조선과 정당한 방법으로 관계를 맺고 또한 각하의 위대한 나라(청)와 친분 관계를 계속하여 유지하기를 원한다면, 왜 그들이 양국의 곤경과 걱정을 안겨 주게 되는 정책을 계속 고수하겠습니까? 저는 여기에 머물러 있는 한, 조선의 이익을 증진시키면서 동시에 청국의 이익을 증진시킬 수 있는 모든 일을 할 것입니다. 그리고 저는 각하의 현명하고 관대한 조언을 기대합니다. 제가 귀환한 뒤 직접적으로나 간접적으로 각하의 소식을 듣지 못한 것을 유감스럽게 생각합니다.

각하의 영원한 친구
O. N. 데니 드림

[동봉]
친전, 1886년 6월 12일
데니 씨 귀하, 서울

근계

귀하가 봉사하고 있는 정부를 위해서 나는 한 가지 충고를 하는 것이 나의 의무라고 느낍니다. 나의 개인적인 견해로는, 만일 영국이 거문도의 잠정적 점령을 계속 유지한다면 러시아 정부도 자체 방어로서 영국의 예를 따라 영흥항의 "잠정적 점령"을 취하지 않을 수 없을 것입니다. 왜냐하면 이 항구는 영국에 대한 거문도의 중요성만큼 러시아에게도 아주 중요한 곳이기 때문입니다. 거문도가 영국의 손에 있는 한, 조선 정부는 우리가 영흥항을 점령하는 것에 대해 합법적으로 불평할 수 없을 것입니다. 다시 말해서 러시아가 영국과 같은 "위대하고 정의로운" 국가의 선례를 따랐다는 이유로 비난받아서는 안 된다는 것입니다.

여기에서 또 부연할 수 있는 것은, 어느 다른 세력에 의한 영흥항의 점령은 똑같은 세력에 의한 거문도의 점령이 영국에 주는 영향보다도 훨씬 더 놀랍고 공격적인 것으로 러시아에게 받아들여진다는 사실입니다. 그 차이를 설명하자면, 영국의 손에 있는 거문도는 단지 다른 국가의 국민을 "위협하는" 수단만을 영국에 제공할 뿐이지만, 만일 영흥항이 이방인의 손에 들어가게 된다면, 그리고 특히 그 이방인이 러시아를 경계하는 국가라면 그 효과는 거의 우리 러시아를 침략하는 것이나 다름없을 정도인 것입니다.

나는 믿건대, 만약 어떤 나라가 거문도를 점령한다면 그것은 곧 영국 정부에 대한 공격이라고 영국인들은 노골적으로 생각하고 있습니다. …… 나는 지금 영흥항의 잠정적 점령이 러시아의 "확고한" 정책이라고 말하려는 것은 아닙니다. 다만 나는, 만일 우리의 언론 매체와 국민들이 그 문제에 관심을 가지고 있어, [영국] 정부가 영흥항을 점령하도록 요구한다면 그것은 영국의 실수라는 것입니다.

[서명 없음][1)]

편지(No. 36)

서울, 1886년 8월 12일

친애하는 데트링[2)] 씨에게

나는 며칠 전 암호가 붙은 7월 29일자와 30일자 귀하의 길고 호의적인 편지를 동시에 받아보았습니다. 두 편지는 메릴[3)]을 통해서 전달되었으며,

---

1) 서명이 없다고는 하지만 이 글은 그 무렵 러시아 변리 공사 웨베르의 글임에 틀림없다.
2) 데트링(Gustav von Detring : 1842~1913) : 청국의 해관리. 1884년의 중독전쟁의 강화 교섭에 수완을 발휘하여 이홍장의 신임을 받았으며, 시모노세키조약을 체결할 무렵 이홍장은 그를 대동하려 하였으나 일본의 반대로 뜻을 이루지 못함. 천진에서 30년 동안 거주하면서 10차에 걸쳐 영조계 공부 국장을 역임했고, 데니와도 교분이 있었다.

그때 나는 보름쯤 전부터 심한 독감으로 누워 있었습니다. 지금은 많이 회복되었지만 아직 허약하여 업무를 보지 못하고 있습니다. 나는 러시아에 대한 aca[4]의 요구나 요청에 대한 귀하의 문의에 답하기 위해서 다음과 같은 전문을 보냈습니다.

> "조선의 국왕이 그러한 요청을 하지 않았다고 나는 확신합니다. 그러한 요구를 하는 것은 더 없이 어리석은 일일 것이며, 이미 수립된 조약을 파기하는 것이 되어 청국과의 심각한 분쟁을 야기할 것입니다. 그 사건에서 러시아는 조선을 지원할 것이며 거문도가 주요한 원인이기 때문에 영국은 청국을 지지할 것입니다. 결국 사실상 유일한 수난자는 조선이 됩니다. 더욱이 어떠한 분쟁이 일어나지 않는다고 하더라도 조선은 현재의 협약에 따라 이루어 진 것을 넘어서는 아무런 이득을 얻지 못할 것입니다.
>
> 그리하여 거문도가 점령되고 영흥항이 그대로 존속됨으로써 조선만이 그들이 원하는 모든 보호망을 갖게 됩니다. 이 소문은 분명 영국이 거문도를 유지하려는 데 대한 또 다른 서투른 핑계로서 나타난 것입니다. 나는 그 사건에 대한 이러한 견해를 국왕 앞에서 언급했습니다."

그 소문의 허위성에 대한 나의 확신은 확실한 것이고 양측으로부터 나온 것입니다. 그것은 원세개가 분별없이 머리를 굴려 만들어 낸 것이든지 아니면 거문도 사건에서 유추되어 나온 것입니다. 좌우간 원세개가 하루걸러 총독[이홍장]에게 전보를 친 것은 그러한 유언비어의 일종들입니다. 이틀 전에 영흥항에 관련된 러시아의 직관력에 관해서 몇 가지 새로운 소식을 전해 들었으며 이제 귀하에게 다음과 같은 전신을 보냈습니다.

---

3) 메릴(Henry F. Merill) : 미국인. 이홍장과 청국 해관 총세무사인 하트의 추천으로 한국 세관 총세무사로 근무했다.(1885~1889)

4) aca : 데트링과 데니 사이에 오고간 암호로서 고종을 의미함.

"영국이 지체하지 않고 거문도를 떠나거나 혹은 그렇게 하겠다는 약속을 해야 하며, 그렇게 하는 것만이 영흥항 문제로 러시아와의 충돌에 대한 유일한 해결책이 된다고 총독에게 말씀하십시오. 또한 그것은 청국이 조선의 독립을 유지시키라고 결심하고 있다는 것을 모두에게 확신시키고 이로써 청국이 보다 강해질 수 있는 가장 확실한 방법이 됩니다."

나는 영국이 이 문제를 그러한 방법으로 풀어 나가도록 요청하는데 총독이 시간을 놓치지 않기를 바랍니다. 왜냐하면 그것만이 조선 문제에 대한 많은 분쟁을 줄이는 방법이기 때문입니다. 여기에 바로 이러한 토양과 분위기가 주도권을 쥔 자들의 책략과 대응 책략, 그리고 배반과 살인을 싹트게 하며, 그 주도적 위치의 장악이 주는 이익을 얻고자 모든 일을 자행하도록 하는 온갖 원인이 있는 것으로 보입니다.

오늘도 나는 왕과 왕비를 해치우고 그 자리에 대원군을 옹립하려는 밀모를 비밀 통로를 통해 전해 들었으며 그것은 원세개가 "깊이" 관련되어 있는 청국의 음모라는 얘기도 들었습니다. 만일 그러한 계획이 실행된다면 조선에 있는 모든 외국인의 살육이 야기될 것이며, 조선은 경악과 비참함으로 가득 차게 될 것입니다. 며칠 안으로 나는 귀하에게 그 소문에 대한 충분한 조사의 결과를 알려 드리겠습니다. 그러나 나는 무엇인가가 몰래 꾸며지고 있다는 확실한 느낌이 듭니다. 그것은 위에서 언급한 바와 같이 심각하거나 무시무시한 것이 아니기를 바랄 뿐입니다.

O. N. 데니 드림

편지(No. 37)

서울, 1886년 10월 14일

친애하는 데트링 씨에게

우리는 무사히 [조선에] 도착했습니다. 유쾌하고 순조로운 여행이었습니다. 다음날 전하를 알현하고 그에게 상황을 보고했으며, 그가 얼마나 위급한 상황에 있는가를 설명했습니다. 내가 이중당이 보장한 말을 전했을 때 왕은 아주 안심하는 듯이 보였습니다. 또한 그는 원세개의 행동에 상당한 변화를 감지할 수 있었기에 나의 천진 방문을 기뻐하는 듯했습니다. 전하는 총독에게 진심으로 감사의 말을 전하라고 나에게 지시했습니다. 그래서 나는 어제 다음과 같은 내용의 전보를 보냈습니다.

> "이 총독의 서찰은 조선 국왕에게 전달되었습니다. 나는 사건의 급박함을 설명했고, 총독이 이 문제에 개입한다는 데 대해 국왕은 안심했습니다. 또 사건의 해결을 위한 근본적인 문제점을 설명했으며, 그것은 국왕을 기쁘게 하여 내가 총독에게 깊은 감사의 표시를 하도록 하는 동시에 항상 충성하겠음을 그에게 확신시키도록 지시했습니다."

나는 무척 바쁩니다, 그래서 짧으나마 여기서 편지를 끝맺으려 합니다. 계속 안부를 전해 주십시오. 나는 그 원세개라는 녀석을 보지 못했습니다. 단지 그가 "몸이 아파서 본국으로 돌아갈 수 없다"는 얘기를 들었습니다. 부인과 당신 가족들에게 안부 전해 주십시오. 나의 아내 또한 진심으로 안부 전하기를 원합니다.

당신의 영원한 친구

데니 드림

편지(No. 38)

조선 왕국의 내부, 서울, 1886년 10월 18일

일본유선회사 사장 귀하

일본, 도쿄

근계

귀하의 회사 종업원과 다른 소식통으로부터 최근에 조선 정부가 계약한 작은 증기선 시마마루를 1만 달러에 판매하려고 내 놓았다는 취지의 보고서를 받았습니다. 이와 관련하여 나는 이 보고서에 담긴 진의가 무엇인가를 귀 경영진에게 묻도록 조선 국왕으로부터 명령을 받았습니다. 그것은 증기선의 판매를 협의한 신사의 면모를 더럽히거나 조선 정부의 이익을 침해하지 않도록 하기 위한 것입니다.

내부 협판

O. N. 데니 드림

편지(No. 39)

서울, 1886년 11월 1일

친애하는 잔센 씨에게

방금 나는 귀하가 보낸 80달러 40센트의 청구서 부본을 받았습니다. 나는 원본을 보지도 못했고 받지도 못했기 때문에 수표 발송이 지연될 것입니다. 청구된 금액을 지불하려고 지금 홍콩 · 상하이은행에 대금을 지불했습니다. 지금은 모든 것이 아주 조용하지만, 그것이 얼마나 지속될지는 아무도 말할 수 없습니다. 왜냐하면 바로 이러한 분위기가 음모와 책략을 싹트게 하는 듯하기 때문입니다. 최근에 청국은 조선을 합병하려는 정책을 시도하면서 아주 곤경에 빠진 듯이 보입니다. 나는 지금 러시아의 육상 무역 규제로 아주 바쁩니다. 귀하의 사업이 번창하기를 기대합니다.

O. N. 데니 드림

편지(No. 40)

조선, 서울, 1886년 11월 14일

친애하는 프레이저[5] 씨에게

귀하의 8월 13일자 편지는 8월 3일자 편지 사본과 함께 며칠 전에 받아 보았습니다. 그것은 내가 외아문(외부)에 갔을 때 협판(대신)이 나에게 전달해 주었습니다. 그러나 나는 아직 8월 3일자 편지 원본을 받지 못했습니다. 내가 천진에서 중요한 임무를 수행하고 돌아온 뒤 곧 귀하에게 편지를 보냈으므로 귀하는 곧바로 받을 수 있을 것입니다. 나는 이제까지 지난 4~5개월 동안만큼 그렇게 과도하게 일해 본 적이 없습니다. 사실 이 작은 왕국의 독립을 지난 3년 동안 위협해 왔고 지금도 위협하고 있는 거대한 영토 약탈자들, 이를테면 처음에는 영국이었고, 다음에는 러시아였고, 그리고 최근에는 청국으로부터 지켜질 수 있느냐 없느냐 하는 것이 의심스럽습니다. 이 작은 왕국은 지금 서구 문명의 거대한 들판으로부터 발을 빼고자 아주 격렬하게 싸우고 있습니다.

2년 전 영국은 조선의 계속적인 저항에도 불구하고 거문도를 점령했으며, 그때 이후 청국에게 조선 정부를 무너뜨리고 그것을 청국에 합병하라고 압력을 넣고 있습니다. 물론 청국은 어떤 구실이 없이는 그렇게 할 수가 없었

---

5) 프레이저(Everett Frazer) : 뉴욕 출신의 사업가로서 1880년대와 1890년대를 통해 14년 동안 총영사로 조선에서 활약했다. 일찍부터 조선 문제에 관심을 가지고 있던 그는 데니의 천거로 한 · 미 양국 문제에 관한 고문 역할을 했다.

으므로 청국의 외교주재관[원세개]은 그러한 핑계를 만들려는 작업에 착수했습니다. 그는 국왕이 비밀리에 러시아의 보호를 요청하는 편지를 썼다고 힐난했으며 증거의 제시를 약속하고 서투르게 쓴 위조된 종잇조각들을 내어 보였습니다. 그가 그것을 만들어낸 것이든가 아니면 어리석게도 속임수를 쓰는 것이었습니다.

다행스럽게도 나는 그 음모를 적시에 발견함으로써 조선에서의 중요한 사건이 발생하는 것을 사전에 예방할 수가 있었습니다. 그러나 열흘도 못 가서 청국의 군대가 제물포에 들어왔고, 병력 3천명이 여순항을 즉시 떠나도록 명령받았으며, 1만 명이 청국과 조선의 국경에 주둔했습니다. 그러나 나는 현재 "어떻게 해서든 그 악영향을 막아야" 했습니다.

9월 3일에 나는 아내와 함께 천진으로 가서 이중당에게 조선에 대한 공격적 행동을 항의하고, 청국 대표[원세개]의 무모한 행동으로 청국이 얼마나 심각한 분쟁 상태로 치닫고 있는가를 설명했습니다. 그리고 내가 아는 한 일본과 러시아는 그와 같은 어떤 것에도 절대 동의하지 않을 것이므로 청국과 싸우려고 할 것입니다.

내 생각에 그들 두 나라가 모두 조선을 원하지는 않지만, 그들은 그들 가운데 어느 한 국가가 그 반도를 소유하는 것을 바라지 않습니다. 나는 청국의 공사나 원세개가 지난날의 감독관보다 훨씬 더 강압적이고 난폭하다고 주장했으며, 과거로 되돌릴 수는 없지만 앞으로는 정당한 조치로 그러한 일이 재발하지 않도록 할 수 있을 것이라고 말했습니다.

[논의는] 오랜 시간 계속되었고 고무적이었습니다. 나는 그것이 결과적으로 우리의 오랜 우호 관계를 뒤틀리게 하리라는 것을 알지 못했었습니다. 그러나 그 회담은 무사히 끝났고 헤어질 때 우리는 분명히 전과 다름없는 좋은 친구였습니다. 나는 해결의 실마리로서 다음과 같은 조건을 제시했습니다.

(1) 모든 체약 국가들은 조선의 보전을 확약할 것

(2) 현재 조선과 깊이 관련된 세 국가는 그 보장을 분명히 할 것

(3) 청국과 러시아도 그렇게 할 것

총독은 마지막 조항에 매우 만족했으며, 즉시 그 문제에 대해서 센트 페테르부르크에 전신을 보냈습니다. 그리고 그는 또한 나에게 말하기를, '나의 제안에 기초하여 협정이 이루어졌으므로 왕위는 침해받지 않을 것'이라는 것을 국왕에게 확신시키라고 했습니다. 만일 이것이 이루어진다면, 오랫동안 지속되어 왔으며 조선 국민들 간에 그렇게 필요로 했던 저축 정신과 산업 정신을 말살해 버린 폐해들을 우리는 개혁할 수 있을 것입니다.

이와 관련해서 우리는 이탈리아와 체결한 조약의 비준서를 교환했습니다. 방금 두 나라간의 육상 무역에 관한 러시아와의 중요하고도 특별한 조약을 체결했으며, 나는 곧 도망범인도조약 문제를 협의할 것입니다. …… 나는 귀하가 보낸 몇 개의 전보에서 언급한 여러 문제들이 채택될 수 있기를 희망하고 있으며, 그것이 채택되었을 때 곧바로 답장하겠습니다.

외부대신이 귀하의 마지막 편지를 나에게 건네주었을 때, 나는 귀하의 미답 편지를 모두 달라고 요청했습니다. 나는 이 문제를 철저히 추궁하고자 했습니다. 조금 전에 그는 나의 사무실로 그 편지들을 보냈습니다. 나는 조선의 외부대신에게, 귀하는 정직하고 선량한 사람이며 조선의 진보에 공감하고 힘이 미치는 한 어떤 면에서든 기꺼이 조선을 도울 것이라고 말했습니다.

나는 슈펠트[6] 제독과 그의 부인이 우리의 초청으로 조선에 온 것이 얼마

---

6) 슈펠트(Robert W. Shufeldt) : 한국 명은 설비이. 미국의 해군 제독. 해군에 입대(1839)한 뒤에 브라질 · 아프리카 · 지중해에서 활약하다가 퇴역. 남북 전쟁 당시에는 쿠바 총영사(1861~1863)를 지냈으며 그 뒤 다시 해군에 복귀하여 동방에서 활약하면서 한미수호통상조약(1872)을 체결하고 그 뒤 해군자문국 의장(1882~1884)을 지냄. 본문에는 그의 부인이 대동한 것으로 되어 있으나 이는 그의 딸이 동행한 것을 필자가 오해한 것이다.

나 반가운 일인가 하는 것은 귀하에게 말할 필요가 없을 것입니다. 귀하에게 이미 말씀드렸듯이 우리는 오랫동안 친분 관계를 유지해 왔습니다. 나는 귀하가 8월 3일자와 8월 13일자 편지에서 말했던 것을 메모해 두었습니다. 그것은 내가 여기에 온 이후 린즐리[7] 씨로부터 직접 소식을 듣지 못했기 때문입니다.

우리의 착하고 진실한 친구인 웨트모어[8] 부부로부터 많은 편지들을 받았습니다. 우리는 그들이 조선을 방문해 줄 것을 간곡히 요청했고, 그것이 봄쯤에 이루어지길 바랍니다. 우리는 지금보다 더 편안한 위치에서 생활을 해 본 적이 없습니다. 우리는 어떠한 노력이나 비용도 아끼지 않았다고 말해도 좋을 것입니다. 여기에서는 모든 일이 아주 천천히 진행되고 있기 때문에 귀하는 계속 인내심을 가지고 있어야 합니다. ……

우리는 지금 청국 · 일본 · 미국 · 영국 · 러시아 · 독일 · 이탈리아 · 프랑스와 조약을 맺고 있으며 앞으로 2~3개 국가와 더 조약을 맺으려고 합니다. 프랑스와 조약이 맺어진 것은 전적으로 나의 역할이었습니다. 한때는 프랑스 공사와 외부 사이에 긴장이 감돌았으나 내가 그러한 분위기를 완화시켜 조약을 맺게 했습니다. 사실상 외교 협상은 한동안 중단된 상태였습니다.

나의 아내도 귀하에게 안부를 전해 달라고 했습니다. 귀하의 부인께 아직 만나지는 못했지만 곧 만나 볼 수 있기를 바란다는 말과 함께 안부를 전해 주십시오.

O. N. 데니 드림

---

7) 린즐리(John Lindsley) : 프레이저가 가지고 있던 상사의 요코하마 주재원으로서 조선의 경제 개발을 위한 노력에 깊이 관여한 바 있다.

8) 웨트모어(W. S. Wetmore) : 상해에 주재하고 있던 미국의 사업가로서 데니가 상해 총영사로 봉직할 때부터 친교를 맺어 왔다.

편지(No. 41)

조선, 내부, 서울, 1887년 1월 4일

일본유선회사 사장 귀하

일본, 도쿄

근계

증기선 시마마루의 판매에 관련된 나의 문의에 대한 귀하의 답장을 기쁘게 받았습니다. 나는 그것을 아주 신중히 번역하여 전하께 아뢰었습니다. 그것은 내가 예상했던 내용으로서 나에게는 아주 만족스러운 것이었습니다. 아직 대궐로부터 답장을 받아 보지는 못했지만 국왕에게도 역시 만족스러울 것이라고 확신합니다.

내무 협판

O. N. 데니 드림

편지(No. 42)

서울, 1887년 10월 26일

친애하는 나풍록[9] 씨에게

나는 데트링 씨를 통해서 총독에게 보내야 할 두 번째 각서를 써 보내지 않았습니다. 왜냐하면 그는 원세개와 깊이 관련을 맺고 있어 어떤 방법으로도 그의 마음을 움직일 수 없을 것이기 때문입니다. 이미 전에 총독에게 신중히 언급한 바대로, 원세개는 왕에 대한 공식적 행동뿐 아니라 최근 제물포에서의 명예롭지 못한 밀수 사건으로 아주 체면이 깎였습니다. 그것은 총

9) 나풍록(羅豐綠) : 그 무렵 이홍장의 비서. 자세한 것은 이 책과 합본된 『묄렌도르프의 자전』(서울 : 집문당, 2019)을 참고할 것.

세무사[10]에 의해 상세히 보고될 것입니다. 만일 여기서 계속 현재의 감독관 [원세개]을 남겨 두고자 하는 것이 북경 정부의 뜻이라면, 나는 조선을 떠나겠습니다. 떠날 때, 나는 떠나게 된 원인에 대해서 소상히 이중당에게 말하지 않을 수 없을 것입니다. 총독께 안부 전해 주십시오. 귀하에게도 안부 전합니다.

O. N. 데니 드림

편지(No. 43)

조선, 서울, 1888년 2월 6일

친애하는 미첼[11] 상원의원에게

워싱턴 D. C.

나의 친애하는 상원의원에게

지난 8개월 내지 10개월 동안 서울에서의 음모와 술책, 조선에 대한 청국의 불공정하고 고압적인 태도에서 비롯된 정치적 분규, "사자와 양이 함께 누워 있는" 상황에서 양을 제공하는 문제에 대해 다른 강대국의 반대가 없는 경우 조선 정부의 분명한 운명에 대한 동요와 근심은 나에게는 너무나 막중한 것인 까닭에 결과적으로 나의 건강을 해쳤다네.

그래서 나의 의사는 환경을 바꾸어 "절대 안정"을 취하라고 했기 문에, 나는 전하께 내 자리에 적당한 후임자가 나타나는 즉시 조선을 떠나야 한다고 알렸다네. 사실상 왕의 신임을 받는 내가 이러한 위급한 상황에 그에게 조언할 사람도 없이 그를 남겨 놓고 떠나서는 안 되지. 전하는 두 의사의 보고

10) 메릴(H. F. Merill)을 의미함.

11) 미첼(John H. Mitchell : 1835~1905) : 무렵 미국의 상원의원(1872~1905)으로서 같은 오리건 출신의 데니와는 매우 가까운 친구였다.

를 받고 이곳의 미국 공사인 딘스모어 씨가 나의 후임이 되겠다고 약속할 때까지도 나의 사직을 받아들이지 않으려 했다네. 딘스모어 씨는 우편으로 미국 정부에게 교체안을 알렸으며, 답신은 해외 전보로 해줄 것을 요청했다네. ……

이런 경우에 딘스모어를 위해서나 그것이 국무장관이 허락할 수 있는 요청이라는 점에서 본다면 가장 중요한 일은 자신의 오랜 친구인 미국 영사나 아니면 적어도 전하와 그의 정부에 열심히 봉사하는 데 협력할 한 사람을 나의 후임자로 임명하는 것일세. 나는 그러한 협조를 받지 못해서 쓴맛을 경험했다네. 왜냐하면 딘스모어 씨가 오기 전까지만 해도 나는 내가 하려고 생각했던 모든 일에서 파커 선장[12]을 제외하고는 공사관의 많은 사람들로부터 방해를 받았다네. 그러나 그는 나에게는 아무런 도움도 되지 않는 사람이었지.

롱 대령[13]은 적당한 후임자가 되지 못해. 그는 조선과 그의 조국에 호의적이지 않기 때문이야. 그는 자신을 제외한 어느 누구와도 사이가 좋지 않아. 그는 자신만이 살아 있는 가장 위대한 인물이라고 생각하고 있다네. 그랜트[14] 장군, 고든[15] 장군, 스탠리[16] 장군이 정실과 천운이 낳아 준 아들이라고 한다면 맥클렐란[17] 장군은 가장 탁월하고 성공적으로 최후를 마친 인

---

12) 파커(W. H. Parker) : 1886년 6월 12일부터 9월 1일까지 단 3개월도 못 되는 동안 미국 공사로 재직한 바 있는데, 그가 그토록 단명했던 것은 알코올 중독 때문이었다.

13) 롱(Col. Charles Chaille-Long) : 1887~1889년 사이에 주한 미국 공사관의 서기관으로 활약했음.

14) 그랜트(U. S. Grant : 1882~1885) : 남북 전쟁의 영웅으로서 미국 18대 대통령(1869~1877)을 지냄.

15) 고든(C. G. Gordon : 1833~1885) : 영국의 군인으로서 태평천국의 난을 진압하여 유명해진 뒤 수단 총독에 임명되었으나 카툼 전쟁에서 전사함.

16) 스탠리(F. A. Stanley : 1841~1908) : 영국의 군인 · 정치가. 전쟁성 장관(1878~1880), 식민성 장관(1885~1886)을 지냄.

17) 맥클렐란(G. B. McClellan : 1826~1855) : 미국의 군인. 멕시코 전쟁의 영웅. 대통령에 출마했다가 링컨에게 패배(1864)하고, 뉴저지주 지사를 지냄.

물이라고 할 수 있지. 국무장관 베이아드[18]는 롱이 그토록 가고 싶어 하는 이집트로 그를 보낼 수는 없을까? 그 나라에서 군복무를 한다면 그는 그들에게 어느 정도 도움이 될 수 있을 걸세.

내가 조선을 떠날 때 나는 반도에 대한 청국의 정책에 따라 흔들리는 조선의 무법자들을 쫓아낼 것이네. 나는 그들의 종주국적 기만 행위를 꼬집을 뿐만 아니라 이 작은 왕국에 행한 부정과 불법적 행동을 폭로할 걸세. 만약 미국 · 일본 · 러시아가 우호적으로 저항에 합세한다면 청국은 끝장일 것이네. 이 때문에 나는 왕의 요청에 따라 미국에 가는 길에 도쿄와 세인트 페테르부르크를 방문할 것이네.

나는 4월 1일까지는 조선을 떠나기를 바라며, 정부가 딘스모어에게 즉시 회답한다면 그렇게 될 걸세. 일본에서 나는 짧은 책자 『청한론』을 발행할 것이며, 그러고 나서 왕의 요청으로 러시아에 가게 된다면, 훨씬 더 빨리 돌아갈 수도 있을 거야. 현재 나의 편지 가운데 이 부분은 비밀로 해주게. 내가 휴가로 떠나는 것이라면, 건강이 회복된 뒤에 다시 돌아와 이 총독에게 조선 문제에 대한 확실한 보장을 받을 수 있겠는데. …… 그러나 사실 내 건강이 회복된다 하더라도 다시 돌아오고 싶지 않아. 몇 개월 내에 내가 안팎의 어려움을 벗어나서 자네를 만날 수 있을 거라고 나는 믿고 있네. 만일 정부가 딘스모어에게 허락을 내린다면 그 때 정부에 있을 나에게 소식을 전해주게. 그들은 다른 사람에게도 분명히 승낙서를 줄 것으로 나는 믿고 있네.

청국의 공사가 딘스모어를 승낙하는 일에 "방해 공작"을 하지 못하도록 해주게나. 북경 정부는 분명히 무엇인가 일을 꾀하여 그에게 지시를 내렸을 걸세. 늘 건강하고 여느 때와 다름없이 자네의 선거구에서 적극적으로 활동할 수 있기를 바라네. 아내와 나는 늘 자네와 자네 가족이 건강하기를 바라고 있네.

---

18) 베이아드(T. F. Bayard : 1828~1898) : 델라웨어주 상원 의원(1869~1885), 국무 장관(1885~1889), 영국 대사(1893~1897)를 지냄.

편지(No. 44)

서울, 1888년 3월 22일

친애하는 웨트모어 씨에게

2월 23일, 24일자, 그리고 3월 9일자(?) 귀하의 편지는 잘 받아 보았습니다. 귀하가 아프다는 소식을 들으니 참으로 안타깝습니다. 지금쯤은 완쾌하셨기를 바랍니다. 귀하가 동봉한 92달러 22센트의 수표는 아주 잘 받았습니다. 필요하다면 귀하가 제안한 대로 전보를 치겠습니다. 내가 떠나기 전에 프레이저상사를 위한 이권을 얻는 데 최선을 다하겠습니다. 나는 그 문제에 대해 귀하와 협의하기를 원하며 일본에서 귀하와 귀하의 부인을 만나고 싶습니다. 서울을 떠날 때 귀하에게 알리겠습니다. 나는 내 직위를 대신하기 위한 딘스모어의 사직 문제에 대해서 국무장관[T. F. Bayard]으로부터 아무런 말고 듣지 못했고 전보도 받지 못했습니다. 딘스모어는 매일 소식을 기다리고 있습니다.

만일 내가 지금 진행하고 있는 계획이 실현된다면, 조선 내부에서의 한 해 동안의 정치적 문제들은 완전히 해결될 수 있을 것입니다. 그때 여기 있는 어떤 기업에 종사하는 것이 귀하를 위해서가 아니라 귀하 회사의 젊은이들을 위해 유익하고 안전하리라고 생각합니다. 현재 신기한 미개척 분야에서 기회를 잡으려고만 하지 말고 동방에 머무르는 동안은 상해의 문제에만 충실하라고 귀하에게 충고하고 싶습니다.

북경의 사업에 대한 귀하의 비평은 매우 맞는 말입니다. 미국 정부가 동방에 사람을 파견하는 것은 성과를 얻고자 함이라기보다는 국무성이 미국 시민의 권리와 조약의 파기에 대한 분쟁을 최소화하기 위한 것인 듯합니다. 그리고 귀하가 말씀하신 대로 "커다란" 은총을 기대하며 청국에 아첨하고 비위를 맞추는 것은 청국이 조약 약정에 따라 보장된 외국인의 상업적 권리와 이익들을 유린하도록 했습니다.

국민들의 권리가 문제되고 있을 때에는 공사의 개인적인 요청에 의한 청국의 모든 호의는 어느 정도 그 공사의 열의를 식힐 뿐입니다. 나는 많은 봉급과 더불어 한 가족의 생활을 위해 좋은 신분을 갖는 것과 공사와 같은 높은 신분이나 공식적 의무는 아닐지라도 일정한 봉사에 대한 보수를 받는 것에 어떠한 차이가 있는지를 알지 못해 당혹스럽습니다.

만일 내가 제때 본국에 도착하면 나는 선거 운동에 참여할 것입니다. 그러나 그것은 공무원으로 도쿄에 돌아가려는 생각에서가 아니라 공화당을 위해서입니다. 만일 선거에서 승리해서 좋은 자리를 제시하더라도 나는 어떤 경우에도 그 자리를 수락하지 않으리라고 말하는 것은 솔직한 말이 아닐 것입니다. 귀하의 편지에서 나를 신뢰한다는 말씀에 감사드립니다. 나의 아내도 귀하와 귀하의 부인께 안부 전합니다. 우리는 4월중에 도착할 것입니다.

O. N. 데니 드림

편지(No. 45)

서울, 1888년 5월 13일
미첼 상원의원 귀하
워싱턴 D. C.

친애하는 상원 의원에게

나는 방금 북경에 있는 친구로부터 한 통의 편지를 받았네. 그는 어느 정도 정치적 상황을 잘 알 만한 위치에 있는 친구로서, 조선 문제에 대한 덴비[19] 공사의 정당하지 못하고 불합리한 간섭에 대해 아주 강한 어투로 설명했다네. 만일 사려 깊은 롱 대령(Charles Chaille-Long)이 가난하고 작은 분쟁

---

19) 덴비(C. Denby : 1830~1904) : 미국의 변호사 · 외교관. 주청 공사(1885~1898)를 거쳐 필리핀 총독부에서 활약(1899)함.

지역인 조선 주위에 있는 뱀 같은 중국인들의 똬리를 조이는 데 그의 고위직 권력을 남용하거나 시간을 낭비하지 않고 그의 관할 지역 내에 있는 그들 국민들이 소홀하게 생각했던 조약의 권리에 보다 많은 관심을 기울였더라면, 그의 행동은 그의 공적인 책임감뿐만 아니라 그의 임무에 보다 충실한 것이 되었을 것이네. 그 친구의 말에 따르면 덴비는 국무장관에게 편지를 보내어 서울에 있는 미국인 사회가 왕의 자주권을 옹호했다고 비난하면서 끝으로 장관에게 다음과 같은 충고를 하고 있다네.

> "미국 주차 조선 공사는 우리 정부에 따라서 공식적으로 신임장이 접수되었으므로, 청국의 조선 정책을 반대함으로써 그들의 비위를 거스르기보다는 차라리 청국이 조선에서 마음대로 하도록 내버려두는 것이 좋지 않겠습니까?"

국무장관이 덴비의 이러한 건방진 태도에 대해서 무엇이라 답변했는지 모르겠네. 그렇지만 추측하건대, 그는 덴비에게 그의 임무에 충실하도록 지시했을 것이며, 조선에 있는 미국 공사에게는 미국 정부와 그 국민의 이익에 관련되는 조선 문제에 한해서만 관심을 기울이도록 했겠지. 어느 모로 보나 국무장관은 덴비가 북경에 온 뒤 개정된 법령 가운데 두 가지를 위반했다는 것을 알지 못했을 것이네. 이것은 사실이라네.

하나는 어떠한 미국의 관리도 그가 봉직하는 정부의 관리직에 임명할 사람을 추천하지 못하도록 하는 것이며, 두 번째는 어떠한 관리도 그가 봉직하는 정부로부터 선물 · 보상이나 은전을 받지 못하도록 되어 있다는 점일세. 나는 그 법령을 가지고 있지 않아 정확하게 인용할 수는 없지만 그 대체적인 목적은 아까 언급한 바와 같다네.

지금 덴비는 청국 해관의 고위직에 그의 아들을 추천하여 임명케 했네. 이러한 조치를 취함으로써 그는 첫 번째 법령을 위반했고, 그 지위를 그의 아들이 받아들이게 함으로써 그는 두 번째 법령을 위반한 것이라네. 그 임명은 그의 요구와 그의 직위의 영향력 때문이 아니라고 그가 말할 수 없을 게야.

그러나 공사가 아닌 다른 저명한 사람들도 해관에 그들의 아들을 넣으려고 노력했지만 모두 실패했는데 이는 해관원을 채용하는 법령에 어긋나는 일이었기 때문이라네. "응분의 보상이 있는 곳을 제외하고" 이 법령은 융통성 있게 적용된다네. 특히 지금은 직원이 남아도는 상황이기 때문이라네. 나는 국무장관에게 보낸 덴비의 편지가 그의 아들을 임명해 준 청국 정부의 호의에 대한 보답 때문이 아니기를 바라지만, 유감스럽게도 나의 바람은 이루어지지 않은 것 같더군. 이런 것을 자네에게 말해서는 안 되지만 사실상 그의 공적인 행동은 아주 무례하고 꼴사나울 정도라네.

덴비의 아들을 임명하는 건에 대해 국무장관이 안다면 장관은 그를 심하게 질책할 것이 분명해. 내가 말한 것을 장관에게 개인적으로 말해 주게나. 그리고 만일 덴비가 그의 업무에 관심을 쏟지 않고 그의 가족만을 돌본다면 자네가 그의 잘못을 폭로하겠다고 말해 주게. 그 사실이 신문지상에 알려지면 덴비는 해고될 것이고, 커다란 물의가 일어날 것이네.

나는 이 문제에 대한 그의 쓸데없는 참견을 서류로 제출할 것을 제안하지는 않네. 거의 모든 상하 관리들이 이 작은 나라를 향해 달려드는 덴비에게 그런 행동을 중지하라고 요구했다는 점을 기록으로 남겨 두고 있다고 보이네. 그러나 그들의 계약은 그들이 일을 마치기 전에 노골화될 것으로 생각되는군. 중국인들은 아주 불안하게 생각하고 있다네. 그들은 다음에 무엇을 해야 할지를 알지 못하여 나의 처방만을 기다리고 있네.

도쿄 주차 미국 공사인 "할망구" 같은 허바드(Richard B. Hubbard)로부터 좋은 소식이 왔다네. 그는 디이 소령(Major Dee)에게 조선 문제에 대해 언급하는 가운데 다음과 같이 말했다더군. "당신은 덴비 씨와 내가 조선에 대해 일종의 '얌전'을 부리고 있다는 사실을 알고 있습니다."

나의 건강은 전보다는 훨씬 좋아졌지만 아직 완전히 좋아지지는 않았다네. 그렇지만 왕은 나를 휴가조차도 보낼 수 없다고 하는군. 전하는 "그대는 그대가 무엇을 해야 하는지를 잘 알리라 생각하오."라고 말했네. 나 혼자의 말이지만 내가 국왕을 곤경에서 구해 준 것이 한두 번이 아니라는 것은 사실일세.

그런데 자네는 지금 우리 조국이 이제까지 목격한 것 가운데 가장 필사적인 정치 투쟁을 시작하려 하고 있겠군.[20] 유감스럽게도 그것은 우리에게 불리한 일일세. 나는 진심으로 고국에서 나의 작은 한 표를 던지고 싶네. 그러나 나는 그렇게 할 수 없는 입장이므로 다만 자네에게 마음으로, 그리고 기도로써 절대적인 승리를 고대하겠네.

상황에 대해 때때로 소식 전해 주게나. 나의 아내와 더불어 우정을 보내네.

영원하고도 진실한 당신의 친구
O. N. 데니 씀

---

20) 1888년은 미국 민주당의 클리브랜드(Grover Cleveland)와 공화당의 해리슨(Benjamin Harrison) 사이의 대통령 선거가 있는 해였다.

제 2 편 청 · 한 관계에 관한 논쟁

편지(No. 46)

서울, 1888년 7월 13일

친애하는 앨드리지 박사님께

이 기회에 귀하가 숙독하기를 바라며 또한 다른 목적을 위해 준비한 간단한 글[1]을 보냅니다. 이 글에서는 조선이 독립 국가가 되어야 하는 국제적 이유뿐만 아니라 조선이 바다 건너의 강력한 이웃[청]으로부터 오랫동안 받아 온 혹심한 대우를 폭로하고 있습니다. 이 글은 나의 공식적 자격으로 준비한 것이므로 논쟁에서 엄연히 조선의 편에서 제출한 것입니다. 그리고 그것은 어떤 폭력이 기존의 국제 관계의 역할을 무시하지 않는 한, 최소한 이 작은 왕국의 정치적인 문제나 그 밖의 문제를 다른 각도로 전환시키는 데 도움이 될 것입니다.

나의 보잘것없는 판단으로 볼 때 이 글은 조선 사람들과 외국인들을 혼란시킬 목적으로 조선 문제에 대해 비밀스럽게 엮어 놓은 함정을 피했습니다. 나는 이 글의 사본을 나의 친구인 미첼(John H. Mitchell) 상원 의원에게 보

1) 「청한론」을 의미함.

내면서 그 문제를 미국 상원에서 거론해 주기를 요청했습니다. 그는 빠른 시일 안에 그렇게 하겠다고 나에게 답장을 보냈으며, 지금쯤은 그 말이 나왔을 것으로 생각합니다.

나는 일본에서 영어와 일본어 혹은 중국어로 발행되는 신뢰할 만한 신문에 이 글을 게재하여 여기 있는 조선 사람들에게 배포하고 싶습니다. 브링클리 선장이 조선의 정치에 대하여 건전한 견해를 가지고 있고 또 그가 동방에서 가장 능력 있는 작가는 아니지만 그래도 능력 있는 사람이므로『메일』지가 나의 글을 발행하고 지지해 준다면 기쁘겠습니다. 따라서 내가 브링클리 선장과 개인적으로 만난 적은 없지만 나의 인사말과 함께 그 서류를 그에게 전해 주시기 바랍니다.

그래서 만일 그가 양심적으로 그 내용을 지지할 수 있다면 그것을『메일』지의 영어판과 일본어판으로 발행해 줄 것을 부탁해 주시고 저에게 한 부씩 보내 주십시오. 나는 이 글의 사본 하나를 천진에 있는 나의 친구에게 보냈습니다. 그것은 발행하고자 함이 아니라, 브링클리 선장이 쓴 6월 30일자『타임즈』지의 조선 문제 기사의 머릿글을 자세히 보면 아시겠지만, 그 신문의 편집자는 그 책자에 관해 확실히 알고 있기 때문입니다.『메일』지의 구독자 명단에 나의 이름을 올려 주시면 감사하겠습니다.

O. N. 데니 드림.

편지(No. 47)

서울, 1888년 7월 21일

친애하는 데트링 씨에게

12일자 귀하의 편지를 받아 보았으며, …… 그것을 아주 흥미 있게 읽었습니다. 물론 나는 귀하가 그 편지의 내용을 모두 입증하기를 바라지는 않습니다. 그러나 나는 제안된 의견을 지지하고자 제시한 주장들이 귀하의 다정한 친구들의 진지한 논박을 받게 되었을 때 호응을 얻을 수 있도록 분명하고 설득력이 있기를 바라고 또 지금도 그러한 심정에는 변함이 없습니다.

이 중요하고도 성가신 국제 문제에 대한 우리들 사이의 견해 차이가 아주 사소하게 보이는 것처럼 그들도 그럴 것이라고 생각합니다. 조선은 청국의 속국이 "아니라" 단지 조공을 바치는 국가라는 것을 귀하가 수긍한다면 우리는 법적으로 뿐만 아니라 실제로도 공통된 입장에 서 있는 것입니다.

공사의 임명을 언급하면서 귀하는 다음과 같이 말했습니다. "조선이 청국으로부터 독립된 국가라는 것을 세계에 보여주려고 조선이 사절을 파견하는 것을 귀하께서는 두둔하지 않았다는 것을 나는 알고 있습니다." 나는 그 이유 하나만으로 사절 파견에 찬성하는 것은 결코 아닙니다. 사실상 조선에 온 이후 왕과의 처음 대면에서 전하는 나에게 해외에 공사를 파견하는 것의 타당성 여부를 물었습니다.

나는 그 무렵 그렇게 하는 것이 현명하게 생각되지 않는다고 대답했습니다. 왜냐하면 그것은 조선이 그들을 임명하고 파견할 권리가 없어서가 아니라 편의라는 입장에서 볼 때 그것은 반대를 자극할 뿐 아니라 이 나라의 천연 자원의 발전에 쓰면 더 유용할 수 있는 경비를 낭비하는 것이기 때문이었습니다. 다음에 내가 그 문제에 대해 질문을 받은 것은 일본 주차 공사를 임명한 후였습니다. 그것은 내가 지방에 간 사이에 나에게 한 마디 말도 없이 이루어진 조치였습니다.

그러나 그 뒤 내가 아주 사소한 문제에 대한 원세개의 간섭이라든가 정부와 왕에 대한 그의 거친 태도를 1년 반 동안 지켜보고, 또 그가 그의 정부로부터 지지를 받는 관례를 보고 나서는 그가 유럽과 미국의 공사로 파견하도록 조언했습니다. 그것은 너무 늦기 전에 청국이 그들의 태도를 바꾸도록 하려고 제시한 유일한 실질적 방법이었습니다. 그리고 만일 그러한 조치가 바람직한 효과를 거둔다면 그것은 내가 두 나라에 줄 수 있는 최고의 봉사가 될 것입니다.

어쨌든 문제는 지금 시작되었으며, 우리는 청국과 관련하여 조선의 지위가 확립되기 전에 조선을 억누르려고 하는 사태를 막도록 노력하는 것이 좋을 것입니다. 그리고 내가 국제적 흐름을 잘못 파악하지 않았다면 조선에 이권을 가지고 있는 다른 주권 국가들은 청국이 스스로 정착할 수 있는 능력을 갖지 못한 부분을 보충해 줌으로서 청국을 정착시켜 줄 것입니다.

공사의 임명에 관해서는 내가 이미 언급한 것 이외에는 더 말해 둘 것이 있습니다. 논쟁의 여지도 없이 조선은 외교권을 행사하면서 국가들과 조약을 체결했고 이에 대해서는 청국도 잘 알고 있습니다. 청국이 인정한 사실 가운데는 조선이 공식 사절을 교환한다는 내용도 담고 있고 사실상 이 조항은 한 나라를 제외하고서는 조선과 조약 관계에 있는 모든 나라에게 적용되었습니다. 그런데 이제 와서 바로 그 사절을 교환할 수 있는 "권리"만이 문제가 되고 있는데 제가 보기에는 이 문제는 이미 기정사실화된 것입니다.

어쨌든 지금 어떤 조약이 청국의 마음에 맞지 않는다고 해서 그 조약의 일부 또는 전체 조항을 무시할 권리를 부여하는 것은 조선과의 조약 체결 과정을 가장 꼴불견의 외교적 웃음거리로 만들게 할 것입니다. 만일 청국이 이런 방면에서의 지배에 대한 그들의 잘못 착상된 계획을 수행할 수 있도록 하려고 다른 강대국들을 웃음거리로 만들 수는 없을 것이라고 생각한다면 그것은 자신을 기만하는 것에 지나지 않을 뿐입니다.

귀하도 아시는 바와 같이 나도 귀하나 어느 유능한 청국인 친구처럼 양국 사이에 구질서를 회복하기를 간절히 바랍니다. 왜냐하면 나는 그것이 청국뿐 아니라 조선에 이익이 될 것이라고 생각되기 때문입니다. 그러나 "귀하가 주장하는 측면에서 본다면 미래의 조선 독립은 오직 러시아나 청국에 대한 종속을 면하는 데 있다"는 귀하의 말에는 동의할 수가 없습니다. 왜냐하면, 두 가지 가운데 어떠한 가능성도 실질적인 정치의 범위를 벗어나 있다고 판단되기 때문입니다.

청국이 반도의 정치적 중요성에 대한 날카로운 이해 관계를 가지고 있고 또한 어떤 다른 국가도 조선을 통제하지 못한다고 단호히 그리고 지나치리만큼 정당한 체 주장하고 있지만, 일본은 말할 것도 없고 러시아도 청국과 마찬가지로, 어떤 다른 국가도 조선을 삼키지 못할 것이라는 날카롭고도 단호한 이해 관계를 가지고 있는 것입니다.

조선의 독립을 보장할 수 있는 힘이 바로 여기에 있습니다. 조선이 다른 면에서 어떻든지 간에 이 점에서는 강점을 가지고 있습니다. 조선의 백성들을 러시아나 청국의 명령에 따르도록 강요하려면 상비군이 필요할 것이며, 정치적이나 또는 다른 어떤 보상이 없을 경우에는 더욱 그러할 것입니다. 러시아는 그것을 알고 있지만 청국은 아직 잘 알지 못합니다. 러시아는 까다로운 묄렌도르프가 러시아에게 그러한 "가시면류관"의 수호를 받아들이도록 하는 엉터리 시도를 했을 때 그것을 알았습니다.

이러한 이유로 나는 러시아가 어떤 방법으로든 조선의 주권에 간섭하기를 바란다는 것은 잘못된 것이라고 생각합니다. 러시아는 지난날 그가 스스로 우호적인 체약국으로서 책임을 졌던 만큼 오늘날에도 조선 문제에 관해 책임을 지고 싶어 하는 것 같지는 않으며, 오히려 러시아는 이와 같이 외교통로를 통해 얻어진 권리와 의무를 자위하고 유지할 준비가 되어 있다고 나는 확신합니다.

이 나라의 독립에 관련된 러시아의 태도는 남다른 것이 아닌 듯합니다. 왜냐하면 러시아는 항상 적극적으로 협조했다고는 할 수 없을지라도 일본의 완전한 호응을 얻고 있을 뿐 아니라 다른 나라들의 도덕적 지지도 받고 있기 때문입니다. 1874년에 일본은 열등한 국가로서의 조선에 대해 주장했던 공물이나 다른 이권들을 자발적으로 포기했습니다. 이것은 결과적으로는 2년 뒤에 일본의 것과 똑같이 조선의 주권을 인정한다는 기반 위에서 한일우호통상조약의 형태로 나타났습니다.

그 뒤 일본은 조선의 정치적 문제나 국내 문제에 대한 모든 간섭을 단호히 중지하고, 무역과 상업적 이익의 획득에 주력했습니다. 청국의 대한 무역을 능가하는 일본의 대한 무역의 증가는 대개 친절하고 우의 있는 상호 교역 때문일 뿐 아니라 일본인에 대한 조선 사람들의 미운 감정이 급속히 호의적으로 바뀌고 있기 때문입니다.

조선에서의 일본 무역의 급속한 증가를 막는 어떤 조치가 있어야 한다는 원세개의 주장은 놀라운 것이 아니었습니다. 그는 자신이 확실히 모색하는 어떤 방향에서 명분을 찾고 있다고는 하지만 그러한 결과가 나타날 것 같지는 않습니다. 귀하에게 바라건대 청국이 그들의 정책은 물론 원세개도 바꾸게 하십시오. 그러면 원세개의 이기적이고 야심적이며 시골뜨기 같은 행동 때문에 청국이 잃어버린 것을 곧 다시 회복할 수 있으리라는 것을 나는 보증합니다. 귀하도 말했듯이 이홍장 총독은 그를 맹신하고 있습니다. 이홍장의 마음을 붙드십시오. 그는 단지 망상과 함정에 빠져 있습니다.

나에 관한 한 이 총독은 조선 문제에 대해 더할 수 없을 만큼 너무 자주 나를 속였습니다. 그는 단지 그가 "하지 않으면 안 될 것"만을 해야 하며, 그 이상도 그 이하도 해서는 안 될 것입니다. 그가 나를 속여 왔기 때문에 내가 그를 속이더라도 그는 나를 비난할 수 없습니다. 사실상 나는 너무나 솔직해서 아시아의 외교상의 간계에는 적절하지 않다고 생각합니다.

귀하도 아시는 바와 같이 나는 총독의 뒤에서 일을 꾸민 적은 없습니다. 나는 귀하가 총독에게 진실을 알려 주리라 확신하면서 귀하의 이해를 위해 자료를 보내 드립니다. 나는 천진에서의 마지막 날에 그에게 이렇게 말했습니다. "만일 그가 원세개를 해고함으로써 조선의 국내 문제에 관여하는 것을 그만두게 하지 않는다면 나는 그가 그의 정부에게도 신임 받을 수 없게 하고 또 그 자신도 읽기에 기분 나쁜 상황 보고서를 공개하겠노라"고 말입니다. 그리고 나는 약속을 지켰습니다.

이 총독이 원세개의 행동을 조사하고 그 상황을 파악하고자 관리를 파견한다고 들었습니다. 만약 그것이 사실이라면 나는 그것을 유감스럽게 생각합니다. 총독이 아무리 열심히 상황을 파악하려 해도 그러한 방법으로는 진실을 알기가 어렵습니다. 결과는 범죄자의 "눈속임"일 뿐이며 그것은 총독과 그의 정부가 그의 해임에 대해 전보다 더 완고하게 만들 뿐입니다.

이 문제와 관련해서 내가 분명히 이해할 수 없는 국면이 있습니다. 그것은 다름이 아니라 러시아와 일본이 조선에 대한 모든 계획을 포기했다고 지성적인 관찰자들이 인식하는 순간에 청국은 심한 병을 얻는다는 것입니다. 그러나 사실이 어떻든 간에 우리는 우리가 본 상황을 처리해야 하며, 이렇게 함으로써 혼란과 무지를 벗어나 질서와 지성을 수립하도록 귀하와 협력해서 힘이 미치는 범위 안에서 노력하려고 합니다.

그리고 앞서 언급한 대로 이러한 노력을 하면서 취할 첫 번째 조치는 많은 악영향을 일으키고 있는 원세개와 더불어 그의 계획에 깊은 신뢰를 받고 있는 비서 담갱요도 해임시키는 일입니다. 담갱요는 묄렌도르프의 제자라는 사실만 보아도 그를 잘 알 수 있습니다. 이러한 점을 제외하고라도 그는 신중한 면도 없고 책임감도 없습니다. 그러나 품성이 좋고 정직한 두 사람을 그 자리에 임명하여 왕과 공무원들과 가까운 관계를 유지케 한다면, 다시 강한 밀물이 청국으로 역류해 갈 것입니다. 이렇게 해야만 청국은 조선에 대한 우월권을 유지할 수 있습니다. ……

나의 아내와 나는 댁의 따님의 탄생을 축하드립니다. 귀하에게는 사랑스러운 세 명의 따님이 있으므로 우리는 귀하에게 아들이 태어나기를 기대했습니다. 그러나 네 번째 딸 역시 사랑스러운 것이라는 사실을 생각한다면 여러분 모두에게도 만족스러울 것입니다. 부인께도 변함없는 안부 전해 주십시오.

O. N. 데니 드림

편지(No. 48)

서울, 1888년 8월 8일

친애하는 데트링 씨에게

1일자로 작은 책자와 함께 보내 주신 편지를 바로 받아 보았습니다. 대단히 감사합니다. 만일 중국어로 정확히 번역된 복사본 2~3부를 보내 주실 수 있다면 그 후의는 잊지 않을 것입니다. 나는 조선의 많은 문제들을 어떤 방법으로 토론할 수 없기 때문에 귀하와 만나서 그 문제를 논의하고 싶습니다. 그래서 나는 그것을 위해 지부로 갈 것이며, 만일 거기서 나를 만나고자 하신다면 일본 기선의 다음 항해를 알려 주십시오.

그때쯤이면 이 총독은 나의 보고서에 대해 입에 거품을 뿜는 일을 그칠 것입니다. 나는 그가 앞으로는 보다 이성적이고 온화해지기를 바라고 있습니다. 조선 문제에 대한 우리의 견해가 다르더라도 내가 그를 만나는 것이 무척 기쁘고 그에 대해 언제나 우정을 느끼지만 그러나 나는 결코 그를 다시 만나고 싶지는 않습니다. 따라서 귀하를 만나서 이야기하고 싶은 마음은 간절하지만 귀하의 사무실까지는 갈 수가 없습니다. 지부에서 나를 만나 주실 수 있는지요?

외부대신의 자리에 있던 그 늙은 도적놈인 건달은 지방 관찰사로 임명됨으로써 외부(外部)를 떠났습니다. 나는 그가 외부대신의 자리에서 해임되지 않으면 내가 조선을 떠나겠노라고 왕에게 말했습니다. 어떤 자리에도 건달을 임명하는 것은 나쁘지만, 외부의 일상적인 타락을 묵인하는 위치에서 항상 왕의 위신을 떨어뜨리는 행동을 하도록 놓아두는 것은 더욱 나쁜 것입니다.[2)]

천진에 있는 『차이니스 타임즈』의 발행인은 참으로 알다가도 모를 사람

---

2) 여기서 외부대신이라 함은 척신의 대표로서 정권을 휘두르다가 함경관찰사로 전임된 조병을 의미함.

입니다. 지난번 어떤 문제가 있었을 때, 그는 나를 "정직하고도 존경할 만한" 사람이라 말했는데 지금은 내가 불명예스러운 동기에서 행동한다고 탓했습니다. 내가 알고 있는 한 나는 그를 기분 나쁘게 하는 어떠한 행동도 하지 않았지만 그 동안 계속해서 그는 나의 정강이를 물고 늘어지고 있습니다. 그가 조선의 문제를 다루면서 전혀 개인 감정에 사로잡힐 필요는 없다고 봅니다.

나는 『차이니스 타임즈』에 개재된 많은 내용들이 귀하가 동의하지도 않았고 귀하가 그렇게 말하지도 않았다는 것을 잘 알고 있습니다. 그 발행인은 때때로 남을 화나게 만들기도 하지만 때로는 홍겹거나 즐겁게 해주기도 합니다. 그는 어떤 문제에는 신중하고 능력 있고 논리적이기도 하지만, 다른 문제에서는, 얼굴과 몸에 그린 물감을 칠하고 털 장식 옷을 입은 "인디언 귀족"처럼 말하기도 합니다. 그 다음 단계에 그는 서커스의 곡예사의 역할을 할 수도 있습니다. 그리고 막판에 가서 그는 조선에 대한 7월 21일자 동지(同紙)의 머릿 글자를 통해서 공개적으로 큰 절까지 할 만큼 비열한 사람이었습니다.

이 기사의 고민과 왜곡의 한 예를 인용해 보겠습니다. "우리는 한 걸음 더 나아가서 청국과 그 속국과의 교섭을 유럽 국제법의 규정에 따르려는 것은 국제법의 기초를 파괴하는 것이라고 말할 수 있습니다." 법을 적용하는 것이 곧 그것을 파괴하는 것이라면 그것이야말로 제기될 수 있는 명제 가운데서 가장 어처구니없는 것입니다.

여기서 문제가 되는 것은 바로 그 점입니다. 그는 이러한 희문에 이어, 모든 압제자들이 그랬던 것처럼 조선을 취급하면서 청국이야말로 신성한 법칙이나 인간의 이성의 범주를 초월하는 위치에 두었습니다. 나는 그 발행인보다 한 걸음 더 나아가, 국제법의 원리에 따라서 조선과 청국간의 교섭을 "짜 맞추려는 것"(square)은 국제법의 원리를 파괴하는 것이라고 강조하는 것은 마치 하나의 원(circle)을 4각의 틀에 끼워 넣음으로써 "사각형으로 만들려는"(square) 시도를 계속하는 것과 같다고 말할 수 있습니다.

그들이 서구 국가나 또는 그들 상호간에 조약을 체결하고 이들과의 교섭을 통해 지난날 이들 국가들에 의해 오랫동안 지켜졌던 관습과 통례에 따라 개화하고 통치된다는 보장 아래 문명국가의 국제 의례를 따르게 된 뒤에는 국제법 그 자체를 파괴하게 될 것입니다. 위의 두 가지 진술은 똑같이 일관성 있고 그럴듯합니다. 이것은 그 기사의 편집자가 듣거나 보라고 쓴 것이 아니라, 국제법의 "근본적인" 원리에 대한 그의 견해에 대해 평가함으로써 귀하에게 보이기 위한 것입니다.

나는 지난 3월 말에 이르기까지 조선의 정치나 다른 문제에 대한 근심과 투쟁에 질려 버린 나머지 그때는 조선을 떠나고 싶었습니다. 그러나 원세개와 외부대신이 나에게 주어야 할 봉급의 청산을 방해했습니다. 그리고 왕이 이 봉급의 지불을 2년 동안 나의 계약의 갱신을 위한 조건으로 제시했을 때 나는 그것을 받아들이지 않을 수 없었습니다. 왜 그 두 거지같은 놈들이 내가 여기에 남아 있기를 원했는지 알 수 없습니다. 왜냐하면 내가 봉급을 다 받을 때까지는 결코 떠나지 않으리라는 것은 확실하기 때문입니다.

나는 능력이 닿는 한 왕에게 봉사했으며 그는 이러한 봉사를 위해 월급을 줄 것입니다. 귀하가 원하신다면 7월 21일자 귀하에게 보낸 나의 편지의 요지를 총독에게 보여주셔도 좋습니다. 그러나 만약 그가 내 봉급을 손톱만큼이나 쥐꼬리만큼 주는 것으로 만족할 정도로 미친 사람이라면 그 편지를 보이지 마십시오.

나는 부인께서 건강을 회복하고 있으며 아기가 잘 자란다는 소식을 듣고 기뻐하고 있습니다. 나의 아내는 부인에게 사랑을 보내며 귀하의 가족의 안부를 전합니다.

O. N. 데니 드림

편지(No. 49)

서울, 1888년 8월 20일

친애하는 웨트모어 씨에게

책자의 발행에 관한 귀하의 9일자와 11일자 편지는 즉시 받아 보았습니다. 솔직히 대답해 나는 귀하가 보낸 편지를 받고 지나치게 놀라고 고통스러웠습니다. 저는 귀하가 당황했다는 점에 놀랐으며, 책자의 인쇄에 귀하의 친절하고 자발적인 도움을 얻게 된 데 대해 귀하도 말씀하셨지만 귀하에게 근심과 걱정을 안겨 주어 좋은 친구에게 누를 끼친 것이 아닌가를 생각하니 괴롭습니다.

그 문제는 순전히 조선의 정부와 나에게 관련된 것이며 귀하는 나에 대한 우정의 배려만을 했을 뿐입니다. 그것은 귀하와 거리가 먼 달나라에 와 있는 사람에 관련된 문제가 아닙니다. 그리고 귀하가 나를 도와주면서 아주 커다란 근심과 고통을 느꼈다는 것을 알게 된 지금 나는 이 일에 귀하를 관여시킨 것을 깊이 후회하고 있습니다. 나는 귀하가 그 보잘 것 없는 업무에서 귀하의 대리인들이 남긴 모든 찌꺼기는 물론이며 인쇄된 모든 것을 없애 버리겠다고 결심한 것에 진심으로 공감하는 바입니다. 왜냐하면 만일 귀하가 스스로 알면서도 명예를 손상시킬 수 있는 일에 참여했다면 귀하의 가까운 친구들에게뿐 아니라 귀하 자신에게도 좋지 않으며 귀하의 마음을 혼란케 하고 혹은 사람이나 재산에 대한 귀하의 권위를 떨어뜨리게 할 뿐 아니라 내가 그러한 상황을 알면서 유발케 했다면 친구로서 아주 이기적이고 거짓된 것이기 때문입니다.

따라서 여러 가지 이유로 내가 귀하에게 보낸 사본을 나에게 돌려주실 수 있으신지요? 내가 귀하에게 인쇄나 혹은 다른 비용에 쓰도록 1달러도 보내지 않았으므로 여기 60달러를 보내드립니다. 귀하가 수정한 복사본은 장래에 귀하가 분명 그것을 다시 고치기를 바랄 때 귀하에게 보여주고자 내가 보관하고 있을 것입니다.

귀하는 법망으로부터 나를 보호하고자 걱정한 나머지, 기존의 보고서를 수정했거나 혹은 그것이 쓰인 목표를 전적으로 잘못 생각하고 있는 듯합니다. 그것은 조선에 대한 청국 관리들의 난폭하고 고압적이며 개인적이며 부당한 행동 탓이며, 나는 그러한 행동을 중지시키려고 노력했고, 그러한 노력 과정에서 나는 나에게 호소한 불만이 다시 반복되지 않도록 『햄릿』의 불행한 왕자처럼 행동할 것이라는 사실에 관심을 가져 주시기 바랍니다. 그 보고서에는 분명하게 진술할 수 있는 내용들이 있습니다. 그러나 그러한 것들은 그 효과를 실질적으로 줄일 수 있는 성격의 내용들은 아닙니다.

이제 나는 귀하의 많은 비평들 가운데 하나에 대해서만 언급하겠습니다. 귀하는 22페이지 맨 아래에서 내가 그로티우스[3] 등에 대해 언급한 것은 국제법의 원칙을 전혀 모르는 말이라고 했습니다. 나는 그것이 그 문장에서 사용될 수 없다고 하는 것을 이해하기 어렵습니다. 나는 두 명의 법률가들을 포함해 여기 있는 몇몇 분들에게 그 요지를 보여주었더니, 그들은 모두 귀하의 의견에 반대했습니다.

만일 귀하가 그것을 다시 읽어본다면 청국이 주장한 것은 터무니없는 원리로서 국제법 학자들도 그것을 전혀 알지 못했기 때문에 그들은 결코 그러한 내용을 쓰지 않았다고 내가 주장했다는 점을 확실히 알게 될 것입니다. 문제를 보다 분명히 하고자 한 가지 사례를 들겠습니다.

한 젊은 변호사의 고객이 치안 판사 앞에서 훔친 말에 대해 예비 진술을 하고 있을 때 변호사는 블랙스톤 경[4]의 저서들을 읽으라고 제안했습니다.

---

3) 그로티우스(H. Grotius : 1583~1645) : 네덜란드의 국제법학자. 라이덴대학에서 법학을 배우고 15세에 변호사가 되었으며, 영국 대사(1613~1619)를 역임했다. 반체제운동에 가담한 죄로 종신 금고형을 받았으나 프랑스로 망명. 『국제법』(1625)을 써서 국제법의 아버지라는 명성을 얻었다.

4) 블랙스톤 경(Sir W. Blackstone : 1723~1780) : 영국의 법학자. 『영국법론고』(1766)를

그에 대해서 법정은 그에게 그것은 사법 정신으로서 이미 관례화되고 체계화되었다고 현명하게 알려주었습니다. 그 변호사는 대답하기를, "아, 나는 법정의 결정을 바꾸려고 그렇게 하라고 한 것이 아니라, 단지 블랙스톤 경이 그러한 난센스를 쓴 것이 얼마나 바보스러운가를 나타내기 위한 것입니다"라고 대답했습니다.

이와 유사한 아이러니한 방법으로 나는 화텔[5] 그로티우스, 그리고 휘튼[6]이 청국의 터무니없는 주장을 방어할 내용을 하나도 쓰지 않은 것은 얼마나 바보스러운 것인가, 그리고 그들이 그것을 쓰지 않았던 이유는 그러한 원리를 "파악"할 수 없었기 때문이라는 것을 말할 수 있습니다.

나는 귀하에게 보낸 것과 같은 책자의 사본 50부를 인쇄해서 배포했습니다. 그 추가 발송은 아마도 바람직한 효과가 있을 것이며, 지식인의 마음속에 조선을 예속하려는 청국의 터무니없는 주장을 배격하게 될 것입니다. 좌우간 우리는 지금의 청국 대표의 흉악스럽고 사악한 행동에서 벗어나게 될 것입니다.

O. N. 데니 드림

써서 일약 유명해졌으며 미국의 법이론에 많은 영향을 끼쳤다.

5) 화텔(Emmerich von Vattel : 1714~1767) : 스위스 태생의 법률학자. 색슨에서 변호사로 활약했으며, 『국제법』(1758)을 씀.

6) 휘튼(Henry Wheaton : 1785~1848) : 미국의 법률학자 겸 외교관. 프러시아 공사(1837~1846). 『국제법의 본질』(1836)을 남김.

편지(No. 50)

서울, 1888년 9월 22일

친애하는 데트링 씨에게

나는 12일자 귀하의 편지와 함께 이 총독이 그의 주장의 기초로 삼고 있는 한·청관계사에 대한 [9월] 8일자 『차이니스 타임즈』의 번역판을 감사히 받아보았습니다. 그 편지에 관해 말하자면, 나는 이제까지 이보다 더 변덕심하고, 앞뒤가 맞지 않으며, 오해의 여지가 있고, 잘못된 글을 읽어 본 적이 없음을 고백하지 않을 수 없습니다. 특히 치명적인 것은 그 속에 무척 많은 오류가 있다는 것입니다. 나는 총독이 조선 문제를 터무니없이 처리하면서 더 이상 창피 당하는 것을 보고 싶지 않습니다. 그러나 그는 고상함을 감추기보다는 허리를 굽혀 세속적인 목적을 추구하고자 하는 듯이 보입니다.

귀하 자신뿐 아니라 총독 각하에 관한 정보를 위해서 "작고 노란 소책자" 사본을 보내 주셔서 감사합니다. 그 책에 담긴 11페이지의 추가 사항과 13페이지의 각주는 아주 흥미롭습니다. 나는 결코 여기에 설명을 부가하려고 책자를 썼던 것은 아닙니다. 나는 그것을 "법적 논쟁"으로써 썼으며, 고대로부터 현대에 이르기까지 가장 사악하고 가장 타락한 그 외교관[원세개]의 행위를 폭로하고자 한 것입니다. 동시에 내가 역사에 가치 있는 일에 공헌한다면 그러한 이유 때문에라도 그 공로를 손상시키지 않을 것입니다.

조선의 독립에 관한 계속되는 문제가 고대사에 연유하는 것이라면 나는 노아나 그 홍수로 돌아가서 조선은 계속 현재의 상태로 있었던 것이 아니라 전적으로 청국에서 독립된 상태에 있었다는 것을 보여줄 것입니다. 그러나 이 방법은 문제를 해결하는 것이 아닙니다. 문제는 문명화된 국가와 기독교 국가들 사이에서 오랫동안 상호 교류의 지침이 되어 왔던 국제법에 따라 처리될 것이며, "조선의 입장에서 볼 때 그 시기는 조선이 서구 열강과 수호조약을 체결할 때까지로 거슬러 올라 갈 것입니다." 내가 생각하기에 궁극적 결과는 자명합니다. 만일 총독이 이 불행한 나라가 더욱 비참해지기를 원한다면, 그는 왜 자기가 직접 와서 그렇게 하지 않습니까?

나는 지금 총독의 "총애를 받는 그 사람"[원]의 사악한 행동에 대한 또 다른 책자를 준비하고 있습니다. 그것도 또한 "밤과 같이 어두운" 내용이 될 것이며, 그가 곧 해고되지 않으면 나는 그것을 출판할 예정입니다. 첫 번째 것은 총독의 뺨을 점잖게 때리는 것이었지만 두 번째 것은 미간의 정곡을 때리는 것입니다. 그리고 그것은 총독에게 뿐 아니라 그의 정부에게도 체면 손상을 가져올 것입니다. 그것은 잔인한 행동과 살인, 그리고 그 날짜 및 상황뿐 아니라 목격자의 이름까지도 자세히 설명해 놓은 것입니다.

그것은 "4R" 곧 풍부하고(rich), 진기하며(rare), 솔직한(racy), 읽을거리(reading)라고 표시될 수 있는 문헌이 될 것입니다. 나는 그것이 필요 이상으로 총독에게 고통스럽기를 바라지 않습니다. 단지 그 불한당이 "떠나야" 하며, 그것도 당장 떠나기를 바랍니다. 청국 대표로 흉악하고 강도 같은 자를 조선의 왕실로 보낸 총독은 모든 체면을 잃은 듯이 보입니다. 두 번째 책자를 발행하기 전에 나는 그것을 기초로 해 그 문제에 관련된 조약 국가들에게 호소문을 쓰겠습니다.

나는 원세개의 범죄적이고 야만적인 행동에 관심을 두고 있기 때문에 만약 총독이 귀하를 들먹인다면 나는 그의 배은망덕함을 보여 줄 수밖에 없습니다. 총독 각하에게 내 말을 전해 주십시오. 나를 조선에서 몰아내도록 왕을 "괴롭히는" 것은 총독 자신에게 어떠한 도움도 되지 않습니다.

나는 "미국의 법에 따를 의무가 있는 미국 시민"이며 아직도 18개월 더 봉사하도록 이 정부와 계약을 맺고 있기 때문에, 나의 계약 만료 이전에 혹은 그 뒤에조차 내가 스스로 떠나기로 작정하지 않았는데도 나를 떠나도록 할 수 있는 사람이 청국인이든 조선 사람이든 그가 누구인지를 알고 싶습니다. 나는 나의 권리가 무엇인지를 알고 있으며, 그것을 보호하고 주장할 충분한 의식과 용기를 가지고 있습니다. ……

만일 총독이 나를 조선에 초빙하려던 그의 요구를 실행한 것을 귀하의 탓으로 돌려 문책한다면 그것은 나를 몹시 불쾌하게 만들 것입니다. 나는 스스로 몇 천 번 후회했습니다. 그러나 나는 귀하에게 나의 불행을 탓할 정도로 멍청하거나 배은망덕한 사람은 아닙니다.

나의 업무가 [청국] 정부와 긴밀해지도록 해보라는 귀하의 말씀은 친구로서의 충고로 알고 아주 감사드립니다. 내가 이미 언급한 것처럼 원세개와 전 외부대신이 지난 봄 나의 보수 지급을 방해하지 않았더라면 나는 지금 조선에 남아 있지 않았을 것입니다. 사실이 그렇습니다. 그리고 귀하가 나에게 전보를 친 뒤 가능한 한 빨리 지부에서 귀하를 만나고자 하며, 내가 서울을 떠날 시기와 제물포로부터 출발할 "가능한" 시기를 전신으로 알려 드리겠습니다. 나는 필요 이상으로 주의를 끌지 않도록 전보를 하나만 보내겠습니다. ……

부인께도 우리 부부의 간곡한 안부를 전해 주십시오.

O. N. 데니 드림

편지(No. 51)

서울, 1888년 10월 12일

『차이니스 타임즈』 편집인 귀하
천진

근계

지난 9월 22일자 귀지에 게재된 기사[7] 가운데 나에 관한 오류와 잘못된

7) 이 기사의 원문은 Robert R. Swartout, Jr.(ed.), *O. N. Denny's Documents on Korea*[데니 문서], National History Compilation Committee[국사편찬위원회], Seoul, 1981, pp.

설명을 몇 가지 지적함을 용서해 주시기 바랍니다. 우선 귀하가 친절히 말씀하신 대로, 원세개는 내가 서울에 도착해 그 문제가 처음 제기되었을 때 나를 선임한 것에 찬성했음이 분명합니다. 그러나 내가 여기에 있는 외국 대표들에게 들은 바에 따르면 내가 도착하기 직전에 그는 내가 오는 것을 공개적으로 분개하며, 자기가 왕의 고문이 되어야 하며 나의 도움은 필요치 않다고 주장했다고 합니다.

언제인가, 그가 외국인 사절들과 마주 앉아 환담하고 있을 때 어떤 외교관은 친절하면서도 솔직히 충고하기를, 그가 모르는 문제에 대해 왕과 정부에게 충고하고자 내가 온 것이라고 말했습니다. 그때 교활한 원세개는 그 자리에서는 그 충고를 받아들일 수 있노라고 대답하고 나서, 뒤로 돌아서서는 그것에 화가 나 그 사실을 전하께 일러 바쳤습니다.

이제까지 원세개에게 받았다고 기억되는 유일한 도움이나 협조는 내가 서울에 도착한 뒤에 있었습니다. 그것은 외부의 법률 고문으로서의 나의 공적 지위를 위해 왕에게 "잘 말 해준 것"입니다. 그러나 나는 외부대신이 공포심에서든 혹은 댓가를 기대해서든 간에 원세개의 비굴한 노예라는 것을 이미 알고 있었기 때문에 청국 공사의 조언자가 되는 것이 내게 아무리 좋은 일이라 할지라도 그에 대한 호감이 줄어들었습니다.

그때부터 그의 반대, 비방, 그리고 중상이 증가해 왔습니다. 그럼에도 불구하고 나는 계속해 그와의 친분 관계를 유지해 왔습니다. 그러나 그가 왕위를 찬탈하고 왕을 살해하려는 음모를 꾸몄음을 내가 알았을 때, 나는 평화를 사랑하고 범죄를 미워하는 모든 사람들이 마땅히 하는 방식으로, 그와는 모든 관계를 끊었습니다. 내가 전체 내용을 기억해 낼 수는 없지만, 내가 그를 싫어하는 이유는 내가 왕이나 참정대신[의 고문]이 되는 것을 그가 방해했기 때문이라고 그가 보고했던 것도 바로 그 시기였습니다.

252~260 참조.

따라서 원세개의 편에서는 질투심이 없었다든가 그는 나를 "넓은 아량으로 환영했다"고 귀하가 말한 것에는 잘못이 있습니다. 그가 환영하는 사람들의 성격을 귀하는 잘 알지 못하리라고 나는 확신합니다. 귀하는 또 "오랜 의견 차이가 결과적으로 격렬한 투쟁을 야기했다"고 말한 점에서 실수가 있었습니다. 불화를 야기했던 것은 단지 그의 비열한 음모, 곧 그가 왕과 조선 정부를 파멸하려고 했기 때문이었습니다. 내가 조선의 왕에게 봉사하도록 "청국으로부터 임명을 받은 사람"이었다는 것은 사실이 아닙니다.

내가 천진에 도착했을 때 이 총독은, 조선의 국왕께서 "그에게" 자신을 위해 봉사할 유능한 고문을 추천해 달라고 요청하셨으며, 그는 오랜 친분과 나의 공식 업무에 대한 지적 능력을 확신했기 때문에 그 자리에 나를 추천했다고 내게 알려 주었습니다. 그리고 나는 임무 수행을 위해 떠나기 전에 내가 추진해야 할 정책에 관해 필요하다고 생각한 것을 분명히 이해했으며 나는 절대로 "나의 추천인의 지시"를 따르지는 않았습니다.

죄송한 말씀이지만 나의 임무는 청국에 대한 조선의 "과거의 현상 유지를 옹호하고", "서구의 고문에게 위탁된 모든 문제에 대해 조선 정부에 조언하는 것"이었으며, 또한 일본 · 미국 · 러시아 · 영국의 외교관들뿐만 아니라 청국의 외교관과 협의하는 것입니다. 나의 "지난날"의 임무는 "건전한 발전을 촉진하고 조선의 약한 재정을 곤경에 빠트리는 일을 피하고", 조선의 왕과 정부의 주권을 최대한 유지하고 보호하며 특히 "필요할 때" 총독에게 몇 가지를 보고하기로 약속을 했었습니다. 그것은 청국이 조선의 평화와 안녕을 위한 책임이 있기 때문에 모든 음모, 술책, 불법적 행동 등 모든 일을 경계해야 했으며, "나는 약속을 지켰습니다."

그러나 그렇게 함으로써, 국민의 눈으로 볼 때 그 불법적인 사람을 떠받쳐 주지 않을 수 없었다는 점이 후회스럽습니다. 그의 주된 정열은 흉악한 음모와 밀수 등이었습니다. 물론 총독은 그러한 사실을 알고 있으면서도 묵인하고 있습니다. 수많은 일을 하면서 나는 총독의 도움을 받았으며, 그는 청국의 속국의 복지를 진심으로 바라는 듯이 내게는 보였습니다.

그러나 나는 부러진 갈대에게 몸을 의지하고 있었던 것입니다. 왜냐하면 총독과 관련된 문제에 대해 그의 조언이나 도움을 받기보다는 차라리 달에 호소하는 편이 나았을지도 모르기 때문입니다. 그가 나와의 약속에 완전히 무심한 태도를 보였음에도 불구하고 "내가 그와의 과거 우정을 저버렸다"고 하는 것도 사실과는 다릅니다. 왕으로부터 봉급을 받는 나는 단지 왕에 대해 충성할 뿐이며 청국이 조선을 상대하면서 보여주는 분별없는 억지에 반대하는 것이 나의 임무입니다.

그리고 내가 "조선에게 청국에 대한 충성을 끊어 버리도록 유도하려고 모든 일을 했다"고 한 것도 사실이 아닙니다. 오히려 내가 여기에 온 뒤에, 우정 있는 조언과 도움을 위해서는 과거와 같이 청국을 상대하도록 권고해 왔으며 지금도 그렇게 하고 있습니다. 귀하가 만일 지금 비판의 대상이 되고 있는 그 책자(『청한론』)를 읽어보신다면 그것을 아실 것입니다. 나는 그 책자의 5페이지에서 나의 신념을 분명히 밝혀 놓았습니다.

그러나 나는 조선 정부의 최대한의 이익을 위해 봉사하는 것이 나의 의무이기 때문에, 특히 나의 공적을 그러한 방향으로 주장하지는 않을 것입니다. 내가 조선에게 지난날의 유대 관계(moorings)를 참고 견디라고 충고했음에도 불구하고, 청국 대표의 범죄적이고 야만적인 행동은 왕에 대한 청국의 우정과 호의에 다소의 불신을 유발시키고 있습니다. 그의 나라는 전하의 마음속에 살금살금 기어 들어와 지금 전하를 혼란시키고 있습니다.

"귀하도 충분히 납득하시겠지만" 내가 책자를 발행한 것은 두 정부 사이의 불화가 치명적인 것이 되는 것을 막기 위한 것이었을 뿐 아니라 개인적인 모든 노력을 낭비한 뒤에 삶과 재산을 위험에 빠뜨리고 있는 죄 없는 사람들에게 경고하기 위한 것이었습니다. 만약 이러한 행동 때문에 내가 청국의 이해 관계를 저버리거나 총독과의 옛 정을 저버린다고 비난받는다면, 나는 원고의 입장에 서기보다는 차라리 피고의 입장에 서고자 합니다. 내가 청국의 이해 관계나 총독과의 옛정을 저버렸다고 이러니저러니 하는 것은 내가 총독에게 책자를 보낸 뒤 그가 말했거나 행동했던 탓으로 추측된 듯합니다.

친애하는 편집인님!

나는 총독이나 그의 정부에 대해 악의를 가지고 있지 않습니다. 이 불행하고 작은 나라에 대한 거대한 청국의 어리석은 행동에 어느 누구도 책임질 수 없기 때문에, "조선 문제"에 관해서 마지막 "상황"이 일어나게 되면, 그때는 귀하도 나의 동기나 행동에 대해 비난의 여지를 찾을 수 없을 것입니다. 왜냐하면 귀하는 그때 내가, 얼굴을 찡그리며 불쾌한 감정을 나타내는 것을 불사하고서라도 전하께 마음에 들지 않은 진실을 말하기보다는 은총을 얻으려고 그가 바라는 대로 전하를 꼬드겨 왔던 이 "부왕(副王)"의 촛불 둘레에 모여드는 사람들보다 청국과 총독에게 더 좋은 친구라는 사실을 알게 될 것이기 때문입니다. 우리의 우정 관계에서 총독은 나의 솔직함을 결코 비난하지 않았다고 나는 믿고 있습니다. 나는 그의 마음에 들든지 그렇지 않든지 간에 그에게 솔직히 진실을 말해 왔으며 조선 문제에 대해서도 예외가 없었습니다.

지난날 총독은 많은 법적 · 공적 문제에 대해서 나와 상의했으며 나는 몇 가지 중요한 조언을 했습니다. 그는 그것을 아주 진지하게 받아들였으며 적어도 그 가운데 하나는 나만이 해줄 수 있는 유일한 것이었고, 그것은 특별한 문제에서 그가 자신의 내부 진영에서의 적으로부터 받을 비난을 모면해 주었습니다. 그러한 봉사는 바람처럼 자유롭게 총독에게 주어진 것입니다.

나는 항상 어떤 방법으로든 그에게 조언할 기회를 갖는 것이 기뻤습니다. 그것은 이제까지 내가 본 적이 없었던 외국인에 대한 그의 깊은 우정 때문이 아니라 그가 그의 조국의 최대한의 이익에 늘 봉사하는 애국적인 정치가였음을 내가 믿었고 지금도 그것을 믿고 있기 때문입니다. 또한 더 나아가서 외국인들이 그에게 서구 문명의 진보에 그렇게 많이 기여해 왔던 개혁과

적응을 청국에 도입하기를 기대했던 점 또한 나는 알고 있었기 때문입니다.

아마도 그러한 상황에서 총독은 그에게 베푼 친절에 보답하려고 나에게 무엇을 해주었느냐고 묻기란 어렵습니다. 만약 그러한 것이 있다면 그것은 인간 본성의 약점을 노출한 것이고, 나를 조선에 초빙한 것이 유일한 것입니다. 조선에서 나의 목구멍은 그의 "부하"의 불성실한 행동 때문에 더 위험하게 되었습니다. 나는 초빙을 수락한 것을 단 한번 후회한 적이 있습니다. 그리고 그때부터 나는 현재까지 그것을 세상에 알리려고 동방을 향해 얼굴을 돌렸습니다.

조선에서의 원세개의 행동뿐 아니라 그 자신의 행위를 내가 공개적으로 비판한 데 대해 총독이 화를 낸 것을 나는 이해합니다. 만일 원세개의 비행이 입증된다면 그것은 위에 언급한 내용을 유일하게 확증하게 될 것이며, 총독의 우정이 이기적이고 비열한 계획과 충돌했을 때 그것은 산산이 조각나 버릴 모래로 만든 밧줄에 지나지 않는다는 것을 알게 될 것입니다.

친애하는 편집인님!

나는 이미 언급된 많은 오보를 수정하고 귀하의 마음을 현재보다 좀 더 누그러뜨리고자 긴 편지를 썼습니다. 결론적으로 귀하에게 죄송하나 한 말씀 드리고자 하는 것은 "매우 신중한 언론인"인 귀하가 전적으로 문제에 대해 그렇게 자신 있게 말하기에는 조선 문제가 귀하로부터 너무 멀리 떨어져 있다고 하는 사실입니다.

O. N. 데니 드림

편지(No. 52)

서울, 1889년 2월

『프랭크레슬리화보사』 편집자 귀하

뉴욕, 미국

근계

지난 11월 24일자의 귀지에 실린 "머나먼 조선"(From Far Korea)[8]에 소개된 화보는 아주 정확했습니다. 그러나 이곳 상황에 대한 귀하의 언급 가운데 첫째와 둘째 절에는 오해의 여지가 있을 뿐만 아니라 나와 다른 사람에 대하여 부당하게 설명했습니다. 따라서 귀하의 기고 가운데서 몇 가지 점을 지적함을 용서하시기 바랍니다.

첫째로, 나는 청국의 이홍장 총독에 의해 조선 국왕의 고문으로 임명된 것이 아닙니다. 1885년 7월, 나는 미국 오리건주의 포틀랜드에서 저 유명한 이홍장 총독으로부터 전보를 받았습니다. 그것은 고문 겸 조선 해관의 총세무사의 직책을 수락하겠느냐고 묻는 내용이었습니다. 그 당시에는 이 두 직책이 겸직으로 되어 있었습니다.

처음에 나는 그 제의를 거절했습니다만 그 뒤에 수락하기로 번복했습니다. 그것은 무엇보다도 나와 몇 년 동안 가장 친근한 관계를 유지했던 총독을 통해서 온 것이기 때문입니다. 이와 관련해서 나는 서울로 가기 전에 우리가 지향하는 정책에 어떤 구체적인 의견의 불일치가 있을 경우에는 어떻게 할 것인가에 관해서 총독과 협의하려고 직접 천진으로 갔습니다. 나는 조선에 가고 싶다는 의견을 전혀 제시하지 않았습니다.

총독과의 첫 대면에서 그는 조선의 국왕이 그에게 외교 문제에 대한 유능

---

8) 이 글의 원문은 Robert R. Swartout, Jr.(ed), *O. N. Denny's Documents on Korea*[데니 문서] op. cit., pp. 261~264 참조.

한 고문을 추천해 달라고 의뢰했으며 나와의 우의와 국제 문제에 대한 나의 지식에 확신이 있었기 때문에 그는 나에게 전보를 쳐 그 직위를 수락하도록 했다고 말했습니다. 조선 문제에 관한 의견 교환에서 우리는 거의 일치를 본 것 같았으며 내가 서울로 떠날 때는 내가 조선왕국의 자율성을 유지하고 평화롭고 보다 좋은 정부를 촉진하고자 노력하면서 그의 친절한 지지를 받아야 한다는 점에 총독의 확신을 얻고 있었습니다.

서울에 도착해서 나는 곧 조선 정부가 나의 월급을 달러로 지급할 책임을 지는 것을 내용으로 하는 상세한 계약을 체결했으며, 그 뒤 나는 왕으로부터 임명장을 받았고 나에게 부여된 임무를 수행했습니다. 이곳의 청국 외교관이 조선 정부에 대해 범죄적이고 고압적인 정책을 추구하고 있었기 때문에 나는 처음부터 그의 심한 압력에 부딪혔습니다.

내가 총독을 설득해서 그를 바꾸지 못한다면 나는 조선 왕에 대한 봉사를 그만두든지 아니면 청국 공사의 행동을 공개적으로 폭로해야겠다고 결심하는 데에는 오랜 시간이 걸리지 않았습니다. 그러나 그렇게 하기 전에 나는 공사를 교체하고자 개인적으로 노력해야겠다고 결심했고, 그렇게 했습니다. 그래서 나는 천진에 있는 총독을 두 번이나 방문했으나 모두 허사였습니다.

그러는 동안, 이곳의 문제들은 점점 더 악화되어 조선의 국민과 외국인을 포함한 왕과 정부의 생활이 위험에 직면하게 되었습니다. 그래서 나는 왕과 정부의 국제적·도덕적 권리를 선언하고 순진한 국민들에게 항상 그들을 위협하는 사실상의 위험에 대해 경고할 목적으로 왕의 승인을 얻어 책자를 출판하기로 결심했습니다. 그 책자는 곧 출판되었으며, 나는 그 초판을 총독에게 보냈으며 제2판을 나의 본국에 있는 미첼(John H. Mitchell) 상원의원에게 보내어 가능한 한 그가 그것을 공개하도록 요구했습니다.

그것은 귀하가 "편지 혹은 메모"라고 언급한 것과 똑 같은 문서입니다. 귀하가 그것을 보면 나의 경우와 귀하가 언급한 워싱턴 주재 전 영국 공사 사이에 어떠한 유사성도 없다는 것을 아실 것입니다. 그 이유는 그의 정치적 서한이 공개되어야 한다는 사실을 내가 발견하게 될 때까지 그분은 결코 그것의 공개를 요구하지 않았기 때문입니다.

귀하는 또한 "내가 러시아인의 음모에 배신적으로 가담한 것을 청국의 총독은 크게 비난하고 있다"고 말한 점에서 실수를 했습니다. 왜냐하면 총독에 관한 한 내가 어떠한 실수를 할지라도 총독 각하께서는 나를 비난한 적이 없으며 나의 실수라는 것이 터무니없는 허위 사실이라는 것을 잘 알고 있기 때문입니다. 내가 왕의 고문직을 맡은 뒤에 나는 조선의 대내적 복지뿐만 아니라 정치를 발전시키고자 끊임없이 노력했습니다.

그렇기 때문에 청국 대표가 몇 세기 동안 청국과 조선 사이에 계속되어 왔고 양국의 이익을 위해 계속되어야 하는 과거의 충정어리고 밀접한 우의 관계를 파괴하지 못하도록 최선을 다했습니다. 이러한 정책을 추구하는 이유 가운데 몇 가지는 아래의 내용과 같으며 그것은 내가 귀하에게 보낸 책자(『청한론』)의 9페이지에서 언급되어 있습니다. 바라건대 귀하는 그것을 다시 한 번 읽어보시고 그 속에 포함된 법적·역사적·도덕적 견해가 완전히 일관성이 있는지 없는지를 판단해 보시기 바랍니다. 그 글은 다음과 같습니다.

> "그들의 지리적 위치는 우호적인 관계 아래에서 피차 힘의 원천이 되고 있다. 그런가 하면 조선은 인구·언어·종교·법률·교육·예술·예절·풍습에서 청국에 깊이 빠져 있는데 이러한 모든 점들이 연대의 끈을 더욱 튼튼하게 할뿐만 아니라 조선이 지난날과 마찬가지로 청국에게 지시가 아닌 우정 어린 충고를 기대하게 만들었다. 내가 판단하기에 이러한 우호 관계를 방해할 만한 것은 아무것도 없다. 그러나 오늘날 조선은 청국으로부터 불법적이고도 강압적인 치사를 받고 있으며, 청국은 조선을 집어삼킴으로써 탐구적이고도 끈질기게 조선의 주권을 파괴하려고 시도하고 있다."[9]

이러한 견해는 최근 상해에서 발행된『데일리 뉴스』의 대담에서 보충되었습니다. 서울에서 벌어지는 러시아의 음모에 대한 나의 생각이 어떠하며 그것이 합당한 것이 아닌가 하는 질문을 받고, 나는 그것을 믿지 않는다고 대답했습니다. 나는 러시아가 설령 그러한 요구를 받는다고 할지라도 청국의 적개심을 야기하면서까지 조선에 대한 보호 정치를 실시할 책무를 질 것으로 추호도 생각하지 않습니다. 러시아는 육상 무역과 다른 무역을 하고자 청국을 달래고 있습니다. 그 외에도 서구적 풍습에 전혀 공감하지 않는 조선의 국민들을 통치한다는 것은 말할 수 없이 큰일이어서 강력한 군대로써만 가능합니다.

그러한 군사 행동은 즉시 조선 사람의 눈을 청국에 대한 유감과 원망으로 변하게 할 수도 있습니다. 현재 청국 대표의 행동은 그들의 사이를 다소간 소원하게 만들었습니다. 몇 년 전에 [묄렌도르프가] 그러한 소모적인 노력을 필사적으로 기울였지만, 조선과 러시아를 위해서는 다행스럽게도 그것이 성공하지 못했다는 것을 나는 알고 있습니다. "그러한 정책에 대해서 나는 항상 가장 결사적인 반대를 할 것입니다."

나는 왕이 그러한 실책을 하도록 누구인가가 오도할 수 있다고는 생각하지 않습니다. 우리가 목적으로 삼은 것은 조선의 자율성과 국내와 해외에서 자신의 문제를 스스로 처리할 권리와 이 나라의 자연 자원을 채굴할 권리를 가지는 것이며, 이 점에 대해서 나는 확신을 가지고 있습니다. 뿐만 아니라 노예적 독단을 제거하고 청국에게 공물이나 바치던 종래의 관계를 유지하는 것입니다.

친애하는 편집자님! 이러한 점에서 볼 때 이제 귀하는 내가 분투해 왔고 지금도 분투하고 있는 주요 목적이 위에 언급한 토대 위에서 청국과의 영속적인 관계를 유지하고 양국 사이에 있었던 과거의 우호와 조화로 빨리

9) O. N. Denny, *China and Korea*, Kelley and Walsh, Ltd, Shanghai, 1888, p. 9; 신복룡(역주),『청한론』(서울 : 집문당, 2019) 참조.

되돌아가는 것이라는 점을 아실 것입니다. 어떤 다른 면에서 강대국의 숨겨진 계획이 없다면 그러한 토대는 곧 북경 정부에 따라 이루어질 것입니다. 그러나 그러한 계획이 있다 하더라도, 내가 제안한 정책이 "조선의 문제"에 대한 하나의 해결책으로서 조만간 받아들여질 것이라고 나는 믿고 있습니다.

지난 9월 언제인가 러시아와 조선 사이에 조약[10]이 맺어짐으로써, 조선은 필요한 경우 러시아의 보호 정치를 보장했다고 말한 것도 또한 잘못된 것입니다. 일반적인 조약을 제외한다면, 두 나라 사이에 맺어진 유일한 조약은 육상 무역의 규제를 위한 것이었습니다. 이 조약은, 한 편에는 외부대신과 내가, 그리고 다른 편에는 러시아 공사인 웨베르 씨 사이에 2년 이상 몇 차례에 걸쳐 솔직히 논의한 뒤에 몇 개월 전에 조인되었으며, 어떤 정치적인 문제와는 전혀 관련이 없는 것이었습니다. 그것은 조선과 청국, 그리고 러시아와 청국 사이에 존재하는 것과 같은 조약이며, 그들의 잇점은 최혜국대우를 받는 모든 국가와 똑같이 교섭하는 것입니다.

결론적으로 말해서, 단순히 다른 주권적 독립 정부들 사이에서 그 지위를 유지하려는 노력을 펼쳤다는 이유 때문에, 공공 매체를 통해 나 자신에게뿐만 아니라 이 작은 나라에 대해 비방과 허위 진술과 욕설을 퍼붓는 데 나는 무척이나 놀랐습니다. 이러한 방향으로 나가려는 나의 노력들은 단지 조선의 국왕에 대한 나의 양심적인 의무 이행의 결과입니다.

나는 이 경우에 적용될 수 있는 국제법의 현명하고 훌륭히 정해진 규칙들을 공식화하는 데 관여하지도 않았으며 몇 세기 동안 청국과 조선 사이에 교류를 운명짓는 역사적 관계를 형성하거나 만들어 내는 데, 또는 현재 조선의 국민들이 청국 대표의 지배에서 받고 있는 불법적이며 야만적인 취급에도 관여하지 않았습니다. 나에게 잘못이 있다면 그것은 그 문제에 대해

10) "한러육로통상장정"을 의미하는데 이것의 정확한 체결 일자는 9월이 아니라 1888년 8월 20일이었다. 『구한말조약휘찬』(하)(서울 : 국회도서관, 1964), pp. 56~80 참조.

내가 알 수 있는 만큼을 분명하고 간결하게 대중에게 공표했다는 점으로 생각됩니다.

O. N. 데니 드림

제 3 편 조선의 재정 문제에 관한 서한

편지(No. 53)

서울, 조선, 1889년 월 19일

프레이저 상사 귀중, 요코하마, 일본

근계

나는 한규설 장군[1]과 내부로부터 일본에 있는 귀하의 회사를 통해서 다음 물품을 주문하도록 요청 받았습니다. 그 내용은 손잡이 있는 곡괭이 18자루, 삽 18자루, 7 파운드 모루채 6개, 곡괭이와 쇠망치와 여분으로 쓸 12파운드 손잡이 3개, 외바퀴 손수레 6대, 도끼 6개, 휴즈가 달린 질이 좋은 흑폭약(양철통이나 나무통) 10개입니다. 이 물품을 보내실 경우에는 내부의 한규설 장군의 명의로 하여 제물포에 도착하는 첫 기선으로 보내 주십시오. 이 주문에 대한 대금은 물품과 귀하의 청구서를 받은 뒤에 송금하겠습니다.

O. N. 데니 드림

---

1) 이 기록에서 한규설을 장군으로 표기한 것은 그가 무과 출신이었기 때문이었으나 그의 실제 공직 생활은 문관이었다.

편지(No. 54)

서울, 1889년 10월 7일

친애하는 린즐리(John Lindsley) 씨에게

지금 요코하마에서 귀하에게 고용되어 있는 전기 기사의 고용에 대한 동의서와 왕실 조폐국의 총판에게 보낸 소포를 며칠 전에 받았습니다. 총판에게 가는 소포는 전달했고, 전기 기사 고용에 관련된 비망록은 한규설 장군을 통해 전하께 전했습니다. 그러나 한규설 장군이 말한 것으로 판단해 보면 그것은 승낙될 것 같지 않습니다. 왜냐하면 첫째 그것은 페인 씨[2]에게 주어진 권한의 한계를 벗어나는 것이며, 둘째 임시 고용원이 너무나 많고, 셋째로 그의 지식과 전문성에 따른 봉사에 특별한 보상이 지급되어야 한다는 조건은 받아들이기 어렵기 때문입니다. 그 문제가 정부로부터 재가를 받아야 하는 것이고 또 그들이 아주 느리게 사무를 처리하기 때문에 나는 귀하에게 전보로 대답을 알리지 못했습니다. 사실상 귀하가 이 편지를 받을 때쯤이면 그들의 대답을 받게 될 것입니다.

또 나는 이 달 4일에 워싱턴 주재 조선 공사관의 곤혹스러운 문제에 관한 귀하의 전보를 받았으며 그것을 즉시 전하께 전했습니다. (민영익은 지금 홍콩에 있습니다.) 그러나 왕은 주한 공사[3]의 무모한 방종, 그들의 업무에 대한 무지하고 어리석은 실수, 사회적·도덕적인 공통의 예의를 무시한 행동에 화가 난 것 같습니다. 그 결과가 어떻게 될는지는 나도 뭐라고 말할 수가 없습니다.

알렌[4]이 천거하여 채광 기사로 파견된 사람의 무지하고, 상스러우며, 범

---

2) 페인(Mr. Payne) : 이 사람은 무렵 프레이저 상사의 뉴욕 본사의 편에 서서 한국에서의 이권 문제를 상담하고 있었다.

3) 1889년의 주한 공사라면 딘스모어(Hugh A. Dinsmore)를 뜻함.

4) 알렌(H. N. Allen : 1858~1932) : 미국의 의사이며 선교사. 웨슬리언대학 신학과와 마이애미 의과대학을 졸업하고 상해를 거쳐 한국에 입국(1882)해 을사조약이 체결될 때(1905)

법적인 행동은 정부에 굴욕을 가져다주었습니다. 정부의 명성과 이익을 보호하고 그로 인한 어려움을 피하려고 대표단과 함께 파견된 알렌은 사기와 기만에 대해 분명히 예방책을 강구하지 않고 비열하고 무식한 사람(달러로 즉시 환원할 수 없는 4만 달러를 이 정부가 이미 지급했던 사람)을 채광 기사로 뽑았습니다.

뿐만 아니라 그는 두 명의 조선 사람이 창녀[5]임을 알면서도 그들을 대표단 일행의 부인으로 워싱턴의 정가와 사교계에 소개하고 내세웠습니다. 이러한 것에 대해 왕은 심히 부끄럽고 괴로워했으며 귀하는 그것을 의심조차 할 수 없을 것입니다. 바라건대 프레이저 씨에게 그 문제에 대해 알려 주시고 조선의 국왕을 위해서 국무장관 블레인[6]을 만나 볼 수 없는지에 관해서 물어 봐 주시기 바랍니다.

어제 저녁 한규설 장군은 나에게 프레이저상사나 페인 씨로부터 차관, 철도, 광산 등에 대해 어떤 얘기를 들은 것이 있느냐고 물었습니다. 그는 그때 정부가 미국에서의 차관을 얻고자 했을 뿐 아니라 광산 분야에서 미국 자본과 기술 개방을 원했기 때문에 우리가 철도와 다른 기업을 건설하는 데 대한 전망에 관해 들었으리라고 생각했습니다. 나는 이러한 것을 결정하는 것은 쉬운 일이 아니기 때문에 그가 인내심을 가져야 한다고 대답했습니다.

사실 나는 프레이저 상사가 최선을 다해서 그 업무를 서두르고 있다는 것을 알고 있지만, 확실한 성과를 얻으려면 보다 많은 시간이 필요하다고 말했습니다. 그리고 지금으로서는 귀하가 유리한 진행 과정을 알려 준다면 추가의 시간이 승낙될 것이라고 나는 생각합니다. 프랑스가 아직까지도 차관

까지 공사로 있다가 귀국함.

5) 여기에서 창녀라 함은 기생의 과장된 표현임.

6) 블레인(James G. Blaine : 1830~1893) : 미국 메인주 출신. 하원의원, 하원의장, 상원의원을 역임하였고, 미국 국무부 장관을 두 번 역임하였으며, 하프 브리즈(Half-Breeds, 공무원 개혁을 추진한 공화당의 일파)의 추진자가 되었다. 남북 전쟁 후 공화당 대통령 후보가 되었지만 스캔들로 인해 민주당의 클리블랜드(G. Cleveland)에게 패배했다.

협정을 원하고 있다고 나는 들었습니다. 나는 오늘까지 받은 귀하의 모든 편지에 답장을 보냈습니다.

O. N. 데니 드림

편지(No. 55)

서울, 1889년 11월 8일

친애하는 린즐리 씨에게

브레너 씨(Mr. Brenner)가 고용을 천거한 왕실의 전기 기사 문제와 프레이저상사가 전보로 보고한 워싱턴 공사관의 재정적 곤란에 관해 10월 7일자로 귀하에게 편지를 쓴 뒤에, 나는 브레너 씨의 제안에 관한 10월 5일자와 17일자 귀하의 편지를 받았습니다. 나는 지금으로서는 더 이상 보고할 것이 아무것도 없습니다. 다만 그가 미국으로 떠난다고 하더라도 그것이 우리에게 어떤 심각한 폐를 끼치게 되지는 않을 것이라고 덧붙여 말씀드릴 수가 있습니다. 공사관의 금전상의 곤란과 관련해서 나는 뉴욕에서의 페인 씨의 업무에 관한 한규설 장군의 태도를 신중히 설명한 뒤에 프레이저 씨의 전보를 전하에게 전했을 뿐입니다.

귀하의 5일자 편지를 받은 뒤 나는 귀하에게 기름을 보내라고 브제르에게 요청했던 그 말단 공무원에게, 그때 주문된 상품 대금은 아직 지불되지 않았으며, 귀하가 그것을 모르는 것 같다고 말했습니다. 그러자 그는 그 대금에 관해 브제르가 서명한 영수증을 제시했습니다. 다음날 그는 나를 불러 브제르가 나쁜 사람이며 귀하의 돈을 가지고 도망쳐 버렸기 때문에, 자신은 이 문제로 골치가 아프다고 말했습니다. 그러고 나서 그는 자신이 어떻게 해야겠느냐고 묻기에 나는 그 대금을 다시 지불해야 한다고 말했습니다. 그는 이 조언에 대해 반박했으며, 정부와 그것을 주문한 사람을 위해 그가 대금을 지불했기 때문에 정부는 그 문제에 대해 더 이상 책임이 없다고 생각한다고 말했습니다.

나는 그의 잘못된 점을 지적했습니다. 곧 그 기름은 단지 왕실의 필요와 편의를 위해서 왕의 신하에 의해 주문된 것이기 때문에 프레이저 상사는 그것을 주문 신청한 브제르에게 그 물건을 납품할 것이 아니라 조선 정부에 제공해야 하며 그런 뒤에 귀하는 정부에게 지불을 요청해야만 합니다. 만일 정부가 그 돈을 지불했다면 그것은 그들의 실수이지 귀하의 실수가 아니므로 그들은 다시 그 돈을 지불해야 한다고 말했습니다. 그 뒤 나는 그로부터 소식을 듣지 못했습니다. 그러나 나는 도구 등을 포함해서 한규설에게 107달러 25센트를 요구할 것입니다.

전하는 어제 사람을 보내시어, 페인 씨가 이곳에 있는 동안 프레이저 씨가 페인 씨에게 어떤 권한을 위임한 적이 있는지에 관해서 들은 바가 없는지를 물었습니다. 나는 심부름 온 사람에게 프레이저 씨의 편지를 건네주고 그를 내부에 보냈습니다. 그것은 최근에 그의 임명에서 그에게 보여준 신뢰에 대해 전하께 드리는 그의 정중하고 거창한 감사를 담은 것이었습니다.

O. N. 데니 드림

편지(No. 56)

서울, 1889년 11월 23일

친애하는 린즐리 씨에게

나는 여러 가지 논제 가운데서도 기름 값은 브제르에게 지불되었으며 그가 그 돈을 가지고 도망쳤다는 내용의 편지를 이 달 8일에 보낸 이후, 10월 20일자, 11월 1일자, 그리고 평양 탄광에서 채굴한 석탄의 견본을 보내는 것에 관한 18일자 전보를 받았으며, 그 계약서는 한규설 장군을 통해 전하께 드렸습니다.

전기 기사의 건에 관하여 : 브레너 씨의 두 번째 제안은 긍정적으로 고려된 듯합니다. 브제르가 떠난 뒤 조선은 어떤 다른 도움도 없이 전기를 발전시키고 있지만, 그들의 경험 없는 관리로 그 설비가 곧 못 쓰게 될까 염려됩니다. 전하도 이 점을 염려하셨으며, 그렇기 때문에 한규설은 나에게 브레너를 고용할 경우 2월 안에 올 수 없겠느냐고 물었습니다.

조폐 기계의 건에 관하여 : 비용에 비추어 볼 때 프레이저의 두 번째의 견적이 도착하기에 앞서 전하는 당분간 그것을 구입하지 않기로 결정했습니다. 두 번째의 견적서를 재고하게 될는지의 여부는 현재로서는 모르겠습니다.

페인 씨와의 협상에 관하여 : 전하는 이 문제, 특히 차관 문제에 관해 매우 초조하게 생각하고 있습니다. 왜냐하면 이와 관련해 정부는 압력을 받고 있으며, 어떻게 해서든 차관을 갚아야 할 정부의 입장에 반대하는 주장이 있기 때문입니다. 상해에 있는 홍콩-상하이 은행이 정부 측과 차관 문제를 협상하기를 바라고 있다고 나에게 넌지시 알려 왔습니다.

그러나 그들은 프레이저 씨의 보고를 받을 때까지는 그 방면에서 아무것도 할 수 없을 것이며 또한 지금 그의 의중에는 정부 측에 유리한 차관에 대한 다른 중요한 두 번째 제안이 있기 때문에 차관을 위해서 그에게 보다 많은 시간을 주어야 한다고 나는 그들에게 말했습니다. 이 달 1일자 귀하의 편지에서 말씀하셨듯이 프레이저 씨의 전보는 전하에게는 아주 고무적인 것이었습니다. 그 이유 가운데 하나는, 앞으로 평양 탄광과 다른 조선 지역의 석탄 탐사를 위해 사람을 보내는 것과 관련된 것으로서 그것은 사실상 프레이저 씨의 이익을 나타내는 것입니다.

평양 탄광과 다른 지역 석탄 견본의 건에 관하여 : 이 달 18일자의 프레이저 씨의 요구에 따라서 나는 세 가지 종류의 석탄 견본을 조심스럽게 준비해서 등급을 나누고 상자에 넣었으며, 그것을 우선적으로 뉴욕에 보내시도록 부탁드리면서 귀하께 보내 드립니다. 나는 그 상자를 스코트(John T.

Scott) 씨에게 부탁했습니다. 그는 정부를 위해 파견된 불운한 광산업자 가운데 하나이며, 이 우편물과 함께 미국으로 돌아가는 길입니다. 그가 세관에서 곤란을 겪지 않도록 돌보아 주시고 운임 등에서 비용이 든다면 그가 지불하는 것으로 알고 계시기 바랍니다.

나는 장래를 위해서 조선 정부에 프레이저 씨의 요청을 전달했으며, 아울러 합리적인 증축이 허락되어야 한다고 강력히 추천했습니다. 내 생각에는 여분의 시간이 허용될 것 같지만, 그 시간적인 여유가 어느 정도가 될는지에 관해서는 말씀드릴 수가 없습니다. 이 편지가 각 상황에 관한 중요한 특징을 쓴 것이니 만큼 때때로 진척이 있으면 알려 주십시오.

귀하에게 깊은 존경심을 가지고 있는
O. N. 데니 드림
존 린즐리 씨 귀하
요코하마

편지(No. 57)

서울, 1889년 11월 23일

친애하는 프레이저 씨에게

귀하의 10월 11일자 편지를 받고 그 내용에 대해 생각해 보았습니다. 나는 귀하에게 이익이 되리라고 생각하여 그 초록을 귀하에게 보낸 린즐리 씨와 서신 왕래를 하고 있으며 귀하의 편지에서 나에 대해 언급했던 것에 직접적인 관심을 가져야 할 것입니다.

내부에 보낸 공식적인 편지는 …… 즉시 대신에게 보냈으나, 답장을 받지 못했습니다. 나는 귀하가 보낸 편지와 그에 대한 답변의 사본을 보지 못했습니다. 앞으로 귀하가 답변하기를 바라는 어떤 문제가 생기거나 내가 그것에 대해서 알기를 바라신다면 (무엇보다도 먼저) 나에게 보내 주시고 그러고 나서 나에 의해 전달되게 해주십시오. 왜냐하면 그들은 자신이 외부 업무에 아주 필수적인 인물이라는 것이 드러나기를 바라는 가엾고도 무능한 번역사들을 각 부서에 가지고 있기 때문입니다. 그러한 이유로 말미암아 나는 외부로부터 나에게로 오는 업무 관계 공한을 간혹 받아보지 못하는 경우가 있습니다.

겨울에 조선을 왕래하는 기선의 출발은 아주 불확실하기 때문에 나는 그에 대해 귀하에게 어떤 믿을 만한 정보를 제공할 수 없습니다. 심순택은 내부대신이며 민종묵은 외부대신입니다. 피어스(Pierce)는 그가 여기에 있는 동안 보고할 만한 것을 결코 보고하지 않았습니다. 그리고 설령 그가 보고했다 하더라도 광산 문제에 대해서 그는 무지한 사람이기 때문에 그들에게 전혀 무가치한 것만을 제공할 것입니다. 그 사람보다 더 엄청나게 남을 속일 수는 없습니다.

내가 귀하에게 이미 편지를 보냈던 바와 같이, 나는 귀하가 정부의 업무 대리인으로 임명받는 데 대해 전하에게 대한 귀하의 깊은 감사의 표시를 전달했으며, 귀하의 전보뿐만 아니라 지금 답장을 쓰고 있는 귀하의 편지에 담긴 요점을 왕에게 보고했습니다. 귀하의 편지 가운데 하나는 11월 1일자로서, "조선 문제에서 중요한 몇몇 자본가의 흥미를 끄는 데 성공했으며 곧 호의적인 답변을 얻기를 바란다."고 말한 것입니다.

다른 하나는 18일자로서 나에게 "평양 탄광과 다른 지방 석탄의 견본을 보낼 것"을 요청한 것입니다. 그것은 착수 중인 업무에 대한 귀하의 적극적인 관심을 나타낸 것이므로 전하를 기쁘게 했습니다. 내가 린즐리 씨에게 썼던 대로, 정부는 특히 차관 문제를 걱정하고 있습니다. 왜냐하면 정부는 빚이 있는데 불쾌한 방법으로 요구받고 있으며, 어떻게 해서든 가까운 시일 내에 지불해야 합니다. (홍콩-상하이 은행)이 정부에 대한 차관 문제를 협의하고자 현재 정부는 다른 문제 때문에 그 문제를 논의할 수 없다고 나는 대답했습니다.

우리는 차관 상환을 위한 담보로서 단지 왕실 해관의 세입만을 가지고 있으며, 그것은 다음해에 멕시코 달러나 일본 원화로 30만 달러에 이르게 될 것입니다. 이자는 원금 상환과 더불어 매년 지불해야 하며, 상환을 위해 동의한 기간이 10년이나 12년이 될 수도 있습니다. 이 세액은, 협상 대상이 되고 있는 차관을 갚고자 지불해야 할 약간의 금액을 제외하고는 현재 마련되어 있지 않습니다. 이 세액은 지금으로서는 비교적 적지만 매년 증가하고 있으며 시간이 흐를수록 계속해서 증가할 것이라는 것을 염두에 두어야 할 것입니다.

귀하가 이 달 18일자 전보에서 요청한 바대로 나는 조선의 세 가지 석탄 견본을 넣은 작은 상자를 귀하를 수취인으로 해서 린즐리 씨에게 보냈습니다. 그것이 귀하에게 안전하게 도착하기를 바랍니다.

나는 알렌이 외교와 업무에서 비천한 짓을 행한 뒤에 조선 정부에 대한 봉사와 공사(公使)의 직책에서 물러났다는 것에 결코 놀라지 않는 것은 아닙니다. 그는 선교사로서 부산으로 가게 되는데, 그러한 직업은 그에게 전혀 적합하지 않습니다. 조선 주차 미국 공사로 임명되어 있는 동안, 그는 달에서 일하는 사람이나 다름이 없었습니다. 그 지위에 있는 사람들은 그 국민의 인권과 재산권을 보호해야 하기 때문에 법률가로 가득 찬 이 치외법권의 국가에서 그러한 위치에 있다는 것이 얼마나 중요한가 하는 문제도 국무장관과 대통령밖에는 알지 못할 것입니다.

살인이나 혹은 복잡한 법률 소송에서 알렌이 재판하는 것을 생각해 보십시오. 그것은 불합리합니다. 이 자리바꿈이 적어도 귀하에게는 영향을 주지 않을 것입니다. 왕은 브라운[7]에 대해 알아보려고 나에게 사람을 보냈습니

7) 브라운(John McLeavy Brown : 1842~1926) : 영국의 외교관이며, 법률학자, 법학박사. 중국에 진출하여 북경 주차 영국 공사관의 문부사(1864~1872), 참찬관(1871~ 1872), 해관(1872), 세무사(1877) 등을 지냄. 영국의 대한 진출의 일환으로 1893년 탁지부의 고

다. 그가 얼마나 오래 머무를지에 관해서 나는 모르겠습니다. 제가 보기에는 국무성에서의 그의 오랜 경험이 그 위치에 그를 적임자로 만든 것 같습니다.

O. N. 데니 드림

편지(No. 58)

서울, 1889년 12월 8일

친애하는 린즐리 씨에게

11월 23일에 귀하에게 편지를 쓴 뒤 나는 귀하의 11월 12일자와 18일자 편지를 각각 받았으며 페인 씨의 편지를 동봉한 프레이저 씨의 봉투고 함께 받았습니다.

조폐국의 건에 관해서 말씀드리자면, 첫 번째 견적은 너무 상세하고 값비싼 것이어서 내 생각에 그것은 현재로서는 전하가 중단하려고 할 것입니다. 물론 그들은 내가 받자마자 새로운 총세무사에게 건네준 귀하의 두 번째 견적을 보고 있습니다. 내가 귀하께 말씀드린 대로 기름 대금은 브제르에게 지불되었으며, 조선 사람들 말에 따르면 그가 그 돈을 가지고 도망쳤다고 합니다. 정부는 브제르의 봉급을 체불했다고 피어스 씨가 말한 것은 잘못입니다. 왜냐하면 그의 주장은 전적으로 공적을 제외한 거짓말이기 때문입니다.

나는 프레이저 씨의 문제에 관한 협상을 위해 추가 시간을 요구했으며, 그것이 받아들여질 것으로 확신하고 있지만, 지난 2~3주 동안, 간악한 원세개가 왕의 지배와 생명을 직접 위협하는 음모를 꾸미다가 적발되어 왕실이 무척 흥분해 있기 때문에 모든 업무가 중단되어 있습니다. 만일 하느님이

문으로 부임했다가 러시아의 압력으로 1897년에 퇴진했다. 그 뒤 북경 주차 영국 공사관 참찬관(1906)으로 봉직함.

날벼락이라도 내려서 청국공사관을 날려 버린다면 그것은 확실히 인간과 짐승에게 다 좋은 일일 것입니다.

이 친구가 여기에서의 문제를 얼마만큼이나 방해할 것인지를 현재로서는 말하기 어렵습니다. 내가 귀하께 편지를 썼던 대로 나는 지난번 우편으로 프레이저 씨가 요청한 석탄의 견본을 보냈습니다. 프레이저 씨는 또 평양 탄광에 대한 피어스의 보고서 사본을 요청했지만, 그것은 아주 백치 같은 보고서여서 유익하기보다는 해로울 것 같은 생각이 들어 그것을 보내지 않았습니다.

O. N. 데니 드림

존 린즐리 씨 귀하

요코하마

편지(No. 59)

서울, 1889년 12월 23일

친애하는 프레이저 씨에게

착수 중인 사업에 관한 확실한 정보의 문의와 진척 상황을 보고해 주신 11월 2일자 귀하의 편지는 잘 받아 보았습니다. 또한 12월 5일자로 린즐리 씨가 보낸 귀하의 편지를 잘 받았습니다. 린즐리 씨는 다음과 같은 편지를 보내 왔습니다.

"방금 프레이저 씨로부터 아래의 전문을 받아 보았습니다."

'몇몇 주요 자본가들의 협조를 받았으며 진전 상황은 우편으로 보고하겠음. 계약이 가능하리라 예상됨. 시간을 연장하시기 바람.'

이 두 개의 편지 내용은 한규설 장군을 통해 전하에게 전달되었습니다. 비록 귀하께서는 목표를 달성하기 전에 많은 어려움을 겪으면서도 이들을 확실히 성공하리라는 전망한다는 점에서 매우 고무적입니다. 그 장애물들은 주로 조선이 천연적 가치와 자원에 관해 알려진 것이 매우 적다는 사실로 말미암은 것입니다. 그것들에 관해서 알려지고 언급된 것은 가장 믿을 수 없는 청국인들의 고집스럽고 거리낌 없는 노력으로부터 나온 것입니다. 또한 그들은 이 나라에서의 더 심도 깊은 정치적 계획을 위해 음모와 거짓으로서 이곳의 개발과 발전을 억누르는 것이 자신의 과업이라고 생각하고 있습니다.

얼마나 그들의 행위가 천박한지를 귀하에게 보여주고자 사례를 들어보겠습니다. 얼마 전에 해관총세무사인 메릴(Henry F. Merrill)은 서울에서 3마일 떨어진 한강변의 마포항과 제물포 사이의 교역에 대한 규칙을 공포했습니다. 그러나 천진에 있는 청국인 도대는 즉각적으로 이 법령들이 그 자신에 의해 만들어진 것처럼 그의 서명을 날인하여 다시 발표하게 했습니다. 당시에 그 일은 그의 업무가 아니었으며 귀하보다도 그것에 관련이 없었습니다.

그뿐만 아니라 그는 이 법령들이 제물포와 인천(제물포의 조약 명칭) 간의 무역을 통제하기 위한 것이라고 말함으로써 그의 무식은 모든 일을 엉망으로 만들어 놓았습니다. 총세무사가 발표한 법령은 서울 가까이에 있는 마포와 제물포 사이의 교역에 대한 것이었는데, 도대의 법령은 제물포와 제물포 간의 무역을 통제하려는 것이 되었습니다. 린즐리 씨도 이에 관하여 편지에서 말씀하셨듯이 나도 이일에 관한 한 다소의 관심을 가지고 있습니다.

청국이 조선을 상대하면서 청국에 의해 법, 도덕, 정의, 그리고 예절이 더럽혀졌음에도 불구하고 아직은 청국이 조선을 다루는 이유는 정당한데 그 나라는 높은 수준의 농업과 광물 그리고 그 밖의 다른 부강의 요소를 지니고 있기 때문이라는 것입니다. 그리고 조선의 주변에 의도적으로 짜인 정치적 혼란이 완전히 정리되었을 때 조선은 분명 선두를 달릴 것이며 그러한 날이 멀지 않았습니다.

회사 설립에 관하여 : 회사의 조직이나 혹은 수행할 명목에 관해서 나는 아무 것도 아는 것이 없었습니다. 왜냐하면 나는 (원문 불명 ?)을 만들도록 제안했기 때문입니다. 발기인들도 의심 없이 이 점에 동의할 것입니다.

시간을 연장하는 건에 관하여 : 시간의 연장은 내가 언젠가 이해하도록 얘기했던 것처럼 그렇게 쉽게 되지 않습니다. 왜냐하면 이미 말씀드렸듯이 현재 정부는 채무의 지불에 곤란을 겪고 있기 때문입니다. 가장 큰 채무는 지나상선회사에 대해 장기간 동안 빚을 지어 왔던 것이고, 그 다음으로 큰 것은 몇 개의 더 작은 것과 합하여 멕시코화로 거의 150만 불이나 되는 것으로 일본인들에게 빚진 배상금입니다. 물론 이러한 부채들을 정리하는 것이 바람직한 것이며 가까운 시일에 더 낮은 이자로 어음을 발행해야 합니다.

그 밖에도 이 청구자들, 혹은 차라리 채권자로 표현하는 것이 좋을 몇몇은 그들의 돈을 요구하며 괴롭히고 있습니다. 비록 실제로는 필요한 금액의 절반도 되지 않는 것이지만, 아마도 시간 연장의 거절은 어느 정부에 돈을 빌려 준 청국에 있는 한 은행이 취한 조치일 것입니다. 아무튼 시간 연장을 위해 내가 할 수 있는 모든 것은 다 하고 있습니다. 그러나 연장이 허용된다 하더라도 그것은 3개월 이상이 되리라고 생각지 않습니다.

차관에 관하여 : 내가 이미 알려 드린 것처럼 차관의 2/3는 부채 상환에 사용될 것이며 적어도 일부는 서울에 은행을 설립하는 데 사용될 것으로 저는 알고 있습니다. 귀하에게 편지로 알려 드린 바와 같이 이자 지불은 해관 세입으로 보증할 수 있습니다. 이 세입은 내년이면 30만 달러에 이를 것이며, 이 금액은 충분히 들어올 것으로 확신합니다. 다만 그 가운데는 일본 은행(JNB)에 곧 지불해야 할 3만 달러가 포함되어 있습니다. 정부는 주요 부채와 이자를 모두 지불하려면 12년이 걸릴 것으로 생각하고 있으며, 매년의

수입이 그러한 목적을 위해 사용될 것이라는 점을 염두에 두면서 명시된 기간 안에 모두를 단계적으로 상환할 수 있을 것입니다.

석탄의 견본에 관하여 : 요구된 석탄 견본은 뉴욕으로 지금 잘 탁송했습니다. 귀하가 이것을 분석해 보면 그들의 실제적 가치를 판단할 수 있을 것입니다. 평안도 평양에서는 손쉽고 수지가 맞는 탄광을 운영하면서 지표에는 어떤 방해물도 있는 것 같지 않습니다. 그러나 지표 아래에는 틀림없이 탄광 전문가의 지시에 따라 착암기를 사용해야 할 곳이 있을 것입니다.

대동강의 초벌 지도를 동봉해 드립니다. 이것은 강의 입구부터 석탄의 암맥이 교차하는 평양 바로 위 지점까지의 지도입니다. 이 지도에 따르면 평양이 강에 인접해 있음을 보여주고 있으며, 운항에 대한 방해물과 (제시된) 항구의 위치를 나타내고 있습니다. 대동강은 탄광과 나란히 평양시로부터 2.5마일 밑에 위치하고 있으며, 깊이는 15 내지 16피트입니다. 그러나 이 지점 아래 약 15마일쯤에는 자갈밭으로 이루어진 약 3마일 정도의 얕은 강이 있으며, 그곳 수심은 얕은 곳에는 3.5~4피트 정도이고 가장 깊은 곳이 10.5~11피트 정도입니다. 그러므로 만조일 때면 가벼운 뗏목으로 탄광 맞은편 지점에 도착할 수 있습니다.

이러한 이유로 만에서 10~12마일 떨어진 안주강 입구의 지점에 항구를 설치하도록 제안한 것입니다. 또한 그 지점이나 그 아래에는 커다란 뗏목에 화물을 가득 채울 수 있도록 주요한 석탄 하치장을 설치해야 할 것입니다. 평양과 나란히 있는 강과 그 위 지점의 석탄 광맥이 교차된 곳은 수심이 가장 깊은 곳이 4~5피트밖에 되지 않으며 더구나 광맥이 강과 교차하는 곳에서는 탄상이 200~300피트이므로 아마도 평저선을 이용하면 이 지점에서 바다로 나가는 선박이 이 물건을 인도할 수 있는 장소까지 더 싸게 석탄을 운반할 수 있을 것이며, 적어도 처음부터 그렇게 할 수 있는 것입니다.

겨울에는 얼음 때문에 10주가량 운항이 정지됩니다. 수심이 깊은 강까지 석탄을 운반하는 데 드는 비용은 물론 주로 석탄 회사의 능력과 취급 능력에 따라 많이 좌우됩니다. 이 편지와 함께 요코하마에 있는 린즐리 씨 댁으로 귀하에게 보내는 또 다른 작은 석탄 견본을 보내 드립니다. 이 석탄은 두만강 가까이서 채탄한 것입니다. 이 탄광은 경성 가까이 있으며 선적 장소로부터 반마일 거리인 나적동이라는 장소에서 100마일쯤 떨어진 곳에서 방금 도착한 것입니다.

조선 사람들은 소금을 만들 때 바닷물을 증발시키는데 이 석탄을 아주 효율적으로 사용하고 있습니다. 그것은 상당히 많은 불꽃을 내지만 연기는 거의 없는 것 같습니다. 그 견본은 표면에서 추출해 낸 것이며 긴 거리에서 탄흔을 찾을 수 있습니다. 탄맥의 넓이는 적어도 8피트는 되리라는 말을 들었습니다. 사실상 석탄은 조선의 여러 지역에 분포되어 있는 것으로 알려져 있습니다.

철도 부설에 관하여 : 현재 내가 확신하는 것은 정부가 몇 해 동안 왕국을 관통하는 철도에 대한 어떠한 특권도 허용하지 않을 것이라는 것입니다. 뒤에 귀하가 그 자리에 앉게 되면, 귀하는 그 방면으로 어떠한 일을 할 수도 있을지 모릅니다. 현재 성공적으로 건설되고 운영될 수 있는 두 세 개의 노선이 있습니다. 내 판단으로 노선 가운데 가장 나은 것은 서울-제물포 노선인데, 그것은 탑승하면서 요금을 내는 협궤일 것입니다.

철도가 모든 아시아인들에 따라서 열정적으로 후원을 받았으며, 특히 다른 교통 수단보다 값이 저렴할 경우에는 더욱 그렇다는 것을 생각해 볼 때, 서울에 사는 25만 명의 인구와 한강을 따라서 좌우의 교외에 사는 적어도 30만 명을 더해 55만 명이라는 엄청난 탑승객을 유치할 수 있다는 것을 확실히 알 수 있습니다. 사실상 동양의 모든 철도는 원주민 탑승객들로 끊임없이 만원이 되고 있으며, 조선에서도 예외가 없으리라고 믿을 만한 이유들이 있습니다.

특히 그것이 가장 값싸고, 가장 빠르며, 가장 안락한 교통 수단일 때는 더욱 그러합니다. 예를 들어 한 조선 사람이 조랑말로 서울에서 제물포까지 왕복하는 데 적어도 이틀이라는 날짜와 2달러라는 경비가 드는 데 견주어, 철도를 이용할 경우에는 그 비용보다 적은 금액으로 하루에 왕복할 수 있으며, 이것은 훌륭한 투자가 되는 것입니다.

또, 제물포에 기항하는 4~5개의 정기 증기 여객선을 타고 도착한 거의 모든 외국인들도 열렬하게 철도를 환영할 것입니다. 제물포에 있는 그 외국인들은 제물포에서 증기 여객선이 24~36시간밖에 머무르지 않기 때문에 서울을 방문하지 못하고 있는데, 이는 그들이 왕복 여행을 하기에는 시간이 너무 짧기 때문입니다. 기차는 3등급이 있게 될 것입니다. 곧 1등석은 편도 2달러, 왕복 3달러이며, 2등석은 편도에 1달러, 왕복에는 1달러 50센트, 3등석은 편도 50센트, 왕복 75센트입니다.

운임에 관해 : 서울에서 제물포까지의 화물 운임은 조랑말이나 소를 이용하면 5달러 50센트에서 6달러 정도의 비용이 들며, 강으로 가면 톤당 4달러가 드는 반면에 기차는 아무리 비싸야 톤당 2달러에서 2달러 25센트까지 받을 것입니다. 이것뿐만 아니라 운임이 싸고 운송이 빨라짐에 따라 오늘날 제물포를 향해 서울을 출발하여 이리 저리로 돌아가던 운송은 직접 기차로 적하되기 때문에 시간과 비용을 절감하게 될 것입니다.

귀하의 편지에서 또 다른 점들은 아주 구체적인 문제로서 그것들은 귀하의 노력이 성공적인 경우에 쉽게 풀릴 수 있는 것들입니다. 이 편지는 지금 내가 귀하에게 줄 수 있는 모든 정보를 제공할 것이며 그 나머지는 회사 전문가들에 따라서 보고되어야 할 것입니다. 총과 탄환 등과 같은 군수품은 전적으로 군부의 소관이며, 나는 그 문제에 대해서는 아무것도 관련이 없으므로 여기서 그것을 언급하지 않는 것을 이해해 주십시오.

전하께 보내 드릴 조선에 관한 귀하의 특별 강의 사본을 보내 주셔서 감사합니다. 동봉된 도표는 러시아 공사인 웨베르(K. I. Waeber) 씨의 도움을 얻은 것입니다.

아내와 더불어 귀하와 부인에게 안부의 말씀을 드리며 새해에도 넘치는 풍요와 행복을 기원하는 바입니다.

O. N. 데니 드림

편지(No. 60)

서울, 1889년 12월 24일

친애하는 린즐리 씨에게

여기에 동봉한 편지는 프레이저 씨에게 보내는 것이니, 읽으신 뒤에 봉해서 그분에게 보내 주십시오. 또 그와 관련해서 제가 쓰루가호 편으로 귀하께 보내는 소량의 석탄 견본도 첫 기선으로 그 분께 보내 주십시오. 나의 주문에 따라 귀하가 보낸 광산 도구들을 내부에 전달했습니다. 그리고 왕실에서 사용할 기름의 대금을 브제르에게 보낸 문제에 부분적으로 관련 있는 페인 씨의 편지를 한규설 장군께 전달했습니다. 장군은 그 업무가 다른 부서에 속한 것이기 때문에 자신이 다루는 문제에 대해서만 말할 수 있다고 나에게 말했습니다. 내가 생각하기에 알렌은 워싱턴 주재 조선 공사관의 고문으로서 수행했던 그의 천박한 역할에 대해 스스로 혐오감을 느낄 것입니다. 나에게 이상하게 여겨지는 것은 그가 뻔뻔스럽게도 조선 땅에 다지 발을 들여놓았다는 것입니다. 아내와 함께 귀하와 부인께 세모의 인사를 드립니다.

O. N. 데니 드림

편지(No. 61)

서울, 1890년 2월 4일

친애하는 프레이저 씨에게

1월의 3주 동안 내가 이제까지 겪어 보지 못했던 극심한 추위로 업무를 수행할 수 없었기 때문에 나는 집에 갇혀 있었습니다. 사실상 이 추위가 가져온 영향은 따뜻한 날씨가 오기 전에는 사라지지 않을까 걱정됩니다. 왜냐하면 나는 지금 추위로 말미암아 심한 후두염을 앓고 있기 때문입니다. 이로 말미암아 귀하의 편지 가운데 두 번이나 답장을 드리지 못했습니다.

페인 씨의 편지에 동봉된 귀하의 12월 20일자 편지는 1월 13일에 도착했습니다. 뉴욕에서 오는 데 단지 23일이 걸린 것은 기록적으로 빨리 온 것입니다. 그리고 1주일 뒤에 귀하의 12월 6일자 편지를 받아 보았습니다. 무엇 때문에 그것들이 지연되었는지는 모르겠습니다. 그리고 어제 귀하의 12월 31일자 편지를 받아보았습니다. 귀하의 공식적인 우편물 No. 4와 No. 5는 내부대신에게 즉시 전달할 것이며, 12월 6일자와 30일자도 곧 전달될 것입니다.

페인 씨는, 내가 그의 12월 20일자 편지를 받은 뒤에 서울에서 우리와 함께 지내기를 바란다는 편지를 보냈지만 12월 31일자 편지는 이 달 3번째 주까지는 그것도 어렵다고 했습니다. 그러면서도 같은 날짜의 편지에서, 귀하는 그가 1월 10일에 뉴욕을 떠나서 파르티아호 편으로 밴쿠버에 도착한다고 나에게 알렸습니다.

나는 페인 씨의 도착을 몹시 기다리고 있습니다. 왜냐하면 첫째로는 전하께서 그를 몹시 보고 싶어 하기 때문이며, 둘째는 일이 지연되어 꼬이고 잘못되기 전에 그 문제를 논의하기 위해서입니다. 나는 귀하의 편지에 대해서 받은 시간에 관계없이 날짜 순서대로 그 내용에 대해 언급하고자 합니다.

12월 6일자의 편지에 관해 : 린즐리 씨를 통해 귀하의 전보를 받은 뒤에 시간 연장을 신청했으며, 만일 그것이 지연되지 않는다 하더라도 그로 말미암아 그 업무가 잘못되지는 않을 것이라고 확신했습니다. 그래서 나는 "시간이 연장되었다"는 전보를 보내지 않았습니다. 왜냐하면 그러한 이유로 어려움이 있을 것 같지 않았고 또 정부 측은 페인 씨가 도착하는 대로 귀하의 제의를 채택하려고 하고 있기 때문입니다. 당분간은 그 일이 실패하더라고 그것은 귀하 측에서 노력과 훌륭한 관리가 부족한 탓은 아니라고 확신합니다.

귀하가 워싱턴에 있는 공사관을 책임지고 있는 "조무래기들"(small fry)을 교체하는 것이 중요하다고 말한 데 대해서 나는 전적으로 동감입니다. …… 나는 있는 힘을 다 동원해서 전하께 그것을 강력히 요청해 왔습니다. 그러나 전하는 조만간에 그렇게 될 것이라고만 언질을 주었을 뿐 아직도 지체되고 있습니다. 사실 클리브랜드(G. Cleveland) 씨가 대통령에서 퇴임한 이후 청국인들은 더욱 "거만"하게 된 듯이 보이며, 왕과 각료들을 이전보다 더 위협하고 있습니다. 이것은 청국의 이민이 받았던 강제적 처우 때문에 현재의 행정부가 청국 정부를 무마하려고 그러는지의 여부는 나도 모르겠습니다.

그러나 미국 정부가 어떤 식으로 이 문제를 처리하든지 간에, 러시아나 일본은 단순히 쓸데없는 청국의 변덕을 만족시키고자 조선을 "집어삼키도록" 내버려두지는 않을 것입니다. 나는 이 나라의 지속적인 독립과 국제적 권리를 다룰 법을 제시했습니다. 그것은 다름이 아니라 만일 청국이 종주권을 지나치게 주장한다면 반드시 국제적 간섭이 있어야 한다는 것입니다.

일단 귀하의 계획이 잘 착수되면 모든 일은 잘될 것이며, 그에 따라 거대한 뉴욕주의 모든 의원들이 자금을 지원하게 될 것이고 다른 상·하 의원들도 이를 지원하게 될 것입니다. 그 문제에 대한 이러한 생각은 여기서 가장 열렬히 논의되고 있는 것 가운데 하나입니다.

미국 전체에는 청국에게는 이익을 주고 이 작은 나라를 불리하게 하는 수많은 악성 중상과 모략들이 공공 매체를 통해 퍼지고 있습니다. 이 가운데 대부분은 악의적인 행동 때문에 최근에 조선에서 근무하다가 해고당했던 평판 나쁜 친구들이 출판을 목적으로 쓴 것입니다. 귀하는 로우[8]라는 사람의 이름으로 12월 30일자 『보스톤 글로브』에 게재된 일련의 거짓말을 보시면 거부감을 일으킬 것입니다. 그는 자기의 이름을 A. Maurice Low가 아니라 A Malicious Low(악의적이고 저질적인 인물)라고 서명했어야 합니다.

이러한 모략들의 어느 것도 현재 업무를 방해하도록 해서는 안 됩니다. 나는 항상 중요한 것만을 귀하께 조언하렵니다. 카펜터(Frank G. Carpenter)는 여기에 계속 있었고 또 상황을 알고 있기 때문에 이러한 중상모략을 평가하기에 알맞은 인물일 것입니다. 귀하는 조선을 "위해서" 관심을 가질 수는 없는지요? 상해의 어느 신문은 이 나라에서의 청국의 태도에 격분했습니다.

귀하의 12월 20일자 편지에 관하여 : 그들이 때때로 받은 모든 편지와 전보가 번역되고 논의되고 있었지만, 페인 씨가 떠난 뒤 나는 왕과 관리들 앞에서 그 문제에 대하여 계속 비밀을 유지해 왔으니 안심하십시오. 동해안을 따라 영흥항으로 러시아 철도를 놓을 계획은 없습니다. 이것은 귀하의 회사를 위해서 귀하가 올 때 고려하게 될 것입니다.

그러나 나는 서울에서 블라디보스토크까지 전신선을 가설하도록 재촉해 왔습니다. 그것은 유럽이나 미국과 더불어 세계에서 가장 값싼 전신·전보 요금을 물게 할 것입니다. 나는 이것이 가장 중요하고도 유익한 것이라고 생각하고 있습니다. 전선을 값싸게 설치될 수 있습니다. 페인 씨가 왔을 때 그와 이에 대해 상의해 주십시오. 내가 알기로 블라디보스토크에서 페테르부르크까지의 요금은 한 단어에 약 5센트입니다.

귀하의 12월 31일자 편지에 관하여 : 시간의 연장이 필수적인 것은 아니라는 귀하의 의견에 동의합니다만 아직은 그것에 신중하라고 부탁했습니다.

---

8) 로우(Frederick F. Low : 1828~1894) : 미국의 은행가이며 외교관. 파나마광산에서 거부가 되어 캘리포니아 주지사(1863~1867)를 역임한 뒤 북경 주차 미국 공사(1869~1874)를 지냈다.

전하께서 "공식적으로" 그 시간을 연장하지는 않았다고 내가 확신하는 이유는 그것이 문제를 지연시킬 수도 있었는데 그렇게 되지는 않았기 때문입니다. 바꿔 말해서 귀하는 다른 방법보다는 이쪽을 통해 시간을 버는 것이 좋을 것입니다.

귀하가 알다시피 그들은 서구의 업무 방식에 대해서 아직 잘 이해하지 못하고 있습니다. 조선의 면적은 약 8만5천 평방 마일이며 인구는 충분히 1,200만입니다. 다른 문제에 대해서는 충분한 자료를 가지고 있지 못하기 때문에 의견을 말할 수 없습니다. 나는 페인 씨가 이곳에 머무는 동안 나의 손님이 되어 달라고 요청했습니다.

O. N. 데니 드림

편지(No. 62)

서울, 1890년 3월 22일

친애하는 프레이저 씨에게

페인 씨가 한 달 전에 우리 집에 도착한 이래로 지난 8월의 사업에 관해 편지 쓸 엄두를 내지 못한 것은 우리가 일을 맡고 있는 정부가 그들의 명시적이거나 묵시적인 의무를 지키는 데 냉담한 관심을 보였기 때문입니다. 일이 그렇게 불행하게 된 것은 귀하와 귀하의 동료들을 화나게 하고 실망을 주었을 것이지만, 왕에게 봉사하고자 첫발을 내디딘 뒤 나는 4년 이상 그러한 일을 겪어야만 했던 점을 귀하가 조금이나마 아신다면 위로가 될 것입니다.

그리고 이러한 일이란 조선 정부에 고용된 사람으로서의 나의 경험인데, 왕은 내가 그와 같은 몇 가지 계획을 수립하고 수행하도록 그토록 열렬히, 그리고 빈번히 요구해 왔기 때문에 만약 그러한 일이 잘만 처리되었더라면, 통상적으로 그러한 문제를 처리하는 방식으로 결말이 났을 것입니다. 귀하는 국왕의 신임을 받고 내부의 결재를 받아서 자원 개발을 위해서뿐만 아니라 차관을 위해서 은행이 제시한 최상의 조건을 얻어내어 우선적으로 논의할 수 있었다는 점에서 특히 그러했을 것입니다. 비록 전하의 이와 같은 신임이 서구 실업인들의 눈에는 별로 대단치 않은 것으로 보일지라도 아직 많은 사람들이 이러한 신임을 받으려고 노력하지만 대개 실패했습니다.

페인 씨는 모든 보고서와 자료 등 현재의 사업에 관계있는 것들을 제공해주려고 즉시 나에게 왔습니다. 이들 가운데는 내부대신과 귀하의 서신 사본과 이곳에서의 업무 수행을 위한 두 개의 위임장, 그리고 1월 10일자 편지가 동봉된 귀하의 1월 11일자 편지가 함께 있었습니다. 그 전에 1월 2일자로 귀하께서 보내 주신 것은 이미 받아 보았으며 계속해서 16일, 28일, 29일 30일자 그리고 2월 7일자도 받아 보았습니다. 전에 보내 주신 편지에 동봉된 몇몇 출판물의 사본 등 모든 것들은 신중하게 읽어 보았습니다.

2월 22일 토요일에 나는 페인 씨가 귀하의 제안을 정부에 제출하고자 그날 저녁에 도착할 것이라고 전하에게 보고했습니다. 그리고 그 다음날 내부대신과 외부대신이 페인 씨와 그 문제들을 협의하고자 3~4일 뒤에 나의 사무실로 올 것이라는 전갈을 받았습니다. 한동안 나는 정부 측이 반대할 수 있는 조건이 언급된 것을 제출하는 문제에 대해 신중히 검토했습니다. 그러나 페인 씨와 이 문제들을 토의하기 전에 나는 그가 지난번에 서울에 온 이래로 조용한 분위기를 훼방했던 사건들에 대해서 그에게 주의를 환기시키는 것이 나의 의무라고 생각했습니다.

첫째로, 지난 12월 국왕과 조정을 전복하려는 목적을 지닌 것으로 알려진 역모가 적발되어 2~3주 동안 왕실은 흥분 상태에 빠져 있었습니다. 역모자의 대부분은 체포되어서 처벌을 받았습니다.

둘째로, 이러한 흥분이 진정되기도 전에 서울에 있는 조선의 상인들이 구정(양력 1월 21일)에 가게 문을 닫고 청국인과 일본인 상인들을 서울에서 내보내지 않으면 다시는 열지 않겠다고 하는 사건이 있었습니다. 그들은 조선 정부에 과중한 세금을 물고 있었기 때문에 전혀 세금을 내지 않는 청국인과 일본인 상인들과 장사하면서 경쟁이 어렵다는 것을 주장하려는 것이었습니다.

6~7일 동안 그들은 상점의 문을 닫았고 도시에서는 어떤 거래도 이루어지지 않았습니다. 자연히 하루 벌어 하루를 생활하는 가난한 많은 사람들이 굶어야 했기 때문에 긴장이 매우 고조되어 갔습니다. 그러나 마침내 상인들은 정부가 이 일을 공정하게 조정하도록 할 수 있는 모든 노력을 다 하겠다는 보증을 받고서 그들의 거래를 시작하게 되었으며, 결국 이것을 천진에 있는 이 총독과 협의하기 위해 한 관리가 파견되었습니다.

원세개는 그렇게 하는 것에 반대했습니다. 결과가 어떻게 될는지 우리는 알 수 없습니다. 왜냐하면 이것은 조약에 따라 취득된 권리의 양도를 의미하는 것이기 때문입니다. 귀하도 아시다시피 이 권리는 그들이 항상 가장 완강히 주장해 왔던 것입니다. 상인들은 그들의 요구를 따르지 않으면 다시 폐업할 것이며, 사태를 분명히 결말짓도록 주장했습니다.

내가 페인 씨의 주의를 환기시킨 세 번째 문제는, 공공 기금을 터무니없이 어리석게 낭비하는 것에 관한 것이었습니다. 귀하가 그들과 계약하는 경우, 조선 사람 고관 3명과 적어도 2명의 외국인으로 구성된 재정위원회 혹은 관리위원회의 창설을 주장하기 바랍니다. 어떤 지출 경비도 이 기구가 3년 전 내가 강력히 요구했고 또 그때마다 왕이 약속을 했던 그때 이루어졌더라면 적어도 합법적인 기업을 위해서 150만 달러는 저축할 수 있었을 것이라고 나는 확신합니다.

그 돈은 모두 낭비되었을 뿐만 아니라 타락한 일에 썼으며, 그렇게 함으로써 정부의 재정은 심각하게 무력해졌습니다. 따라서 정부의 모든 유동 부채를 상환하는 데에는 그러한 차관이 제외되어야 한다는 것을 약정해야 합니다. 미국상사와 은행가들에 의해 제안된 것의 장점을 페인 씨와 논의하면서, 내 생각에는 아래의 조건들을 정부의 입장에서 볼 때 강력한 반대에 부뒷치게 될 것이라고 지적했습니다.

(1) 미국 상사가 자신이 소유하고 있는 전체 차관의 절반 이상을 국내 개발을 위해 관리하고, 이자 지불을 차관의 내역 내에서 지불하게 된다면 78[9]에 있는 정부의 담보는 너무 많이 할인될 것이라는 점.

(2) 정부에게 제공된 전체 총액에서 차관에 대한 이자를 1년 치가 아닌 2년 치를 공제한 다는 점.

(3) 당상사가 철도 회사와 광산 회사를 통제 운영해야 하는 연한과 그들이 봉사한 바에 따라 받아야 할 이익의 몫.

위에 말한 것은 대신이 나의 사무실에 들렀던 2월 28일 늦은 밤에 토의한 요점들입니다. 그러나 그들이 아무런 통고도 없이 왔기 때문에 페인 씨는 산책을 나가 그날 밤에 그들을 만나보지 못했습니다. 그들은 자신들의 예방을 우리에게 알리지 않고 온 것을 후회하면서, 페인 씨가 함께 있으리라고 생각했던 그곳에서 차관에 관한 그들의 일을 마치고자 왕의 내부를 통해 뉴욕 주재 조선 총영사인 프레이저 씨에게 정부의 차관을 교섭할 수 있는 권한을 부여했으며 지금 페인 씨는 그 일로 조선으로 돌아왔다고 생각하고 있었습니다.

그러나 그때부터 조정은, 철도의 건설이 사람들을 너무나 흥분시켜서 심각한 방매가 뒤따를 것이라고 결론 내고 있었습니다. 그리고 이자에 관해서 재차 물어 본 뒤에, 차관에 관해서 말하기를, 만일 그들이 그렇게 많은 금액을 갖게 될지라도 그들은 그것을 갚지 못할 것이라고 했습니다. 뿐만 아니라 국왕이 때때로 해관의 세입을 모두 필요로 하기 때문에 이자를 지불할 때가 왔을 때 그것을 지불할 수 없을 것이라고 했습니다. 이러한 이유들로 말미암아 정부가 현재나 미래에 어떤 차관도 교섭하지 않기로 결정했다고

9) 프레이저와 데니 사이의 암호이나 그 내역은 알 수 없다.

페인 씨에게 말해 줄 것을 나에게 요청했습니다. 나는 이러한 것들이 사소한 것이고 무시해도 좋을 것이며 또한 정부는 지금 지난 8월처럼 심각하게 차관을 원하고 있다는 것을 알고 있었습니다. 그렇기 때문에 뒤따라올 어떤 협정에 유리하도록 하고자 나는 페인 씨에게 정부가 차관을 받고 못 받는 것에 대해서 아주 무관심하다고 믿도록 하려는 정부 측의 요구 이상으로 그 자리에서 그들에게 언급하지 않았습니다.

사실상 이자율에 대해서 그렇게 많은 우려를 표시한 뒤에, 나는 그들이 충분한 신뢰 속에서 귀하의 제안을 토의하고 또 그것을 받아들일 것이라고 믿었습니다. 그리고 이것은 지난 8월 페인 씨와 논의했던 것과는 실질적으로 다르기 때문에 이번 것에 대해서 그렇게 이야기하고 또 이번 것이 진짜라고 덧붙임으로써 그들이 결심하게 하리라고 생각했습니다. 그리고 그들은 몇 가지 중요한 항목에서 수정되어야 할 것이지만, 이것은 모두 그들이 페인 씨와 그 제안을 논의하게 되었을 때 조정될 수 있는 것이라고 생각했습니다. 그러고 나서 그들은 떠났습니다.

이 달 3일에, 나는 정부가 이미 차관 문제에 관해 논의를 끝냈으며 그것에 반대하기로 했다는 것과 나에게 "이 점"에 관해 프레이저상사의 대리인에게 통보해 달라고 하는 외부대신의 편지를 받았습니다. 이 결정은 그들이 그 제안의 성격을 몰랐었고 지금도 모르고 있기 때문에, 정부 측에서 그에 대한 지식이 없이 이루어진 것입니다. 나는 대신이 얘기한 것을 그에게 말했으며 그것은 이미 위에 언급한 바와 같은 것입니다. 이 편지 내용에 대해서 놀란 나는, 아마도 그것은 통역의 경험이 부족하여 서로를 잘 이해하지 못했고 그러한 상태로 전하께 보고했기 때문이라고 생각했습니다.

그 뒤 이 달 15일 두 대신은 다른 통역관과 함께 다시 방문했고 페인 씨가 동참한 자리에서 그들은 나에게 우리가 차관 문제에서 서로를 이해하지 못했다는 것에 대해서 국왕 전하에게 아뢴 바 있는지를 물었으며, 그에 대해 나는 그렇다고 대답했습니다. 그때서야 그들은 반복하여 전에 말했던 것들을 자세히 묻고 이제는 그들을 이해할 수 있느냐고 페인 씨에게 물었으며 그는 그렇다고 대답했습니다. 대신들은 자기들의 귀를 막아 버린 채 페인 씨의 말은 들으려고 하지 않고 자기들의 얘기만 했습니다. 일은 이렇게 마무리 지었고 대신들도 떠났습니다.

한동안, 해관 세입을 담보로 하여 은화 2백만 달러의 차관을 얻으려고 일본인과 예비 조정이 이루어지고 있다는 것과 그 차관에는 평양 탄광과 다른 장소에서 몇 년 동안 작업을 할 수 있는 이권이 추가되어 있다는 근거 없는 풍문이 떠돌아 다녔습니다. 아마 이 소문은 지난해 페인 씨와 했던 우리들의 이야기에 실질적으로 근거를 두고 있는 것이었는지도 모릅니다. 그러나 내가 현재 알고 있는 한 그 풍문에는 제물포에서 서울까지 이르는 철도 계획이 빠져 있었습니다. 뒤에 그것은 정확한 것으로 확인되었습니다.

이것뿐만이 아닙니다. 나는 지금 때때로 발생하는 작은 사건들로부터 실제로 확신하고 있습니다. 그러나 어떤 것도 나에게 그들의 동향을 예상하게 하지는 못했습니다. 일본인이 조선에 차관을 준다는 계획은 오래전인 지난해 9월부터 윤곽이 드러나기 시작했던 것이고 르젠드르[10] 장군의 노력으로 이루어진 것입니다. 그 장군은 귀하도 아시다시피 도쿄 주차 조선 변리 공사와 제휴하여 행동하는 사람입니다.

일본 관리들이나 은행가, 상인들의 행위는 지난 가을 대동강 탐험과 평안도의 교역 가능성을 시험하는 데서뿐만 아니라 탄광 지역을 조사하는 데서 나타났습니다. 사람들은 그곳이 다른 무엇보다도 상업적 이득을 위한 개항에 더욱 이해 관계가 있다고 믿었습니다. 그러나 이것은 현재 더 넓은 의미를 가지고 있는 것으로 부각되었습니다.

---

10) 르젠드르(Charles W. LeGendre : 1829~1899) : 프랑스에서 귀화한 미국의 퇴역 장군. 남북전쟁 당시에 북군에 참전하였다가 귀국하지 않고 귀화함. 1866년에 아모이의 미국 총영사로 있으면서, 대만의 고산족을 탐사했고, 일본 외무성의 고문이 되어 일본의 대만 침략 당시에는 정보를 제공함. 1890년 데니의 보좌관으로 부임하여 내부협판 정3품을 받고 갑오경장 뒤에는 궁내부 고문이 되어 활약하다가 서울에서 사망함.

같은 생각을 가지고 있는 일본 주차 조선 변리 공사는 지난 가을 민영익과 의논하고자 도쿄를 떠나 홍콩으로 갔는데, 나는 며칠 전 한규설 장군에게서 민영익은 그 계획에 찬성하지 않을 것이라고 들었습니다만 나는 그가 찬성하리라고 생각합니다. 왜냐하면 12월에 조선의 대리 공사 박용화가 일본으로 되돌아간 뒤 조선 사람들은 귀하가 만든 계획을 진전시키면서 전보다 관심을 덜 갖는 것 같았으며, 그뿐 아니라 민영익도 변리 공사가 방문한 이후 나에게 편지를 보내지 않고 있기 때문입니다.

페인 씨가 제물포에 도착했을 때 그는 그곳에서 르젠드르를 만났는데, 르젠드르는 이 사업에서 매우 두드러진 인물이 될 것으로 보였다고 합니다. 르젠드르는 그곳에서 악명 높은 알렌과 협의하기 위해 10일 가량 머물렀습니다. 알렌은 워싱턴에서 기생을 공사관 직원들의 아내로 소개시켰던 자입니다. 같은 날 페인 씨는 제물포에서 올라왔으며, 르젠드르도 또한 서울에 도착했습니다. 김가진[11]의 협조로 일본인들은 그들의 계획에 우호적인 조선 사람들의 도움을 받아 그 계획을 위한 적극적인 활동을 시작했습니다.

그 뒤 약 1주일 뒤에 일본제일은행 지점장인 이에나미가 중요한 일로 도쿄로 떠났는데, 제안된 차관과 이곳에서의 이권 허가와 관련된 것으로 보입니다. 그리고 바로 그 뒤 며칠 뒤에 르젠드르가 내무협판으로 발령되었다고 관보에 공시되었으며, 사실인지 아닌지 모르겠으나 현 해관총세무사의 입장에서 제안된 차관의 상환을 위해 그들의 세입을 담보로 하겠다는 언질이 있는 경우 그가 해관총세무사에 임명될 것이라고 씌어 있었습니다.

물론 일본인들이 조선 사람들에게 돈을 빌려주고 조선 사람들의 광산에서 일을 하며 또한 그들의 이익이 적절하게 지켜질 수 있는 위치까지 조선

11) 김가진(金嘉鎭 : 1846~1922) : 호는 동농. 1886년에 문과에 급제. 부수찬을 거쳐 일본 주차 공사관 참찬관으로 외교관의 생활을 시작하여 젊은 날에는 도쿄에서 활약함. 그 뒤 농상공부대신, 황해도 관찰사, 중추원 의장을 지냄. 1919년에 대동단 총재가 되어 상해로 망명하여 그곳에서 죽음. 서예에 일가를 이룸.

사람의 친구를 임명한다는 것은 완벽하게 합법적인 것이며 정당한 것입니다. 그러나 제안된 협정을 이행하면서 조선 정부가 거의 떼어 낼 수 없는 방해물, 곧 그들이 조선에서의 전통적인 기득권을 주장하는 데 대해서 상당히 민감한 청국인들을 고려하지 않은 듯합니다.

청국과 일본의 정치적 열망에 대한 것은 말할 것도 없이, 반도에서의 상업적인 패권을 위한 경쟁이 청국과 일본 간에 벌어지고 있는 이때에, 청국은 그들의 경쟁자에게 이러한 상황을 전적으로 지배하고 통제하도록 하는 어떤 이권을 주는 것을 당치 않은 것으로 분개하고 있을 것이 틀림없습니다. 그러한 상황에서 일본인들의 계획이 벽에 부딪히지 않는다면 그것이 오히려 놀라운 일일 것입니다. 그러나 그러한 사태가 발생했을 때의 상황은 어떤 것인지를 나는 말할 수 없습니다.

귀하는 내가 말한 이유들에서 귀하의 협상이 그렇게 급하게 결말지어진 것을 쉽게 이해하실 수 있을 것입니다. 아직까지 조선 정부의 월급을 받는 고용인이며 전하의 진지한 요청에 따라 착수될 업무를 위한 예비적 기초를 마련하는 것이 나의 임무이기 때문에, 나는 그 결과에 대해 노골적으로 비난하지 못합니다. 그러나 귀하와 귀하의 동료들은 그렇지 않기 때문에, 그러한 경우 전례에서 보면 귀하와 그들은 분명히 불평도 하고 실망할 것들을 많이 보게 될 것입니다. 동시에 나는 귀하께서 그렇게 많은 시간과 노력과 경비를 이 사업에 소비한 뒤에 이 일이 확실히 실패로 돌아가고, 단지 이러한 노력들의 결과가 어떤 면에서 귀하에게 유익하게 나타나기를 바랄 수 있을 뿐이라는 데 대해 심심한 유감을 표하는 바입니다.

10여 일 후면 나의 두 번째 계약 기간이 만료됩니다. 비록 전하로부터 약 3개월 전에 계약을 갱신하라는 요청을 받았으나 귀하와 숙의한 그 협정이 잘 이루어지리라는 희망으로 최근까지 나의 대답을 미루어 왔습니다. 그 일에서 전하의 어떤 확실한 보장이 있는 경우, 나는 이 사람들을 위한 나의 성실하고 끊임없는 노력이 결실을 맺는 것을 보려는 희망에서, 더 남아 있는

데 동의하게 될는지도 모릅니다. 그러나 이제 내가 할 수 있는 한 빨리 조선을 떠나는 것이 나의 정해진 목적입니다.

나는 현재의 사업에 관련된 귀하의 편지들을 내부대신에게 전달하지 않았습니다. 그 이유는 그 편지의 내용이 서울의 항간이나 일간지에 알려지는 데 대한 방어 수단이 없고 또한 그 편지 안에 고관에 대한 언급이 있기 때문입니다. 나는 나의 이러한 행동을 귀하께서 양해해 주리라 믿고 있습니다. 귀하가 뜻하는 대로 그것을 고치거나 정리하도록 페인 씨를 통해 그것을 귀하께 돌려 드리겠습니다.

O. N. 데니 드림

편지(No. 63)

서울, 1890년 4월 8일

친애하는 린즐리 씨에게

귀하의 업무에 관련된 상황은 페인 씨가 떠난 이후 변한 것이 없습니다. 그러나 최근에 르젠드르의 고용에 대해 반대하는 경향이 강력해지고 있으며, 또 일본으로부터 들여오는 어떠한 차관에 대해서도 다소간 반대의 기운이 돌고 있습니다. 내 생각에는 일본의 차관이 성사될 것 같지 않으며, 또 르젠드르의 고용은 그가 차관을 협상해 주리라는 것을 전제 조건으로 달고 있기 때문에 그는 "벽에 부딪치게" 될 것 같습니다. 그가 실패하는 경우, 정부가 다시 프레이저 상사에 관심을 돌리게 될는지 아니면 뜻하지 않게도 그들이 이를 대수롭지 않은 일로 볼는지에 관해서는 미지수로 남아 있습니다.

나의 입장을 말씀드린다면, 나는 이제 이 분야에서의 모든 노력을 포기하고 나의 봉급 계산을 마친 뒤 본국으로 돌아가기를 원하고 있으며 또 그렇게 준비하고 있습니다. 나는 조선 사람들을 위해서, 어느 누구도 같은 시간

내에 수행할 수 있는 모든 일을 해냈고 그들이 자신들을 위해 나를 시켜 수행하도록 "허락하는" 모든 것을 수행해 왔기 때문에 나는 떠나는 데 양심의 거리낌이 없습니다. 나의 충고를 따랐더라면 그들의 정치적·재정적 문제는 지금쯤 훨씬 더 나은 터전을 잡았을 것입니다. 그러나 이것은 타락하고 비애국적인 소수의 군대에 의해 방해받았습니다.

부인과 페인 씨에게 안부 전해 주십시오.

O. N. 데니 드림

편지(No. 64)

서울, 1890년 5월 3일

친애하는 린즐리 씨에게

4월 17일자 귀하의 편지는 지난번 우편으로 받아 보았습니다. 조선 정부가 프레이저 씨를 모욕적으로 대접했다는 귀하의 설명에 대해 나는 놀라지 않습니다. 나는 조선에 온 이래로 그러한 일을 겪어 봤으며, 그 대접이라는 것이 그전에만 해도 참을 수 없었을 것입니다. 그러나 그들은 사실상 여기에 있는 다른 정부의 사절 "모두"를 그와 같은 방법으로 취급하고 있습니다.

그러나 정작 내가 귀하의 편지에서 놀란 부분은 르젠드르가 진실하지 못한 사람이라는 것을 알게 된 것입니다. 왜냐하면 "프레이저 씨의 보고서는 그가 참석한 회담에서 신중하게 검토되었으며 내부대신이 몸소 나를 방문해서 말하기를 그들은 흥미가 없다고 했다"고 그가 말했다는데, 그렇다면 그는 동방에서 가장 심한 거짓말쟁이로 비난받아야 하기 때문입니다. 내부대신과 외부대신은 함께 두 번이나 나를 방문했습니다.

그들은 첫 번째 방문에서 말하기를, "우리는 조선에 철도를 건설할 수가 없습니다. 왜냐하면 그것은 조선의 백성들을 흥분시킬 것이며, 정부는 모든 해관의 수입들이 다른 목적에 필요했기 때문에 차관을 들여온다 하더라도 갚을 능력이 없으므로 지금이나 앞으로 어떤 차관도 받지 않을 것입니다"라고 했습니다. 그들은 이러한 내용을 페인 씨에게 말해 줄 것을 내게 부탁했습니다. 그래서 나는 그 제안이 지난 8월에 얘기되었던 것과 다르기 때문에 페인 씨를 만나서 그로부터 프레이저 씨의 제안이 무엇이었나를 들은 뒤 몇 가지 부분에서 수정되어야 할 것이라고 말했습니다.

두 번째 방문에서 그들은 그러한 말을 되풀이했습니다. 그때는 페인 씨가 참석했으나 그들은 이 일에 관해서 그로부터 아무것도 듣지 못했습니다. 프레이저 씨의 사업과 관련하여 페인 씨가 도착해서 나에게 건네준 서류들은 그가 떠나기 바로 전에 그 신사에게 되돌려 줄 때까지 나의 손을 떠난 적이 없었습니다. 조선에 살고 있는 어떤 사람에게도 그 제안을 말하지 않았으며 따라서 조선 사람들은 그때까지 그 내용을 알지 못했기 때문에 그 늙은 르젠드르가 그것이 무슨 내용이었는지 알 수 없었을 것입니다.

그것들에 관한 어떤 구상도 나에게서 받은 것이라고는 생각하지 않습니다. 모든 편지들이 나를 경유하여 내부로 가게 되어 있었기 때문에 내부로 보낸 프레이저 씨의 편지는 페인 씨를 통해 프레이저 씨에게 반송되었습니다. 페인 씨도 그렇게 하는 것이 타당하다고 생각했습니다. 프레이저 씨가 어떤 다른 편지들을 내가 볼 수 없도록 내부로 직접 "보냈으리라고는" 결코 생각하지 않습니다.

이것뿐만이 아닙니다. 조선의 어느 고관이 약 1주일 전에 나를 찾아와서 말하기를, 정부는 프레이저 씨의 제안이 어떤 것인지를 알지 못한다고 했습니다. 페인 씨가 도착하기 꼭 두 달 전 정부는 프레이저 씨와 그 문제를 더 이상 토의하지 않겠다고 결심했으며 그것은 "김가진을 통해 르젠드르에 의해 규정된 조건들 가운데 하나였다"는 것입니다. 이 사업과 관련된 그 늙은 걸인의 태도는 "귀여운"것이 아니었는지요?

귀하가 단지 그 제안들이 무엇이었는지 말해 달라고 그에게 요청하려고 생각만 했더라도 사실상 그는 귀하에게 프레이저 씨의 제안들이 매우 불명예스러운 것이어서 정부는 그 제안들을 수락할 수 없을 것이라고 사실대로 말했을 것입니다. 그때 귀하는 그에 대해 완전히 무방비 상태였음에 틀림없습니다. 바꿔 말하면 귀하는 "굴 같은 벙어리"로 그를 상대했을 것입니다.

만약 르젠드르가 조선에 머물게 된다면, 이 점에 대해서는 나는 지극히 회의적입니다만, 르젠드르와 모르스 타운센드 상사가 유유상종으로 함께 행동하리라는 점에는 의심할 나위도 없습니다. 그가 청국에서 행한 처사로 볼 때 청국 정부가 청국의 어느 직책에 그를 임명하더라도 그것은 아무런 도움도 되지 않을 것입니다.

그러한 상황에서 그 늙은 거지가 왕에 대한 봉사를 계속하려고 하는 한, 그들이 왕에 대해서 아주 열정적으로 아부할 것이라고 귀하는 상상하지 않습니까? 그렇게 되면 아마도 전하께서는 르젠드르의 이름을 들은 그날을 저주하게 될 것입니다. 내가 듣기로는 그가 민영익과 화해하려고 홍콩으로 갔다고 하는데, 내가 보기에는 매우 어려운 일이라고 생각됩니다. 다음 달에는 이곳에서 벗어날 수 있도록 나의 봉급이 계산될 것을 희망합니다.

아내와 함께 귀하의 부부에게 안부를 전합니다.

O. N. 데니 드림
존 린즐리 귀하
요코하마

편지(No. 65)

서울, 1890년 6월 1일

친애하는 프레이저 씨에게

귀하가 보내 주신 3월 17일자 편지와 지난번 신문의 사본을 동봉한 4월

18일자 편지는 각각 잘 받아 보았습니다. 귀하에게 보낸 마지막 편지 이후, 늙은 르젠드르의 수다는 끝장났으며, 그도 완전히 끝장났습니다. 그가 왕에게 약속한 모든 원대한 것들이 실패로 돌아갔으며, 양다리를 걸친 그의 화술 때문에 그는 조선으로부터 내쫓길 것이 분명합니다.

귀하의 제안에 대해 더 고려하게 한 것 외에는 이 방향에서 이룩된 것은 아무것도 없습니다. 그의 처사는 우리가 상상할 수 있는 것 가운데서 가장 경멸스러우리만큼 천박한 것이었습니다. 조선 정부도 그가 터무니없이 자기들을 강요했다고 느끼고 있습니다. 그리고 마땅히 그렇게 해야 하는 일이지만 그들이 귀하에게 사과하고 귀하의 제안을 다시 고려하자고 한다고 하더라고 그것은 놀라운 문제가 아닙니다.

린즐리 씨는 내가 5월 3일에 그에게 보낸 편지를 틀림없이 귀하에게 보냈을 것입니다. 그 편지에서 나는 르젠드르의 행동과 사업을 언급했습니다. 르젠드르는 그의 사무실에서 귀하의 회사와 그의 우정을 확신한다고 되풀이해서 말했고, 조선에서 귀하와 협조하고 싶다고 어처구니없이 뻔뻔스럽게 말했다고 린즐리 씨는 그의 편지에서 나에게 말했습니다.

또한 르젠드르는 귀하의 제안이 어떤 정부도 받아들일 수 없는 것이며, 조선 사람들이 모르스에 대한 의무가 있기 때문에 그들이 모르스 타운센트 상사와 함께 협조할 것을 제안했다고 린즐리 씨는 말했습니다. 내가 이곳의 관리들에게 통보해 준 바와 같이, 조선 사람들은 모르스 씨에게 어떠한 의무도 없는 상태일 뿐 아니라 모르스 타운센드 상사와의 거래 경험은 조선 사람들에게 그들과 거래한 것을 후회하게 만들었을 뿐이기 때문에 르젠드르의 말은 가당치 않은 것입니다.

내가 이곳을 언제 떠날 수 있을지에 관해서 나는 아직 말할 수 없습니다. 왜냐하면 나의 봉급 계산이 아직도 조정되지 않았기 때문입니다. 나는 이곳을 떠나기 전에 정당한 보복의 행동으로 르젠드르가 해고되는 것을 바라며 이에 대해서는 후회의 여지가 없다고 말할 수 있습니다.

추신 : 허드(A. Heard) 씨가 지금 조선 주차 미국 공사로 취임했습니다. 그는 명석한 두뇌를 가진 것 같으며, 믿을 만한 사람으로 보입니다. 또한 그가 훌륭한 공사가 되리라고 생각합니다.

편지(No. 66)

서울, 1890년 6월 1일

친애하는 린즐리 씨에게

5월 3일자 귀하의 편지는 최근에 받았습니다. 귀하가 읽을 수 있도록 봉하지 않은 채로 프레이저 씨에게 동봉된 편지는 이곳의 일에 관해 현재 내가 말할 수 있는 모든 것입니다. 조선과 맺은 약속들이 모두 실패해 버린 르젠드르는 분명히 짧은 기간 동안 조선 정부와의 공식적 관계를 머지않아 끝낼 것입니다.

왕실의 한 분이 아프기 때문에 지난 월요일까지 왕의 알현을 기다려야 했던 허드 씨는 그날에야 업무를 인계 받았습니다. 나는 그가 훌륭한 공사가 될 것이며, 또 이곳에서 잘 지내리라 생각합니다. 내가 받은 정보에 따르면 민영익이 르젠드르가 할 사업의 어떤 것에도 찬성하지 않았으며 그는 홍콩에서 르젠드르에게 그렇게 말했다는 것입니다. 또 김가진 파에 속하지 않은 민영익이 햇빛을 볼 날도 머지않았다는 것입니다. 사실 김가진은 이제 르젠드르의 실패에 의해 정부를 바보로 만든 데 대해 책임을 지고 있는 것이며, 한 사람이 궁지에 몰릴 때 다른 사람들도 그렇게 될 것입니다.

O. N. 데니 드림

존 린즐리 씨 귀하

요코하마

역주자 참고문헌

高炳翊(譯), 「穆麟德手記」, 『震檀學報』(24)(서울 : 진단학회, 1963)

『구한말조약휘찬』(상 · 중 · 하)(서울 : 국회도서관입법조사국, 1964~65)

金景昌, 『근대외교사』(서울 : 집문당, 1980)

金源模(譯), 「淸韓論」, 『東洋學』(10)(서울 : 단국대학교 동양학연구소, 1980)

金源模(編著), 『近代韓國外交史年表』(서울 : 단국대출판사, 1984)

金源模, 『근대 한미관계사 : 한미전쟁론』(서울 : 철학과 현실사, 1992)

김현숙, 『근대 한국의 서양인 고문관들』(서울 : 한국연구원, 2008)

朴大憲, 『서양인이 본 조선』(서울 : 壺山房, 1996)

성황용, 『근대동양외교사』(서울 : 명지사, 1992)

『세계인명대사전』(서울 : 문공사, 1973)

신복룡(역주), 『대한제국멸망사』(서울 : 집문당, 2018); H. B. Hulbert, *The Passing of Korea*(London : William Heinemann Co., 1906)

신복룡(역주), 『조선견문기』(서울 : 집문당, 1998); H. N. Allen, *Things Korean* (New York : Fleming H. Revel Co., 1908)

申福龍, 『한국정치사』(서울 : 박영사, 2003)

申福龍 · 姜錫燦(譯), 『韓末 外交 顧問의 硏究 : O. N. 데니의 활동을 중심으로』(서울 : 평민사, 1987)

이광린, 『한국 개화사 연구』(서울 : 일조각, 1970)

이선근, 『한국사 : 최근세편 · 현대편』(서울 : 을유문화사, 1961)

이홍직, 『국사대사전』(서울 : 지문각, 1965)

『한국인명대사전』(서울 : 신구문화사, 1967)

『한국학대백과사전』(서울 : 을유문화사, 1972)

洪淳鎬, 「舊韓末 外國人 法律 · 外務顧問의 外交史的 硏究」, 『월간 조선』 (1980년 7월호)

『大人名辭典』(東京, 平凡社, 1955)
日本外務省(編), 『日本外交史辭典』(東京 : 大藏省印刷局, 1979)

『辭海』(上海 : 辭書出版社, 1979)
李盛平, 『中國近現代人名大辭典』(北京 : 新華書店, 1989)
臧勵龢(編), 『中國人名大辭典』(臺北 : 商務印書館, 1979)
『通理交涉通商事務衙門日記』
彭澤周, 『近代中日關係硏究論集』(臺北 : 藝文印書館, 1978)

Barhart, Clarence L. (ed), *The New Century Cyclopedia of Names*(New York : Appleton-Century-Crofts, Inc., 1954)
Encyclopedia Britannica(Chicago : The University of Chicago, 1963)
Swartout, Robert R., *Mandarins, Gunboats, and Power Politics : Owen Nickerson Denny and the International Rivalries in Korea*(The Hawaii : University Press of Hawaii, 1980)
Webster's Biographical Dictionary(Springfield : G. and C. Merriam Co., 1951)
Webster's International Dictionary of the English Language(Springfield : G. and C Merriam Co., 1948)
Who Was Who : 1929-1940(London : Adam and Charles Black)
Who was Who among English and European Authors(1931~1949), Vol. 1(Detroit : Gale Research Co) Book Tower, 1978)

묄렌도르프 자서전 | 반청한론

P. G. von Möllendorff : Ein Lebensbild

&

A Reply to Mr. O. N. Denny's Pamphlet entitled : China and Korea

묄렌도르프 지음/신복룡 · 김운경 역주

집문당

P. G. von Möllendorff : Ein Lebensbild

by

R. von Möllendorff

Otto Harrassowitz, Leipzig
1930

묄렌도르프의 초상

역주자 재판 서문

젊었을 적, 내 손으로 한말 선교사의 한국 관계 자료들을 주석하겠다고 다짐한 지 벌써 30년의 세월이 흘렀으니 세월의 무상함과 더불어 만감이 교차한다. 그 동안 활판에서 컴퓨터로 바뀌는 인쇄 혁명과 출판계의 불황 등으로 중도에서 포기했던 『한말 외국인 기록』을 이제 집문당 임경환(林京煥) 사장님의 호의로 번역과 주석 작업을 재개하게 된 것이 한없이 기쁘고 감사하다.

전집 23권을 출판하겠다는 임경환 사장님의 제의를 들었을 때 기쁘기도 했지만 너무도 엄청난 일이라 엄두를 낼 수가 없었다. 그러던 차에 이러한 고충을 들은 1998학년도 건국대학교 정치외교학 과목의 나의 수강생들 300명이 한 장씩 컴퓨터에 입력해 주겠다고 나섰을 때 나는 한없이 고마웠고 크게 용기를 얻었다. 나는 그 300명의 이름을 여기에 일일이 적을 수 없는 것이 미안하고 유감스럽다.

모두가 고생했고 고맙지만, 특히 이형구(李衡求) 군과 김(金)한길 군이 많은 몫을 타이핑했으며, 변영욱(邊泳旭) 군은 교정 작업을 하느라고 많은 고생을 했다. 사내답지 않게 수줍음이 많은 조교 박성진(朴城進) 군(지금은 한국학중앙연구원 선임연구원)은 마음이 넉넉지 못한 나의 방에서 마음 고생이 많았으리라고 생각되며, 주석을 찾기 위해 각국의 대사관과 문화원을 찾아다니면서 싫은 내색 한 번 하지 않았다. 건국대학교 대학원 박사 과정의 고경민(高敬旼) 군(지금은 제주대학교 교수)과 석사 과정의 형은숙(邢恩淑) 양은 컴퓨터 작업을 하느라고 많은 고생을 했다. 그들의 고생이 단순한 고생으로 그치지 않고 앞날의 그들의 학문 생활에 좋은 경험이 될 수 있다면 나로서는 미안함을 덜 수 있을 것이다.

영어로 쓰인 동양사를 번역하는 과정에서 가장 어려운 작업은 영문으로 표기된 인명이나 지명을 어떻게 한자로 복원하느냐의 문제이다. 특히 원칙이 없이 쓰지는 일본의 인명 표기는 참으로 어려웠다. 그런 가운데도 일본의 데츠카야마 대학(帝塚山學院大學)의 가미가이토 겐이치(上垣外憲一) 교수가 많은 어려움을 풀어 주었고, 시도 때도 없는 부탁에 늘 마음 써 준 오랜 친구 다키자와 마코도(瀧澤盛) 선생의 도움을 많이 받았으며, 고베대학(神戶大學)에서 박사 논문을 준비하는 장희순(張喜淳) 군도 고생을 많이 했다. 특히 독일 인물의 행적에 대해서는 건국대학교 독어독문학과의 김건환(金建煥) 교수님께서 많이 도와 주셨다. 사진 촬영은 건국대학교 홍보실의 이명호(李明浩) 선생에게 많은 빚을 졌다.

끝으로 편집 교정과 출판 과정에서 고생하신 집문당의 우진주(禹軫柱) 상무님과 편집부 직원 여러분, 그리고 신세 진 모든 분들에게 깊이 감사한다.

1998년 9월 10일

2019년 11월에 가필함

역주자 신복룡 씀

역주자 초판 서문

한 시대를 살다 간 인물의 훼예포폄(毁譽褒貶)은 그리 쉬운 일이 아니다. 도척(盜跖)이 나름대로의 철학을 가지고 살았듯이 설령 객관적인 안목에서 비난을 받을지라도 그를 일방적으로 비난할 수만은 없는 일이며, 베이컨(F. Bacon)이 일세를 풍미한 철학자였다 할지라도 그는 수뢰죄(受賂罪)의 형사 피의자였다는 점을 생각하면 그의 말과 글을 가지고 그를 칭송할 수도 없는 일이다.

이 글의 저자인 묄렌도르프(Paul Georg von Möllendorff : 穆麟德 : 1847~1901)를 역사적으로 평가하면서 선악의 어느 한 편을 들어 단정적으로 말하기란 매우 어렵다. 모험심이 강한 서방의 여느 외국인들이 그러했듯이, 그도 나름대로의 야망과 경륜을 가지고 동방에 온 뒤로 공과(功過)의 비평을 유보할 수밖에 없는 많은 일을 했다. 공교롭게도 그는 국적이 다르고, 세상을 보는 눈이 다르고, 이해 관계가 다른, 그러나 오월동주(吳越同舟)일 수밖에 없는 데니(Owen N. Denny)를 만난다. 전형적인 독일 신사로서 이지적이고 논리적이었던 묄렌도르프는 자유분방하며 감성적이었던 데니와 극단적 대조를 이루면서 한국사의 한 시대를 엮어 간다.

여기에 소개하는 『묄렌도르프 자전』은 그 명칭이 다소 어색할 수도 있다. 왜냐하면 1930년에 출판된 이 책은 묄렌도르프가 직접 쓴 것은 아니며 그가 한국에 재직하던 당시에 남긴 일기와 그의 아내에게 보낸 편지를 대본으로 하여 그와 꼭 같은 체험을 나눈 아내 로잘리(Rosalie von Möllendorff)가 회상의 형식으로 전기를 쓴 것이기 때문이다. 따라서 "자전"이라는 이름이 꼭 들어맞는 것은 아니지만 그렇다고 해서 달리 적절한 이름을 붙이기도 어렵다.

『데니 씨의 청한론에 대한 답변』은 묄렌도르프가 직접 쓴 것으로서 『청한론』(*China and Korea*)과 좋은 대비가 되며 1880년대의 한국사 특히 청한종속론을 이해하는 데 좋은 지침서가 될 것이다. 이 두 논쟁은 매우 상극적인 입장을 취하고 있는데 어느 쪽의 주장이 옳은지는 독자들이 판정할 일이며 평자가 편을 들어 말할 수 있는 것이 아니다.

이 글을 번역 출판하면서 나는 여러 분들께 빚을 졌다. 일찍이 묄렌도르프 자전의 가치를 인지하고 이를 번역한 고병익(高柄翊) 교수의 역본(「穆麟德手記」, 『진단학보』(24), 진단학회, 서울, 1963)은 그것이 비록 초역이라 할지라도 이 후학에게 많은 도움을 주었다. 건국대학교의 이수웅(李秀雄) 교수와 임동석(林東錫) 교수는 독일어로 표기된 중국의 인명 지명, 관제 등을 한자로 표기하는 데에 많은 도움을 주었으며, 전(前) 주한독일문정관이며 재독 한국학자인 라이휘(W. Leifer) 씨는 독일인명록을 제공해 주었으며 이분들의 도움이 없었더라면 이 글은 그나마도 더 볼품이 없는 것이 되었을 것이다.

이 글은 김운경(金雲卿)이 번역하고 나는 윤문(潤文)과 고증과 주역을 맡는 형식을 빌려 완성되었다. 그러나 오역이 있다면 그것은 전적으로 고증을 맡은 나의 책임이다. 끝으로 부족한 글을 늘 마다하지 않고 출판해 준 평민사의 이갑섭(李甲燮) 사장과 편집과 교정을 맡아준 강금희 양 그리고 신채호(辛采鎬) 학제(學制)에게 감사한다.

1987년 6월25일

신복룡 씀

차 례

묄렌도르프 자서전

나의 아이들에게

- 기념으로 -

머리말 : 남편에 대한 추억

여러 차례에 걸친 친구들의 권유와 소망에 힘입어 나는 보기 드문 위대한 정신의 소유자이며 멋있는 한 인간이었던 나의 고귀한 남편의 생애를 공개하고자 그의 일기와 기록들로부터 파란만장했던 생애에 관한 것들을 모아 엮은 이 책을 세상에 내어놓고자 한다. 남편은 이에 관한 글을 항상 직접 쓰려고 마음먹고 있었으나 소중한 생명을 너무도 일찍 잃고 말았다.

폴 게오르크 폰 묄렌도르프(Paul Georg von Möllendorff)는 극동에서 그 무렵 아주 중요하면서도 천재적인 학자 가운데 한 사람이었다. 그는 뛰어난 학식을 지니고 있었으며 지칠 줄 모르고 끈기 있게 일하는 사람이었다. 그의 박식함, 깊고도 명철한 사고, 위대한 정신적인 재능 모두가 비범했다. 도덕적 원칙들을 엄격히 고수하는 그는 어떤 천박한 생각도 할 수가 없었다. 그는 배짱이 두둑했으며 비길 데 없는 온정과 전혀 사심이 없는 헌신을 베풀 줄 알았다. 모두가 그에게서 도움을 구했으며, 그는 기꺼이 모든 사람의 이야기에 귀를 기울였다. 그의 조력을 받지 못한 채 그냥 돌아간 사람은 아무도 없었다.

그는 극동 지역에 거주하고 있는 모든 독일인들을 대표하는 뛰어난 외교 사절 가운데 한 사람이었다. 또한 온 중국을 통해, 유럽인들이나 중국인들 사이에서 그는 저명한 인사 가운데 한 사람이었다. 그리고 나아가 중국 내부에서와 마찬가지로 한국 전체를 통해서도 묄렌도르프는 명성이 높았다. 중국인들에게 끼친 그의 영향은 다른 유럽인들이 중국인들에게 끼친 것보다 훨씬 중요한 것이었다. 이것은 능통한 그의 중국어 실력과 함께 중국의 풍속과 관습에 대한 상세한 지식에서 비롯된 것일 뿐만 아니라, 그의 강인한 인품과 더불어 결코 그가 잃어 본 적이 없는 침착함에 원인이 있었다. 보다 높고 원대한 그의 성품, 온화하고 사심 없는 마음씨, 높은 이상을 향하면서도 사욕을 품지 않은 노력들이 단지 그의 아랫사람들만이 아니고 모든 그의 친구들의 사랑과 존경을 얻게 했다. 묄렌도르프와 가까이 접촉했던 사람은 그 누구도 사람의 마음을 끄는 그의 마력으로부터 피할 수가 없었다.[1)]

모든 분야의 지식에 정통함으로써, 그의 대화는 항상 듣는 사람의 마음을 매료시킬 줄을 알았다. 순수하게 독일인다운 개방적인 그의 태도와 겸허한 성품은 그가 곳곳에서 친구들을 얻게 했다. 그는 중국 내에서 여러 방면으로 교양을 갖춘 유럽인들 가운데 한 사람이었다. 그는 중국어를 완전히 숙달했을 뿐만 아니라 더욱이 모든 방언들을 말하고 쓸 줄 알았다. 해관총세무사인 하트 경[2)]의 권유에 따라 모든 방언들을 분류하여 원통축음기에 담아 1900년 여름 프랑스 파리의 전시회에 보냄으로써 그는 중국에서 통용되는 모든 방언들을 밝혔던 것이다.

또한 그는 탁월한 히브리어 전문가였다. 더욱이 여러 가지 상이한 방언에 이르기까지 히브리어에 정통한 사람이었으므로 동아시아에 거주하는 유대교의 신자들로부터 성서의 구절을 해석해 달라는 부탁을 자주 받았다. 보기 드문 해박한 지식과 더불어 그는 여러 가지 언어들을 섭렵했다. 그러나 비록 비교 언어 연구는 그가 가장 즐겨하는 일이라 하더라도 그때문에 여가 시간에 다른 학문들 특히 역사학이나 자연과학을 소홀히 하지 않았다. 또한

---

1) (원저자 주) 1901년 4월 26일자 *Ostasiatischen Lloyd* 지의 추도문에서.

2) 하트 경(Sir Robert Hart : 1835~1911) : 영국의 외교관. 중국 영사관에 투신하여(1854) 세관총세무사가 되었으며(1863~1903), 사실상 중국세관의 창시자의 역할을 했다.

그는 여러 민족의 현대 문학에도 깊은 지식을 가지고 있었다. 이에 대해서는『세계 문학 1896년』(1896)에 대한 그의 비평 연구가 증명해준다.

그가 독일 내의 언어학자들과 활발한 서신 왕래를 했던 만큼 독일과 오스트리아 그리고 다른 국가들의 전문지들은 그의 펜에 의한 풍성한 기여에 힘입은 바가 컸다. 그는 아주 가치 있는 귀중한 보물을 남겨 놓았는데 그 일부는 곧 인쇄에 들어갈 연구들로서 다가올 휴가 때 독일로 가지고 가 거기서 출판하고자 계획했었다. 왜냐하면 그의 관직 생활이 너무 바빠 그 일을 할 만한 시간이 없었기 때문이었다. 그 연구들에 대한 목록을 나는 부록에 첨부했다.[3)]

나의 남편 묄렌도르프는 유명한 옛 마르크 브란덴부르크 지방의 한 귀족 가문의 자손이었다. 남편의 증조 숙부는 뷔하르트 요하힘 하인리히 폰 묄렌도르프[4)] 원수였는데, 그는 프리드리히 빌헬름 I세(Friedrich Wilhelm I)와 프리드리히 대왕(Friedrich dem Großen) 수하에서 단연 출중한 인물이었다. 그의 모습은 최근에 상연된 괴츠(W. Götz)의 연극『그나이제나우』를 통해서 비로소 생생하게 재현되었다.

묄렌도르프는 우커마르크의 쩨데니크에서 1847년 2월 17일에 태어났다. 그의 부친은 그곳의 경제자문위원이었다. 뒤에 그의 부친은 괴를리츠로 옮겨갔는데, 그곳에서 남편은 오토 프란츠 폰 묄렌도르프(Otto Franz von Möllendorff)와 함께 중고등학교를 다녔으며 이미 그 당시부터 히브리어와 동양어에 관심을 나타냈었다.

고등학교 졸업 시험에 합격한 뒤 1865년 봄, 남편은 할레 아데 에스 대학에 입학했으며 거기서 그는 법학과 언어학 그리고 동양학 연구에 몰두

---

3) 본서에서는 그 문서 가운데 "데니(O. N. Denny)씨의『청한론』에 대한 답변"만을 함께 수록했다.

4) 묄렌도르프(Wichard von Möllendorff : 1724~1816) : 프러시아의 군인. 폴란드 주둔사령관(1793), 라인(Rheine) 주둔사령관(1794)을 역임했다.

했다. 그리고 바로 여기에서 삶과 학문에 몸과 마음을 다 바치는 그 헌신적인 태도를 가지게 되었다. 그것은 강철 같은 의지와 강한 집중력을 겸비한, 전반적으로 비범한 천성으로 가능한 것이다. 할레대학 시절에 그는 거의 노르마넨 단체(지금의 학생 단체)에 소속해 있었다.

할레 암 자알레슈트란데에서 남편과 가장 가까운 대학 친구들 가운데 한 동창이 1883년, 동아시아의 어느 신문에서 대학 시절을 회상하면서 "그가 울리히가를 지날 때면 학생 단체의 신입 회원들이 경외의 눈으로 바라보았던 키가 아주 크고 몸이 억센 학생이었으며, 그는 독일의 대학들이 두려움을 느끼는 칼날 같은 재능을 가진 인물이었고, 그의 연설의 신랄함은 그의 억센 팔보다 결코 덜 두려운 것이 아니었다."고 술회했다.

그러나 이런 점이 그가 연구를 열심히 하는 것이나, 더욱 진보시키는 일에 방해가 되지는 않았다. 할레대학의 포트[5] 교수는 남편을 자기의 수제자들 가운데 하나로 여겼다. 또한 남편은 토요일 오후면 정규적으로 유명한 신학자 톨룩[6]의 집에서 그의 히브리어 연구를 위해서 시간을 보내곤 했었다. 1867년부터 1868년까지 그는 86 보병 연대에서 군 복무를 수행했다.

학업을 마친 뒤, 그는 연방청에 북독일의 영사관의 근무를 지원했다. 아직 그의 임용 허가가 있기도 전에, 묄렌도르프가의 절친한 친구인, 무렵 인사 담당자였던 폰 게르스도르프(von Gersdorf, 1870년 프랑스와의 전쟁에서 사망)가 편지를 보내 그를 베를린으로 불렀다. 거기서 그는 중국으로 가도록 요청을 받았는데, 중국에는 당시에 아직은 평민이었던 하트 경이 있었으며 그는 해관직을 맡아 줄 독일인이 필요했었다. 폰 게르스도르프 씨나

---

5) 포트(August F. Pott : 1802~1887) : 독일의 철학자로서 할레대학의 교수였다.(1833) 저서로는 *Entymologische Forschungen*(1833~1836)과 *Die Zigeuner in Europa und Asian*(1844~1845)이 있음.

6) 톨록(Friedrich August G. Tholuck : 1799~1877) : 독일의 저명한 개신교 신학자이자 목회자임. 베를린대학에서 신학을 공부하면서도 라틴어와 동방학에 깊은 관심을 가지 인물이었다.

델브뤼크(Delbrueck) 각하까지도 그에게 그 유리한 제의를 받아들이도록 설득했다.

남편은 그것이 자기 본래의 인생 계획을 빛나가게 하는 것이었기 때문에 그 일을 전혀 하고 싶지 않았으나 결국 그 일을 받아들이기로 결심했다. 남편의 부친께서는 1811년 9월 26일 출생하셔서 1861년 9월23일 돌아가셨는데 그 때문에 그의 모친과의 이별은 그에게 이중의 고통이 되었었다. 그러나 그는 이러한 좋은 보수의 일자리를 받아들임으로써, 곧 모친을 부양할 수 있기를 바랐던 것이다. 더욱이 5년 뒤에는 영사관 근무로 옮겨 갈 전망도 그에겐 남아 있었다.

1869년 8월 19일 그는 여행 경비조로 200파운드의 선금과 함께 임명장을 받았다. 그리고는 모친과 형제들과의 고통스런 이별을 나눈 뒤 9월 1일 괴를리츠를 출발하여 머나먼 낯선 세계로 여행을 시작했다. 나는 여기서 그 자신이 기록한 여행기를 따라 글을 싣고자 한다.

로잘리 폰 묄렌도르프 씀

1. 동방으로 가는 길

베를린에서 트리에스트로

비록 사랑하는 사람들과의 이별의 고통이 마음 가득했지만, 나는 큰 기대를 품고, 중국의 상해로 부임하는 데 필요한 서류들과 여행 경비를 수령하고자 9월 1일 괴를리츠에서 베를린으로 갔다. 나는 베를린에서 할레를 거쳐 드레스덴으로 향하는 길을 선택했다. 쇤다우에서 누이와 매형을 이별한 뒤, 곧 낯선 사람들이 사는 땅으로 발을 들여놓았다.

프라하, 브륀 그리고 비엔나에서 여러 가지로 통관의 고역을 치르고 트리에스트에서 비로소 처음으로 바다를 보게 되었을 때 나는 행복감을 느꼈다. 훌륭하면서도 값싼 호텔인 로캉드 그랑드에서 항구의 멋진 전경이 한눈에 보이는 방 하나를 얻어 잠을 푹 잤다. 24시간 이상이나 기찻간에서 흔들리며 왔기 때문이었다.

도시로서의 트리에스트는 별로 흥미를 일으키게 하지는 못했다. 넓고 잘 포장된 거리며 높고 대부분 훌륭한 집들, 많은 카페들 그리고 커다란 로이드상사가 전부였다. 가까이 있는 언덕에 오르니 도시와 항구의 아름다운 전망을 즐길 수 있었다. 그걸 바라보노라니 내 가슴이 뛰었다. 바다는 내 눈앞에 광활하게 펼쳐져 있었고, 몇 백 척의 크고 작은 배들이 짐을 부리고 싣느라 분주했었으며 엄청나게 많은 사람들의 물결이 오르락내리락 일거리로

부산했다. 시내로 돌아오는 길에 나는 이집트로 가려고 프랑스인인 터키 총영사에게 입국 사증을 발급해 주도록 부탁했다. 짐을 배에 실은 다음, 비로소 난생 처음으로 큰 배를 타 보게 되었다.

트리에스트에서 알렉산드리아로

오스트리아의 로이드선박 회사 기선인 주피터호는 빠른 범선으로 이름나 있었으며 배의 폭보다는 길이가 훨씬 더 길게 건조되어 있었다. 모든 짐을 싣고 난 뒤인 밤 12시에 우리는 항구를 벗어나 유럽을 떠났다. 언제 다시 내가 유럽을 보게 될 것인지 누가 알겠는가! 트리에스트의 마지막 불빛이 사라져 가는 것을 보았을 때, 나는 자신이 세계 속으로 그 첫 걸음을 내디뎠다는 것을 알았다.

다음날 아침, 육지는 사라져 버리고 없었다. 오후가 되어서야 비로소 달마티아의 해안을 보았다. 그리고는 월요일 밤, 코르푸에 상륙하기까지 두세 개의 그리스 섬들을 보았을 뿐이었다. 그곳까지는 승객이 다만 이탈리아인, 그리스인, 그리고 소수의 독일인으로 구성되어 있었지만, 코르푸에 와서는 100마리의 소를 싣게 되었다. 그런데 소들을 모두 갑판 위에 두었기 때문에 우리가 있는 곳은 항상 좋지 않은 냄새로 가득 찼다. 그러나 그와 함께 견딜 수 없이 불쾌하고 괴로운 것은 바로 그 소들이 몰고 온 무수한 파리 떼였다. 곧 나를 두렵게 만드는 더위가 시작되었다. 이미 트리에스트에서도 상당히 더위를 느꼈지만, 남쪽으로 내려갈수록 이곳의 더위는 점점 지독해졌다.

나와 같이 탄 승객들은 "나폴레옹 게임"[1]을 하면서 지루함을 잊고 있다. 나는 기선 안의 독서실에서 책을 읽었다. 독서실에는 양서가 몇 권 있었다. 밤이 되면 이탈리아 선원의 노래를 들었다. 그의 목소리는 상당히 훌륭했다. 밤하늘은 으레 맑았으며, 여기서 비치는 별들은 우리가 살고 있는 곳에

1) 나폴레옹 게임(Napoleon game) : 다섯 장의 패를 가지고 하는 카드 놀이.

서보다도 더 밝고 아름답다. 그래서 우리는 종종 밤이 깊도록 갑판에 나가 있곤 했다. 바람은 전혀 불지 않고 바다는 거울같이 매끄럽게 우리 앞에 놓여 있어, 신경이 예민한 몇몇 여자들을 제외하고는 모두 두려워했던 뱃멀미를 면하게 되었다.

우리는 이타카와 카파토니아 사이를 통해서 항해했는데 그 해협이 아주 좁아 양쪽 섬에 있는 집이며 나무들을 알아볼 수가 있었다. 이곳은 또한 『오디세이』의 나라이기도 하다. 드문드문 올리브가 서 있기는 하나, 민둥민둥한 산들이나 좁은 골짜기들이 우리가 본 전부였다. 우리는 크레타를 통과한 뒤 더 이상은 어떤 육지도 보지 못했다. 그러나 날씨, 항해, 그리고 바다, 이 모든 것의 상태는 좋았다. 아주 사소한 해상 사고도 없이 모든 것이 순조로웠다.

그렇게 항해한 뒤, 9월 17일 금요일 새벽 5시 알렉산드리아 항구로 들어갔다. 나는 그 동안 같이 여행해 온 일행들과 타고 온 기선과도 작별했다. 배의 추진 기관 소리는 밤낮으로 나를 괴롭혔는데 그 소리를 듣기만 하면 교회당 헌당식의 대목 장날에 듣게 되는 악단의 폴카 박자가 기억났다.

알렉산드리아에서는 이틀간 머물렀다. 마침내 나는 연구 시절 동안 항상 머릿속에만 있었던 찬란한 동방에 오게 된 것이었다. 이곳으로 여행하는 것은 나의 크나큰 소망이었다. 이미 항구에서부터 알렉산드리아는 훌륭한 경치를 보여주었다. 왼쪽 일부에는 공장의 건물들이 들어서 있고 또 해관과 항만 경찰이 일부분을 이루고 있었으며, 오른쪽엔 아름다운 무어 양식으로 된 총독의 궁전이 아침 햇살에 황금빛으로 반짝거리며 서 있었다.

그러나 비록 새로운 것이라 해도 이미 황폐해져, 동방의 그토록 많은 아름다움과 마찬가지로 서서히 그 몰락을 맞이하고 있었다. 육지에 오를 때, 나는 곧 동방 제국에서 아주 큰 역할을 하는 단어 한 개를 배웠다. 사람들이 도처에서 떠들어대는 그 말은 박쉬쉬(Bakschisch), 곧 술값의 팁이란 것이었다. 그래서 나는 까다로운 해관 관리의 성가신 통관을 끝내려고 박쉬쉬를 주었다. 그리고 내 여권을 한 관리에게 내보였는데, 그는 읽지도 쓰지도 못하는 것 같아 보였다. (그는 여권들을 손에 거꾸로 들고 있었다.)

통관을 끝내고 당나귀에 올라탔다. 이제 동방 생활의 한 가운데 있게 되었다. 곳곳에는 반나체의 갈색 인종 혹은 검은 인종들이 머리에 터키식 모자나 터번을 두르고 있었다. 대부분의 사람들은 유감스럽게도 전혀 아름다운 모습이 아니라 지저분한 모습들이었다. 나는 배에서 알게 된 친절한 독일인 청년과 함께 왔다. 그는 알렉산드리아에 살고 있으며 아라비아말에 능숙했다. 그와 함께 다니면서, 그에게 도시의 안내를 부탁하여 구경했다.

나는 당초부터 알렉산드리아로 가려던 것은 아니었고, 수에즈운하를 통과하고자 본디 곧바로 카이로로 가려 했다. 그러나 다음날이 되어서야 북독일의 영사로부터 여권을 받을 수 있었기 때문에 알렉산드리아에 머물게 되었던 것이다. 친구로부터 안내를 받아 묵게 된 호텔은 독일 호텔이었다. 트리에스트에서나 배에서도 무척이나 그리워했던, 정말 제대로 된 독일 음식을 먹어 보게 되었다. 이탈리아 음식은 너무도 기름을 많이 사용하기 때문에 독일인의 입맛에는 맞지 않는다.

나는 바다가 보이는 방을 하나 얻었는데 침대엔 모기장이 쳐 있었다. 그것은 나에게 아시아에서 곤충 때문에 받게 될 고통의 시작임을 예고해 주었다. 짐을 대충 정돈하고 아침 식사를 끝낸 뒤에 우리는 다시 동방의 일반적인 운송 수단인 두 마리의 당나귀를 타고서 서둘러 거리로 나가 보았다. 이발사에게서 이곳 주민처럼 훌륭하게 머리를 깎은 다음 실제로 붉은 터키모자를 쓰니 완전히 아라비아인의 모습이 되어 버렸다. 그 다음에 한 카페로 가 담배를 곁들여 작은 잔으로 술을 한잔 마셨다. 그러자 곧 두 소년이 우리의 장화를 열심히 닦아주었다.

해안에 있는, 앞서 말한 궁전 이외에 큰 건물들을 든다면, 영사관들이 있다. 그들은 대부분 공설 광장에 위치하고 있었으며 외국인의 눈길을 끌었다. 독일 영사관은 정원 한 가운데 있었는데 매우 훌륭해 보였다. 알렉산드리아의 유명한 예술품들, 그리고 폼페이우스 주상과 클레오파트라의 첨탑들에게서 특별히 대단한 감명을 받지는 못했다. 폼페이우스는 도시의 변두리와 아라비아의 묘지 근처의 어떤 헐벗은 구릉 한 가운데 있었으며, 클레오파트라의 첨탑은 거의 보잘 것 없었다.

또한 고대의 지하 묘지에 대해서도 별로 말할 것이 없다. 외부의 공격에 대한 방어 시설은 대규모였는데, 도시 전체를 빙 둘러 구축되어 있으며 도시를 보호하는 데는 확실히 크게 기여하고 있다. 요새의 정문에서 그리 멀지 않은 곳에 나폴레옹이 보루를 만들려고 쌓아 올렸던 소위 나폴레옹의 산이 있다.

알렉산드리아를 위해 총독은 아주 많은 일을 하고 있는데, 특히 거리들은 널찍널찍하고 아름답게 그리고 항상 잘 손질되어 있으며 지속적으로 살수되고 있다. 그러나 밤이면 가로등이 없어 유감스럽기 짝이 없다. 사람들에게서 들은 대로라면 이미 카이로의 경우와 같이 이제 곧 가스등이 설치될 것이라고 한다.

다음날 아침 우리는 일찌감치 해수욕을 하고 나서 원기를 돋우어 계속해서 말을 타고 돌아다녔다. 오늘은 알렉산드리아시의 아라비아인 구역을 돌아보아야 한다. 가는 진흙으로 지은 것 같은 작고 낮은 집들, 그리고 그곳에 사는 대부분의 주민들, 펀펀한 지붕, 좁은 거리, 많은 상점들, 그리고 사람들이 외쳐 대는 소리 등 이런 것으로 채워진 풍경은 나에게 많은 흥미를 불러일으켰다.

우리는 동굴같이 생긴 커피 집에서 아주 훌륭한 모카 커피를 한 잔 마신 뒤 나일강으로 갔다. 알렉산드리아에서는 아무것도 푸른 것을 볼 수가 없고 단지 이따금 힘들기 짝이 없는 살수 작업을 통해서 보존되는 나무를 볼 뿐인데, 나일강 유역에 이르니 사정은 전혀 달라졌다. 연이어 있는 훌륭한 정원을 가진 별장들, 그리고 총독과 몇몇 부자들의 작은 궁전들이 모든 것에 물을 대주는 나일강 물을 따라 몇 시간이나 계속되었다.

돛이 없는 작은 배들, 그리고 보다 큰 수송선들이 강변에 정박해 있었다. 강변에는 나무들을 심어 그늘이 풍성해서 멋진 산책길을 제공해 주었으므로 많은 마차들이나 말을 탄 사람들, 그리고 산책을 나온 사람들이 그곳을 즐길 수 있었다. 이런 것이 도시 안에 있었으므로 모두가 신선한 정경을 보여 주었다.

그러나 유감스럽게도 나는 시간을 너무 짧게 잡았다. 저녁 7시에 수에즈행 준급행 열차에 시간을 맞춰야 했다. 그래서 영사관에서 여권을 받아 짐을 가지고 넓은 홀로 이루어진 정거장에서 2등 칸으로 8.25파운드(약 15 Thlr)를 주고 아라비아어로 쓰인 승차권을 샀다. 이 시간이면 이미 밤이다. 저녁놀도 없이 아주 깜깜하게 되었다. 그리고는 이내 밝은 달빛 아래 훤히 보이는 황야를 달려갔다. 무더위에도 불구하고 나는 거의 잠을 자면서 갔다.

그러나 오전 6시 수에즈에 도착했을 때 내 온몸은 모기에 물린 자국투성이였다. 분별없이 객실의 창문을 열어 두었던 것이다. 수에즈에서는 알렉산드리아에서의 아라비아 구역보다도 볼 만한 것이 더 없었다. 마찬가지로 작고 편편한 지붕으로 된 볼품없는 집들이 있으며 단지 교통만이 더 적을 뿐이었다. 고작해야 종업원 모두가 인도인이고 나무 같은 식물들을 심어 놓은 화분들 몇 개가 있는 호화롭고 완전히 현대식 설비를 갖춘 호텔만이 볼 만한 가치가 있었다. 수에즈의 상황은 덤불이 자랄 수 없을 만큼 너무도 황량하고 쓸쓸했으며, 모든 것을, 식수까지도 카이로에서 철도를 이용하여 수송해 와야만 했다.

수에즈에 있으면서도 운하에 관한 것은 아무것도 볼 수 없었다. 나는 우선 여기서부터 싱가포르까지 80파운드(약 550달러)를 주고 승선표를 샀다. 그리고는 영국 마일 수로 5마일이나 떨어져 있는 항구로 가고자 작은 배를 하나 세내어 짐을 배에 싣도록 했다. 뱃사람들은 순수한 아라비아인들이었는데, 그들은 터번을 두르고, 허리엔 천을 휘감고 있었는데, 그를 봐서도 그렇고, 더럽고 탐욕스러운 근성을 봐서도 틀림없었다. 나는 그들과 2루피

(1 Thlr, 10 Pfennig)의 값으로 합의를 보았다.

그럼에도 불구하고 그들은 바다 위에서 그 구간을 다니는 배들이 하나도 보이지 않고 그들의 배만이 있다는 것을 알자, 엉터리 영어로 내게 거리가 더 멀다고 하면서 웃돈을 생각해 달라고 말하기 시작했다. 나는 물론 그들을 비웃었다. 그러나 그들이 점점 더 심하고 거칠게 요구했기 때문에 마침내 나는 주머니에서 권총을 꺼내, 아무 말도 하지 않은 채 옆에 있는 의자 위에 내려놓았다. 이것이 도움이 되었다. 불평 한 마디 없이 그들은 나를 엄청나게 큰 기선에 데려다 주었다. 그 기선은 수라트호로 500마력의 엔진을 가진 것이었으며 반도-동방선박회사의 많은 배들 가운데 하나였다.

나는 불쾌한 영국인 떼거리를 피하려고 혼자 떠났던 것이다. 그들은 나보다도 한 시간이나 늦게 아침 10시에 도착을 했다. 항구에는 우리 이외에도 여러 척의 임페리얼해운회사의 각종 기선들이 있었으며 항구의 한가운데에는 해양 관리들을 위한 호텔 같은 것이 떠 있었다. 여러 형태의 인사가 오고 간 뒤, 9월 19일 일요일 12시 정오에 수에즈를 떠나 홍해를 향해 항해를 시작했다.

수에즈에서 아덴으로

150명의 승객들은 대부분 영국인들이며 나 이외에 독일인이 한 명 더 있고, 세 명의 이탈리아인이 타고 있다. 선원들은 모두 인도인들인데 키가 작고 연약한 모습들이다. 그러나 그들은 욕심이 적고 임금이 싸기 때문에 많은 사람을 고용할 수 있다. 조타수들과 목수들은 중국인이고, 화부들은 누비어인이다.

우리는 순풍을 탔으며 우리의 스크루 추진 기선은 강력한 힘을 가진 배였기 때문에 빠른 속도로 앞으로 나갔다. 일요일 오후에 아프리카 해안의 어떤 작은 지역을 보게 되었는데, 그곳에는 우리보다 앞서 아덴으로 떠났던 기선이 스무 명의 인명을 잃은 채 좌초되어 있었다. 그런데 우리가 탄 배도

2년 전 그 지점에서 난파를 당해 4만 파운드나 되는 비용을 들여 보수했던 일이 있었다.

선상의 생활은 단조롭다. 아침 6시에 웨이터가 차 한 잔을 들고 침대로 오고, 7시엔 모두가 목욕을 하며, 그때부터 9시까지는 가벼운 옷차림으로 갑판 위를 산보한다. 9시에 아침 식사를 알리는 종이 울린다. 식사는 더운 고기 요리, 계란, 햄, 그리고 여러 종류의 포도주로 이루어진다. 12시에 사람들은 점심을 먹으러 식당으로 간다. 다시 고기, 치즈, 햄, 포도주가 나온다. 오후 4시엔 우아한 연회가 열린다. 모두들 옷을 잘 차려 입고 나타난다.

배에 살아 있는 가축들을 싣고 왔기 때문에 우리는 여러 가지 방법으로 바꾸어 가며 새 구이를 먹는다. 그리고 저녁 7시에는 빵과 이암(iam : 여러 가지의 과일을 섞어 만든 잼)을 곁들여 차를 마신다. 그러고 나서 9시에 브랜디나 위스키 또는 붉은 포도주를 마시는 것으로써 하루 일과를 마친다. 이 모든 식사 때마다 우리는 웨이터들에게서 군대식으로 봉사를 받는다. 종소리에 따라 모든 음식이 우리들의 눈앞에 나타나거나 사라진다. 여러 차례나 되는 식사 시간에서 알 수 있듯이 사람들은 정말 아무것도 더 나은 일을 할 필요가 없다. 식사와 식사 사이에는 잠을 자거나 담배를 피우면서 시간을 보낸다.

우리가 홍해 입구를 따라 항해해 온 이래로 더위는 믿기 어려울 만큼 심해지고 있다. 그늘에서도 열씨 온도계[2]로 항상 30° 이상이다. 갑판 전체에 이중 아마포로 만든 두꺼운 천막이 쳐졌다. 식탁에는 늘 푼카가 움직이고 있다. 이것은 커다란 부채와 같은 것으로, 천장에 고정시켜서 흔들리게 하는 것인데, 인도 소년들이 이쪽저쪽으로 흔들며 바람을 일으키고 있다.

모두가 땀으로 목욕을 한 것 같은데도 불구하고, 저녁이 찾아오면 기뻐한다. 저녁때면 모두 갑판에 모여들어 노래를 부르며, 심지어는 춤까지 춘다.

---

2) 열씨 온도계 : 프랑스의 자연과학자인 라오뮈르(Rene A. Reaumur : 1683~ 757)가 만든 온도계로서 0°가 빙점이고 80°가 비점이다.

그러나 10시에는 모든 등을 꺼야만 한다. 달이 대낮같이 비추는 날이면 사람들은 담배를 피우고, 잡담을 하면서 한참 동안이나 갑판에 남아 있다가 남자들은 끝내 개인 침대를 가져오게 해서 반라의 몸으로 갑판에서 잠을 잔다.

계속되는 더위 아래서도 우리는 꽤나 빨리 달려왔으므로 9월 24일 금요일에 아덴에 다다르게 되었다. 넓은 항구가 우리 앞에 열려 있었다. 항구 주위엔 빙 둘러 풀도 없는 바위들로 둘러싸여 있으며 그 아래 건물이 몇 채 있다. 한쪽엔 영국에서 석탄을 관리하는 관청이 자리 잡고 있어 모든 영국 배들이 여기서 석탄을 적재한다. 호텔이 하나 있으며 상점도 한 군데 있는데, 이 상점에서 여행에 필요한 것들을 구입할 수 있다. 그밖에 아라비아인 부두 노무자들의 초라한 밀짚 오두막들이 있다. 이런 것들이 이곳의 전부이다.

우리가 도착할 때 즉시 작은 보트들이 우리 배를 에워싸더니 많은 어린 아라비아 소년들이 내렸다. 이들은 곧 서툰 영어로 말하면서 물속에 잠수해서 동전을 건져내 보겠다고 나대기 시작했다. 그들을 향해 여러 개의 작은 동전들은 던지자 그들은 매번 경탄을 금치 못할 만큼 정확하게 그것들을 물속에서 찾아내는 것이었다. 그들 가운데 한 명은 심지어 배의 용골 밑으로까지 헤엄쳐 들어갔다.

도시 자체는 그곳에서 내륙 쪽으로 영국 마일 수로 6마일 떨어진 곳에 있었으므로 우리는 말 한 필이 끄는 영업용 마차를 세내어 세 사람씩 타고 아름다운 거리를 따라갔다. 그 거리는 영국인들이 많은 비용을 들여 건설한 것이었다. 바위 위에는 영국 요새의 포신이 위협적으로 번쩍거리고 있었다. 우리는 곧 높은 요새의 문을 통해 지나갔는데, 문에는 2~3명의 인도 병사들이 회색 군복을 입고 이러 저리 왔다 갔다 하며 보초를 서고 있었다.

이 작은 도시는 관심을 끌 만한 것이 별로 없었다. 바위 계곡에서 작은 집들을 볼 수 있었고, 녹지대는 거의 없었으며, 낙타가 많았다. 난로를 핀 것 같은 이곳의 더위 때문에 샘이라고는 한 군데도 없으므로 현존하고 있는 빗물 저장 탱크야말로 크나큰 은혜이다. 난간은 쇠로 되어 있고 층계를 만들어 연결시킨, 6~8개의 어마어마하게 큰 물탱크를 단단한 지면을 골라서 바위를 깊이 파내어 만들어 놓았는데, 여기에 항상 빗물을 받아 모아 비축해 두고 있었다. 이미 고대에 최초로 페니키아인이 이런 수조를 파내기 시작했는데, 그것을 이어받아 영국인이 완성한 것이다.

내가 가족을 떠난 지 벌써 4주가 되어 오는구나. 그 뒤로 너무 많은 것을 보고 배웠기 때문인지 나에게는 이 한 달이 더욱 길게만 느껴진다. 향수가 때때로 그 즐거움을 방해하긴 하지만, 여행한다는 것은 즐거운 일이다. 나는 종종 가족들이 나와 함께 이 배를 타고 있다면, 그리고 그 멋진 저녁을 함께 즐길 수 있다면 얼마나 좋을까 생각했다.

다행스럽게도 나는 늘 아주 건강했으며, 한 번도 뱃멀미로 고생한 적은 없었다. 가족들에 대한 소식을 오래도록 듣지 못하고 있지만, 모두에게 만사가 잘 되기를 기원한다. 엊그제는 아버님의 추도식이 있는 날이어서 나는 슬픈 마음으로 지냈다.

아덴에서 갈(Galle)로

금요일 오후, 배에 필요한 만큼의 석탄을 적재한 뒤 항해는 계속되었다. 곧 육지가 시야에서 보이지 않게 되자 지난날과 다름없이 단조로운 생활이 계속되었다. 더위는 점점 더 극심해졌으며, 몸에는 작은 소구진이 생겨나 끊임없이 가려웠다. 그때부터 매일같이 하는 목욕이야말로 가장 큰 은총이었다.

일요일에 두 번의 예배가 있었는데 선장이 예배를 주관했으며 예배 때에는 선의가 작은 하모니움으로 노래를 반주했다. 월요일에 우리는 마침내 다소 신선한 바람을 받게 되었으며 이 바람이 갈까지 계속 불어 주었고, 모두에게 원기를 북돋아 주었다. 첫날 우리는 배가 좌우로 심하게 흔들려 고통을 겪었다. 거의 모두가 가벼운 뱃멀미 증세를 나타냈지만, 마침내 우리는 땀으로 녹아 버릴 필요 없이 갑판 위에서 하루를 보낼 수가 있었다.

10월 1일 금요일. 비가 오기 시작했다. 그리고 토요일까지 비는 계속되었다. 따라서 공기가 매우 눅눅했기 때문에 선실에 있는 모든 금속은 녹이 슬고 종이는 불쾌할 만큼 축축해졌다. 그러나 그것이 그날 저녁 런던에 있는 고아원을 위한 훌륭한 작은 음악회를 개최하기로 했던 것을 방해하지는 못했다. 나는 이때 독일 노래를 한 곡 불러야 했었다. 더 이상의 사건 없이 10월 4일 월요일, 갈에 도착했다.

갈곶에서의 이틀

도시의 이름이 손쉽게 불리듯이, 갈 항구는 매우 넓었다. 그러나 커다란 바위 덩어리들로 이루어져 있으며 종종 배들이 입항을 방해하는 격렬한 파도가 안벽에 휘몰아치는 그런 항구였다. 곧 원주민들의 작은 배들이 우리 주위를 둘러쌌는데 그들은 폭이 매우 좁았으며 그렇기 때문에 균형을 맞추려고 커다란 틀을 부착하고 있었다. 육지에서 우리는 커다란 동양식 호텔에 들게 되었는데, 그것은 아주 안락하게 꾸며 놓은 영국 호텔이었다. 갈시는 작았다. 그러나 대체로 아름답게 형성되어 있었고, 집들은 거의 모두 작은 베란다가 있었으며 문을 달지 않고 발을 쳐 놓았다.

주민은 부분적으로는 네덜란드인으로 구성되어 있었다. 지금은 영국의 섬이지만 예전엔 그들의 소유였다. 또 포르투갈인이 그 일부분을 이루고 있다. 포르투갈인은 특별 구역에 거주하고 있지만 대부분 원주민의 피가 섞여 있었다. 영국인들도 주민의 한 부분을 이루고 있다.

원주민들은 북인도어를 쓰고 있는데, 일부분은 불교도들이며, 일부분은 이슬람교도들이다. 불교도들은 반라의 모습으로 다니고 있고, 이슬람교도들은 붉은 천으로 만든 치마를 두르고 있으며, 짧은 웃옷과 높은 비단 모자를 쓰고 있다. 또 그들은 그 긴 머리에 빗을 하나 꽂아 두는 습관이 있다. 저녁 무렵의 산책은 기분을 아주 상쾌하게 해주었다. 야자수와 바나나 등의 숲이 그늘을 만들어 주었으며, 길의 양편에는 원주민의 그림 같은 오두막들이 있었다.

육지에서 하룻밤을 잘 지낸 뒤, 5일 화요일 바다로 나갔다. 세계의 큰 교통의 요충지 가운데 하나인 갈은 경탄할 만했다. 우리가 탔던 배는 유럽에서 승객을 태워 칼카타와 인도로 계속 항해한다. 다른 배가 봄베이로부터 와서 우리를 태우고 중국으로 운송해 준다. 또 세 번째 배는 칼카타로부터 와서 오스트레일리아로 향하며 일대 혼잡을 이루었다.

대부분이 상인들인 승객들은 배에 실을 커다란 짐 뭉치들을 가지고 있었다. 그러나 훌륭한 질서 속에서 모든 것이 잘 진행되었다. 호텔은 도두 만원이고 금이나 보석 박힌 은제품을 파는 상인들이 호텔 문으로 몰려들었다. 그들은 백단향재로 만든 상품들, 상아 제품, 별갑, 부채, 흑단재의 지팡이 등등 많은 물건들을 팔고 있다. 그러나 그 가격이 너무 비싸거나 아니면 너무 조악한 상품들이다. 어디에서나 영국인들이 이런 물건들의 값을 올려놓고 있다.

오후에 우리는 실론의 어린 아이들을 만났다. 그들은 영국 학교를 다니고 있었는데 우리의 질문에 아주 자신만만하게 영어로 대답했다. 또 여기에는 네덜란드 학교도 한 곳 있다. 저녁 무렵에 우리는 어떤 성자를 높이 기리기 위한 불교의 축제 행렬을 만났다. 용개 아래로 붉은 천을 휘감은 4명의 백발의 노인들이 걸어가고 있었다. 악대가 선두에서 음악을 연주하고 있었는데 북, 피리, 그리고 속이 빈 야자열매를 두드리는 소리는 가슴과 귀를 찢어 낼 듯이 요란했다.

대부분 유럽인으로 가장한 일단의 무리가 행렬의 끝을 따라갔다. 그들은 호분으로 얼굴을 바르고, 연미복을 입었으며, 유럽식 원통 예모와 큼지막한 안경을 쓰고 있었다. 저녁에 그 동안 같이 여행해 온 일행들과 헤어졌다. 한 무리는 인도로 갔고 다른 무리는 오스트레일리아로 떠났으며, 우리는 중국으로 향했다. 우리는 10월 5일 수요일 12시 정오에 닻을 올렸다. 그러자 그 멋있는 육지는 이내 시야에서 사라지고 말았다.

갈에서 페낭으로

내가 탄 배 잘제테호는 작았으나 승객이 모두 스물한 명밖에는 안 되었기 때문에 모두 각자 객실을 하나씩 차지했다. 일행은 싱가포르로 가는 세 명의 이탈리아인, 그리고 바타비아에 살고 있는 부모에게 돌아가는 네덜란드 청년 한 명, 아들과 홍콩 출신의 하인을 동반한 페르시아 상인 한 명, 그리고 나를 제외한 나머지는 모두 영국인이었다. 파도는 꽤 높았다. 그리고 종종 배 위로 파도가 넘쳐 들어왔다.

9일 토요일 저녁 니코바라도가 시야에 들어올 때까지 날씨는 계속 그러했다. 배와 선원들은 이 선로가 처음이었다. 그 때문에 밤에 이 군도를 지나가는 것은 위험천만한 일이었다. 그래서 우리는 방향을 돌려 기꺼이 갈로 되돌아가려 했다. 그러나 잘제테호는 훌륭한 배였고, 그 동안 잃었던 순풍을 곧 다시 받았으므로, 월요일 밤에는 이미 말라카와 페낭도 해안의 불빛을 볼 수 있었다. 화요일 새벽 5시에 입항했다.

페낭

우리가 5시에 갑판에 나왔을 때, 육지는 아직 짙은 안개로 덮여 있었다. 그러나 곧 가벼운 산들바람이 불어 안개가 걷히자 작은 섬이 매력적이고도 아름답게 우리 앞에 놓여 있었다. 그것은 낙원과 같은 광경이었다. 앞에는 깨끗한 도시가 있는 평탄한 해안, 주변에는 싱싱하게 우거진 푸른 숲, 그 뒤로는 한 폭의 그림에서 보듯 거무스름한 산맥들이 배경을 이루고 있다. 나는 지금껏 이런 풍경을 한 번도 본 적이 없었다. 이 도시는 영국의 점령지로서 많은 교역이 이루어지고 있다.

우리는 마차를 불러 타고 넓은 거리들을 통해 영국 마일 수로 5마일 정도 떨어져 있는 폭포로 향했다. 나무와 화강암으로 지어진 작은 집들을 보았는데, 그 집들은 야자나무 잎으로 지붕을 덮고 있었으며, 기둥이나 지주를 세워 그 위에 지은 것이었다. 우리는 또 두 개의 탑이 있는 아름다운 영국 교회 옆을 지나갔으며, 많은 작은 중국식 사찰 옆을 지나가기도 했다.

주민들은 중국인들이 일부분을 이루고 있었는데, 그들은 상점과 상점으로 이어진 긴 거리에 거주하면서 수공업에 활발히 종사하고 있다. 또 인도인들이 주민의 일부분을 이루고 있다. 아름다운 숲을 통해 나 있는 멋진 길을 따라갔다. 코코스 야자나무와 선장엽 야자나무가 우아하게 번갈아 심어 있고 그 사이에는 바나나와 대나무가 있었다. 모든 것이 다 지극히 아름다운 초목들로 인상적이었는데, 지난번 비에 물이 잔뜩 올라 있었다.

두 개의 높은 산 사이에서 드디어 폭포를 찾아냈다. 폭포는 위쪽 높은 곳에서 거의 수직으로 떨어진다. 그것은 내가 본 최초의 자연 폭포였다. 반면에 리이젠게비르게와 작센지방의 스위스에 있는 고향의 폭포들은 5분간이나마 좁은 물줄기라도 떨어뜨리게 하려면 물을 막아 놓아야만 한다. 돌아오는 길에 우리는 알렉산드리아 온천이라고 하는 곳에서 원기를 회복시키는 담수 목욕을 했다. 그리고는 곧 다시 배에 올라 2시 반에 항구를 떠났다. 이와 함께 통치자 힐데브란트[3]가 “동방의 파라다이스”라고 일컬었던 섬을 떠났다. 나는 결코 이 섬을 잊지 못하리라.

페낭에서 싱가포르로

페낭까지는 내내 동쪽으로 항해를 해 왔었다. 이제 선로를 바꿔, 남쪽으로 방향을 잡아 폭풍 때문에 악명이 높은 말라카 해협에 들어섰다. 그러나 우리의 항해는 운이 좋아 10월 14일 목요일, 온통 삼림이 총총히 우거진 수많은 작은 섬들 사이를 지나 15일 아침 싱가포르의 항외정박소에 닻을 내렸다. 그곳은 내 여행에서 최남단 지점이었다. 이 도시는 북위 2°에 위치하고 있었으나 기후도 좋고, 상쾌하다. 보통 1주일에 두 번 정도 비가 내리기 때문이다.

3) 힐데브란트(E. Hildebrandt : 1818~1868) : 독일의 풍경화가.

정박소는 영국 마일 수로 도시에서 3마일 떨어진 곳에 있으며 여러 항구를 포함하고 있다. 왜냐하면 각 선박 회사들이 각기 개별적인 항구를 가지고 있기 때문이다. 수많은 범선들이 항구 밖에 닻을 내리고 있으며 많은 작은 섬들로 보호받고 있다. 도시를 구경하고, 뭍에서 하룻밤을 보내려고 마차 한 대를 세냈다. 여행 가운데 나는 네덜란드 청년을 아주 좋아하게 되었다. 그와 나는 나머지 다른 승객들과 헤어져 독일식 호텔인 평화호텔에 숙박했다.

싱가포르는 거의 완전히 중국풍이고 8만 명이나 되는 중국인이 살고 있으며 유럽인 주민은 대략 50명 정도가 되었다. 독일인, 네덜란드인, 프랑스인, 영국인, 포르투갈인 그리고 상당수의 말레시아인들이다. 중국어는 배우기가 어렵기 때문에 싱가포르에서는 말레시아의 링구아프랑카 언어가 사용되고 있다.

이 도시에는 아무것도 특별한 관심거리가 없다. 그리고 그리스 양식으로 지은 교회가 두 군데 있고, 훌륭한 산책길, 그리고 넓고 잘 포장된 거리들이 산뜻한 도시의 모습을 보여준다. 여기서 나는 처음으로 중국 간판을 보게 되었다. 그것은 중국인들이 위에서 아래로 읽기 때문에 문 옆에 세로로 걸려 있었는데, 나로서는 지금까지도 해득할 수 없는 상형 문자로 뒤덮여 있었다. 다음날 아침 10월 16일에 나는 네덜란드 친구와 헤어져 곧바로 오직 영국인들만 타고 있는 배에 올랐다.

싱가포르에서 홍콩으로

이제 우리는 동북 방향으로 홍콩을 향해 항진해 갔다. 오랫동안 작은 섬들 사이를 지나게 되었는데, 이따금 해적질을 하는 그 섬의 어선들을 볼 수가 있었다. 그들은 얼마 전에도 북독일의 한 상선을 습격하여 재물을 강탈하고, 선장과 조타수를 살해한 뒤 배를 떠났다. 우리로서는 배에 부착된 2문의 대포가 위협을 주기도 했지만 그 외에도 배의 속력이 빠르기 때문에 아무것도 두려울 것이 없었다. 날씨는 그럭저럭 견딜 만했다. 비가 다소 내린 것 말고는 다른 변화가 없었다. 더위는 내내 마찬가지였다.

21일 아침, 우리는 벌써 홍콩의 산봉우리를 알아볼 수 있었다. 홍콩 항구 내에서 몇 차례에 걸쳐 구불구불 돌아 들어간 뒤 12시 정오에 배가 닿았다. 커다란 항구에는 각종 크기의 배들이 가득 차 있었고, 항상 신선한 미풍이 불어왔다. 병원선이 떠 있는가 하면 주위엔 영국 군함들도 정박해 있었다. 영국인들은 이 도시를 빅토리아 시티라고 부른다. 이 도시는 한 폭의 그림과 같은 전경이었는데 도시가 산기슭에 건설되어 있기 때문이었다. 그리고 위로 빅토리아봉의 꼭대기에는 총독 관저가 자리 잡고 있다. 이 섬이 영국령이기 때문이었다.

해안을 따라 넓은 도로가 있고 아름답고 높은 건물들이 밀집해 들어서 있다. 이 건물들은 대부분 상인들의 소유이다. 또 프러시아의 영사관도 이곳에 있다. 이곳 영사는 법학박사 포케(Focke)인데, 참으로 좋은 사람이었다. 그는 그날 오후와 다음날 오전에도 도시의 이곳저곳을 안내해 주었다. 나는 그가 도시의 가장 아름다운 곳들을 구경시켜 준 것에 대해 그에게 감사한다.

도시가 언덕에 자리 잡고 있기 때문에, 주요 거리들이 경사져 있어 더울 때면, 곧 한여름에는 걸어서 다니기가 힘들 것 같았다. 그래서 이곳에서는 모두 두 명의 쿨리가 끌고 가는 가마를 타고 다닌다고 한다. 우리도 가마를 타고 도시 전체를 돌아다녔다. 여러 곳의 영사관 건물을 지났고 도미니크수도원도 가 보았으며 끝으로 잘 가꾸어진 자갈길을 지나 독일인이 운영하는 기아양육원으로 갔다.

이곳에는 45명의 중국 아이들이 수용되어 있는데, 모두가 무정한 부모들이 버린 아이들이었다. 어떤 아이 하나는 정말이지 의부에 의해 목까지 파묻힌 채 발견되었다고 한다. 목사는 독일인이며 우리를 친절하게 맞아 주었다. 우리는 곧 모젤산 포도주를 마시면서 독일의 대학에 대하여 담화를 나누었다. 유감스럽게도 너무나 빨리 날이 어두워져 우리는 돌아와야 했는데 홍콩의 근교에는 강도들이 있어 안전하지 못하기 때문이었다.

중국 사람은 유럽인 모두가 금시계를 가지고 있다고 생각하고 있다. 그래서 그 금시계를 얻고자 살인쯤은 문제로 여기지 않는다. 그러나 영국 정부가 안전을 위해 충분한 신경을 쓰고 있었다. 열 걸음마다 입까지 무장한 경찰관을 만날 수 있었다. 홍콩호텔에서 저녁 식사를 한 뒤에 유쾌한 밤공기 속에 항구에서 가벼운 산책을 했다. 항구 주위에 뻥 둘러 켜져 있는 가스등, 그리고 모든 배의 마스트마다 켜져 있는 신호등, 게다가 주랑 현관이 있는 높은 집들, 이 모든 것들이 이런 계절이면 홍콩에 살도록 유혹한다.

그러나 대부분의 여행자들이 그렇듯이 여름철에 도착한 사람들은 기후를 불평하면서 홍콩을 떠나게 되는 것을 기뻐한다. 다음날 아침 나는 상쾌하게 해수욕을 하고 행복한 계곡이라는 뜻의 해피 밸리를 찾아갔다. 이곳은 이 섬의 최초의 거류지였으며 유일하게 넓은 평야 지대였다. 영국인과 중국인과의 최초의 전투를 기념하는 기념비가 세워져 있었다.

12시에 나는 기선 오타와호에 승선했다. 이 기선은 겨우 200마력에 불과했으나 우리들 11명의 승객들에게는 충분할 만큼 큰 것이었다. 다시 나는 영국인들 틈에 있는 유일한 독일인이 되었다. 우리의 시야에는 계속해서 바위와 푸른 숲으로 이루어진 대륙이 들어왔다. 돛을 단 중국의 정크선과 어선들이 우리를 따라왔다. 우리는 북쪽으로 항해했다. 바다는 거칠어지고 선실 창문이 닫히었다. 추위가 심하게 몰려왔다. 그 뒤로는 여태까지는 너무 덥기만 했던 이불을 덮고 잠을 잤다.

27일 새벽 5시 중국과 일본에 잠시 체류했던 에든버러 공작의 배를 만났다. 바다는 누런색으로 변해 있었다. 우리는 곧 황포강[4]을 거슬러 항진했다. 이 강은 밀물과 썰물의 차이가 몇 마일에 걸쳐 있다. 그러므로 조수에 따라서 선박의 입항이 조정된다. 마침 우리는 썰물 때에 있었으므로 기다려

---

4) 황포강(黃浦江) : 절강성 가흥현의 강 이름.

야만 했다.

그러나 곧 작은 우편선 한 척이 우리를 예인해 주었다. 우편선을 따라 여러 차례 구불구불 돌아 2시간 뒤 상해에 도착했다. 이곳 지대는 도처가 평평했으며 작은 언덕조차 단 한 군데도 볼 수가 없었다. 항구에는 100척 이상의 선박이 정박해 있었고, 해안에는 홍콩과 꼭 같이 멋있는 집들이 들어서 있었다. 이렇게 하여 나는 오래도록 나의 고향이 될 존엄한 중국 땅에 처음으로 발을 들여놓게 되었다.

2. 상해 시절

“상해에서 내가 처음으로 간 곳은 물론 해관이었다. 해관은 이 유럽식 도시에서 유일한 중국식 건물이었다. 나는 서류를 제출하자 곧 하천국의 업무에 배정되었으나 11월 1일까지 휴가를 받았다. 상해시는 네 개의 서로 다른 도시와 서로 다른 정부의 거류지로 이루어져 있다. 곧 중국, 프랑스, 영국, 그리고 미국의 도시들이다. 나머지 국가들은 세 군데 유럽 구역에 나뉘어 정주하고 있다. 특히 독일인은 영국 구역에 살고 있다. 각 정부는 각기 특별 정부 청사와 경찰 등을 두고 있다.

내가 거주하는 집은 영국 구역 내 북경로에 있는데, 정원이 있는 크고 훌륭한 건물이다. 해관에 근무하는 유럽 관리들은 모두 이 구역에 있는 세 채의 각기 다른 집에서 거주하고 있다. 우리는 모두 17명인데 노르웨이인이 세 명, 러시아인이 두 명, 프랑스인 한 명, 영국인 열 명, 그리고 유일한 독일인으로 내가 있다. 나는 충심으로 영접을 받았다고 생각한다. 그들은 모두 내가 가구를 구입하거나 방을 꾸미는 일에 도와주려고 서둘렀다. 나는 시중드는 사환을 한 명 두게 되었는데, 그는 20세가량 된 친절한 친구였다. 또 거친 일을 위해서 쿨리도 한 사람 두었다.

상해는 모든 것이 놀라울 정도로 우아한데 그와 상응해서 값도 비싸다. 아침 식사와 새참, 그리고 점심으로 나는 월 42달러를 지불하고, 사환에게 10달러, 쿨리에게 4달러, 매일같이 중국어를 가르쳐 주러 오는 선생에게

10달러의 경비가 드는데, 모두에게 아주 충분한 봉급이다. 우리의 근무 시간은 오전 10시부터 오후 4시까지이다. 1시에 사환이 점심(새참)을 가져온다. 4시에 나는 이미 사귀어서 알게 2~3명의 독일인을 방문한다. 그러고 나서 중국어를 배운다.

7시에 점심을 먹는다. 모두가 자기 사환을 웨이터로 쓰고 있다. 그러고 나서 일을 하고 담배를 피우거나 혹은 집에서 영어를 말해 보거나 한다. 여기서는 사람들이 입을 것을 매우 든든하게 하고 산다. 왜냐하면 설령 기후가 좋을 때라 할지라도 그와 같은 조심이 요구되기 때문이다. 이곳은 지금 우리 고향과 같이 날씨가 아주 춥다. 그런데 특히 영국식 벽난로로는 겨우 방 하나를 따뜻하게 하는 것도 어렵기 때문에 따뜻하게 살려면 충분히 난방을 하지 않으면 안 된다.

상해는 동아시아의 가장 중요한 상업 도시이다. 이곳에는 4천명 이상의 유럽인들이 살고 있는데, 여러 외국인 거주지에 거주하고 있는 8만 명의 중국인들 사이에서 화려한 집들을 지니고 있다. 상해는 황포강 강변에 위치하고 있으며, 강에는 항상 모든 국가들의 강력한 기선과 몇 백 척의 범선이 떠 있다."

상해에서 머문 기간은 너무 짧았다. 이미 1862년 12월 14일, 나의 남편은 양자강 강변에 있는 큰 차(茶) 무역지인, 한구로 전속되었다. 남편은 이곳에 12월 19일에 도착했다. 여기서 그는 전심전력으로 중국어를 공부했다. 그는 도착한 뒤 곧 공부를 시작했는데, 선생으로서는 호북 사람인 당 선생이라는 학식이 많은 중국인을 고용했다. 남편은 특히 언어 연구를 매우 진지하게 여겼으며 그는 사람이 어떤 문자로 책을 썼을 때에야 그 언어를 통달한 것이라고 비로소 말할 수 있다고 생각했다.

그는 3년 근무가 지난 뒤에야 비로소 필요하게 되었던 중국어 시험을 이미 2년 만에 훌륭히 합격했다. 공부하는 사람들 모두의 야망은 북경이 목표였다. 그러나 남편은 중국어에 그만큼 진척이 이루어져 있었기 때문에 무렵 그의 상관이었던 드류의 권유로 한구에 머물러 있어야만 했으며 북경으로 가지는 않았다. 그는 여기서 처음으로 근면과 유능함 그리고 비범한 업적이 종종 보답을 받지 못할 뿐만 아니라, 오히려 냉대를 받게 된다는 것을 경험했다. 그러나 그 경험은 유감스럽게도 끝나지 않았다.

1871년 4월, 그는 구강[1]으로 전근되었다. 구강은 양자강 계곡의 장려한 지방에 위치하고 있으며, 이곳의 가장 아름다운 지역에는 불교 성직자들이 사원을 지어 놓았다. 거기서 그는 3년간 재직하면서 그 동안 중국어 연구를 열심히 계속했다. 그리고 여기에서 영국인 로바트 씨(Mr. Lovatt)를 알게 되었는데, 그와는 장차 남편의 생활에서 극히 밀접한 친분을 맺게 되었다. 또 남편은 그곳에 있는 동안에 한 작은 예배당에서 오르간을 연주했는데, 본래의 오르간 연주자가 휴가로 여행을 나가 있었기 때문에, 그를 대신해 준 것이다.

이 시절에 그는 인생에서 가장 큰 고통을 겪게 되었다. 그것은 1872년 2월 14일 그의 어머니의 별세였다. 그는 어머니를 위해 헌신적인 사랑으로 온 마음을 쏟아 왔었다. 몇 년 동안 그는 아픔을 극복할 수 없었다. 다음해는 그의 동생 오토(Otto Franz von Moellenorff)가 통역관 훈련생으로서 중국에 와서 북쪽으로 떠나기 전에 형을 찾아왔다. 큰 기쁨에도 불구하고 비애에 찬 만남이었다. 5년 동안이나 남편은 독일어를 한마디도 하지 못했다. 왜냐하면 그때는 그곳에 단 한 명의 독일인도 없었기 때문이었다.

독일 영사관에는 번역관이 없었으며 남편 또한 당시의 사무에 행복감을 느끼지 못했다. 왜냐하면 무미건조한 사무직 일은 정신적인 창조를 갈망하는 그의 정신을 계속해서 만족시켜 줄 수가 없었기 때문이었다. 그래서 오토와 당시의 대리 대사인 폰 홀레벤 각하[2]가 상의한 뒤에 남편은 다시 자신

---

1) 구강(九江) : 강서성에 있는 강의 이름.

2) 홀레벤(Theodor von Holleben : 1840~1913) : 독일 슈테틴 출신. 하이델베르크대학, 베

의 원래의 계획을 선택하여 기쁜 마음으로 영사관 근무에 발을 들여놓았다. 왜냐하면 중국어에 대한 그의 충분한 지식과 독일 정부에게는 한 푼의 비용도 들게 하지 않고 이루었던 그간의 교육을 고려하여 몇 년 내로 그에게 영사직의 전망이 보였기 때문이었다.

그 뒤 1874년 5월, 남편은 해관총세무사에게 사직원을 제출하여 수락되었다. 그러나 그는 남편을 장래가 약속된 인물로 보았다. 남편의 능력, 성품, 일, 그리고 의무 수행 태도 등은 언제나 완전한 만족을 주었다고 생각했다. 그는 작별의 편지에서 그러한 장래가 촉망되는 관리를 잃는다는 것은 유감스러운 일이라고 진술한 바 있다.

1874년 7월 1일, 남편은 구강을 떠나 10일 뒤에 북경에 도착했다. 그러나 그곳에 오랫동안 체류할 것을 기대했던 그의 희망은 실현되지 않았다. 공사관 통역관 아렌트[3]가 휴가를 떠날 계획이어서 그가 아렌트의 후임자로 선임될 수 있었으나 그 사이에 아렌트는 결심을 바꾸어 북경에 주저앉았기 때문이었다.

이제 남편은 광동으로 가게 되었고, 거기서 영사 뤼데르[4] 밑에서 1년간 일했다. 남편은 휴가 청구권 및 연금 청구권에 관련하여 해관직에서 보낸 5년 동안을 본국 정부가 계산에 넣어 주기를 바랐다. 그러나 베를린의 외무

를린대학, 괴팅겐대학에서 법학 · 역사학 · 경제학 · 자연과학을 전공. 법학박사. 군 복무(1870~1871)를 마치고, 외무성에 들어가 북경(1872~1874), 에도(1874, 1889), 아르헨티나(1875~1876), 우루과이(1875), 워싱턴(1891~1892)에서 근무하고 주미 대사(1897~1903)를 끝으로 외교계에서 은퇴. 학위(1895)를 받고 귀족원 종신의원(1906~1913)이 됨.

3) 아렌트(Herman J. E. Arendt : 1838~?) : 베를린 출생. 문헌 · 언어학을 전공한 뒤 북경 주재 영어 통역원(1865~1866), 천진(1866~1868, 1869~1874), 북경(1868~1869, 1874~1880) 등지에서 통역관 · 영사 대리 등을 역임하고 귀국(1881). 베를린대학 동양학연구소에서 중국어 교수(1887~1888)를 역임. 『중국의 가족과 가정생활』을 씀.

4) 뤼데르(Konrad F. Lüder : 1840~1892) : 하이델베르크대학 · 베를린대학 · 괴팅겐대학 · 로스토크대학에서 법률학을 전공. 사법관 시험에 합격(1864)한 뒤 알렉산드리아(1868~1871), 상해(1871~1877), 외무성(1877), 상해(1877~1879), 콜롬비아(1879~1880), 보고타(1880)에서 외교관으로 근무함.

성을 향한 이와 관련된 그의 청원은 공사에 의해 추천되지 않았다. 남편은 일기에 다음과 같이 적고 있다.

> "광동은 아주 유명한 항구이다. 유럽인은 이곳에서 이미 300년 동안이나 상업을 해 왔다. 단단한 성벽들로 둘러싸여 있으며, 주천 강변에 위치한 거대한 도시로서 바다에서는 2~3시간의 거리에 있다. 도시 곁에 하나의 점과 같은 유럽인의 거주지가 있다. 그곳은 강변의 한 섬 위에 있으며, 약 200명의 외국인들에게 거주를 제공해 주고 있다. 이곳에서는 중국인은 한 사람도 살 수 없도록 되어 있기 때문에 마치 하나의 작은 유럽의 도시에 살고 있는 것 같으며, 그래서 서로 많은 사람과 교제하면서 공존하고 있다. 약 30명의 독일인이 그들의 가족과 함께 이곳에 살고 있는데, 물론 그들 간에는 주된 교분이 형성되어 있다.
>
> 영사관은 아름다운 정원 속에 멋있게 자리 잡고 있다. 창문 앞, 중국인의 정크선이 떠다니는 강물은 생동감이 있다. 빙 둘러 베란다가 있는 집은 아주 크며, 방들은 두 가족이 살기에도 충분하다. 이곳에서 나는 1년간 메클렌부르크주 출신의 영사 뤼데르와 함께 살았는데 지금 상해에서 다시 그와 함께 있다. 광동에서 약 8시간의 거리에 홍콩이 있다. 홍콩은 영국의 점령지인데 1842년 중국인들이 양도해야 했던 매우 아름답고 큰 도시이다. 그 곳은 중국의 해안에 있는 것이 아니라 마치 유럽 중심에 있는 것 같이 보인다. 그러나 기후는 눅눅하고 몹시 덥다."

6주간 사두[5]에 체류해야 하기 때문에, 대단히 매력적인 광동 체류를 잠시 중단해야 했다. 사두는 홍콩에서 하루 반 동안 가야 하는 거리에 있으며, 중국의 동남 방향의 한 구석에 위치하고 있다. 그는 업무상 중요한 일 때문에 그곳에 가게 되었던 것이다. 돛이 셋 달린 독일 범선인 비스마르크호가

---

5) 사두(沙頭) : 광동성 상해 부근에 있는 도시.

이홍장

약탈당한 사건이 일어나자 남편이 그 사건이 조사를 맡았다. 그의 일기에 따르면, 그곳에서 보낸 6주간이 그가 중국에서 그때까지 지내 왔던 기간 가운데 가장 유쾌했던 때였다고 한다.

이듬해인 1875년 여름, 남편은 관청의 주요 업무 차 마카오로 파견되었다. 마카오는 광동에서 7시간 거리에 위치한 옛 포르투갈인 거류지이며 더운 여름 동안에는 많은 사람들에게 휴양지로 제공되고 있는 아름다운 곳이다. 일기에 씌어 있는 대로 보면 "멀리 북쪽으로는 하문이 있으며, 더 위로는 복주와 영파가 위치하고 있다. 특히 하문은 매우 경치가 아름답고 쾌적한 곳에 자리 잡고 있으며, 독일 영사관은 바닷가에 극히 낭만적으로 자리 잡고 있었다."

그러나 1875년 11월 남편은 북경으로 전근되었다. 거기에서 그는 그해 겨울을 지내면서 독일의 상법을 중국어로 번역했는데 그것은 대단히 가치 있는 일이었다. 왜냐하면 중국인과 독일인 사이에 다툼이 있을 경우 유럽인들의 치외법권에 관해서는 독일 법률에 대한 지식이 필요불가결했기 때문이었다. 그러나 북경에서 머문 기간은 매우 짧았다. 왜냐하면 그가 1876년 1월 정식 통역관으로 임명을 받자마자 그 달 안으로 천진으로 전근되었기 때문이었다.

천진에서 그는 비스마르크 영사 밑에서 아주 편하게 지낼 수 있었으며 행복감을 느꼈다. 천진은 그가 매우 사랑하는 항구 가운데 하나였다. 그곳은 비록 한 군데도 경관 좋은 곳은 없으나 건강에는 좋은 곳이었다. 왜냐하면 백하 부근의 전 지역은 황량한 인상을 주었으며 전체가 평야 지대인 이곳에는 도처에 흙으로 지어진 가난한 주민들의 오두막집들만이 보일 뿐이었기 때문이다. 백하는 심하게 굴곡을 이루면서 육지를 흘러 나가 강의 어귀에 해당하는 대고에 이른다.

강변은 헐벗고 진흙투성이며, 여름철의 수수를 제외하고는 어디에도 푸른 것이라곤 아무것도 볼 수 없었다. 강은 12월에 결빙되어 3월 중순까지

당소의

계속된다. 그 기간에 기선 교통은 완전히 중단된다. 그러나 기후는 건조하고 지내기에 좋다. 영사관도 대단히 멋있고 지낼 만하다. 그 시절에는 편안한 교제를 하기에 아주 적당한 수만큼의 유럽인들이 살고 있었다.

그러나 그는 여기서도 안정되지 않았다. 얼마만큼 정리가 되어 익숙해질

조영하

만하니까, 두 달 반이 지난 3월 11일, 그는 다시 상해로 소환되었다. 정신병에 걸려 있어 유럽으로 돌아갈 상해의 통역관 힘리(Himly)를 대신하기 위해서였다. 일기에 그는 다음과 같이 쓰고 있다.

"영사관은 황포강 근처에 자리 잡고 있다. 강에서 항상 거대한 기선들이나 몇 백 척의 범선들이 정박해 있는데, 그 배들 가운데는 독일 국기가 영국 국기 다음으로 두 번째의 자리의 달려 있는 것들도 있었다. 거리는 넓고 잘 가꾸어져 있다. 대부분의 사람들은 마차나 말을 타고 다니며 어디에든 남자가 끄는 손수레가 있어 항상 신속한 교통이 유지되고 있다.

독일인들은 연극 및 독서회를 하나 가지고 있다. 10가지의 강연을 하나의 주기로 행해지게 되어 있는데, 나는 3일 동안 저녁에 연설을 하기로 약속했다. 첫 번째 강연으로서 "중국의 풍속과 습관"이라는 주제를 택했다. 왜냐하면 비록 사람들이 매일 같이 주변에서 중국인들을 보고는 있지만, 실제로는 그 중국이란 나라와 그 국민들에 대해서 제대로 잘 알고 있지는 못하기 때문이다. 나는 거기서 어느 중국인 가족의 생활을 묘사할 것이며 여러 가지의 풍속과 습관을 순차적으로 말할 생각이다.

6주가 지나서 순번이 돌아오는 두 번째 강연회에서는 만주 민족의 역사를 선택했다. 이것은 만주의 언어와 문학에 관한 나의 연구의 입문서로서 여하튼 완성해야만 할 작업이었다. 만주족은 모든 점에서 동아시아에서 가장 관심이 가는 민족 가운데 하나로서, 일찍이 소규모의 수렵민 집단이었다. 그들은 중국의 동북쪽에, 그리고 아무르강의 남쪽에 위치하고 있으면서 중국과는 늘 반목하는 가운데 살아 왔다. 그들은 11세기와 12세기에 중국의 북방에서 작은 왕실의 기반을 닦았으나, 몽고족에 의해 다시 곧 쫓겨났다. 1644년 그들은 내란을 이용하는 데 성공했으며, 만주인이 중국의 황제에 즉위했다. 그의 후예들은 왕위를 계속 고수해야 한다고 이해했고, 그때부터 중국인들은 변발을 하게 되었다."

여러 차례에 걸친 거주지의 이전, 그리고 그에 따라 일어나는 불안정에도 불구하고 이렇게 살던 몇 년 동안 남편은 직업적인 활동과 더불어 쉼 없이 학문적인 연구에 몰두했다. 그 대상은 중국의 언어, 역사, 법률, 그리고 철학에 관한 것들이었다. 이때 그의 처녀작이 출판되었다. 그것은 그때까지 중국에 관해 출판된 저술과 논문을 총괄해 정리해 놓은 『중국도서목록편람』이었다. 그의 동생, 오토가 중국에 도착한 이래 그를 도와 왔으므로 그는 동생의 이름을 표제에 함께 실었다.

또한 『만주어 문법』, 『만주어 명문선』, 중국 철학에 관한 논문집, 그리고 중국의 주요 철학자들에 대한 번역서들의 원고도 인쇄 준비가 다 되어 있었다. 혁혁한 광채를 받으며 그는 정신적 · 문화적인 것에 관하여 모든 관심을 나타내면서 중국 생활에 숙달하고자 지칠 줄 모르고 노력했다. 그리하여 곧 동아시아에서 가장 뛰어난 중국 전문가 가운데 한 사람이 되었다.

남편은 꼭 한번 독일의 고향 땅을 다시 보았는데, 1877년 우리가 결혼하던 때였다. 그는 6개월간의 휴가를 받았다. 여행만 하는 데도 3개월 이상 걸렸기 때문에 독일에는 겨우 9주 동안 머물렀다. 10월 8일에 우리는 상해에 있는 그의 직장으로 돌아왔다. 유감스럽게도 직장 생활에는 많은 실망이 있었다.

베를린의 사람들이 그가 영사직을 맡게 될 것이라고 기대했던 희망은 좌절되고 말았다. 그와는 달리 상해영사관은 총영사관이 되고, 영사는 총영사가 되는 한편 영사들 가운데서 수석 영사가 되었다. 비록 남편이 이미 몇 차례에 걸쳐 독자적으로 대리자로서 영사관을 주재했고 또 성공적으로 관리해 왔음에도 불구하고, 중국에 대해서 아무것도 모르는 한 젊은 관리가 1878년, 부영사로 상해에 부임했다. 남편은 자신에게 약속되었던 승진을 받기는 고사하고 두 번째 위치에서 세 번째 위치로 강등되었다.

마침내, 1879년 8월, 남편은 천진의 대리 영사로 임명되었다. 우리는 기쁘게 여장을 갖추었다. 그러나 우리가 바야흐로 상해를 떠나려고 할 즈음,

그만 남편의 후임자인 B 씨가 병에 걸렸다. 그는 하문에서 왔는데, 곧 바로 유럽으로 돌아가야만 했다. 우리는 달리 어쩔 도리가 없었으므로 상해에서 다시 살림을 차렸다.

그러다가 9월 초에 천진의 대리 영사로 다시 임명되었다. 그때 남편은 통역관이나 비서를 받지 못했다. 뿐만 아니라 휴가 중이었던 공사관 통역관 아렌트(H. J. E. Arendt)를 위해 1년간이나 북경에서 대리 업무를 봐줘야만 했었다. 그렇기 때문에 공관 업무는 특히 어려운 과제였다. 왜냐하면 천진에서 많은 업무를 처리하는 것도 문제일 뿐만 아니라 북경과 천진을 늘 오고 가야 하는 것도 문제이기 때문이었다. 그 당시에는 낮고 작은 배를 타고 백하로 가거나 아니면 깃털이 없는 노새가 끄는 이축마차를 타고 육로로 가야 했는데 이런 여행은 전혀 쾌적한 것이 아니었다.

천진에 있던 시절, 남편은 장차 그의 인생행로에 결정적으로 밀접한 관계를 맺게 되는 직예 총독 이홍장을 만나게 되었다. 그와의 우정은 매우 특이한 사정에서 시작되었다. 총독은 그때까지 독일이나 독일인에 대해 전혀 관심을 두지 않고 있었다. 그러므로 독일 영사에게 답례 방문하는 것을 결코 필요한 일로 생각지 않았다. 묄렌도르프도 마찬가지로 답례를 받지 못했다.

그래서 남편은 얼마 뒤에 북경 주재 공사에게 이런 경우 자기가 어떻게 태도를 취해야 하는지 문의해 보았다. 공사는, 남편이 예전에 해관 관리의 신분으로서, 총독의 방문을 기대할 수 없을 것이라고 대답했다. 그러나 남편은 본국의 대표자로서 총독과 대등한 자세 취하면서, 자신의 직위와 본국의 위신에 대해 다른 견해를 가지고 있었다. 그는 총독에게 만일 답례를 받지 못한다면 북경의 총리아문에 조회할 것이며 또 그렇게 할 수밖에 없다고 통지했다.

다음날 아침 이홍장은 그의 명함과 함께 방문을 알려 왔다. 그러나 남편은 관례에 따라서 그를 마중 나가지 않고 그의 집 테라스 위에 선 채로 그를 맞이했다. 그리고는 그를 자기의 서재로 인도하고 총독이 자리에 앉은 뒤에 다시 책상으로 가 앉았다. 이홍장이 물었다.

"무슨 일로 그렇게 바쁘시오?"

그 말에 남편은 이렇게 대답했다.

"예의범절에 관한 저술을 집필하고 있는 중인데, 그러한 예의 범절이 너무 잘 알려지지 않았기 때문입니다."

그러자 이홍장은 벌떡 일어나 남편에게로 급히 달려가더니 그의 어깨를 두드리면서 감격하여 외쳤다.

"우리는 분명히 친구가 될 수 있을 것이오."

이 시간부터 더 이상 의례적인 왕래가 아니라 진정으로 우정에서 우러난 교제가 시작되었다.

1880년 3월 22일, 황제 빌헬름 1세(Wilhelm I)의 생일 축하식이 있던 날 남편은 자신의 대담성을 통하여 얻은 그 새 친구를 초대했다. 그것은 총독이 유럽식 만찬에 참석하게 된 최초의 일이었다. 총독과의 우정과, 이제는 총독의 집에서 누릴 수 있는 특별한 호의 덕분에, 남편은 독일의 물질적 관심에 긴요히 소용되는 인물이 되었다. 묄렌도르프의 공로는, 1880년 봄, 중국에 와 있던 크루프상사[6]의 대리인 멘즈하우젠(Menshausen) 씨와 중국과의 계약을 체결시킨 일이다. 그것은 중국이 크루프회사 제품 이외의 다른 어떤 무기도 북중국의 군대에 공급하지 않겠다는 내용이었다.

또한 중국이 최초로 독일 군함을 슈테텐 시에 있는 불칸사에 주문한 일도 남편이 주선했다. 크루프(Alfred Krupp)는 그의 대리인이 중국에서 성공을 거둔 것에 대해 대단히 기뻐한 나머지 몇 차례에 전보를 보내 남편에게 대리점을 제공하겠다고 거듭 제안해 왔다. 이러한 금전상으로 매우 훌륭한 제안이 양심적인 남편을 어렵고도 내면적인 갈등 속에 빠지게 했다.

그는 마땅히 그러한 제안을 받아들여야 했는가? 또 받아들여도 좋았는

6) 크루프회사(Krupp Co.) : 독일의 병기제강 업자인 크루프(F. A. Krupp : 1812~1887)가 에센 지방에 창설한 중포화 공장.

가? 아니면 거절해야 했는가? 그리고 거절해도 좋았는가? 그가 제안을 받아들였다면 중국인에게 미치는 그의 영향력에도 불구하고 빈약하기만 한 상인 경험을 가지고 과연 그러한 직업에 적합했겠는가? 단일하게 유리한 점으로서 그는 중국인들에 대해 가지고 있는 영향력만을 믿었다. 더욱이 영사직에 대한 전망이 그에게 손짓하고 있었다. 그의 갈등은 매우 심각했다. 한 일기 구절에 이 갈등이 다시 나타나 있다.

> "내가 공직에 계속 남아 있을 수 있다면 기쁘겠다. 하지만 그 일이 그렇게 되지 않을 것 같아 두렵다. 내가 크루프상사에서 정말 성공할 수 있을지, 그리고 내가 과연 그러한 상인의 일에 적합한 것인지 이런 것들에 대한 의심이 가장 나를 괴롭힌다. 나의 천성으로는 그것이 맞지 않는다. 그리고 내가 마음을 다해 돈을 벌어들인다는 것에 대해 이토록 까닭 없이 꺼려하는 마음을 극복할 수 있을는지 알 수가 없다. 그것이 정말 의심스럽다."

그는 크루프의 제안을 거절했다. 그러나 공직 생활은 그에게 실망과 괴로움을 줄 뿐이었다.

이홍장이 중국 공사 이봉포[7]를 통해 묄렌도르프를 천진에서 정치적으로 중요한 직위에 임명해 주도록 베를린의 외무성에 요청했음에도 불구하고, 1881년 11월, 예전에 페테르부르크 주재 독일 부영사였던 P 씨가 천진의 영사로 임명되었다. 그는 이미 11월에 천진에 왔으며 곧 통역사와 비서를 받았다. 이제 상해로 돌아가 거기서 나이가 훨씬 아래인 후배 밑에서 일을 해야만 한다는 것이 남편에게는 무척 괴로운 일이었다.

단지 가족을 돌봐야 하기 때문에 그는 시키는 대로 따를 것을 결심했다.

---

7) 이봉포(李鳳苞) : 숭명 출신. 자(字)는 단암. 광서 연간에 후선도가 되어 각국을 돌아다니며 문예와 병법을 공부했고, 이 무렵에는 주독일 대사로 있었다. 저술로는 『사덕일기』가 있음.

그리하여 그는 굴욕으로 느꼈고 또 느낄 수밖에 없었던 일을 받아들였다. 2년 동안이나, 성공적이었을 뿐만 아니라 괴롭기 짝이 없던 공관 업무를 처리한 뒤라 완전히 그럴 자격이 있었으므로 그는 휴가 청원서를 제출했다. 그러나 오직 황실 공사 혼자만이 휴가 청원서의 발송을 거절했으며 1882년 봄에나 휴가를 추천해 주겠다고 약속했다.

우리는 12월에 천진을 떠났다. 우리는 기선이 대고의 사주에서 2~3일간 얼음에 갇혀 있던 탓에 크리스마스 직전에야 상해에 도착했다. 공사가 봄에 휴가 청원을 주선해 주겠다고 약속했으므로, 우리는 관사로 들어가지 않고 아스토르 하우제 호텔에 머물기로 했다. 2월에 남편은 다시 휴가 청원서를 냈고 전신으로 수락해 줄 것을 요청했다. 그는 이번 휴가에 큰 기대를 걸고 있었다. 왜냐하면 베를린의 외무성에서 그간에 개인적으로 많은 성공을 거둔 자신의 일을 주장할 수 있기를 기대했기 때문이었다.

그러나 상해의 수석 영사는 휴가 청원에 대해 첨서에서, 자기는 대리자를 구할 수 없으며 이런 이유에서 공사가 북경에서 대리자를 보내 줄 수 있다면 청원 허락을 재량에 맡기겠다고 대답했다. 그런 이유에서 청원서는 북경을 경유해야만 했었다. 그러나 휴가 청원은 수락되지 않았다. 왜냐하면 공사가 어떤 대리자도 주선할 수 없다고 고집했기 때문이었다.

남편에겐 어려운 결심이 무르익고 있었다. 그가 공직에 몸담은 이래 몇 해 동안에 닦아 온 교육은 국가에 한 푼의 비용도 들게 하지 않았다. 그는 어디에서든지 최선을 다해 성심성의껏 그의 업무를 이행했으며 자신의 중국인들과의 친분을 이용하여 조국이 많은 분야에서 이익을 얻게 했다. 꼭 한 가지에서 그는 가치를 인정받았다. 그것은 리바디아조약[8]을 중국어로 번역한 일이었다. 그 외에는 여러 모로 냉대와 방해를 받았을 뿐이었다. 그

---

8) 리바디아조약(Livadiavertrag) : 1879년, 러시아의 기어스(N. Giers)와 청국의 숭후 사이에 체결된 영토 조정에 관한 조약. 이때 숭후는 외교 수완의 미숙으로 말미암아 많은 것을 잃었다.

는 자기보다 앞서 공직에서 요직에 오른 많은 인물들이 겪어야 했던 그러한 경험을 겪었다.

곧 근본적으로 우호적이고 뱃심 좋은 천성만이 천재적이며 탁월한 부하들을 견뎌낼 수도 있고, 소중히 여기며 발전해 나가도록 격려해 줄 수도 있다는 사실과 함께 자기 스스로는 철저하게 정직할 뿐만 아니라 자신에 일에 충실하게 몰두하는 성품만이 동료들을 또한 견뎌내고 소중히 여기며 격려해 줄 수 있으며, 어떠한 것도 개인적인 것을 위할 것이 아니라 정당하다고 인정되는 일에서는 상호간의 타협할 수 있어야 한다는 사실이 들어났다. 그래서 남편은 공직에서 자신의 능력과 업적에 상응하는 출세에 대한 기대는 전혀 걸어 볼 수 없다고 생각했다.

묄렌도르프가 천진의 영사직에 등용되도록 이홍장이 부탁한 일이 참작되지 않은 뒤에 중국인들은 거듭해서 그에게 중국 공직에 들어오도록 종용했다. 남편은 늘 이 요청을 거절했다. 이제 그는 이 요청을 기억하고는 고통스럽기는 하지만, 독일제국의 공직을 그만 두기로 결심했다.

짧은 휴가를 얻어 그는 1882 년 5월 9일 천진으로 향했다. 질풍같이 건너가 13일 저녁에 천진에 도착하자, 중국인들이 반갑게 맞아 주었다. 중국인 도시에 살고 있는 도대[9]가 그를 곧 만나 보기를 원하여 그날 저녁에 남편과 만나기로 약속했다. 다음날 5시에야 그는 집에 왔다가 11시에 다시 도대에게로 가야만 했는데 리항황과 나풍록[10]과 함께 하는 그곳의 만찬에서 그의 임용이 결정되었다. 새벽 2시 반, 그는 배를 타고 5월 19일, 상해에 도착했으며, 이어서 독일 공직의 사직원을 제출했다. 이러한 결심을 하는데 그가 치렀던 고통을 그의 일기에 쓰인 괴로운 말들이 증명하고 있다.

---

9) 도대(道臺) : 한 도(道)의 장관의 별칭.

10) 나풍록(羅豊祿) : 복주 출신. 복주병창학교를 졸업하고 이홍장의 비서로 있었음. 그 뒤 영국 · 이탈리아 영사로 활약함.

"중국인들에게서 돈을 버는 것은 물론 불행한 일은 아니다. 그러나 나는 괴롭고 기가 꺾인 느낌을 떨쳐 버릴 수가 없다. 전심전력을 다해 일해 왔으며 기회가 있을 때마다 많은 일을 했다고 자신에게 말해 볼지라도 대체 그것이 이제 무슨 소용이 있단 말인가! 본국 외무성 사람들의 눈에는 내가 다른 상황 아래서도 결코 아무것도 해내지 못할 것으로 보일 것이다."

독일의 공직을 퇴직하고 나서도 많은 어려움이 뒤따랐으며 중국의 공직에 취임하는 그 시간까지 화나는 일은 한두 가지가 아니었다. 우선 남편은 그사이 상해에 와 있었던 폰 브란트[11] 씨에게 전신을 통해 자신의 공직 사임을 해결해 줄 것을 요구했다. 그러나 그 공사는 그 신청을 타전하기를 거절했다. 그러나 남편은 극도로 흥분하여, 끈질기게 요구하면서 이렇게 설명했다.

"자신의 모든 기회가 거절되었기 때문에 이제 자신에게는 어떻게든 프로이센 명예법전이 공무원에게 의무를 지우고 있는 일 말고는 달리 어떤 것도 할 일이 없다. 자신의 월급이 개선되거나 승진하는 데 어떤 전망도 보이지 않으므로 공직을 사퇴 할 수밖에 없다."

폰 브란트가 10월 전에는 대리인을 주선할 수 없다고 본국 외무성에 주장했으므로 사임은 그때가 되어서야 비로소 재가를 받았다. 오스트리아의 영사 폰 하아스 씨가 상례대로 무보수로 대리 일을 맡아 줌으로써 남편은 겨우 7월에 자유를 얻게 되었는데 그때까지 중국인들은 그를 기다리고 있었다. 그러나 사람들이 퇴직자에게 준 어려움은 그것으로써 끝난 것은 아니었다.

11) 브란트(Max von Brandt : 1835~?) : 독일의 외교관. 1860년 일본 에도에 부임하여 초대 일본 영사(1862), 대리 공사(1867), 총영사(1868)를 지내면서 일독조약을 개정했고, 전권공사(1872)를 지낸 뒤 주청공사(1875~1893)로 활약했다.

그러는 사이에 천진의 도대인 주복[12]이 7월 초 천진에서 남편은 기다리겠다고 전보를 보내 왔다. 우리는 상해에서 폰 K 씨와 작별한 뒤, 7월 6일 해안호에 올랐다. 당시 선장은 앤드류였다. 멋진 여행을 한 뒤에 7월 10일, 천진에 도착했다. 우리는 곧 집을 한 채 빌려 살림을 차렸다. 총독의 비서인 나풍록은 남편에게 성실히 마음을 써 주고 있었는데 그가 도대 주복에게 우리의 도착을 전했다. 그러나 주복은 남편에게 우선 살림을 정돈하여 충분히 휴식을 취하면서 12일에 만나자고 했다. 그날 저녁을 우리는 무렵 천진에 있었던 우리의 충실한 친구 로바트와 함께 보냈다.

12일에 남편은 주복을 방문했다. 주복은 매우 기쁘게 그를 맞았다. 그리고 이홍장도 역시 남편이 공직을 얻게 된 것을 매우 기뻐하고 있다고 말했다. 그는 또 남편이 나풍록이나 마건상[13]과 같은 수준에서 총독의 비서관과 같은 지위에 있게 될 것이라고 말했다. 총독은 지금 여행 중이며 그 때문에 아직은 할 일이 거의 없었다. 그러나 이미 총독은 묄렌도르프를 조선에 보내겠다고 말했었다. 도대는 그것에 동의하지 않았는데, 그것은 남편이 자신의 고문이 되어 주기를 바랐기 때문이다.

남편은 옆문으로 들어갔다. 그러나 남편이 하직할 때, 도대는 그에게 정문으로 출입할 것을 강권했다. 도대는 즉시 남편을 답방했다. 방문할 때는 마침 도대의 서기 당소의[14]가 함께 있었다. 그때 곤란한 문제가 생겼다. 도

12) 주복(周馥 : ?~1921) : 안휘성 출신. 자(字)는 옥산. 일찍이 이홍장의 막료로 들어가 해양 업무에 진출하여 직예포정사, 산동 순무, 양강 총독을 역임함.

13) 마건상(馬建常 : ?~?) : 중국 청나라 말기의 문관. 마건충의 형으로 영국, 프랑스, 독일 유학을 한 지식인이었다. 1882년 정부기구가 개편된 후 이홍장의 추천으로 조선에 와 내무아문의 후신인 통리군국사무아문의 참의가 되고, 뒤에 참찬에 승진하여 나라의 기무와 권리를 장악하고 내정을 간섭하였다.

14) 당소의(唐紹儀 : 1860~1930) : 광동성 중산 출신. 자(字)는 소천. 어릴 때 미국으로 건너가 예일대학을 졸업하고 귀국하여 천진해관장, 영국 대사, 외무부 우시랑, 호녕철도대신, 우전부 좌시랑, 봉천 순무, 우전부 상서, 신해혁명 남북 회담의 북방 정권 대표를 지냈고, 중화민국 수립 뒤에는 국무총리, 재무총장을 지냄. 일본군이 친일파 조직을 권유하자 이를 거절하다가 척살됨.

대의 가마가 거리에 멈춰 서 있어야만 했던 것이다. 왜냐하면 대문 바로 앞에, 더구나 그 한가운데에 커다란 나무가 있었기 때문에 그는 똑바로 집안으로 들어올 수 없었던 것이다. 중국인들은 그것을 흉조라고 여겼다. 그래서 남편은 얼마 뒤에 대문을 옮겨 버렸다.

이제 남편은 조선에서 직접 문서들을 작성할 수 있도록 하고자 조선어 공부에 몰두했다. 이때 독일 외무성에서 전신료로 400마르크 이상을, 그리고 가구집물비와 여행 경비로 2,100마르크를 상환하라고 요구해 왔다. 그것은 독일 공사가 남편에게 북경에 있는 중국의 외무성인 총리아문에 보내 온 서한의 내용을 나풍록이 알려 주었을 때보다 훨씬 많은 액수였다. 그 서한에서 공사는 묄렌도르프가 중국의 공직에 들어가게 된 것을 항의했다니 어처구니가 없었다. 총리아문은 공사의 조치에 대해 단지 사적으로만 도대에게 보고했다. 남편 자신의 보고를 그의 일기에서 보면 다음과 같다.

> "나는 분노 때문에 밤에 잠을 이룰 수가 없었다. 오늘 도대가 보내어 전신부장 왕용호가 왔다. 그는 나에게 공사의 서한을 복사해서 첨부한 아문의 편지를 보여주었다. 그런 거짓말이라니! 나를 파멸시키려고! 비록 유감스러운 일이기 하지만 나 자신을 변호하고 더 나아가 그러한 부도덕한 일을 중국인들 앞에서 불식시키고자 나는 아문에 답변서를 제출해야 하겠다. 그 날 저녁에 나는 나풍록 · 마건상과 함께 도대의 집에 있었다. 도대는 그 문제에 대해서는 전혀 신경을 쓰고 싶지 않으며, 나에게도 더 이상 그 일 때문에 흥분하지 말라고 말했다."

그러나 그것으로 폰 브란트 씨가 묄렌도르프를 중국 사람들에게 모략하여 그 지위를 파괴하려는 시도가 끝난 것은 아니었다. 남편은 10월 1일 전까지는 중국 공직에 취임할 수가 없었다. 왜냐하면 기억에 남는 일이지만, 그는 한 번 더 상해로 돌아가야만 했었는데, 그의 독일 공직으로부터의 사임이 그때가 되어야 비로소 처리되도록 정해져 있었고 공사가 그전까지는 남편을 자유롭게 해주지 않았기 때문이었다. 이런 상황을 받아들이고 더 이상의 모든 분규를 피하기 위해서, 또 중국인들이 공사의 요구를 들어주도록 충고하면서 그의 자리는 언제나 마련되어 있다고 했기 때문에 남편은 상해로 돌아갔다. 상해에서 독일 영사관에 대한 그의 직무 관계를 해결한 뒤, 9월 말, 천진으로 돌아갔다. 그리고는 총독 관저에서 공무를 맡아보게 되었다.

남편의 직무상의 업무는 매우 다양했다. 그는 통역관으로서 도대에게 외국의 대표들과의 교제를 담당했으며, 잡다한 소송에서 도대를 대리하는가 하면 가능한 한 모든 업무에 관해서 중국인들에게 정보를 주었으며, 전문가다운 조언을 했다. 그는 체신, 은행 및 경찰 제도에 관한 여섯 권의 독일 책을 발췌하여 중국어로 번역하여 병기창의 한 관리에게 주었다. 그리고 그 관리와 독일의 상황에 대해서 열띠게 상의했으며 그가 원하는 대로 여러 가지 책들을 독일에 주문하기도 했다.

지난번 직무상으로 쓰라린 경험을 겪은 뒤였으므로 중국인들로부터 받고 있는 신뢰는 남편의 큰 기쁨이었다. 사방에서 손님들이 찾아왔으며 저녁 식사에 초대했다. 총독의 악대의 악장 비겔(Bigel)은 그에게 세레나데를 연주해 주기도 했다. 남편이 처음 도대를 방문했을 때, 그는 중국의 예법에 따라 곁문을 통해 들어갔는데, 도대는 다음부터는 정문을 이용해 줄 것을 고집했다. 이것은 중국인들 사이에서는 특별한 존경의 표시로 여겨지는 일이다. 또 그가 이홍장을 처음 방문했을 때도 도대는 남편을 끝까지 동반해 주었는데 이것 또한 그가 직접 말했듯이 여러 중국 관리들 앞에서 남편에게 특별대우를 해준 것이었다.

10월, 남편은 일기에서 다음과 같이 말하고 있다.

> "그러한 신뢰를 가지고 중국인들이 나를 받아 드리는 것은 고무적인 일이다. 곧 어제 저녁 도대는 여러 영사들과 왕래했던 모든 서한들을 나에게

보여주었는데, 특히 그것에 관해서 중국인의 주석을 듣는다면 대단히 교육적일 것이다."

그러나 이홍장의 삼모 지위는 처음부터 잠정적인 것이었다. 왜냐하면 우리가 천진에 도착한 뒤, 곧 하나의 계획을 구상하고 있었는데 그것은 남편에게 훌륭한 전망이 있는 다른 자리를 제공해 주는 것이었다. 이 계획은 중국인들이 스스로 세운 것이었다. 프랑스인 제수이트 교도들에게 교육을 받은 중국인 마건충[15]은 총독의 비서관인 마건상의 동생이다.

마건충은 조선 왕에게 외무에 관해 조언을 해줄 수 있는 사람을 고용하는 일을 조선의 왕으로부터 위임받았었다. 마건충은 이홍장에게 편지를 보냈는데 그러한 자리에 적합한 자격을 갖춘 유일한 인물로 남편을 천거했다. 왜냐하면 그 자리는 무엇보다 동아시아의 사정과 여러 외국어에 대한 지식이 필요하며, 그 외에도 중국이 조선에 대한 영향력을 계속 유지해야 하므로 중국 정부의 완전한 신임을 받는 그러한 인물만이 대상이 될 수 있기 때문이었다.

11월 3일자의 한 일기 구절에 따르면, 남편은 마건충의 방문에 대해 보고하고 있는데, 우선 자신에 대한 중국인들의 새로운 신뢰의 증거였던 그러한 전망에 대해 기뻐하고 있었다. 그 계획에 관해서는 도대를 처음 방문했을 때 이미 들어서 알고 있었다. 7월 10일 그는 일기에 다음과 같이 쓰고 있다.

"도대가 나에게 이야기하기를, 총독이 나를 한국으로 보내겠다고 말했으나 자기는 그것을 원치 않으며, 내가 이곳[중국]에 필요한 사람이라고 말했다. 왜냐하면 내가 자기의 고문이 되기를 바랐기 때문이었다는 것이다. 그는

15) 마건충(馬建忠 : ?~?) : 단도 출신. 자(字)는 미숙. 프랑스에서 법률학을 공부하고 도원에 이름. 저술서는 『마씨문통』, 『적가재기언』이 있음. 그는 정치인이었을 뿐만 아니라 중국 근대를 대표하는 어문학자였다.

내가 조선어를 열심히 공부해 두어야 하며 또 해관 설치에 관한 모든 필요한 문서와 서적을 익혀야 할 것이라는 말도 했다."

9월에 이미 조선 왕의 사촌인 조영하16)의 인솔로 일단의 조선 사신 일행이 천진에 도착했다. 비록 그 일이 당시엔 아직 완전히 비밀이었고, 또 분명하지 않았는데도 조선의 사신들은 매일같이 남편을 찾아와, 가능한 모든 문제들에 관해 남편의 조언을 구했다.

그 동안에도 독일 공사와의 싸움은 계속되었다. 남편은 영사 P 씨에게 공사의 편지를 발췌하여 사본을 하나 만들어 달라고 부탁했으나 거절당했다. 남편은 한 번 더 그에게 그것을 간청했다. 그러나 그의 대답은 애매했다. 그때 도대가 남편에게 남편이 10월 1일부터 독일 관계의 업무에서 자유의 몸이 되었다는 내용을 포함하는 보고문을 쓰도록 부탁했다. 왜냐하면 그가 남편과 함께 총독에게 가기를 원했기 때문이었다. 10월 2일 도대와 함께 총독을 방문했는데 그에 대해 다음과 같이 쓰고 있다.

"한 시간 이상이나 이홍장과 함께 있었다. 그는 정말로 매우 친절하고 우호적이었다. 그리고 그는 다음과 같은 것을 알려 주었다. 그가 나에게 많은 존경과 돈을 받게 될 지위를 주고 싶다는 것과, 나에게 그때까지 의국인들에게 인색할 만큼 쇄국을 해 온 조선을 유럽과 교역하도록 문호를 개방해야 할 것과, 조선 왕의 고문이 된다는 것과, 해관을 설치해 그 책임자인 해관총세무사가 된다는 것이었다. 그러고 나서 2~3년 뒤, 중국에 돌아오길 원하면 자기가 내게 그 어떤 유럽인도 가져 보지 못했던 지위를 주겠다는 것이었다. 조선 왕의 공문이 도착하면 곧바로 취임하라고 했다."

---

16) 조영하(趙寧夏 : 1845~1884) : 조대비의 조카. 그는 대원군의 퇴진 작업의 핵심 멤버였던 관계로 임오군란과 더불어 대원군이 재집권하자 한때 지삼군부사로 좌천되었으나 1882년 대원군이 천진으로 피랍되자 다시 등장하여 접견대관이 되어 두 차례에 걸쳐 천진을 방문했다. 그 뒤 예조판서에까지 벼슬이 올랐으나 갑신정변 당시에 피살되었다.

그런 뒤 10월에 조선 사람들은 남편과 함께 조선에 간다는 것을 아주 공공연히 말했다. 조영하 공은 매우 친절했다. 그는 남편이 조선에 갈 의사가 있다니 기쁘며, 남편에게 자기가 함께 자기의 저택에서 살자고 하면서 모든 점에서 지원을 아끼지 않겠다고 말했다. 10월 5일, 조선 사람들이 왕에게 보고하고자 귀국했으며 곧 천진으로 돌아와서 남편을 데려가겠다고 말했다.

그 계획은 모두가 남편을 매우 활기차게 해주었다. 그토록 서광이 비쳤던 것이다. 그러나 우리의 이별을 보상해 줄만큼 충분한 것은 못 되었다. 모든 것이 아직 극비였기 때문에, 남편은 친구 거빈스에게만 그 일을 상의했다. 거빈스는 남편이 곧 거래 관계를 맺게 될 영국의 무역 및 선박 회사인 이화양행의 상해대리점의 대리인이었다. 그럼에도 불구하고 소문은 새어나갔다. 아직 아무것도 결정된 것이 없는 데도, 모든 지인들이 남편의 새로운 지위에 대해 축하해 주었다. 사람들은 남편이 조선 사람들의 귀국을 매우 초조하게 기다리고 있다고 생각할 수 있었을 것이다. 10월 25일에 조선 사람들이 다시 천진에 올 계획이었으나, 11월 11일에야 조영하 공이 그의 도착을 알려 왔다.

남편은 곧 그에게 달려갔다. 조 공도 바로 답례를 와 3시간 동안이나 머물다 갔다. 그는 모든 것이 이홍장에 달려 있기 때문에 아직은 아무것도 결정된 것이 없다고 말했다. 그러나 그는 남편이 장차 조선에 체류하는 것은 아주 확실한 일이라고 이야기했다. 그는 남편에게 아주 훌륭하게 만들어진 조선 모자를 갖다 주었는데, 남편이 그것을 쓰고 사진을 찍기를 원했다.

남편의 조선 파견에 관련된 중국인의 계획들이 너무 일찍 알려져 버렸기 때문에, 즉시 그 계획을 좌절시키려는 시도들이 있었던 것은 사실이다. 미국 공사 영[17]이 이홍장에게 간청하여 묄렌도르프의 자리에 미국인을 파견

17) 영(John R. Young : 1840~1899) : 미국의 신문 기자이자 외교관. 남북전쟁 당시에 『필라델피아 프레스』에서 명성을 얻어 『뉴욕 트리뷴』, 『뉴욕 헤럴드』에서 활약하다가(1872), 주청공사(1882~1885), 『뉴욕 헤럴드』 해외 특파원(1885), 국회도서관장(1887~

하려는 의도가 있었다고 한다. 그러나 사람들이 그에게 그렇게 하지 않는 것이 더 좋은 것이라고 이해시켰다.

11월 11일자 일기에 그것에 관한 내용이 다음과 같이 계속된다.

> "총독에게 보내 온 하트 경[18]의 서찰을 도대가 나에게 보여주었다. 그것은 무렵 천진의 해관장이었던 홉슨 씨에 의해 전해졌으며, 하트의 의견에 반대하는 마건충의 진정서도 함께 볼 수 있었다. 하트는 나를 강력히 반대했다. 내가 임무를 수행할 수 없을 것이라고 그는 생각하고 있다. 그는 비용을 들이지 않고도 사람들을 조선에 파송할 수 있다고 나섰는데 파견자에게 줄 급료를 퇴직 기금(해관의 기금)에서 지급할 수 있다는 것이다. 마건충은 청국인을 조선의 해관에 보내지 않고, 영국인들에게 실익이 많은 자리를 얻게 하려는 하트의 주장에 개략적으로 반대 진술을 하고 있다.
>
> 그런 다음 그는 그러한 정치적인 일에서 돈은 문제가 되지 않는다고 하면서, 설득력 있는 따뜻한 말과 함께 여전히 나를 신뢰할 수 있다는 것을 강조함으로써 그는 내 편이 되도록 총독을 설득했다. 그러나 무엇보다도 중국의 한 부서가 권한을 휘두르는 것은 중국이 정책에 위배된다는 것이 하트의 주장이었다. 마치 조선이 중국의 한 지방처럼 보일 뿐 하나의 공납국으로는 여겨지지 않는데, 조선의 내정은 완전히 중국의 그러한 영향으로부터 독립되어야 한다는 것이었다."

실제로 하트 경은 조선에 보낼 관리들을 이미 선발해 놓았었다. 11월 12일, 조영하가 남편을 찾아와서 도대와 총독과의 교섭이 좋은 결과로 맺어

1899)을 역임했다.

18) 하트 경(Sir Robert Hart : 1834~1911) : 중국 명은 혁덕. 영국의 외교관. 1854년에 중국으로 건너가 홍콩 · 영파 · 광동의 영사관에서 근무했고(1854~1858), 광동해관세무사(1858)와 총세무사(1863~1905)를 역임했고 1906년에 귀국했다. 재임 가운데 안남사변 등 중국 문제의 해결에 많은 활약을 했다.

졌으며 총독이 이미 조선의 국왕에게 남편의 천거를 확정적으로 보고했다고 전해 주었다. 이 소식은 마건충을 통해 확인되었다. 마건충은 곧 조선 정부와의 계약에 대한 주지 사항들을 입안하기를 원했다. 남편은 계약서 내용을 기초하느라 오후와 저녁 시간을 꼬박 보냈다. 11월 13일자의 일기에 그는 다음과 같이 쓰고 있다.

> "오늘 마건충이 사람을 시켜 내가 프랑스어로 작성해 놓은 계약서를 가져오도록 했다. 멀리서나마 계약이 서명되면, 그래서 내가 동아시아에서 가장 기품 있고 영향력이 큰 지위를 하나 얻게 되면, 그 어떤 공사보다도 더 좋은 보수를 받고 동아시아 국가의 그 어느 대신보다도 강력한 지위를 얻는 것이다. 이 어찌 천일야화가 아니겠는가!"

계약서는 마건충이 철저히 검토했으며, 조영하와 남편이 공동으로 살펴보았고, 총독이 재가한 다음 1882년 11월 18일 도대의 아문에서 서명되었다. 바로 오후 3시였다! 조선에 대한 전망이 보인 뒤로 남편은 조선어 공부에 전념했다. 계약에 서명하기 전 마지막 몇 주 동안은 수많은 논의와 상담으로 지나갔다. 개인 실업자들은 조선에서 무역에 종사하기를 원해서, 그리고 중국 관리들은 자기들의 아들을 조선의 공직에 취직시키려고, 또 그 밖의 사람들은 자신들의 목적을 위해서 남편에게 몰려들었다.

이미 앞에서 말한 바 있는 대 선박 회사 이화양행의 상해 대리점의 대리인 거빈스 씨는 청국과 조선 사이의 기선 취항을 제의했다. 러시아 공사가 와서 자기의 정부는 러시아-조선 사이의 통상 조약을 체결할 때 남편은 러시아 공사에게 조선이 러시아와 협력할지라도 단지 조선의 이익이 있을 때에만 움직일 것이라고 대답을 했다.

남편은 조선의 해관직을 맡기고자 미국에서 교육을 받는 바 있는 여섯 명의 청국 청년을 구해 달라고 총독에게 부탁했다. 11월 19일 그들이 그에게 왔다. 세 명은 겨울 휴가를 받아서 고향에 가기를 원했다. 다른 세 명은 곧 함께 갔다. 그들 가운데 남편이 해관직에 두었다가 뒤에 외무직으로 데리고 갔던, 젊고 매우 명석한 당소의[19]가 있었다. 그는 남편을 깊이 존경했으며 최후까지 우정을 바쳤다.

11월 23일에 모든 외국의 사신들이 참석한 가운데 이홍장의 저택에서 조영하와 남편을 위해 성대한 만찬이 열렸다. 이틀 뒤에 남편은 총독에게 하직 방문을 하고 감사의 뜻을 전했다. 그는 그때의 일에 관해서 일기에 다음과 같이 말하고 있다.

> "오전에 이홍장을 방문했다. 나는 그에게 감사했으며, 작별 인사를 했다. 그는 매우 극진히 대해 주면서, 내가 조선의 왕 앞에 무릎을 꿇겠느냐고 물었다. 나는 그런 일을 하지 않을 것이라고 대답했다. 왜냐하면 내가 이홍장에게도 그러한 경외의 표시를 나타낸 적이 없었기 때문이었다."

마지막 며칠 동안에 많은 송별 연회와 방문이 있었다. 그러는 가운데에도 생활 방식들이 순수한 조선적인, 그 새롭고 낯선 나라로 가고자 여행을 준비했다. 12월 2일, 남편은 친구들이나 지인들과 작별했다. 왜냐하면 12월 4일, 동틀 무렵에 출발이 결정되어 있었기 때문이었다.

3월 저녁, 바야흐로 남편이 승선하려고 할 때, 독일 영사 P 씨가 왔다. 그는 외무성으로부터 위임을 받고서 왔노라며 전신료 400마르크와 가구와 집물 비용 및 여행 경비를 합쳐 2,500마르크를 갚으라고 말했다. 남편은 그의

---

19) (원저자 주) 당소의는 뒤에 정치적으로 높은 자리에 올랐다. 그는 북경의 고 서태후의 소위 오른팔이었다. 나는 이 말을 언급하지 않을 수가 없다. 나의 생애에서 가장 어려웠던 시절에 이 훌륭한 남자가 믿음직하게도 우리의 편에 서 주었다. 그는 우리를 해쳤을지도 모를 모든 것으로부터 민첩하게, 나의 아이들과 나를 피하게 해주었고, 우리의 의지와 지팡이가 되었으며 우리를 도와 방법과 수단을 찾아 주었다. 우리는 결코 그것을 잊지 않으리라!

새로운 자리에 막 취임하려고 하던 때라 소송을 제기하고 싶지 않았기 때문에, 1883년 3월 1일에 자기가 받을 봉급에서 공제하여 그 돈을 지불하겠다고 약속했다.

3. 일 기

몇 시간 뒤에 우리는 모두 해안호에 승선해 있었다. 조영하를 필두로 한 조선의 사신 일행과 그의 막료, 그리고 몇 명의 중국인들이 함께 있었다. 중국인 가운데는 왕의 위임을 받아 유럽인 고문을 이홍장에게 제안했던 마건충이 있었으며, 그밖에 다른 사람들도 타고 있었다.

드디어 12월 4일 9시에 우리는 천진을 떠났다. 백하 어귀인 대고에서 우리는 썰물 때문에 닻을 내리고 밀물을 기다려야 했었다. 그러나 다음날 지부를 향해 항해할 수 있었다. 거기에서 우리는 비치 호텔에 묵었다. 한편 마건상과 중국인들은 중국 여관을 택했다. 당경숭[1]은 벌써 지부에 와 있었는데 함께 조선으로 갈 생각이었다. 이런저런 숙고 끝에 우리는 모두 함께 홍신호를 타고 가기로 결정했다.

다음날인 12월 6일 홍신호는 바다로 나갔다. 8일 아침에 육지가 보였다. "고요한 아침의 나라 조선"이었다. 다시 하루 동안의 즐거운 항해 뒤에 우리는 섬들 사이에 닻을 내렸다. 우리로부터 멀지 않은 곳에 일본의 군함이 정박해 있었다. 9일 조영하와 나는 작고 편편하게 생긴 조선의 배를 타고 육지

---

1) 당경숭(唐景崧) : 임계 출신. 자(字)는 미향. 광서 연간(1875~1908)에 월남전쟁(1885)에 참전하여 프랑스군을 패배시키고 대만포정사, 순무를 지냄. 중일전쟁 이후 대만을 일본에 할양하려 하자 대만인들이 그를 총통으로 삼아 독립을 선언했으나 일본군이 쳐들어오자 변장하고 대륙으로 돌아갔다.

로 나갔다.

그것은 월미도를 시찰하기 위해서였는데 그 섬은 무역지로 택하기에 적당할 것 같아서 고려해 두었다. 여기서 나는 처음으로 조선 사람들을 알아보았다. 그들은 매우 붙임성이 있었고 대단히 우호적인 인상을 주었다. 우리가 다시 배로 돌아가기 전에 인천의 행정 관리인 지부[2]가 방문해 왔다. 저녁에 우리는 본선으로 돌아왔다.

12월 10일 나는 몇 명의 조선 사람들과 함께 배에서 내렸으나 30피트의 간만의 차이 때문에 상륙하는 것이 어려웠으므로 월미도로 가서 조선식의 아침 식사를 했다. 그곳에서 우리는 조선의 거룻배를 타고 육지로 건너갔다. 인천에는 우리를 태우고 갈 가마가 대기하고 있었다. 도착하자마자 일본 영사가 방문했고, 우리도 곧 답례를 했다. 거기서 우리는 가마를 타고 15리 떨어져 있는 지방 관리가 통치하는 도시에 다다르니 시간은 4시쯤이었다.

여기서 우리는 우리와 함께 온 부사의 집에 머물렀다. 저녁 무렵에는 우리 일행이 아닌 전혀 다른 사람들이 왔다. 11일은 식사와 산책, 그리고 논의하는 일로 하루를 모두 보냈다. 12일에 우리와 함께 왔던 기선의 선장과 당경승 그리고 기술자인 버틀러 등이 돌아갔다. 짐을 먼저 보내고 나서 다음날 우리는 계속 여행했다. 12월 13일 8시에 우리는 출발했다. 나는 가마를 탔다.

수없이 연이은 언덕을 넘었다. 산과 계곡을 지날 때마다 도처에는 작은 삼림들과 작은 마을들 그리고 농토가 있었다. 땅은 아름답고 비옥하며 구릉이 많다. 기후는 거의 유럽과 같이 훌륭하다. 훌륭한 가축은 짐을 나르는 데만 사용되는데, 조선 사람들은 소에서 젖을 짜내는 것을 알지 못하고 있다. 우유는 송아지에게만 필요하다고 그들은 주장한다.

나의 남편은 서울로 가는 여행과 그 첫인상을 나에게 보낸 다음의 편지에서 서술하고 있다.

---

2) 지부(知府) : 주(州)나 현(縣)을 다스리는 방백 수령을 뜻함.

서울은 산들로 둘러싸인 넓은 화분 같은 지대에 위치하고 있는데 특히 서쪽의 산들이 아주 높구려. 산은 모두가 푸르지는 않았고 곳곳에서 매우 헐벗은 모습을 볼 수 있기는 하지만 대부분은 소나무 숲을 이루고 있소. 풍경은 전체적으로 쾌적한 인상을 주었고. 집들과 초가들은 지붕이 낮고 담으로 둘러져 있으며 나무와 종이로 지어졌소. 외벽은 흙벽돌로 만들어졌는데 매우 얇다오. 창문과 방문에는 한지를 바르는데, 어떤 문들은 속이 빈 이중으로 된 종이 벽 속으로 밀어 넣으며, 또 어떤 것은 바깥으로 잡아 당겨 열게 되어 있소.

마포가 산을 등지고 있었다오. 헤아릴 수 없을 만큼 많은 사람의 무리가 우리를 기다리고 있었소. 조선 사람들이 이전에 유럽인을 본 적이 없었기 때문이었소. 모두 조선식 원통 모자[갓]를 쓰고 있었으며, 모두가 흰색이나 남색, 또는 녹색의 얇은 천으로 된 긴 옷을 입고 있었소. 그러나 므두 아주 공손한 태도를 취했는데, 아마도 조영하의 높은 지위 때문에 위압감을 느낀 것 같았소.

복대를 하고 완전한 예복을 갖춰 입은 왕의 사자가 마중 인사를 나왔소. 우리는 조 공의 친구 집인 영빈관에 들어갔소. 거기서 지극한 환대를 받았다오. 다시 반시간을 나아가 남쪽에 위치한 남영의 우리의 주거에 도착했소. 이 집은 내 자신의 집처럼 자유롭게 사용하도록 했으며, 상당수의 관리들이 이곳 우리 일행에게 와 있었소.

그로부터 며칠이 지나 나는 도시를 구경하려고 오랫동안 산책을 했었소. 그러나 조선 사람들은 여전히 나를 뚫어져라 바라보았으며 무수히 많은 사람의 무리가 내가 걸음을 옮겨 놓을 때마다 나를 따라다녔소. 시내의 큰 도로는 넓고 깨끗했으나, 골목길은 중국과 같았소.

남편의 업무상 가장 긴급한 과제는 무엇보다도 외부를 창설하는 것이었다. 조영하와 남편 사이의 오랜 협의 끝에 외부의 설치와 편성이 확정되었다.

면적 218,650 평방킬로미터, 인구 약 1,000만인 조선은 대내적으로는 자주적인 독립성을 지니면서도 몇 백 년 동안 중국의 예속 국가였다. 이제 조선의 개혁은 몇 년 동안 남편의 과업이 되었다. 조선은 동아시아 국가 가운데서 가장 오래도록 은거를 누릴 수 있었던 국가였다. 일본이 빠른 속도로 스스로 서구화를 시작했던 때, 그리고 중국이 우세한 외국의 영향 앞에 굴복하여 그 고립을 마지못해 점차 포기해야 했던 그때까지도, 조선은 아직 거의 유럽인이나 유럽의 문화와 접촉하지 않았다.

300년 전, 조선에서는 지금과 비슷한 광경이 벌어졌었다. 퍼져 가고 있는 기독교에 대한 배척 때문에 일어난 국내의 불화를 해소하려고 일본 정부는 불만감을 국외의 장소로 돌리려고 착상했던 바, 자국에 전혀 손실을 주지 않고서도 불안을 해소하는 방법으로 그들의 호전성을 만족시켜 줄 수 있도록 자유로운 무대를 제공해 주었다.

도요토미 히데요시의 지휘를 받은 일본의 무리들은 아무런 구실도 없이 조선에 침입했다. 오랫동안 평화 시대를 통해 유복해지고 번영하는 조선을 북쪽 국경에 이르기까지 침략을 자행했던 일본인들이 지나간 뒤에 남은 것이라고는 사람이 살 수 없이 되어 버린 폐허뿐이었다. 중국의 국경에서, 일본 군대는 조선 왕의 간원을 들어 명 황실이 마침내 징집한 중국 군대와 마주쳤다.

중국인들에 의해 완전히 초토화된 조선으로 되쫓겨난 일본인들은 끔찍한 공포 속에서 퇴각을 맛보아야 했었다. 그 공포는 부산에 이르러서야 비로소 가시게 되었다. 작은 요새[3] 한 곳에서 그 큰 부대의 소수 패잔병들이 들어갔다. 그 나머지 잔병들은 맞아 죽었거나 신고 끝에 죽었다.

조선은 엄청나게 황폐해졌다. 전 국토는 파괴되었고, 상업은 생각할 수도 없었다. 그리고 산업은 부분적으로 여전히 폐기되어 있었다. 그때까지만 해도 거의 중국의 수준에 있었던 도자기 산업이 조선에서 일본으로 전해졌다.

---

3) 울산성을 의미함.

그 때문에 일본인들은 조선의 기술자를 그들이 소위 사쓰마야키라는 것을 제조했던 그 사쓰마로 강압적으로 끌고 갔다. 조선의 국민은 겨우 1/3만이 살아남았다. 많은 사람들이 거의 8년간의 처참한 전쟁 동안 산 속에서 살았으며, 전쟁이 끝나고서야 비로소 서서히 돌아왔다. 17세기 초의 조선은, 50년 뒤에 일어났던 유럽의 30년 전쟁 말기의 독일과 비슷한 모습을 보여 주었다.

명나라 군사들이 일본 군대의 최후의 잔병들을 부산에서 포위하여 공략하고 있는 동안 중국의 명 제국이 몰락했다는 소식이 중국 진영에 날아들었다. 장수들은 급히 귀국했다. 배도 없고 본국과 연락도 취할 수 없었던 일본인들은 부산에 머물러 있으면서 그곳에 거류지를 형성했다.

그렇게 그들은 부산에서 몇 세기 동안 살아왔는데, 1876년의 조약에서 비로소 법적인 인정을 받았다. 일본의 무리들로부터 해방을 이끌어 준 중국의 군대에게 조선 사람들은 감사를 표시했다. 그리고 이때부터 중국인에 대해 모든 조선 사람들이 존경심을 품게 되었으며, 동시에 그 원정에서 아시아인의 잔악함과 야만성을 과시했던 일본인에 대해서는 지울 수 없는 증오가 유래했다.

권력의 남용과 그것을 통해 야기된 일반적인 불만들이 그 당시의 중국의 명왕조의 붕괴를 초래했다. 최후의 위기의 순간에 황제는 북방의 만주족에게 구원을 요청했다. 만주족 초청의 결과, 명은 내란 속에서 왕조의 유지에 대해 의논도 할 수 없을 만큼 심하게 분열되어 있었으며, 만주의 군통수권자는 그것을 기회로 스스로 황제에 즉위하여, 국가를 점차 안정시켰다. 그는 또한 조선도 자신의 제국에 편입시키려고 결심하고 조선의 왕을 봉신으로 만들기 위해, 1635년 조선으로의 출정을 단행했다.

잔악무도한 적의 목전에서 자신의 국가를 해방시켜 준 것은 바로 중국의 힘이었다는 사실을 기억하고 있을 뿐만 아니라 계속되는 일본의 침입으로 여전히 고난을 겪고 있던 이 나라의 국왕은 아무런 항변도 하지 못한 채, 중국 황제의 제안을 받아들였다. 이렇게 해서 성립된 예속 관계를 국제법상으로 정의하기란 쉽지 않은 노릇이다. 즉, 중국은 조선의 문제에서 종번 문제에 관심을 두지 않았다. 조선은 매년 북경으로 사신을 파견했는데 사신은 소위 공물이라는 보잘것없는 선물을 두세 가지 가져갔으나 그 댓가로 대부분 값비싼 황제의 답례품을 받아 가지고 귀국했다.

현재의 국왕[고종]의 선왕[철종]에게는 후사가 없었다. 그 때문에 그는 이씨 가문 형제의 둘째 아들을 양자로 삼아 왕세자로 책봉했다. 국왕이 붕어하자 그의 동생 대원군은 자신의 어린 아들을 대신해 섭정을 맡았다. 그는 비범하리만큼 교활하면서도 정력적인 사람이었으며 척족이 제멋대로 간섭하는 것을 강력하게 제지했다.

그와 같은 강권과 관대함으로 말미암아 그는 민중의 지지를 얻었으므로, 어린 국왕이 성년이 된 뒤에도 국왕은 감히 국가 통치권을 장악하려는 생각을 할 수가 없었다. 그는 초창기의 천주교를 무자비하게 탄압했으며, 외국의 신부들은 무시무시한 고문의 고통 속에서 죽어 갔다. 그 결과 프랑스의 군사 원정대가 조선의 서해안에 들어오게 되었다.(병인양요)

한편 미국은, 좌초한 미국 범선 제너럴 서먼호를 약탈하고 그 승무원을 살해했던 사실에 대한 배상을 요구해 왔으나 조선은 이를 거절했다. 이 때문에 1871년에서 1872년 사이에 미국 전함 한 척이 역시 같은 해안을 찾아들었으며, 한강 어귀에 있는 보루에 대단히 용맹스럽게 포격을 가했다.(신미양요). 이때 국민은 개국이 절박해 있다는 사실을 깨닫게 되었다.

강력한 외척인 민 씨 출신의 왕비[민비]는 자기 자신과 왕이 통치권을 가져야 한다고 확고하게 생각했다. 젊은 무리들이 국왕 부처를 옹호했으며, 문호의 개방을 단행하여 외국과의 조약 체결을 통해서 왕권을 확보하고자, 1880년 처음으로 천진의 이홍장 총독에게 자문을 구했다. 1882년, 총독이 외국의 대표들에게 조선과의 조약안을 알려 줄 만큼 모든 일이 상당히 진척되어 있었다.

고종황제와 황태자(순종)

광화문

그때 대원군은 이 일에 관한 소식을 듣고 군대의 반란을 유도했다. 그는 자신의 권력을 만회하려는 기회로서 이 반란의 진압을 꾀하면서 그러한 혼란을 이용해서 왕을 지지하는 정파의 지도자들, 특히 왕비의 친척들을 살해하도록 했다. 왕비 또한 같은 운명을 당할 뻔했었으나 가까스로 추적자들로부터 피할 수 있었다.(임오군란).

청국은 이제 왕의 요청에 따라 간섭했다. 청국은 군함으로 1,500명의 군사를 조선에 보내서 신속하게 질서를 회복했으며, 왕을 왕위에 등극시키고 그의 부친 대원군을 청의 위해위로 납치했다. 대원군의 일파는 모두 투옥되었으며, 나의 남편이 조선에 갔던 1882년, 그들은 아직 그에 대한 판결을 기다리고 있었다.[4]

4) (원저자 주) 이상의 기록은 남편의 회고록을 발췌한 것임.

서울에 오고 나서 처음 며칠간 남편은 손님을 영접하거나 또는 꼭 갖추어야 할 답례 방문 등으로 바쁜 나날을 보냈다. 12월 22일, 남편은 처음으로 조선 사람 손님들을 식사에 초대했다. 그러나 사람들이 아직 서로 잘 알지 못하여 자연히 대화가 없었으므로 식사는 상당히 부자연스러웠다. 남편의 편지에는 이렇게 기록되어 있다.

25일 밤늦게 조영하가 와서, 왕께서 우리를 만나보고 싶어 하신다고 전해 주었소. 26일 아침 9시에 우리는 조 공에게로 가 그와 함께 궁궐로 갔다오. 왕은 한 사람씩 따로따로 접견했는데 먼저 마건상을 접견했고, 그 다음에 나를 접견했소. 그는 높은 자리에 앉아 있었는데, 나는 연미복에 훈장을 단 차림으로 세 번 인사를 했소. 내가 통상적인 인사 법식으로 인사를 하자 왕이 일어나서 답례를 했소. 그러고 나서 그는 내가 동양의 예절에 따라 벗어 두었던 안경을 나에게 다시 쓰도록 허락했으며, 나의 가족에 대해 물은 다음, 그 동안 우리의 여행이 어땠느냐고 물었어요. 나는 조 공의 배려 덕분에 매우 좋았다고 말했소. 그러고 나서 전날 밤, 조 공과 함께 연습해 두었던 다음과 같은 말을 조선어로 했소.

신이 귀국에 와 불러 보시니, 감축하와 갈력 진심하올 것이니 귀주께서도 강신에 신임하옵시기를 바라나이다.

(Sini Guikuke wa pollo posini, Kamtšiek hawa, Kalliek ťinsim haolkosini, Kuetŭ Kesoto Kangsine Sienim haopsikiril paranaita)

왕은 이 말을 매우 좋게 받아들였으며, 내가 물러갈 때에는 자리에서 일어났었소. 왕은 외모가 매우 좋아 보였고, 매우 호감이 가는 인상이었어요. 그 다음 다른 방에서 우리는 차 대접을 받았소. 한 30분이 지나서 우리는 모두 왕과 함께 회의를 했는데, 회의할 때 우리는 앉는 것이 허락되었어요.

묄렌도르프의 나들이

> 왕은 그의 넓은 옷을 벗고 넓은 모자만 쓰고 나왔소. 마건상은 뭔가를 쓰고 있었소. 잠시 뒤에 앉아 있는 일이 나로서는 견딜 수 없어 괴로워하자, 왕은 나를 서 있도록 해 주었소. 약 5시간 동안 궁궐에 있은 뒤 4시 30분경 우리는 대궐을 떠났어요. 떠나기 전에 우리는 세 명의 환관에게서 작은 상으로 왕실의 음식 가운데 몇 가지 대접받았소.[5]

왕을 알현하고 나서 30분이 지난 뒤, 새로운 행정 부서를 창설하고 남편을 그곳의 참의통리아문사무(차관)로 임명한다는 어명이 내렸다. 조 공이 변리통리아문사무(장관)직을 맡았다.[6] 그에 관해 남편은 다음과 같이 쓰고 있었다.

---

5) 「고종실록」 임년(1882) 11월 17일자 참조.
6) 「고종실록」 임년(1882) 11월 12일자 참조.

내 이름이 어제 『관보』에 올랐다. 오늘은 많은 관리들이 나를 축하해 주었는데, 왕으로부터 받은 자비로운 영접이 엄청난 효과를 나타낸 것이다. 며칠 뒤, 왕은 한 관리에게 조선 의복을 만들도록 내 몸의 치수를 재라고 명령했다. 왜냐하면 나와 함께 지내면서 조선 사람들이 나를 유럽인으로 생각하지 않아야 하고, 그럼으로써 상호간에 신뢰감을 분명히 가져야 할 것이라며, 내가 조선 옷을 입기를 왕이 원했기 때문이었다.

왕이나 고위 관리들은 남편에게 선물 경쟁을 벌이기나 하듯이 조선의 달력, 담뱃대, 완성된 의복, 과일 등을 선물했다.

1월 1일, 왕은 변[7] 씨를 보내어 커다란 녹색의 비단 상자를 하사했다. 상자는 은으로 장식되고 은테를 두른 것이었으며 그 안에 있는 조선의 관리들이 입는 관복 일습이 들어 있었다. 동시에 그는 내게 축하 인사를 한다면서, 2품 서열의 관직을 하사했는데, 그것은 정확히 우리 나라[독일]의 각부 차관에 상응하는 지위였다.[8]

13일 왕은 환관을 시켜 한 다발의 선물과 함께 여러 가지의 음식을 보내왔다. 대비의 생신이기 때문이었다. 나는 그 환관에게 담배 한 상자를 선물로 주었다. 다음날 나는 다시 왕을 알현했으며, 세자도 조선 복장을 한 나를 보고 싶어 했으므로, 조금 뒤에 세자도 알현했다. 나는 새로운 서품과 하사품에 대해 감사의 말을 했고 오늘의 대비의 생신에 대한 축하 인사를 했다.

나는 매일 한 번씩 산책하며 주변의 경치 좋은 곳을 즐긴다. 여름의 이곳은 매력적일 것임에 틀림없다. 다만 거리들이 그렇게 잘 가꾸어져 있지 않은 것이 염려될 뿐이다. 민중은 매우 호기심이 가는 모양이다. 그러나 그들은 겸손하며 공손하게 비켜선다. 이 나라에 있는 유일한 유럽인인 내가 누

7) 그 무렵 참의교섭통상사무 변원규를 의미함.
8) 「고종실록」 임오년(1882) 11월 17일자 참조.

묄렌도르프의 저택

구인지를 모두 알고 있다. 조선어로 나는 목(穆)이라고 불리며 관명은 목(穆) 참판이다.

점차로 모든 부서의 관리들이 방문해 왔다. 외세에 대해선 지금까지 청국과 일본이 대표적이었다. 일본 공관의 곤도 마스키[9]가 그의 전 참모들을 대동하고 방문했으며 선물이 교환되었다. 2~3일 뒤에는, 천진 시절 남편의 동료였으며, 그와 퍽 절친했던 일본의 변리 공사 다케조에 신이치로[10]가 왔다. 그러고 나서 많은 연회가 열렸다. 그러나 접대를 하는 일이 많은 시간을

9) 곤도 마스키(近藤眞鋤 : 1840~1892) : 일본의 외교관. 1870년에 외무성에 들어가 런던 공사관(1872), 부산항 관리관(1878), 인천 영사(1882)로 있다가 1883년에 귀국했다.
10) 다케조에 신이치로(竹添進一郎 : 1842~1917) : 일본의 외교관이며 한학자. 천진 영사, 북경공사관 서기관, 조선 주차 일본 공사(1882~1884)를 거치면서 갑신정변의 배후 인물로 활약했다. 1913년에 정계에서 은퇴하여 도쿄제국대학에서 한학을 강의했고 일본 학사원상을 수상했다.

필요로 하기는 했지만, 남편은 그것과 함께 일도 열심히 했다. 개혁에 관한 긴밀한 과제들을 논의하기 위해 매일같이 기나긴 회의가 열렸다. 그 첫 번째 문제는 항구의 위치에 관한 것이었고, 그 다음이 해관 업무와 해관 설치 및 광산의 개발에 관한 문제였다.

청국인 당경숭과 영국인 기술자 버네트는 광산을 조사하고자 내륙으로 들어갔다. 그러나 제대로 시작도 하기 전에, 그 일은 오랫동안 중단되었다. 개국을 하기에는 조선이 자체 능력으로 조달할 수 없을 만큼 많은 돈이 필요했다. 청국에서 백만 냥의 차관을 도입하기로 결정되었다. 왕은 광산과 해관 또는 철도를 개설하기 위해 30~40만 냥은 즉시, 나머지는 그 뒤에 들여오도록, 남편에게 전권을 위임했다.

이러한 목적으로 조선의 사절단이 상해로 파견되었는데, 수석 전권 위임자로서 남편이 단장이 되었으며, 왕세자의 매부인 민영익이 차석으로 가게 되었다. 상해 발신, 1월 27일자 편지에서 무언가 수완을 발휘할 수 있는 일을 한다는 의식이 남편의 기분을 얼마나 고조시켰는지, 그리고 왕의 신임이 그에게 얼마나 크게 작용하고 있는지 다음의 편지에서 알 수 있다.

> 조선에 있던 최근 며칠 동안 나는 매우 열심히 일하고 있소. 정말 휴식 시간이라곤 거의 없었다오. 왕을 퍽 자주 알현하고 있소. 나는 외부의 차관이오. 새로운 상황들에 관한 수많은 토의 끝에 나는 왕으로부터 세자의 매부인 민영익과 함께 중요한 업무로 이곳[상해]으로 파견되었어요. 왕의 신임장에는 내 이름이 제일 먼저 올라 있었는데, 이는 정말로 동양의 한 국가가 유럽인에게 완전한 신뢰를 주었던 최초의 일일 것이오. 나는 모든 일에 최선을 다해 해나가고 있고, 휴식은 거의 누릴 수가 없구려.
>
> 그러나 이 일은 인간이 기쁜 마음으로 일을 할 때 과연 인간이 얼마나 많은 것을 성취할 수 있는가를 나타내 주는 것일 뿐만 아니라 끝내 그것이 자기 자신을 위해 일하는 것이라는 사실을 알게 해주는 것이오. 내가 이번 여

행을 떠나기 전에, 왕은 나에게 토지가 딸린 큰 집을 하사했는데 나는 그것을 수리하려고 하오. 만일 우리가 사신 일행들과 함께 훌륭한 의사 한 명을 받을 수만 있다면 나는 가을에 나의 가족들을 데려올 수 있을 것이오.

그것은 살해된 한 왕족의 궁궐이었다.[11] 조선 사람들은 피살자의 망령을 두려워하기 때문에 그 집은 비어 있었다. 왕은 그 때문에 남편에게 주기를 주저했으나, 남편은 웃으면서 그 점에 대해서 안심시켰다.

상해에서의 차관 교섭은 예상 밖으로 너무 오래 끌었다. 1883년 1월 30일에야 비로소 그 첫 번째 분할금을 초상국(청국의 대선박회사)에서 인출할 수 있었다. 처음에 이 돈을 주려고 했었던 당경승은 그 돈의 사용에 대해 엄격한 통제를 요구했으며, 그 점에서 마건상도 동조했는데 그의 조건은 부당한 것이었다. 그들 둘이 원했던 목적은 명백했다. 곧 그러한 방법으로 가능한 한 조선 내에서 세력을 확보하려는 것이었다.

초상국은 청국 정부의 보증을 받아야만 돈을 내주겠다고 했다. 모든 일이 결국 이홍장이 무척 중요하게 여기고 있던 이 두 중국인의 술책 때문에 망쳐지게 되었으므로, 총독에게 실상을 설명하고 그의 주선을 요청하려고 사신 일행은 천진으로 가야만 했었다. 당경승과 마건상은 마치 낭패한 모든 것이 남편에게 책임이 있는 것처럼 총독에게 그 사건을 진술했다.

우리는 2월 7일 엘도라도호를 타고 천진으로 떠날 것을 결정하고 저녁에 배에 올랐다. 백하 어귀인 대고에는 아직도 많은 얼음이 떠 있었으나 정오경에 우리는 다행스럽게도 사주를 넘었다. 백하의 물줄기가 꺾이는 곳에서 여러 차례 멈추었다가 밤 11시에 천진에 도착했다. 여기서 내 가족들과 유

11) 여기에서 집주인을 왕족으로 기술한 것은 동서양의 인식의 차이이다. 그 집은 임오군란 당시에 피살된 척신 민겸호의 집으로서 박동에 있었다. 엄격한 의미로 볼 때 척신은 왕실 가문이 아니다. 박동의 '박' 자는 박(樸)으로 쓰는 것이 맞는다. 그러나 언제부터인가 박(礡)으로 오기하기 시작했다. 이 글에서도 편의상 박동이라고 표기한다.

럽에서 이곳에 와 있던 6년 동안이나 보지 못했던 나의 누이와 즐거운 만남의 잔치를 벌였다.

왕의 서찰이 조선의 소식을 전해 왔는데, 그 내용은 일본 공사와의 협정에 따라 조영하가 실각했으며, 한 민 씨[12]가 그의 후임자가 되었다는 것이다. 17일 도대 주복이 우리에게 와서 총독이 우리를 만나고 싶어 한다고 전해 주었다. 다음날 아침, 우리는 총독을 방문했다. 당경승도 함께 갔다.

우리를 접견할 때 총독은 매우 우호적이었다. 그러나 나는 냉정하게 대답했으며, 왕에게는 아무런 책임도 가지 않게 하려고 내가 모든 것을 책임지겠다고 이해시켰다. 마건상과 당경승에 대한 나의 관계에 관해 얼마간 더 얘기를 나눈 뒤에야 폭풍이 걷히었다. 우리가 물러날 때 그는 이번 일로 아무것도 마음에 품고 있는 것은 없으며, 내가 여전히 그의 총애를 받고 있다고 설명해 주었다.

천진에서의 짧은 시간은 온갖 회의와 구매, 방문과 작별 인사 등으로 너무도 빨리 지나갔다. 3월 23일에 다시 배를 타고 다음 날 아침 동이 틀 무렵 천진을 떠났다. 날씨가 심한 폭풍우였기 때문에 28일 지부에 도착했어도 바로 상륙할 수 없었으며, 바다가 잠잠해 졌을 때야 비로소 뭍에 오를 수가 있었다. 거기서 안쯔 씨의 핀란디아 견직 공장을 시찰했다. 그리고는 드디어 이틀 뒤, 우리는 다시 상해에 도착했다.

이러한 어려움 때문에 남편은 두 달 넘게 청국에 눌러 있다가 4월 7일에야 비로소 상해를 떠날 수 있었다. 그러나 매일 매시간, 모든 시간을 몸이 부서져라 조선을 위해서 일했다. 상해와 제물포 사이, 그리고 천진과 제물포 사이의 정기 항로를 개설하고자 이화양행과 오랜 시간 동안 협상을 했다. 이 회사와의 계약은 양측이 다 만족스럽게 결정되었는데, 이에는 선박의 왕래, 상거래 및 광산의 특허권이 규정되었다. 철도 부설과 전신선 가설

---

12) 민영목(閔泳穆 : 1826~1884)을 의미함. 그는 그 뒤 갑신정변 때 피살되었다.

의 인가를 따내려는 사람들이 서방에서 왔으며, 상해와 서울 사이의 해저케이블 설치 공사를 협정하였다. 이로써 모든 전신이 중국에서 조선을 거쳐 러시아로 가도록 했다. 조선에서 영업을 원하는 상인들과 협의가 있었다.

조선의 양잠을 개량하기 위해 면밀한 연구가 행해졌으며, 조선에 그 시설을 이전하기 위해서 큰 견직 공장 한 곳을 몇 차례에 걸쳐 조사했다. 우선 10만 주의 뽕나무를 구입하여 조선에 심게 했으며, 중국인 한 사람을 데리고 가 그에게 국내 각처에 누에고치에서 실을 뽑는 가마를 설치토록 했다. 삼림의 개선을 위한 연구도 했다. 의사 한 명에게 조선의학교를 설립케 했다. 광산의 채굴에 대해 여러 도대들과 계약을 맺었으며, 해관 관리들과의 계약도 완결되었다.

한편, 정치적으로도 할 일이 있었다. 미국 공사 영(John R. Young)은 1882년 봄, 조선과 미국 간에 체결되었던 수호통상협정의 비준을 받기 위해서 나타났다. 그와 동시에 오스트리아의 총영사 폰 하스(von Haas)가 통상을 제의해 왔다. 그리고 러시아 영사도 통상을 제의해 왔다. 더욱이 매일같이 많은 젊은이들이 조선의 해관직을 신청해 왔다.

아시아인의 느릿느릿한 성향 때문에 남편은 몇 천 번이나 방해를 느꼈는데, 조선에 귀국하려고 서둘렀을 때는 그만큼 더하게 느껴졌다. 3월의 어느 날 일기에서 그는 다음과 같이 쓰고 있다.

> 힘껏 일을 하는 데도 불구하고 여러 가지 사업은 아시아인의 느릿느릿한 성향 속에서 진행되고 있다. 내가 조선으로 돌아갈 수 있도록 마무리되기까지는 앞으로도 며칠 더 기다려야 한다. 상쾌하고 신선한 조선의 산공기를 나는 무척 좋아한다. 상해는 아직도 예전처럼 그렇게 바람이 심하고, 날씨 또한 건강에 좋지 못하다. 교섭과 상담이 매일같이 그칠 새가 없다.
>
> 모든 일이 잘 되고 있다. 조선으로 가져갈 돈도 가지고 있고, 오늘이나 내일 가운데 광산과 해관 직원에 관한 계약만 결정하면 된다. 따라서 모든 일

이 잘 된다면 수요일 저녁 홍신호로 떠날 수 있다. 이화양행이 기선을 정기적으로 조선에 취항시키는 용기를 가져 주길 기대한다. 조선에 다시 돌아간다는 것은 진정으로 기쁜 일이다. 물론 할 일은 많지만, 이곳에서처럼 그렇게 성가시지는 않다.

일을 해 나가면서 많은 사교상의 의무가 있었다. 남편은 물론 유럽의 거류민들 전체를 알았으며 많은 사람들과 교분을 맺고 있었다. 게다가 끝없는 중국식 만찬을 치러야 했으므로 병이 날 지경이었다. 남편은 상해를 떠나기 전에 천진에 있는 우리에게 전보를 쳐 상세한 소식을 보내 왔다.

드디어 4월 7일, 사신 일행은 홍신호를 타고 상해를 떠났다. 쾌청한 날씨와 순조로운 항해를 한 뒤에 9일엔 벌써 조선 땅을 볼 수 있었고, 곧 이어 상륙했다. 한 관리가 횃불을 들고 그들을 맞이했다. 민영익이 앞서 말을 타고 급히 왔으나 그들은 인천에서 그날 잠을 자야 했다. 이번 여행에서 얻은 만족스러운 결과를 가지고 남편은 4월 10일 다시 상경했다. 왕이 그에게 하사한 집이 새로 단장되어, 그가 도착한 지 이틀 뒤 박동으로 이사했다. 이에 대해 남편은 다음과 같이 쓰고 있다.

완전히 조선식의 건물이었지만 아주 큰 집이고 매우 쾌적하다. 모든 것이 새로 단장되었는데, 바닥은 융단 대신에 녹색의 직물이 깔려 있고, 기둥들은 붉은 종이에 금박으로 써넣은 금언들로 장식되어 있다. 벽에는 커다란 조선 그림이 걸려 있고, 종이 창문 앞에는 담자색 커튼이 쳐 있다.

실내 장식이 우리의 관념으로는 퍽 놀랍고 설명하기 어려우나, 유럽식 세간과 더불어 매우 안락함을 주었다. 유감스러운 것은 키가 큰 사람들은 몸을 구부리고 다녀야 할 만큼 천장이 낮은 점이고, 또 하나는 어디고 문턱이 높아 올라가거나 뛰어넘어야만 하는 점이다. 그러나 놀라울 만큼 빨리 이런 모든 것에 익숙해졌다. 왜냐하면 모든 것이 말끔하고 깨끗하게 만들어져 있기 때문이었다.

본래 두 채의 집으로 이루어져 있는 본채 앞에는 넓은 빈터가 있었다. 뒤에 남편은 여기에다 테니스 코트 하나와 넓은 정원을 만들었다. 살림하는 집 바로 가까이에 창고와 주방, 그리고 하인들이 거처하는 행랑채가 있다. 본채 이외에도 역시 안채, 부엌, 행랑채가 들어서 있는 두 번째, 세 번째, 그리고 네 번째 집들이 있다.

이 건물들 가운데서 한 곳을 사무실로 만들고, 다른 한 곳은 서재로 이용했으며, 나머지 건물은 찾아오는 손님이나 조선을 여행하는 손님들을 위한 방으로 꾸몄다. 왜냐하면 무렵 조선에는 호텔이 없었기 때문이었다. 건물들이 들어서 있는 모든 저택은 각기 담으로 둘러싸여 있었다. 뒤에 남편은 건물을 여러 차례 변경하고 개조했다. 정원을 만들려고 일본에서 정원사를 한 명 불러 왔는데 일본인들은 정원 꾸미기와 화초 가꾸기에는 아주 특별한 재능을 지니고 있기 때문이었다. 곧 젖소를 간리할 외양간지기도 상해에서 데려왔다.

4월 말, 남편은 일본 공사와 함께 외국인 거류지와 관련된 일로 인천으로 가야 했다. 여행에서 돌아온 뒤, 왕으로부터 해관의 전권을 하명받았다. 그는 해관총세무사가 된 것이다. 이에 대해서 그는 다음과 같이 쓰고 있다.

> 오늘 기선 편으로 나의 임명 소식을 상해로 보냈다. 내가 지금 가지고 있는 책임이 막중해서 때때로 그것이 나를 짓누른다. 어쨌든 내가 지닌 능력 이상의 것을 수행할 수는 없다. 2~3일 뒤, 나는 동해안의 항구인 원산에 가 보려고 한다. 원산은 여기서부터 4~5일 정도 걸리는 거리에 있다. 거기서 돌아오게 되면 상해에서 모든 고용인들과 이화양행의 책임자가 기다리고 있을 것이다. 그런 다음 한두 주일 정도 교섭해야 하며, 그 뒤에는 남쪽의 부산항으로 가야 한다. 모든 항구의 설치가 6월 말까지 마무리되기 바란다.

해관 규칙의 완성, 일본 공사와 총리아문(總理衙門)의 직원들과 또 다른 사람들과의 협의 등으로 남편은 무척 분주했다. 그는 그에 관해 다음과 같이 쓰고 있다.

> 모든 일이 잘 진척되고 있다. 반대하는 사람은 어디에나 있는 법이고 또 이곳에도 있지만, 내 일을 크게 방해할 만큼 강력하지는 못하다. 밝고 근심 없는 미래를 향한 확실한 성공을 기대하며 일하지 않는다면, 이토록 오랜 시간을 내 가족과 헤어져 있는 것을 견디기란 어려우리라.

5월 1일 민영익이 와서 남편에게 부동산 증여 증서를 건네주었다. 여러 가지 사정들을 해결하는 데 필요했던 국토를 가로지르는 몇 차례의 여행에서 삼남 지방의 관찰사들이 1품이나 2품의 관리들에게 바쳐 왔던 공물 진상을 남편도 했다.

4월 25일부터 27일 사이에 남편은 일본의 거류지에 관한 문제로 일본 공사와 함께 인천에 체류했다. 이 협의에서 자세한 통상 및 세율 협정의 결정을 보았다. 그것은 커다란 정치적 성공으로 기록되어야 할 것이다. 왜냐하면 중국 상인들이 관세 지불의 문제에 곧 큰 어려움을 주었던 것과 같이 일본이 조선에서 지니고 있는 그들의 위치로 보아 과연 조선에 관세를 지불하려 할 것인가 하는 것이 지극히 의심스러웠기 때문이었다. 남편은 편지에서 다음과 같이 적고 있다.

> 통상 규약과 세율에 관련하여 일본과 체결한 계약이 25일 저녁 6시에 서명되었소. 나 혼자서 거의 모든 책임을 맡다시피 했기 때문에 일은 무척 많았으나 세상 사람들이 이번 일을 어떻게 받아들일는지 확실치 않구려. 나의 주된 임무는 무엇보다도 일본 사람들에게 그러한 협약을 체결하도록 설득시키는 것이 그 본질이었소. 이 협약의 결과는 전반적으로 일본의 호로 이

뤄졌소. 잘 된 일인지 아니면 그저 그런지 나로서는 상관이 없소. 그 수고스러운 일을 끝낸 것이 정말 기쁠 뿐이오. 이 규약은 11월 3일에 그 효력을 발생한다오.

남편의 주된 관심은 민중의 교육을 고양하고 생산 능력이 있는 산업을 창출하는 것이었다. 왜냐하면 조선이 독립하려면 이 두 가지가 가장 효과적인 방법이라고 그는 생각하고 있었기 때문이었다. 그렇게 때문에 지하자원을 개방하는 일이 열심히 진행되었다. 조선에는 석탄·철·납·동·금·은이 풍부하게 발견되었다.

남편의 권유로 조선의 광물 자원을 연구하고, 조선 국토의 지질 연구를 위해, 1883년 8월 킬대학의 지질학 교수인 곳체[13] 박사가 도쿄대학으로부터 파견되어, 부인과 함께 왔다. 그는 도쿄대학의 초빙에 응해서 그의 대학에서 2년간 휴가를 얻어 도쿄에 있던 중이었다. 그는 두 차례의 탐사 여행을 했는데, 첫 번째 탐사는 경기도·강원도·경상도·전라도·충청도를 거쳐 서울로 돌아왔다.

두 번째 탐사 여행은 황해도·평안도·함경도로 해서 서울로 돌아왔다. 이 여행의 보고서에서 그는 자신의 조사 결과가 조선에 기여하기를 원했다. 그 보고서는 조선의 광산법이 공포되면 곧 조선에서 광산을 개발하거나 개발하고자 하는 모든 사람들에게 필수적인 안내서가 될 것이다. 이 보고서는 중국어와 영어로 출판될 것이다.[14]

---

13) 곳체(Karl Gottsche) : 알토나에서 출생. 자연과학 특히 고생물학을 전공함. 1878년에 뮌헨대학에서 박사학위를 취득하고 1880년 8월 4일 이후 킬대학 강사로 활동. 1881년부터 1884년 부활절까지 정부로부터 일본 도쿄제국대학의 교수직 제안을 받고 재직함. 1884년 4월 1일자로 한국에 있는 독일 공관의 초빙을 받아 한국의 사용 가능한 지하자원 보유 상태를 조사하였으며 1884년 4월에 독일 브레멘 지리학회의 권유로 1884년 가을까지 일본의 남방에 위치한 보닌도를 탐색했음.

14) 이에 관한 자세한 내용은 다음의 기록을 참고할 것. 러시아대장성(편), 김병인(역), 『구한말의 사회와 경제』(원제 : 『한국지』)(서울 : 유풍출판사, 1983), pp. 93ff.

8월에 유리 공장이 한 곳 개설되었다. 이것은 예전에 번영했던 조선의 도자기 산업을 부활시키는 발단이 되었다. 몇 세기 동안 풍성하고 비대한 땅, 조선을 탐욕스럽게 바라보았던 일본인들은 1600년경에 무력 침략을 해 왔다. 그들은 중국에 의해 격퇴되었으나 퇴각하면서 조선의 모든 도자기 기술자들을 강제로 납치했기 때문에, 그 이후 조선에는 도자기 산업이 존재하지 않게 되었던 것이다. 또한 교통의 개선과 농업의 개량이 남편의 마음에 몹시 걸려 있었는데 이 두 부분은 극히 원시적이었다.

지금가지의 극히 번거로운 통화 제도의 상태에서 새롭고 보다 간단한 통화 제도를 도입했으며, 새로운 화폐의 주조 기계를 독일에 주문했다. 1884년 11월 우정국이 창설되었고 최초의 우표가 발행되었다. 또한 외국과의 통신 왕래를 위해 전신선의 설치가 시작되었다. 대마, 연초, 그리고 아마(모시), 이 세 가지는 모두 조선 내에서 탁월한 품질을 지니고 잘 자라는데, 특히 아마는 어떤 다른 나라의 것보다도 우수했다. 이 세 가지의 산물은 매우 매력 있는 수출품이 될 수도 있을 것이기에 그 재배가 장려되었다.

국민 교육을 실시하기 위해 남편은 부단히 노력했다. 1883년 봄, 그에 관한 기본 방침이 완성되었다. 1천만 인구에 필요한 8백 개소의 초등학교, 84개소의 중등학교, 그리고 수도에는 자연과학, 어학 및 공업을 위한 전문학교를 설립해야 했다. 이미 여름에는 영어 교사 핼리팩스(Halifax)가 기선편으로 왔다. 그는 가족과 함께 새로 설립된 학교에 부임했다. 남편은 또한 이러한 다행한 성과를 다른 곳에서도 발전시킬 수가 있었다. 그 내용은 다음과 같이 1883년 여름의 편지 구절에서 보여주고 있다.

> 요즈음 나는 고요한 승리감에 잠겨 있기는 하지만, 그것은 사실 커다란 기쁨이었소. 지난해의 정치범들 가운데서 8명의 고위직 관리들이 사형 선고를 받게 되었는데, 그들에게 스스로 목숨을 끊으라는 판결이 내렸다오. 이것으로써 모든 정치적 반란은 종식되었소. 옛날의 법률에 따르면 그들의

가족 모두에게도 유죄 선고가 내려져 사내아이들은 노예가 되고, 딸이나 부인들은 관비가 되었다니 참 놀랄 일이 아니겠소!

나는 가족들이 함께 선고받지 않으며, 특히 여자들이 매음하지 않도록 하는 법을 관철시켰소. 왕이 나의 청원을 받아들여 그 법을 폐지했던 것이라오! 국민들은 길가에 나와서 나에게 감사했으며, 최근에는 도처에서 많은 갈채로서 나를 맞아 주었다오. 국민들은 나에 대한 기대가 컸던 것 같아 보였고, 거의 매주마다 나에게 조선 행정의 두통거리를 알려주면서 가능하면 나의 영향력으로 어떤 변화를 가져다 달라는 투서들이 쇄도하고 있소.

나는 내 위치가 정말 대단하다고 생각하오. 좌우에는 싸워야 할 일도 있고 화낼 일도 있지만 그런 것은 어디에나 있는 법이오. 나의 위치는 나 자신을 유용하게 쓸 수 있는 기회를 부여하고 있소. 민영익과 나는 이방진의 아버지를 구해 주었다오. 어느 날인가 40년 전부터 이곳에 숨어살고 있던 한 천주교 선교사로부터 편지 한 통을 받았는데, 나는 라틴어로 회답을 보내어 형편이 되는 대로 그를 만나 보겠다고 했소.

대외 정책에 관한 기본 노선은 조선이 몇 세기 동안이나 중국의 속국이었던 만큼 중국에 대한 국법상의 관계를 통해서 정해졌다. 조선은 대내적인 독립을 향해 조심스럽게 노력하고 있었다. 그러나 국제 무대를 향한 전진은 전혀 없었다. 어떻든 이러한 상황은 언제인가 만날 수밖에 없었던 시발점에 불과했다. 이제 조선에 그 계획을 세워 놓고 서로 각축을 벌이는 열강들의 이해 관계 속에서 그러한 종래의 노선을 대내적으로 유지하기란 항상 쉬운 일이 아니었다.

300년 전부터 일본은 조선의 숙적이었다. 일본의 정치는 서구화와 더불어 제국주의화되어 갔다. 지난번 1882년 봄에 있었던 조선의 혁명[임오군란] 이래로 일본의 영향은 뚜렷이 강해졌다. 일본은 자기 나라의 공관을 보호할 권리가 있다는 이유로 수도 서울에 수비군을 주둔시켰다. 신분이 높은 조선 사람들 사이에는 많은 친일파가 있었다. 일본의 영향에 못지않게 크게 작용한 것은 청국이었으며 청국 또한 조선 안에 수비군을 주둔시키고 있었다. 그 무렵 청국군은 원세개 장군의 지휘 아래 조선에서 복무하고 있었다.

청국이 자기의 예속 국가가 위급한 상황에 놓일 때, 과연 일본으로부터 보호해 줄 수 있을 것인지, 당시의 정세를 볼 줄 아는 사람에게는 매우 회의적으로 여겨졌다. 따라서 이러한 이유로 조선이 청국 이외에 어떤 다른 힘에 의지해야 한다고 남편은 처음부터 분명한 생각을 가지고 있었다. 그때 상황을 감안하면 그것은 러시아가 틀림없었다. 러시아의 세력은 중국과는 정상적인 관계를 유지하고 있었고, 그들의 국경이 태평양까지 뻗은 이래로 일본과는 스스로 적대 관계가 되었다. 그러므로 러시아의 가장 큰 관심은 조선이 자주국이 되어 자기 나라와 일본 사이에 하나의 완충국으로 존재하게 하는 데 있었다. 열강들 가운데 그 어떤 국가도 이 역할을 떠맡을 수는 없다.

미국이 아마 그것을 기꺼이 할지도 모르나, 거리가 너무 멀 뿐만 아니라 군사력도 충분치 못하다. 프랑스는 인도지나로의 팽창을 기도하고 있으므로 중국과는 적대 관계에 있다. 더욱이 1885년에는 전쟁까지 유발했다. 독일은 아직도 국제 정치에서 아무런 역할도 하지 못했다. 영국은 서남아시아 문제에서 러시아의 적대국으로서 일본과는 본래부터 동맹국이었다.

그러나 물론 러시아를 우대하는 것 같이 보이는 어떤 일도 조선에서 일어날 수는 없었다. 엄격한 중립 상태에서 모든 국가에 동등한 대우를 하는 것이 최상의 방침이어야만 했다. 우선 열강들과의 조약을 체결시켜야만 했다. 조선의 정치를 위해서는 각국 사신들의 계속되는 체류가 청국과 일본의 충돌 속에서 하나의 큰 안심을 주었던 것이다.

1883년 5월, 아시아의 열강에 속하지 않은 최초의 서방 대표로서 미국 공사 푸트[15]가 이미 1882년 봄에 맺어진 바 있던 한미수호통상조약의 비준을

15) 푸트(Lucius H. Foote : 1826~?) : 한국명은 복덕. 캘리포니아주 판사. 칠레 주재 영사를 거쳐 1882년 초대 조선 주차 미국 공사로 부임하여 한미수호통상조약 비준서를 교

얻고자 대규모의 수행원을 이끌고 서울에 도착했다. 성대한 환영식이 베풀어졌다. 미국의 공사와 공사를 태우고 온 배의 선장은 남편의 박동 집에 머물렀고, 나머지 10명은 남영에 있는 아문에 기거했다. 조약 비준서의 교환이 협의되었으며 남편이 이 일의 주요 업무를 맡아보았다. 왜냐하면 모든 것을 혼자서 번역해야 했기 때문이었다.

5월 19일, 경사스러운 비준 교환식이 있었다. 20일에는 왕의 알현식이 있었다. 그 일에 관해 남편은 다음과 같이 쓰고 있다.

> 모든 일이 매우 훌륭하게 조정되었으며, 모든 것이 순조롭게 진행되었다. 왕을 알현하자 왕은 나에게 그 동안의 모든 노고에 대해 특별히 치하했다. 아무튼 조선 사람들은 나를 특별히 대우해 준다. 정말이지 내가 밤낮을 가리지 않고 일해야 했던 요즘 며칠 동안, 사람들은 나를 소중히 대접해 주었다. 미국 공사는 그의 부인을 데리고 왔는데 그때까지도 그들은 그들이 타고 온 군함에 그대로 머물러 있었다. 며칠 뒤에 는 상륙하겠지만, 아무튼 그들의 집이 보수될 때까지는 내 집에서 기거하게 될 것이다. 두 사람 모두 퍽 우호적이다.

저녁에 아문에서 축하 만찬이 열렸다. 모두 24명이 참석했는데 일본 공사(다케조에 신이치로)도 와 있었다. 모두들 매우 즐거워했다. 21일에 후트의 하직 방문이 있었다. 그리고 미국 공사는 구입한 집을 다시 한 번 둘러보았다. 저녁에 남영에서 한 번 더 축하 연회가 열렸다. 다음날 미국 공사는 그의 참모들과 함께 떠났다가 며칠 뒤 그의 부인을 데리고 서울로 돌아왔다.

그러나 미국 공사가 6월 2일, 그의 부인과 참모들을 대동하고 앞으로 계속 체류하고자 서울에 도착했을 때, 그의 집은 아직도 수리가 끝나지 않았었다. 그래서 집의 설비가 끝날 때까지 며칠간은 남편의 집, 박동에서 살아

환했다. 그 뒤 미국 정부의 대한 정책이 냉담해짐에 따라 이를 사직하고 귀국했다.

야 했다.

남편이 대단치 않은 병으로 며칠간 쉬는 동안에, 미국 공사는 조선의 사신을 미국에 파견토록 왕을 설득하는 데 성공했다. 물론 남편은 이에 대해 매우 불쾌히 여겼다. 이러한 일을 겪고 나서 남편은 "미국 공사가 내가 아픈 틈을 그렇게 이용하다니 야비하다"고 기록하고 있다. 이곳에서 처음으로 남편은 그의 지위가 훗날 그토록 어려웠고, 결국엔 불가능하게 되었던 것을 예견케 하는 하나의 작은 징조임을 감지했다.

그는 모든 열강이 한결같이 새롭게 문호를 개방한 나라에서 최대한의 이익을 끌어내려고 가능한 한 최대한의 영향력을 회복하려는 그들의 탐욕스러운 이기심을 볼 수 있었다. 파견된 사절단이 결정되었다. 외국에 나가 보기를 원했던 민영익이 그 단장으로 결정되었다. 미국인들은 조선 사람들에게 극히 우호적이었고, 심지어는 귀국할 때에는 미국의 배까지 제공하겠다고 했다.

남편은 "우리의 집과 정원은 아주 아름다우며, 놀랄 만큼 경치가 좋은 곳이라오. 날씨는 대체로 맑으며, 늘 푸른 하늘을 볼 수 있다오."라는 편지를 보냈다. 이 편지를 받고 나서 나는 시누이와 두 살 반 된 아이 그리고 2개월 난 아기를 데리고 청국에서 조선으로 여행을 할 채비를 차렸다. 지부에서 우리는 이화양행의 기선이 조선으로 갈 것이라는 전보를 받기까지 한 달간이나 기선을 기다려야 했다. 그런 뒤에 이화양행 소속의 기선 남경호를 타고 상해로 향했는데, 이는 아마도 군함이 아닌 배로는 최초로 조선의 해안으로 가게 되는 배였을 것이다. 배는 무사히 우리를 건네주었다.

아름다운 가을날, 우리는 제물포항에 도착했다. 편편하게 생긴 납작한 거룻배를 타고 뭍에 오르기란 쉬는 일이 아니었는데, 모든 배의 시설이 상당히 원시적인 상태였기 때문이었다. 선장 슐체와 부선장 스트리플링 씨 등이 우리를 매우 친절하게 맞아 주었으며, 또 고맙게도 우리를 계속 도와주었다. 그들은 제물포 언덕 위에 있는 한 조선식 초옥에 조그만 거처를 마련해

주었다.

작은 마당에는 이미 우리를 태우고 갈 5대의 가마가 준비되어 있었다. 가마는 대나무 줄기와 버팀목으로 만들어진 비엔나식 의자였고 겉은 온통 한지로 덮여 있었다. 조선에는 다른 종이가 없었다. 이밖에도 작은 말이 준비되어 있었고 소들도 있었다. 게다가 우리가 6명이나 되는 청국인 하인들을 데려왔기 때문에 많은 짐들이 실려 있었다. 이 하인들은 유모와 2명의 요리사, 심부름꾼, 세탁부, 그리고 재단사였다.

우리의 육로 여행은 뜨거운 햇볕을 피해 밤에만 하게 되었다. 많은 조선 사람들이 우리 주변에 서 있었다. 횃불과 달빛 아래서 낯선 복색을 하고 있는 그들의 모습이 우리에게는 기괴하게 보였으며 또 강도 같아도 보였다. 물론 우리가 그들을 신기하게 본 것처럼 그들 편에서도 역시 우리가 기묘하게 보였던지 아주 큰 소리로 서로 얘기하고 소리를 지르면서, 호기심이 가득한 눈으로 우리를 바라보았다.

그러나 우리를 안심시키려고 남자 두 명이 우리를 호송해 주었는데, 그들은 여행을 마칠 때까지 내내 우리에게 매우 극진히 대해 주었다. 우리의 행렬은 밤 10시에 움직이기 시작했다. 선두에는 한 젊은 해관 관리가 말을 타고 가고, 그 다음에 짐을 실은 말과 소들, 그 다음에는 여덟 명의 남자들이 메고 가는 가마들, 그리고 끝으로는 스트리플링 씨가 있었다. 길 양편으로는 역청 횃불을 들고 늘어서 있는 일단의 노동자들이 있었다. 그들은 횃불을 위 아래로 흔들며 갔다.

모든 곳이 달빛 아래서도 매우 신선하고 푸르게 보였다. 우리는 숲이 우거진 언덕과 상쾌한 들판이 있는 아름다운 지대를 통해 갔다. 그것은 퍽 자극적인 인상을 주었다. 휴게소에 있을 때 조선 사람들은 호기심을 품고 그들의 초가집에서 나왔다. 우리가 아침 5시, 아침 식사를 했을 때는 구경꾼들 때문에 어찌할 바를 몰랐다. 전체의 광경은 대체로 오페라 "마탄의 사수"에 나오는 집시의 야영지 같은 인상을 주었다.

여행은 곧 계속되었다. 사람들의 왕래를 보고서 사람들이 거주하고 있는 지역에 왔다는 것을 알게 되었을 때까지 다른 일은 없었다. 그런데 그때 우리 쪽으로 짐을 싣고 가는 소들이 다가왔다. 커다란 인피 모자를 쓰고 희고 긴 옷을 입은 조선 사람들이 끌고 가는 것이었다. 그들을 보니 성경에 나오는 야곱, 이삭, 아브라함 등의 모습이 생각났다. 왜냐하면 그들은 정말로 선조의 관습대로 위엄 있는 큰 걸음으로 다가왔기 때문이었다.

드디어 널따란 모래사장을 지나자, 곧 도시가 시야에 들어왔다. 강가에는 군인들이 나와 있었으며, 우리의 가마는 배로 옮겨 강을 건너갔다. 그러나 강 건너편에는 우선 배가 뭍에 댈 수 있도록 강변에 떼 지어 있는 사람들을 물러나게 해야만 했었다. 몇 천 명의 사람들이 호기심이 가득하여 우리를 바라보았다. 모두가 흰색이나 남색, 또는 녹색의 긴 옷들을 입고 있었다.

그들은 우리의 가마로 달려와, 도시 중심가에 있는 박동에 도착할 때까지 아마 한 시간 이상이나 우리를 떠나지 않았을 것이다. 도시의 주민은 대략 40만 정도가 되었는데, 우리가 괴물이기라도 하듯 우리를 보려고 정말이지 40만 명 모두가 나와 있는 것 같았다. 알록달록한 옷을 입고 있는 그들은 그들이 우리를 이상하게 보던 바와 마찬가지로, 우리들 편에서도 흥미롭게 보였다.

우리를 환영하는 뜻으로 국왕 부처는 많은 식품을 하사했다. 그것들은 닭, 달걀, 건어물, 꿀, 그리고 아주 맛있는 과일 등이었다. 며칠 뒤, 몇 명의 궁녀들이 국왕 부처의 하명을 받아 우리에게 문안 인사를 하러 왔다. 일단의 상류층 조선 사람들도 방문해 왔으며 선물을 가져왔다. 백성들과 마찬가지로 그들 역시 진기하게만 보였고 우리도 그들에게 그렇게 보였다는 것을 모두가 알 수 있었다.

도착한 지 몇 주일 지나자 우리는 궁궐로 들어와 왕과 왕비를 알현하라는 하명을 받았다. 왕과 왕비, 왕세자는 우리를 극진히 영접했으며, 우리에게 증서 한 장을 내주었다. 그것은 우리가 위급하고 곤경에 처하게 될 때면 언제든지 국왕 부처에게 보호를 구할 수 있는 자격을 주는 것이었다. 왕비는 극히 호감을 주는 인상이었으며, 매력적이고 퍽 섬세하며 온정이 가득한 모습인데다가 지적이기도 했다.

10월에 남편은 업무 차 부산으로 갔다. 그러나 조선에는 남경호 이외에는 기선도 없고 통신 시설도 없었으므로, 우리는 그가 가 있는 동안 어떤 소식도 서로 전할 수가 없었다. 바로 이때 많은 사건들이 일어났다. 우리를 보호해 주려고 서울에 와 있던 거빈스 씨가 정신병에 걸렸다. 남편이 돌아와서 그 가련한 거빈스를 남편이 타고 왔던 남경호에 태워 상해로 보낼 때까지, 우리는 놀라고 흥분했던 몇 주간을 지내야 했다. 그 뒤 거빈스는 곧 세상을 떠났다. 그의 죽음은 남편에게는 쓰라린 손실이었다. 왜냐하면 그는 남편과 몇 년 동안 무척 가까운 우정으로 맺어진 사이였기 때문이다.

또 한 가지는 남편이 없는 동안에 조선에서 상거래를 맺어 보려고 처음으로 비단 장수들이 왔던 일이었다. 그런데 그들 가운데는 쥬낭이라는 이름을 가진, 상해에서 건너온 프랑스인이 있었다. 사람들은 그에게 "이 나라에서는" 호신용 무기를 소지하고 있어야 한다고 충고했기 때문에 그는 장전된 권총을 한 자루 지니고 다녔다.

제물포에서 서울까지는 12시간이 걸리는 거리이다. 그는 가마를 타고 이 길을 가고 있었다. 그런데 도중에서 그만 그의 총이 발사되었다. 이때 불행하게도 맨 앞의 가마를 메고 가던 가마꾼의 허벅다리에 중상을 입혔다. 놀란 조선 사람들은 부상자를 가마에 태웠고 쥬낭은 내려서 걸어가야만 했었다. 흥분하고 호기심에 가득 찬 몇 백 명의 조선 사람들이 그들을 따라왔으며, 일행은 밤늦게 박동으로 우리를 찾아왔다.

당시까지만 해도 조선 사람들은 외국인에 대해서 좋지 않은 인식을 가지고 있었기 때문에, 이 사건은 나쁜 결과를 가져 올는지도 몰랐다. 다행스럽게도 우리는 곧 일본 공사관의 의사를 부를 수 있었고, 그는 새로 지은 것이긴 하지만 아직은 매우 원시적인 일본 병원으로 부상자를 데려가, 치료하는

데 성공했다. 그 일에 대해서는 더 이상의 문제들이 일어나지 않았다.

같은 해 여름, 최초의 독일 함부르크의 마이어 상사의 대리인인 볼테르 씨가 처음으로 무역 거래를 개시하려고 서울에 왔다. 그는 뒤에 자기 자신의 상사를 제물포에 개설했다. 10월 말에는 독일과 영국의 대표들이 조선과 조약을 맺으려고 도착했다. 독일 측에서는 총영사 차페[16]가 일본에서 왔으며, 영국 측에서는 파크스 경[17]이 왔다. 그들은 폭풍우 흠뻑 젖은 채 제물포로부터 12시간을 여행하여 밤늦게 울로 돌아왔다.

독일의 대표와 몇몇의 장교들은 박동의 우리 집에서 묵었으며, 파크스 경과 그 수행원은 아문에서 묵었다. 독일의 대표를 태우고 왔던 배는 선장 헤르비히의 지휘를 받고 있던 병선 라이프치히호였다. 그러나 큰 배들이 한강으로 올라올 수 없었기 때문에 라이프치히호도 그냥 제물포에 정박해 있어야만 했다. 오랫동안 격렬한 논쟁 끝에 비로소 조약이 성립되었다.

특히 영국과의 협의는 힘든 일이었다. 이 사실은 파크스 경의 전기에서 확인될 수 있다. 파크스 경은 아주 쉽게 흥분해 버리는 사람으로, 영국인이라는 자부심에 차 있었기 때문에 이 작은 국가인 조선과의 조약 조건들을 마음대로 정할 수 있다고 믿고 있었다. 이것 때문에 남편은 언젠가 아무 말도 하지 않은 채 회의장을 떠나기도 했었다.

11월 25일, 아문에서 정치적인 주요 인사들이 참석한 가운데 성대한 만찬을 베풀어 조약 체결을 축하했다. 나머지 사람들은 박동의 우리 집에 있었다. 헤르비히 선장은 이 축제를 위해 라이프치히호의 악대를 서울로 보냈다. 만찬은 우선 악대의 연주로 시작되었다. 손님은 모두 자리를 잡고 앉아,

---

16) 차페(Karl E. Zappe : 1843~1888) : 프러시아의 해군 · 외교관, 런던 그린위치 해군대학에서 국제법 전공, 항해사가 되어 왕립 서인도기선회사에 취직하여 청국을 왕래하면서(1864~1869) 외교관으로 변신하여 상해(1870~1871), 요코하마(1871~1975), 에도(1875~1997)에서 활약, 1883년에 한독수호통상조약을 체결함.

17) 파크스 경(Sir Harry Parkes : 1828~1885) : 영국의 동방 전문 외교관, 샴(1855)에 진출한 뒤 광동(1860)과 상해를 거쳐, 일본 주차 공사(1865~1884), 중국 공사(1883~1885)를 지냈으며 한영수호통상조약을 체결했다.

음식을 기다리고 있었다. 그런데 음식은 좀처럼 들어올 줄을 몰랐다. 마침내 남편은 지체되는 이유를 알아보려고 밖으로 나갔다.

거기에는 김이 나는 접시와 그릇을 손에 든 채로 놀라움으로 꼼짝 못하고 조선의 하인들이 서 있었다. 그들은 음악에 귀를 기울이느라고 시중드는 일을 그만 잊고 있었던 것이다. 다른 날, 이 군악대는 박동 우리 집의 넓은 정원에서 연주하게 되었다. 색색의 긴 옷을 입은 조선 사람들이 주변에 있는 그들의 낮은 지붕 위로 올라가 듣고 있었다. 그들은 그러한 낯설고 새로운 경이로움에 놀라움과 경악으로 거의 굳어 있었다.

1884년 봄, 조선과 조약을 체결하고자 러시아 대표가 입국하기를 기다리고 있었다. 남편은 이 조약의 체결을 매우 원했다. 왜냐하면 그는 조선 안에 강대국들이 많이 있으면 있을수록 그만큼 더 조선은 일본이나 청국의 영향으로부터 독립할 수 있다고 생각했기 때문이었다. 조선이나 자기 자신에게 아무런 해를 끼치지 않고서, 온갖 종류의 개인적 또는 정치적인 모략을 스스로 극복한다는 것은 그렇게 쉬운 있이 아니었다.

그러한 모략이란 청국인이나 조선 사람들이 어떤 경우에는 개인적으로, 또 어떤 경우에는 정치적인 동기로 조선에서 그들의 주도적인 영향력을 장악하려 획책한 것이었다. 남편은 중국의 속국으로서 이렇게 이끌려 온 테두리 안에서나마 조선의 자립을 위해 굳은 입장을 고수했다. 그리고 이 때문에 많은 사람들에게는 눈엣가시가 되었다. 1884년 4월부터 7월까지의 편지들은 그것에 관해 많은 것을 알게 해 준다.

> 나는 다시 한 번 위기를 넘겼는데, 청국인들, 특히 그 늙은 진수당[18]은 나

---

18) 진수당(陳樹棠 : ?~?) : 중국 청말 외교관. 초대 주한 상무위원. 1882년 10월 조선과 청국이 체결한 조청상민수륙무역장정에 따라서 이홍장의 추천으로 초대 주한 상무위원으로 파견하였다. 1883년에 총판조선상무위원으로 임명된 그는 한성에서 정식으로 근무 시작하여 1885년 9월에 경질되었다.

를 실각시키려 했었다오. 이제는 다 지나간 일이고 모든 것이 다시 정상이 되었소. 일본인들은 이번에 아주 우호적으로 열심히 중재해 주었소. 그들은 나를 그냥 놔두라고 노골적으로 요구했으며, 그렇지 않으면 예전의 사정은 파탄을 면치 못할 것이라고 했소.

내가 왕의 전적인 신임을 받고 있다는 사실을 보여 주는 것으로 나는 외부의 참판이 되고 의정부의 의원이 되었다는 점을 들 수가 있지요. 파크스 경과 마찬가지로 청국인들도 더 이상 계속 음모를 꾸밀 수는 없을 것이오. 카놋사의 굴욕[19]과 같은 천진에서의 생활을 겪은 뒤에 올해에도 또 이런 일을 겪었다오. 파크스와는 정식으로 대결했소.

그러나 그는 이제 여러 모로 나를 지지해 주고 있소. 어떤 경우에는 나를 지지하는 것이 최선이라는 것을 스스로 파악했을 것이고 또 어떤 대는 아마 이화양행 사람들이 그에게 그들의 이익을 충심으로 권고하기도 했을 것이오. 나는 이러한 현상을 기뻐하오. 왜냐하면 내가 마땅히 일을 해야 하고 또 자유롭게 활동해야 하는데, 혼자서 늘 싸움만 하고 있을 수는 없는 노릇이기 때문이오.

파크스는 오늘 아문에서 있었던 연설에서 나에 대해서 퍽 좋게 말해 주었소. 러시아의 대표 웨베르[20]가 지금이라도 이곳에 올는지 모른다오. 러시아와의 조약은 매우 바람직하오. 외세가 조선에 대표부를 두고자 하면 할수록 그만큼 더 우리는 청국과 일본의 영향으로부터 독립할 수 있는 가능성이 높아질 것이오.

나는 독일에 가고 싶으며, 쉬고 싶고, 비록 잠깐일지라도 정치적인 일들

19) 카놋사의 굴욕 : 1077년 독일의 황제 하인리히 4세(Heinrich Ⅳ)가 카놋사의 눈 속에서 3일 동안 빌고 나서야 교황 그레고리우스 7세(Gregorius Ⅶ)로부터 사면 받은 역사적 사실을 의미함.

20) 웨베르(Karl I. Waeber : 1841~1910) : 상트 페테르부르그대학 졸업. 제정러시아의 외교관. 천진과 북경에서 외교관으로 있다가 1884년 한국에 부임하여 1897년 멕시코 공사로 전보될 때까지 주한 공사, 총영사로 활약하면서 러시아의 남진 정책에 기여했다. 부인이 독일인이어서 독일 작센에 묻혔다. 처제가 그 유명한 서울의 근대식 손탁호텔의 주인인 손탁(Antoinette Sontag : 1854~1922) 여사이다.

을 모두 옆으로 치워 두고 싶소. 그러나 오랫동안은 그렇게 되지 않을 것이오. 나의 명예는 일과 너무 밀착되어 있고. 내가 쉴 수 있기 전까지 우선 이 나라를 좋은 대외 관계 속에 놓여 있도록 해야 하겠소. 정치적인 일대 쾌거를 통해서 나는 청국인들을 다시 내 편으로 만들어 놓았으며, 모든 것은 다시 우호적이고도 안정되어 있다오.

파크스 경은 아직도 이곳에 머물러 있으며 몹시도 나를 필요로 하고 있소. 왜냐하면 우리가 부산과 제물포에 대한 외국인 거류지를 해결해야 하기 때문이지요. 나는 왕과 여러 가지로 의논했으며, 여러 가지 장애를 타개하려면 총독을 만나야 할 것 같소.

음모와 공격에 항상 신경을 쓰는 것보다는 일하는 편이 훨씬 쉬운 것 같소. 반면에 나의 천진 행은 나의 일에 도움이 될 것이오. 그러나 나는 이곳에 영원토록 머무를 생각은 없소. 유럽인은 동양의 생활에는 정말 맞지도 않고, 또 결코 아시아인이 될 수도 없소. 4~5년이 지나 나의 일들이 어느 정도 정리되면, 나는 다른 사람에게 그 일들을 넘겨 줄 수 있을 것이오.

그러는 동안 이탈리아의 공사 드 루카가 도착했다. 어떤 곤란한 것도 제시하지 않았던 이탈리아와의 조약은 아문에서 협의되었으며, 22일에는 벌써 서명되었다. 그리고 다음날 왕의 인견이 있었다. 6월에 러시아와의 조약이 체결되었다. 이 조약 때문에 남편은 몹시 골머리를 앓았었다. 그는 다음과 같이 쓰고 있다.

이때 청국과의 관계는 매우 밀접한 사이였는데! 그러나 다행히도 조약은 성취되었다! 오늘 러시아 공사가 드디어 조약에 성공했다! 모든 일이 잘 되어 가고 있으며, 우리가 다행스럽게도 이 산을 넘게 된 것이 기쁘기만 하다. 청국인들은 이 조약이 시사하고 있는 가능한 결과들을 생각하고 이에 격분한 나머지 조선 사람들에게도 이것을 전파시켰다. 모든 것을 순조롭게, 그리고 조선 사람들이나 청국인들을 만족하도록 절충하는 데 성공하게 되어

> 대단히 기쁘다. 러시아 공사가 내일 출발한다. 그는 유럽으로 휴가를 떠나는데 나도 천진으로 가려고 지부까지 그와 동행한다.

많은 일을 끝낸 다음 남편은 휴양을 갈망했다. 그러나 휴양도 조선을 위하는 일로 보내게 되었다. 그는 다음과 같이 계속 쓰고 있다.

> 날이 더워지기 시작한다. 금년에는 여름 휴가를 가야겠다. 아마 산으로나 갈 수 있겠지. 그러나 만일 왕이 나에게 허락해 준다면 일본에서 화폐 제도나 광산 개발과 같은 부문을 두세 가지 공부하고 싶다.

그러나 그때 사정으로는 우선 총독을 만나기 위해 천진으로 가는 것이 필요했다. 7월 10일, 남편은 서울을 떠나 러시아의 대표와 함께 돛이 세 개 달린 쾌속 순양함 스코벨레프호를 타고 지부로 갔다. 그는 거기에서 하루를 묵은 뒤 천진으로 향했다. 스코벨레프호는 아주 멋있고 큰 배였다. 매우 친절하게도 선장은 남편에게 자기의 선실을 내주었다.

천진에서 남편은 도대의 아문에서 멀지 않은 곳에 있는 조선공사관에서 기거했다. 총독에게 가는 것이 어렵기는 했지만, 청국인들과 협상은 좋은 결과로 끝이 났다. 프랑스와 청국 사이에 가로놓인 절박한 전쟁 때문에 모든 관심은 그곳에 쏠리고 있었다.

인도지나제국의 건설을 기도하는 프랑스는 청국의 조공국인 안남의 북부를 점령했고 또 청국이 전쟁을 결정하지 않을 수 없도록 대만까지 점령해 버렸다. 청국의 개항장이 각국의 군함의 보호를 받고 있기는 했지만, 남편이 귀로에 자기에게 약속한 포함을 이용할 수 있는지는 불확실했다. 지부에는 네 척의 러시아 배가 있었다. 그런데 마침내 정말 청국의 포함이 와서 그를 조선으로 데려다 주었다.

9월에 조선으로 돌아온 그는 조선에서 갖가지 혼란과 분규를 보았다. 미국 공사가 다시 술책을 부려 한 미국 회사를 위해 이권을 요구했는데, 그것은 영국의 이화양행과 이해가 엇갈리는 것이었다. 이에 대해 영국인들은 분개했으며, 이 사건을 조정하려고 해리 파크스 경을 기다리고 있었다.

같은 해 7월에, 남편은 볼테르를 통해서 독일에 화폐를 주문토록 했다. 다시 하나의 진보가 있었는데, 그것은 조선에서는 최초의 작업으로서 독일제인 주조 기계를 도입한 일이었다.

10월, 서울에 주재할 독일의 대표인 젬브쉬[21] 대령이 왔는데, 이 일은 남편에게 큰 기쁨이 되었다. 왜냐하면 남편은 그의 정치적 식견에서 많은 것을 배우고 싶어 했고 또 그와 러시아의 대표가 자신의 지지자가 되어 주기를 기대했기 때문이었다. 남편은 러시아와 독일로써 청국이나 일본 및 미국과 균형을 이루게 할 생각이었다. 한편 독일의 대표가 남편과 협조하여 일을 처리해 나가도록 베를린으로부터 위임을 받아 왔으므로 남편은 이를 매우 기뻐했다. 왜냐하면 앞으로는 많은 일들이 보다 쉽게 되어나갈 것으로 생각했기 때문이었다.

남편은 청국과 일본의 사절들이 다투어 자신을 반대하는 선동적인 기사를 발표하여 몹시 힘들었던 시기를 막 겪었다. 일본은 남편이 청국이나 독일의 이익을 위해 편파적으로 두둔하고 있다고 비난했으며 자신들을 소홀히 대하고 있다고 주장했다. 또한 남편은 많은 조선 사람들로부터 적대감을 받았는데, 그들은 마치 꼭 친일파나 아니면 친청파로 기운 것 같았다. 남편의 편지에 따르면, "왕만이 아무것도 변하지 않았다. 그는 예전처럼 변함없이 우호적이다."

동시에 남편은 어떤 나라를 우대하지도 않고 어떤 나라에 불리하지 않도

---

21) 젬브쉬(Otto G. Zembsch : 1841~1911) : 폴란드 포젠 출신. 프러시아해군사관학교(1858~1862)를 졸업하고 해군성에 복무(1862~1879)하면서 함포 외교 시대에 통가(Tonga, 1879), 북경(1884), 아바나(1885~1886), 리마(1866~1888), 에콰도르(1888~1890)에서 영사 업무에 종사함.

민영익

묄렌도르프(한복)

록 모든 조약을 공평하게 다루려고 무척 노력했다. 짐작컨대 일본의 선동에는 이 시기에 어떤 분명한 목적이 있었을 것이다. 청국이 프랑스와의 전쟁에 묶여 버린 사실은 일본에게 민첩하고 능란한 거래를 통해 조선에서 자신들의 이익을 확보할 수 있으리라는 희망을 주었던 것이다. 그 때문에 다케조에 신이치로 공사가 휴가를 지내는 동안에도, 남편을 향해서 그리고 남편에 의해서 대표되는 친청·반일 노선의 조선 정책에 대해서 퍼부어대는 격렬한 일본 신문의 논조로부터 벗어날 수가 없었다.

예전에 천진 주재 일본 영사관에서 다케조에 휘하의 통역관으로 일한 적이 있었던 시마무라 히사시라는 인물이 와 있었는데, 다케조에가 있는 동안 일본의 이익을 대리하도록 위임을 받았다. 그는 국무에 관한 자신의 일반적인 지식을 통해서 조선의 고관들을 이용해야 하며, 또 일본을 위해서 고관들을 설득해야 한다는 것을 잘 알고 있었다. 그가 퍽 인기를 얻은 반면에 남편과 친청파의 명성은 가라앉았다.

김옥균을 필두로 한 친일파는 왕에 대한 영향력을 확보했다. 일본의 영향력은 조선 군대에도 미쳤다. 왕은 심지어 일본식 군사 훈련까지 시키도록 명령했다. 다케조에가 휴가를 마치고 돌아왔을 때의 사정을 실례로 들어 살펴보면, 통례대로 정부의 각료들이 그에게 문안을 갔는데, 일본에게 우호적이라고 알려진 사람들은 모두 일본 신문이 정중한 예우로 맞아들이면서, 청국에 우호적이라고 여겨지는 사람들에게는 짐짓 무례함을 꾸며 맞이하는 것이 눈에 띄었다.

11월 3일, 일본 공사는 일본 천황의 생일을 축하하는 만찬을 열었다. 외교적 의전을 무시하고 외국의 사신들에게 상석을 주었다. 조영하는 이미 1883년 봄에 퇴임했고 새로이 외아문의 독판(장관)이 된 김홍집과 청국 대표[원세개], 그리고 남편은 말석에 앉게 되었다. 식사를 하던 중에 일본의 통역관이 술에 취해 일어나더니 청국 대표에게 큰 소리로 모욕적인 말을 했다. 다행히도 청국인은 그 말을 알아듣지 못했다.

식사 뒤에도 그 통역관은 여러 가지 소견을 진술했는데, 남편과 청국인은 처음에 알아듣지 못하고 있다가, 나중에서야 그 뜻을 명백히 알게 되었다. 그것은 일본의 무력을 가지고 행한 협박이었다. 모든 참석자들은 곧이어 일어날지도 모를 위협적인 사태에 대해 걱정하면서, 일본이 청국과 프랑스 사이의 전쟁을 기회로 삼아 그것을 그들의 이익으로 이용하려는 저의가 있음을 알아차렸다. 그러나 11월이 다 지나도록 묘하게도 조용하기만 했다.

12월 4일, 우정국 총판인 홍영식이 신설된 우정국의 개국 축하 만찬회를 성대하게 열었다. 그와 함께 친일파의 지도자들로 알려진 그의 친구들, 김옥균, 박영효, 그리고 서광범 등이 참석했다. 이들 이외에 참석한 사람들은 미국 공사 후트와 그의 비서관 스커더, 그의 조선어 통역관 윤치호, 영국 총영사 애스톤[22], 일본 비서관 시마무라와 그의 통역관, 청국 공사 진수당과 그의 대리인 담갱요, 나의 남편, 세 명의 장군들, 곧 민영익, 한규설, 이조연, 그리고 영어 통역관들로서 두 명의 조선 청년 등이었다. 독일 사신은 병중이었고 다케조에 역시 몸이 불편하다 하여 불참의 뜻을 전해 왔다.

식사는 7시에 시작되었다. 꽤 가라앉은 분위기가 감돌았고, 환담도 활기를 띠지 못하고 있었으며 다만 민영익과 남편만이 명랑했다. 식사 중 김옥균이 여러 차례 식탁을 떠나 밖으로 나가는 것이 눈에 띄었다. 만찬이 거의 끝나갈 무렵 10시경에 갑자기 "불이야!" 하는 고함 소리가 들렸다. 장군들은 즉시 일어났으나 민영익이 혼자서 나가겠다고 하자 장내는 진정되었다.

그런데 화재가 박동에서 일어났다는 말이 들리자 남편은 민영익을 뒤따라 식장을 떠났다. 그러나 그가 마당으로 나가자마자 민영익이 피를 철철 흘리면서 비틀거리며 남편에게 오더니 "자객이 나를 죽이려 했소이다."라고 신음하면서 남편의 팔에 쓰러졌다. 정체를 알 수 없는 사람이 칼로 그에게 중상을 입힌 것이었다. 남편은 그를 부축해 연회장 안으로 데려 갔다. 그때

---

22) 애스톤(William G. Aston : 1841~1911) : 영국의 외교관이며 언어학자. 퀸스대학에서 석사 학위를 받고 35년 동안(1864~1889) 일본과 한국 공사관과 영사관에서 근무했다.

남편도 완전히 피투성이가 되어 있었으므로 사람들에게 끔찍한 모습으로 보였다. 모두 깜짝 놀라 도망치면서, 민중들이 들고 일어났으니 위험하다고 외쳤다.

잠깐 사이에 모두 가 버리고 남편과 민영익, 그리고 그가 신임하는 호위병들만이 남아 있었다. 남편은 임시변통으로 그가 할 수 있을 만큼 잘 민영익을 싸맸다. 다른 하인들이 이 사건에 관한 소문을 박동에 전해와 한 시간 남짓 지난 뒤에 당소의, 아르누스, 크니플러, 그리고 마부 등이 달려갔다. 무장을 하고서 가마에 민영익을 실어 박동 우리 집에 데려왔다.

그리고 즉시 미국인 선교사인 의사 알렌[23)]을 불러와 이 비운을 당한 사람을 치료했다. 뒤이어 극도의 공포감 속에서 밤을 지내게 되었다. 민중은 완전히 조용해졌으며 어떤 반란도 기도되지 않았음이 판명되었고, 민영익에 대한 습격도 오히려 개인적이었다는 사실이 판명되기는 했으나, 박동에서 밤을 지내는 동안 다케조에를 위시한 낭인들의 무리와 200명의 일본 병사들이 궁월을 점령하고, 정부의 고관들을 살해했다는 소문이 이내 들어왔다.

모반자들은 우정국에서 궁궐로 달려가서, 왕에게 반란이 일어났으니 피신해야 하며, 일본인에게 도움을 청해야 한다고 아뢰었다. 왕이 이를 거절하자 그 반역자들은 왕의 동의도 구하지 않고, "일본 공사는 와서 짐을 보위하라"[日本公使來衛朕]고 김옥균이 다케조에 앞으로 쓴 쪽지를 일본 공사관으로 보냈다. 그런데 다케조에는 병 때문에 만찬에 참석할 수 없다고 표명했음에도 불구하고 일본인들은 그 쪽지를 쾌히 승낙했는데, 그때 군대는 이미 출동 준비가 완료되어 있었다.

환관인 유재현이 왕에게, 민중은 완전히 조용하며 일본인들이 반란을 일으켰다고 귀띔을 하자, 모반자들은 곧 그를 끌어내려 왕이 보는 앞에서 죽

---

23) 알렌(Horace N. Allen : 1858~1932) : 미국의 의사이자 선교사. 웨슬리언대학 신학과와 마이애미의과대학을 졸업하고 상해를 거쳐 조선에 입국하여(1884) 을사조약이 체결될 때까지 공사로 있다가 귀국했다.

이고 말았다. 그 다음 그들은 세력이 있는 관리들을 궁으로 불러들여 차례차례 참수했다. 청년 민영익이 최초의 희생자였고, 그를 이어 민영익의 아버지[24]인 민태호, 민영목, 장군인 이조연, 윤태준, 한규직, 그리고 왕비의 사촌으로 국민들에게서 많은 사랑을 받던 조영하 등이 처형되었다.

범인들은 민영익과 남편을 그냥 놔두었는데, 그들은 이들이 중상을 입었거나 죽은 것으로 여겼기 때문이었다. 조영하는 처음 그 소식을 듣고서 박동으로 남편을 급히 찾아와, 2시까지 박동에 있다가 왕의 운명을 걱정하더니 더 이상 지체하지 못하고 서둘러 궁궐로 들어갔다. 4시에 남편의 조선어 통역관은 조영하가 처형되었다는 끔찍한 소식을 가지고 왔다. 무엇보다도 그에 대해서는 유감스러운 일이었다.

남편은 특히 그의 죽음을 애통히 여겼다. 조영하는 뛰어나게 머리가 좋았으며 고상한 인품을 지니고 있었다. 1883년 3월에 그는 외아문에서 물러났다. 이는 그가 오직 평화를 지키기 위해서 다케조에와 충돌해 왔기 때문이었다. 그는 국민들에게서 대단한 사랑을 받았다. 1880년 끔찍한 기독교인 박해 때에 그는 기독교인들을 그의 저택에 피신시킴으로써 백 명의 목숨을 구해 준 적도 있다.

외아문에 관리들 가운데 겨우 세 명만이 목숨을 부지했다. 남편은 외아문 독판인 김홍집에게 적절한 시기에 경고를 줄 수 있었다. 그는 그때 이미 궁궐 안에 있었는데, 남편의 경고를 듣고 어떤 구실을 삼아 궁에서 물러나와 바로 시내로 도피할 수가 있었다. 민영익과 남편은 사람들이 그들을 죽은 것으로 여겼으며 그 덕분에 해를 입지 않았다.

공포의 밤이 지나고 12월 5일 아침, 청국의 장군 원세개가 박동에 나타났다. 그는 시내는 완전히 평온하며, 민중의 반란이란 말도 안 되는 소리며, 거리에는 사람 하나도 없다고 보고했다. 그래서 남편은 곧 무리도 없이 밖

---

24) 민영익은 본디 민태호의 아들이었으나 그 당시에는 민승호에게 입적되어 있었다.

으로 나가, 그의 대담함과 침착함을 통해서 불안해하는 백성을 안심시키면서, 대문과 상점을 열고 활동을 하라고 했다. 또한 그는 건축 가운데 있었던 그의 집을 계속 짓도록 사람들에게 목재를 나누어 주라고 했다.

남편은 아침 일찍 찾아온 일본의 공사관 주치의 카이로세를 통해서 남편은 한규직과 그밖에 다른 관리들이 살해되었다는 소식을 상세하게 알게 되었다. 일본 공사는 몇 명의 병사를 공사관 내에 두고서 이들과 연락을 취하고 있었기 때문에, 그는 두세 시간이 지난 뒤에 반역자들이 자기를 속였다는 것을 알았다. 그러나 그럼에도 불구하고 그는 그냥 공관에 있으면서, 명령을 내려 모두에게 공관에 들어오는 것을 막았다. 이렇게 하여 일본 공사는 자신을 신임하는 일본의 명예와 체면을 반역자들의 손에 내주었다.

모반자들은 홍영식과 함께 김옥균을 필두로 새 정부를 수립하고 다케조에와 공동으로 통치했다. 그들은 금요일에 경위를 설명하고자 외국 대표들을 궁궐로 불렀다. 대표들이 그에 대한 효과적이 조치에 관해 남편과 상의하려고 박동으로 왔다. 그러나 남편은 청국인들이 왕을 보호하고자 조선에 있을 것이며, 일본에 대해서도 조치가 취해질 것이므로, 청국 대표가 없는 외교단은 불완전하며 따라서 어떤 결정을 볼 수도 없다고 설명했다. 독일 대표 젬브쉬가 남편의 이러한 견해를 지지했음에도 불구하고, 그들은 목적을 이루지 못했다.

그 일이 있고 나서 남편은 조선의 관복을 벗고 제물포로 떠났다. 그러나 그가 말에서 미처 내리기도 전에 급사가 달려와 그를 서울로 소환했다. 열강들 모두가 이구동성으로, 남편에게 질서의 회복과 경신을 맡아 주도록 부탁했다. 열강들의 소원을 받아들여, 남편은 정오에 청국 대표에게 글을 보내어 청국 장군들에게 그들이 의도했던 대로 낮에 입궁하지 않도록 부탁했으나 때가 너무 늦었다. 남편의 서찰이 중국 사신에게 도착하기도 전에 왕의 알현을 강요하는 다케조에의 서찰이 이미 궁궐을 향해 떠났기 때문이었다.

오후 4시에 원세개는 청국 병력을 이끌고 궁궐로 돌격하여 점령했다. 일본인들은 그들의 공사관으로 쫓겨 갔지만 그들의 공사관도 이미 불타 버렸다. 반역자들 가운데 두세 명이 쓰러졌다. 김옥균은 5명의 다른 사람들과 함께 일본인에게로 도망쳤으며 그의 집은 폐허가 되었다. 국민들은 극도로 흥분해 있었고, 거리에 있는 일본인은 모두 참살되었다. 그러나 신문이나 뒷날 발간된 서적들이 "민중의 분노는 외국인들을 향한 것이었으나, 요즈음은 어떤 외국인들도 털끝만큼도 다치지 않았다"라고 보고하고 있을지라도 이것은 사실과 일치하지는 않는다.

일요일에 일본인들은 도성에서 도망쳐 나와 제물포로 물러났다. 곳체(K. Gottsche) 박사는 오릿골 객사에서 다케조에와 동행하고 있는 유럽인 복장을 한 여러 명의 조선 사람들을 보았다고 진술하고 있다. 목숨을 건지려고 일본 병사들 틈에 끼어 궁궐에서 도망쳐 나온 홍영식은 민중들에게서 사형을 당했다.

그의 부친은 그 일이 있은 직후 만찬을 준비하고 18명의 친척 모두를 초대했으며, 식사가 끝날 무렵 모든 참석자들은 독을 마셨다. 이는 그의 아들이 가족들에게 입힌 오명을 씻기 위해서였다. 김옥균은 10년 뒤, 남모르게 지낼 수 있을 것으로 생각했던 상해에서 10년 내내 그를 추적했던 한 충성스러운 조선 사람[홍종우]에게 살해되었다.

새로 수립된 정부에서 남편은 외아문의 협판[25]으로 각료가 되었다. 장차 사태가 어떻게 전개될 것인지 전혀 분명치가 않았다. 청국은 일본이 곧 군대를 파병할 것이며, 그렇다면 자기들 편에서도 군비를 갖추어야 할 것이라고 계산하고 있었다. 이홍장으로부터 전신을 통해 전권을 위임받은 남편은 청국과 조선 및 일본 사이의 중재자로 서울과 제물포 사이를 왕래했다. 그는 편지에서 다음과 같이 쓰고 있다.

---

25) 1882년에 임오군란을 계기로 외부(Department of Foreign Affairs)가 청나라를 본받아 통리교섭통상사무아문으로 바뀌면서 지난날의 참판(차관)이 협판으로 바뀌었다.

그 시절의 노력은 엄청난 것이었소. 그러나 성취감으로 일하고 있기 때문에 모든 것을 견딜 수 있소. 그리고 나는 재담을 잃지 않고 있다오. 나는 내 체질에 대해 감사하는 마음을 지금처럼 그렇게 강하게 느껴 본 일이 없었소. 온종일 궁궐에서 긴장한 채 일에 몰두하고, 그러고 나서 밤에는 제물포로 간다오. 다음날에는 몇 시간에 걸친 회의를 끝내고 다시 돌아와요. 그러나 나는 활기에 넘쳐 있고 건강하다오.

양국가들 사이의 전쟁의 분위기는 당초 예상했던 것보다는 훨씬 저하되었고, 그들은 서로 화해할 준비가 되어 있었다. 일본은 공사로 이노우에 가오루 백작을 제물포로 보냈다. 소위 이(李)-이토 협정이 맺어졌다. 이 조약에는 청국과 일본이 그들의 군대를 각기 조선에서 철수할 의무가 규정되어 있었다.

이 협정의 공식적인 체결을 위해서, 남편을 특명 공사로서 평화를 중재하도록 일본에 파견하는 데 대해, 세 나라가 모두 의견의 일치를 보았다. 이 일을 처리하려고 아시아의 세 나라가 만장일치로 한 유럽인을 선택했다는 것은 역사적으로 유일무이한 일이었다. 남편이 보낸 한 편지에서 다음과 같은 사실을 알 수 있다.

왕과 이 나라는 나에게 끊임없이 동정심을 갖게 하는구려. 몇몇 낭인과 한 사람의 무모한 일본인이 이 나라에 무서운 불행을 가져올 수도 있었소. 일이 평화적으로 잘 처리되면 우리와 아이들은 그들이 살아있는 한 걱정 없을 것이라고 총독이 극히 우호적인 편지를 보내왔다오. 내 친구들의 비참한 죽음만 아니라면 조선의 사정은 전처럼 좋으련만. 나는 전쟁을 치르지 않고 일을 처리해 가기를 원하고 있소.

나는 러시에아 전보를 쳤고, 그래서 한 러시아 공사관 비서가 군함을 몰고 와 며칠 동안 이곳에 있소. 이것은 잘 한 일이었어요. 왜냐하면 러시아가 나에게 모든 후원을 아끼지 않겠다고 약속한 바 있었기 때문이지요. 나는 개인적으로 이제 더 이상은 재난을 당하지 않으려 하오. 물론 민영익은 내가 그의 생명을 구해 준 후부터는 여느 때보다 더욱 마음을 써 주고 있소. 국민들도 내게 다정하게 대해 준다오. 또 예전 같으면 반쯤 열린 문을 통해서 겨우 내게 모습을 보였던 왕비가 최근에는 스스로 그의 두 손으로 내 손을 꼭 잡아 주었다오.

이곳의 어려움들은 이제 다 지나갔으며, 이곳에 와 있던 일본 공사 이노우에 백작도 다시 떠났소. 이 일이 정말로 얼마나 많은 일거리였고, 또 얼마나 힘든 일이었는지! 그러나 나의 일들은 대성공을 거두었고. 독일인으로서, 그리고 순전히 아시아의 문제를 해결하고자 당사국인 아시아의 세 국가의 신임을 받은 것으로서, 그 누구도 두 번 다시 이런 일을 할 수 없을 것이오. 『쾰른 신문』에 실린 슐체 선장의 기사를 보구려. 거기에 그때의 상황에 관한 글들이 상당히 잘 기술되어 있다오.

2월 중순, 남편은 일본에 도착했다. 그의 편지에는 다음과 같이 쓰여 있다.

이제 나는 부사의 자격으로 이곳 도쿄에 도착했소. 아름다운 나라를 보게 되니 기쁘구려. 기후는 훌륭하다오. 기온이 차기는 하지만 조선보다는 확실히 온화하오. 우리는 천황을 알현했으며 서른두 곳이나 방문했다오. 독일 공사는 퍽 우호적이었고, 본에서 공부했던 러시아 공사 다비도프 씨 역시 우호적이었소. 또 조선에서 근무했던 공사관 서기 스페이어[26] 씨도 이곳에 와 있군요. 우리는 말쑥하게 꾸며진 일본 집에 기거하고 있으며, 일본 음식을 먹고 있소. 그러나 맥주를 마신다오.

도쿄에서, 1885년 3월 2일

26) 스페이어(Alex de Speyer) : 제정러시아의 외교단. 일본 주차 러시아 공사관 서기관으로 부임했다가 1885년 묄렌도르프의 요청으로 내한하여 1896년 이래 러시아 공사를 역임했다. 그의 이름을 von Speyer로 표기한 것은 de의 독일식 표기이다.

청국이 꼼짝없이 빠져 버린 프랑스 및 일본과의 지금의 혼란은 조선을 위해서는 좋은 기회를 제공해 주고, 청국으로부터의 독립을 준비하게 하여, 국가 발전에 유리한 새로운 정치 방향을 모색하게 할 수 있을 것 같다. 일본에게 몰린 청국은 마지못해 하기는 하지만 표면상 조선에 대한 종주권을 기꺼이 단념할 수 있을 것 같고, 앞으로는 조선과의 지속적인 수호 관계를 가능하게 할 것으로 생각된다.

일본의 요구에 대한 청국의 양보를 통해서 일본 국민의 명예심이 충족되었으므로 곧 조선에 대한 일본의 관계도 예전처럼 좋아질 것이다. 조선은 청국 및 일본과 우호적인 관계를 유지하는 일에 노력해야 할 것이다. 그리고 오늘의 상황은 그러한 노력을 실행할 수 있는 가능성이 배제되어 있지 않은 상황이다.

그러나 예의 두 국가보다 더 강력한 제 3의 힘이 청과 일본의 영향에 균형을 잡아 주지 않는다면, 그 두 국가의 끊임없는 분쟁은 조선의 평화적인 발전에 저해가 될 것이다. 그러한 국가는 오직 러시아일 수밖에 없다. 러시아의 이해 관계가 동아시아에 충분할 만큼 존재하는바, 조선이 하나의 부유하고 힘도 가지고 있는 국가가 되는 것이 러시아를 위해 이익이 될 수 있다.

러시아가 어느 정도까지 조선의 문제에 관여할 것인지는 조선에 있는 그 누구도 물론 전망할 수 없다. 그리고 러시아가 조선에 허락할 수 있는 보호 및 후원은 러시아의 이익의 크기에 따라 정해져야 할 것이다. 그렇기 때문에 러시아에 대한 조선의 관계를 조선 측에서 그 안을 규정하는 것이 어려울 것이므로 러시아 정부에 위임해야 할 것이다. 이것은 상황에 따라서 찬성의 뜻을 밝혀야 할 것인 바, 내용은 다음과 같아야 할 것이다.

(1) 조선의 중립 및 불가침에 대해 청국과 일본이 공동으로 보장하고 대청국 및 대일본에 관한 상호 보장 관계의 유지

(2) 군사적 방위 관계

(3) 조선 영토 불가침에 대한 일반적 보호 관계의 보장

어쨌든 조선에서 러시아의 영향력을 증대시키는 것은 유용할 것이다. 최근에 곤경을 치를 때, 한 관리를 서울에 파견하고 그 사실의 공표를 통해서 보여준 우호적인 관심, 그리고 폰 스페이어 씨의 인격과 등장이 국왕 폐하에게 불러일으킨, 극히 우호적인 인상, 이러한 것들이 위에서 설명한 관점에서 볼 때 지금의 시기를 하나의 좋은 기회로 형성하는 데 기어할 것이다. 이제 방금 일본이 청국에 요구한 것에 응해 청국의 군대가 조선에서 철수하면 일본의 군대도 청국과 동시에 서울을 떠날 것이다.

그에 따라서 조선에서는 자체의 군대를 편제해야 한다는 문제가 생겼다. 일정 수의 유럽인 교관을 채용하는 것이 절대적으로 필요하게 되었다. 현재는 수도에 500명 단위로 이루어진 4개 대대가 있는데 현 정부를 수비하는 데는 이 정도의 수로 충분하다. 만일 그러한 목적으로 러시아의 장교와 하사관이 조선에 몇 년간 파견된다면 조선은 그것으로써 하나의 큰 고용 관계가 실증되는 것이며, 동시에 조선 정부가 미래를 위해서 취하고자 노력하고 있는 길을 다른 국가들에게도 널리 보여 주는 것이다. 만일 러시아가 이것에 대해 준비하고 있음을 밝힌다면 조선 정부도 서울이나 도쿄 주재 러시아 대표에게 그러한 뜻을 공식적으로 표명해야 할 것이다. 현재로서의 고충은 다음과 같다.

(1) 일본 정부가 두 번째 반란의 시도를 후원하고 있다는 불안이 감돌고 있다. 그러한 일이 일어나지 않도록 안심할 수 있어야만 비로소 국민들이 무역을 할 수 있을 것이다.

(2) 청국과 일본의 군대가 철수한 수, 왕과 정부를 강력하게 지지해 줄 군사력을 증강시키는 일이 필요하다.

이 두 가지 점은 하나로 결합될 수 있다. 충분한 수효만큼의 러시아 교관의 초청을 통해서 믿을 만한 병사들로 이루어진 연대를 두세 개 창설하고 조선이 러시아와 친밀한 관계를 맺고 있다는 사실을 일본이 알게 된다면 그들은 감히 더 이상 변란을 기도하지 않을 것이며, 러시아가 그것을 보장할 수 있을 것이다. 친밀하고 자주적이며 강력하고 유복한 조선과 국경을 이루고 있다는 것은 러시아에게는 중요하므로 교관을 보내려고 할 것이다.

이 무렵에 관해 남편의 편지는 이렇게 쓰여 있다.

우리의 업무가 순조롭게 진행된다면 나는 14일 뒤에 조선으로 돌아갈 수 있소. 더 오래 머무르고 싶지만, 그러나 왕이 나의 귀환을 얼마나 원하고 있고, 내가 그에게 얼마나 필요한 존재인지, 나는 알고 있다오. 이곳에서는 모든 일이 잘 되어 가고 있어요. 그리고 나는 조선의 장래를 위해 열심히, 그리고 성공적으로 일하고 있소.

일본 천황이나 일본인들은 모두 나를 극진히 환대해 주었으며, 유럽의 공사들과 나와의 사이도 좋아요. 일본 정부에는 많은 독일 법률가들이 일하고 있소. 정치적으로 매우 유익했던 일본에서의 체류는 또한 육체적으로나 정신적으로 나의 활기를 북돋아 주었소. 그러나 일본에서 귀국한 뒤에는 엄청나게 많은 일을 만나게 될 것 같구려.

회담은 좋은 결과를 맺었고, 전쟁은 모면하게 되었다. 남편은 기쁜 마음으로 조선에 돌아갔으며, 이제부터는 방해받지 않고 그가 여러 가지 많은 일에 몰두할 수 있기를 바랐다. 그는 다음과 같이 계속 쓰고 있다.

제물포로 향하기 전에 나는 이틀간 더 이곳에 머무르게 되오. 제물포에는 5월 22일에 도착하기로 되어 있소. 새로운 내각이 구성되었고, 모든 것이 준비되어 있소. 정치적인 분위기가 다시 맑게 개일 것이오. 그리고 아마도 나는 당분간은 다시 멀리 떠날 필요가 없을 게요. 한 시간 후면 사랑하는 조선으로 돌아가오. 그 때문에 나는 아주 기쁘다오.

그렇게 해서 일본은 이미 그들의 약탈물에 뻗쳤던 손을 다시 거두어들였다. 그러나 남편은 그것이 다만 하나의 연기에 불과하며, 일본이 계획을 완전히 단념한 것이 아니라는 것을 확인했다. 일본은 조선 내의 청국의 영향을 완전히 근절시키고, 조선 반도에 지배권을 장악하여 그들 자신의 이권을 추구하고자 확고하게 결심하고 있었다.

이때 남편에게는 자기가 이미 1882년에 착상했던 러시아와 관련된 생각을 실행에 옮길 때라고 여겼던 것 같다. 그는 교관으로 러시아 장교를 채용하도록 왕을 움직이려고 했다. 그는 왕에게 일련의 그의 복안을 설명하고 조선이 처해 있는 위험을 지적했다. 왕은 도쿄 러시아 공사와 함께 그 일을 상의하도록 남편에게 전권을 주었다.

그런데 남편이 사신으로 도쿄에 가 있는 동안에 러시아 공사관 서기관인 스페이어가 좀 더 자세하게 상의하고자 여름에 서울에 왔다. 그러나 조선의 대신들은 그 계획을 거절하는 태도를 취했으며, 왕에게 그 계획을 윤허하지 않도록 탄원했기 때문에, 스페이어 씨는 목적을 이루지 못하고 떠나야만 했다. 그리고는 미국인 교관을 초치하도록 결정했다.

더구나 그 일이 세상에 알려지자 일본, 청, 그리고 영국의 신문들은 남편을 공격했으며, 그가 러시아에 매수된 죄인으로 몰았다. 영국은 무렵 서남아시아의 문제, 곧 아프가니스탄에 대해서 러시아와 강력한 적대 관계에 있었으므로, 영국 신문들은 있는 소리 없는 소리를 다 지르며 미쳐 날뛰었다.

그 일이 있은 뒤로 얼마 되지 않은 1885년 5월, 아프가니스탄에서의 충돌이 경과하고 있는 동안에 영국이 사전에 문의나 상의도 없이 조선의 섬인 거문도를 점거했다는 소식을 들었다. 그 이유는 거문도를 블라디보스토크를 향한 발판으로 삼아 해군 기지로서 이용하려는 것이었다.

왕과 총독의 명을 받아 남편은 이에 항의하고자 정여창[27] 제독이 이끄는

---

27) 정여창(丁汝昌 : 1836~1895) : 안휘성 출신. 젊어서는 태평천국 군에 가담했다가 상군에 항복하며 태평천국군의 진압에 공로를 세운 뒤 벼슬이 올라 북양해군 제독(1888)이

청국의 포함을 타고 거문도로 가야 했다. 거기서 그들은 4척의 영국 군함과 높은 산봉에 게양된 영국 기를 보았다. 남편이 플라잉 피쉬호[28]의 선장에게 해명을 요구하자, 그는 이 섬의 점령은 분함대장의 명령에 따라 이루어진 일이며, 함대장은 지금 그의 배 오데시우스호와 함께 나가사키에 있다고 말했다.

5월 16일, 무시무시한 폭풍 속에 남편은 나가사키로 갔으며, 거기서 영국의 제독을 만나 그에게 직접 매우 강력한 항의서를 제출했다. 이 항의가 원했던 바대로 성과를 거두어, 영국은 섬을 떠났다.[29] 그러나 영국은 남편이 조선에서의 영국의 이익에 손해를 끼쳤다는 이유로, 조선으로부터 그를 파직·소환하라고 요구하는 전보와 함께 영국 함대의 철수 명령을 북경의 총리아문으로 보냈다.

이제 신문들이 새로이 선동을 시작했고 영국 신문의 영향을 받아 청국의 신문까지도 그러했다. 모든 신문들이 남편이 러시아와 비밀 조약을 맺고 있으며, 제주도를 러시아에 팔아 넘겼고, 해관도 잘못 관리하고 있으며, 독일인만 등용한다는 이유와 그와 비슷한 이유들을 들어 그의 파직과 소환을 요구했으므로 남편의 실각은 불가피했다. 왕과 왕비는 사태를 심각하게 생각하지 않았으며, 남편을 무조건 신뢰하는 표시를 더해 갈 뿐이었다.

우리는 병 때문에 독일에 갔다가 7월에 귀국했는데, 도착했을 때 궁궐에서는 대대적인 환영을 해 주었다. 국왕 부부와 왕세자가 독일에서 가지고 온 선물을 받고서 대단히 기뻐했으며, 이때부터 우리는 계속 궁궐로 초대받았다. 그 뒤 곧 왕의 부친인 대원군이 위해위에서의 추방 생활이 풀려 돌아

됨. 청일전쟁의 패전에 대한 책임을 지고 자살함.

28) H.B.M.S. : His(Her) Britannic Majesty's Ship.

29) 이 점은 좀 과장되어 있다. 묄렌도르프가 정부유사당상 엄세영과 함께 영국 함장 막키이(麥乞伊)를 만나고 도여(W.M. Dowell) 제독을 만난 것은 사실이지만(『고종실록』 1885년 4월 초 3일), 영국 군대가 물러간 것은 이홍장의 중재로 2년 후인 1887년 2월 27일이었다.

왔다. 그는 지난번 혁명(임오군란) 이후로 5년 동안 그곳에 살면서 재집권을 시도하고 있었다.

대원군은 여러 차례 남편과 가까이하려고 했고, 그와의 교분을 얻어 보려고 했으나 남편은 그를 멀리했다. 왜냐하면 남편은 본래 왕을 보좌하고자 중국에서 파견되었기 때문이었다. 그러나 반대파들은 가만히 있지 않았다. 가을에 이미 하트경이 해관을 장악하고 관리를 배치했다. 그러나 하트 경은 그의 조직을 전혀 변경하지 않은 채 단지 몇 명의 독일인만을 해고시켰는데 남편은 이런 정도에서 만족해야 했다. 그 뒤 이홍장은 우리를 청국으로 소환하려고 군함 한 척을 보내 왔다.

왕과 왕비는 남편을 조선에 남아 그들 곁에 있도록 설득했으나 소용없는 일이었다. 마지막에는 왕을 알현하도록 명을 받고 왕 전용의 궁궐 정문으로 가마를 타고 들어가게 되었다. 이것은 특별한 예우를 표시하는 것이었다. 왕은 밤늦도록 남편에게 조선을 떠나지 말라고 붙잡았다. 이것에 대해 국왕부처가 보내 준 지극히 감동적인 편지들도 있다. 그러나 총독이 보낸 사자들이 매일 밤 박동에 잠입해 우리가 떠날 것인지 아닌지를 염탐했다니 기막힐 일이었다. 마찬가지로 왕과 왕비도 우리가 정말 떠날 준비를 하고 있는지 사자를 보내 왔다.

우리가 떠나기 하루 전에도 나는 궁궐로 초청되었다. 왕비는 후의 어린 말로 유일하고 진실한 친구인 남편에게 조선을 떠나지 말고 조선에 남아서 함께 살도록 설득시켜 주기를 간청했다. 그것을 결정하기란 매우 어려웠지만 아무튼 우리가 남아 있기란 불가능했다. 왕은 그토록 많은 국가들의 뜻을 거스르면서까지 남편을 붙들어 둘 만큼 강력하지도 못했고 적극적이지도 못했다. 그래서 남편은 왕에게 사태가 그러니만큼 청국의 총독에게 돌아가 있는 것이 현재의 상황에서 가장 적절할 것 같다고 설명했다.

12월, 총독은 우리를 청국으로 데려가고자 다시 군함을 보냈다. 12월 5일, 제물포에 이르기까지 몇 천의 조선 사람들의 전송을 받으면서 우리는 내 남편이 사리사욕 없이 조선의 장래를 위해 전력투구해 왔던 이 조선을 떠났다. 심한 폭풍 속에서 항해를 마치고 지부에 도착하여, 거기서 날씨가 좋아지기를 기다리는 한편 더 나은 기선을 기다렸다. 왜냐하면 청국 포함은 오늘날의 쾌적한 기선만큼 안락하게 설비가 되어 있지 못했기 때문이었다. 12월 중순에야 비로소 천진에 다다랐다.

천진에 도착하여 몇 주가 지난 뒤 남편은 총독과 서로 의견을 나누었다. 총독은 남편을 그곳에 다시 두게 되어 솔직히 기쁨을 감추지 않았으나, 남편은 자신에게 가해진 부당한 처사와 오명에 대하여 심각하게 불만을 표시했고, 영국의 권모술수를 총독에게 설명했다. 총리아문도 역시 이러한 보고를 받아 그의 재임용을 곧 결정했다. 이제 그는 다시 잠정적으로 총독의 개인 비서로서 그의 아문에서 다시 일하게 되었다.

남편의 반대자들이 주선한 끝에 데니[30] 씨가 조선으로 파견됐으나, 오랫동안 왕은 그를 받아들이기를 거절했다. 반면에 왕은 2~3개월 뒤 남편이 조선에 귀환하도록 간청하려고 선물과 함께 사신을 천진에 파견했다. 계속해서 관리나 왕의 사자들이 온후한 약속의 말로 남편의 귀국을 요청하는 왕의 편지들을 가져왔다.

투쟁은 멈추지 않았다. 동시에 일본과 영국의 신문들은 남편을 헐뜯기 위한 선동적인 기사를 멈추지 않았다. 이러한 작태는 1888년 봄 총리아문과 총독이 남편의 조선 귀환을 명령할 때까지 계속되었다. 일기에는 다음과 같이 쓰여 있다.

---

30) 데니(O. No. Denny : 1838~1900) : 오하이오주 모건 출신. 젊어서 오리건주로 이주하여 그곳에서 학업을 마쳤다. 윌라메트대학을 마친 뒤 변호사 시험에 합격하여 달레스시의 지방 검사, 포틀랜드 치안 판사를 지냄. 1877년에 천진 주재 영사로 온 것이 인연이 되어 무렵 조선 주재관인 원세개의 추천으로 조선 국왕의 외교 고문으로 부임(1886)한 이래 묄렌도르프와 많은 마찰이 있었다. 1891년에 귀국하여 주 상원으로 재직(1892~1896)하며 여생을 보냈다.

조선의 왕이 거듭해서 나의 귀국을 간청한데다가, 총독이 총리아문으로부터 나를 예전의 신분으로 다시 임용하라는 지시를 받았으며, 또 데니가 조선을 떠났다는 보고가 조선에서 왔으므로, 나는 조선에 다시 돌아가기로 결심했다. 마침 여순항에 가 있던 총독에게서 조선에 가는 일에 대해 당분간 극히 신중하게 처신하라는 전갈을 받았다.

꽤나 거친 날씨 속에 항해를 마치고 오늘, 5월 11일, 정오에 우리는 지부에 도착했다. 내일은 아침 일찍 떠나야 한다. 총독과 함대는 아직 이곳에 오지 않았으므로, 떠나기 전에 그를 만나지는 못할 것 같다. 철저한 숙고 끝에 나는 내가 할 일을 명확하게 해 두고 있다. 모든 것이 잘 될 것이다.

그러나 사정은 달랐다. 5월 14일, 제물포에 상륙한 뒤, 적어도 열일곱 번이나 서울로 전보를 보냈으며, 전보를 통해서 여러 이해 관계자들에게 내가 도착한 것을 알렸다. 동시에 나는 데니가 남은 급료를 받은 뒤에도 계속 남아 있기로 결심했으며, 그의 계약을 연장하는 것에 대해 협의 중에 있다는 소식을 들었다.

데니가 그 동안 한 일은 아무것도 없었으며, 또 조선 관리들이 그와는 친교를 맺고 있지 않은 것으로 보아 그를 반대하는 것이 일반적인 현상이라는 말도 들었다. 다만 그때 홍콩에 체류 중인 민영익과 러시아 대리 공사 웨베르만이 그의 친구라고 한다.

다음날 나는 서울에 도착했으며, 이날 저녁 남대문을 지나가고 있을 때인 5시와 6시 사이에 왕은 데니와의 계약을 앞으로 2년간 연장해 주었다. 이럴 수가 있단 말인가! 왕비는 두 여자의 선물에 매수당했고 웨베르 씨는 그렇게 하도록 왕을 설득했다니! 이것은 기대를 저버리는 일이었다. 따라서 내가 돌아온 것은 아무 소용이 없었다. 그렇지만 나는 나의 재임용을 원하는 고관들 모두의 요청으로 머물러 있었다.

그러나 이번 일은 데니와 웨베르 사이에 밀약이 맺어져 있다는 사실과 러시아가 상당히 왕에게 위세를 부리고 있다는 사실을 분명히 해 주는 것이었다. 중국인과 영국인 그리고 일본인들이 이때부터 나의 편이 되었다. 이번에는 나를 위해서 종전과 같은 다툼이 일어났으며, 독일 사신 K 씨도 호의를 가지고 내편으로 기울어졌다.

6월 13일, 편지에서 다음과 같이 쓰여 있다.

지금까지 나는 왕을 만나지 못하고 있는데, 러시아인들이 그를 손아귀에 넣고 있으며, 총독의 사자라 하여 나를 왕에게로 가지 못하게 하는구려. 그러나 이 일 때문에 중국에 대한 나의 위치는 달라졌고 더 나아졌소. 어쨌든 그들은 나를 이곳에 두고 있고, 총독은 원세개에게 모든 것을 나와 협의하라고 시달했소.

동봉한 서류를 총독에서 전달하도록 서기에게 시키시오. 그것은 현재의 상황에 대한 완전히 정치적인 비망록이오. 왕은 중국 측의 합리적이고도 냉정한 비난을 들으려고 하기 보다는 러시아가 도와주리라는 것과 관련하여 웨베르의 약속을 굳게 믿고 있소.

나는 어떤 직위도 가지고 있지 않은데 항상 바쁘오. 왜냐하면 사람들과 여러 차례 상의해야 하며, 특히 원세개와 함께 상세하게 협의해야 할 전보들이 매일같이 들어오기 때문이오. 왕은 얼마 전부터 정부를 완전히 장악했소. 그는 모든 척족들을 무시하고 정무를 처리하고 있으며 전신을 통허 홍콩에 머물고 있는 민영익과 상의하고 있소. 민영익의 서울 대리인인 한규설은 형조판서 겸 장군인데[31] 그는 거의 오로지 데니와 웨베르 씨와 친교를 맺고 있소.

몇 차례의 어려움을 겪은 뒤 나는 왕을 알현했소. 이 알현에서 나는 왕이 자신의 의사와는 달리 억지로 행동하고 있다는 인상을 받았다오. 내가 지난날의 관직으로 재임용되는 것에 대해 언급하자 왕은 장황하게 얘기하면서,

31) 이 기록에서 한규설을 장군으로 표기한 것은 그가 무과 출신이었기 때문이었으나 그의 실제 공직 생활은 문관이었다.

데니의 유임 때문에 빚어진 어려움에 대해서 말했으며, 두 고관을 보내 상의하도록 하겠다고 약속했소. 나는 왕에게 한 번 더 우리 사이에 맺어진 계약상의 나의 권리를 주장했소. 왕이 그토록 나의 은혜를 모르고 있다니 참으로 유감스럽구려. 나는 그에게서 그렇게 취급될 까닭이 없었는데.

그의 일기는 다음과 같이 계속되고 있다.

다음날 민응식[32]과 호조판서가 나와 협의하려고 찾아 왔다. 나는 그들에게 다음과 같은 왕의 대답을 받았는데, 왕은 항상 나의 귀국을 간절히 원하고 있었으며, 지금도 나를 기꺼이 곁에 두고 싶다고 한다. 중국이 나를 보냈다고 사람들이 왕에게 말하고 있으며 그래서 그가 나를 다시 임용한다면 왕의 품위를 손상시킨다고 생각했다는 것이다. 그는 나에게 천진으로 돌아가라고 했고 그러면 자기가 나를 부르는 전신을 보내겠으며, 내 가족은 그 동안 서울에 남아 내가 곧 귀국할 때까지 기다리는 것이 좋을 것이라고 했다.

나는 일이 이렇게 된 것을 매우 유감스럽게 생각했으며, 내가 왕의 신하로서 왕의 명령에 따라 정당하게 처신하겠으며, 당분간은 천진에 돌아가 있겠다고 강조했다. 그러나 나는 내가 왕으로부터 어떤 전보를 받지 못할 경우에 일어나게 될 곤란에 대해서 그의 주의를 환기시켜야 한다고 생각했다. 나는 나를 더 이상 조선의 관리로 생각할 수 없으니, 조선에 대한 모든 보고를 총독에게 전해야 할 것 같다. 아무튼 나는 2주일간 천진에서 기다리기로 했다.

7월 12일, 천진에서

내가 떠나는 것을 원치 않는 국민들을 안심시키고자 가족들은 조선에 남

32) 민응식(閔應植 : 1844~?) : 문과에 합격(1882). 임오군란 무렵 충주에서 민비에게 피신처를 제공한 인연으로 벼슬에 올라 이조판서와 병조판서를 지냄. 갑오경장 뒤에 몰락하여 고금도에 유배됨.

겨 둔 채, 오랫동안 안개 속에서 항해를 한 뒤에 어제 저녁 늦게 이곳에 도착했다. 이제 나를 부르는 왕의 전보를 기다리고 있다. 북경에서는 하트 경과 폰 브란트(von Brandt) 그리고 영국 사절들이, 다시 나를 적극 반대하고 나섰다. 따라서 총리아문도 나를 좋지 않게 생각하고 있었다.

그러나 총독은 총리아문의 편지에 강력하게 회답하면서 나를 변호해 주었다. 총독은 나의 구두 보고를 매우 고무적으로 받아들였으며 원세개의 활동과 마찬가지로 나의 활동을 시인했다. 그도 역시 내가 조선에 돌아가는 것을 지지하고 있다. 그러나 내 문제와 관련하여, 북경을 향해서는 그다지 단호한 조치를 취할 것 같지는 않다.

8월—

여전히 다툼은 끝없이 계속되고 있으며, 아직까지 아무것도 바뀐 것이 없다. 총독은 2~3일이 지나면 그 문제들이 결정될 것으로 생각하고 있다. 아무튼 끝내 우리에게 유리하게 되었으면 좋으련만! 3일 전 나는 결국 최종 결정을 내려 주도록 왕에게 전보를 보냈다. 왕은 의심의 여지없이 홍콩에 있는 민영익에게 전보를 쳐 자문을 구했을 테니 나는 이 달 24일경에나 올 회신을 기다리고 있다.

그러는 사이에 북경에 있는 영국인 반대론자들은 다시 들고 일어났다. 영국 공사인 하트 경과 독일 공사는 총리아문에 나의 재등용에 이의를 신립했다. 이외에도 브란트 씨는 천진 주재 독일 영사 F 씨를 통해서 총독에게 나에 관해서 질의를 보내 왔다. 나를 향한 브란트의 적대감은, 알려진 바와 같이 개인적인 것이다. 하트 경(Sir R. Hart)은 단지 나에게서 빼앗아갔던 조선의 해관만을 염려하고 있다. 나에 대한 웨베르 씨의 반대가 실제로 그렇지 않다는 것이 입증되었는데도 불구하고 영국 공사는 내가 러시아의 편이라고 추측하고 있다.

그러나 남편이 조선에서의 지위를 단념해야 했고, 다시 총독의 아문에서 그의 개인 비서로 일하고 있는 데도 불구하고 그의 적대자들은 이제 중국인들에 대한 남편의 영향력을 불편하게 여겨, 천진에서도 그에 대한 모략을 중단하지 않았다. 그것에 대해 그의 일기에서 다음과 같이 발췌해 본다.

> 1888년 10월 4일자로 천진에서 온 황실 영사 재판의 권석 판결을 근거로 나는 나의 고용 관계에 근거하여 3,278마르크 76페니의 지불을 요구했다. 영사 대리 F 씨는 민사소송법 제271조를 위반하면서 내가 개정하기 전에 관계 서류를 열람하는 것을 아무 이유도 들지 않고 거절했다. 그는 아직 1년도 채 거주하지 않은 두 명의 관리를 배심원으로 선임했다. 법원은 의장의 뜻에 따라 예의 271조를 해석하고, 또 배심원들을 향한 나의 이의 제기가 아무 효과가 없자, 나는 법정을 떠났다. 그 뒤에 나는 황실 공사 폰 브란트가 몇 년간이나 효과적으로 유지하고 있는 나에 대한 그 적개심이 법정으로까지 오게 되었다는 것을 납득했다. 이렇게 하여 그 청구에 대한 나의 진정은 결코 심리되지도 않았다.
>
> 나는 결코 기숙사에서 파견된 그런 의미의 통역관 훈련생이 아니라, 1874년 중국어 지식을 가지고 공직에 들어갔던바, 중국어야말로 당시의 대리 대사 폰 홀레벤(T. von. Holleben)이 나에게 약속한 공사관 통역관으로서의 직책을 담당할 수 있는 충분한 자격을 주었던 것이다. 그 무렵 공사관 통역관은 휴가를 가야 했지만 그는 가지 않았다.
>
> 그렇다고 나의 직책이 달라진 것은 아니었다. 나는 북경에서 더 깊은 중국어 공부를 하지 못한 채, 통역관 대임자로서 광동으로 전임되었다. 따라서 훈련생으로서 나의 교육을 위해 국가에게 어떤 형태의 비용도 쓰게 하지 않았다. 그러나 바로 그것이 상환 의무에 관한 모든 문제들이 달려 있는 법적인 쟁점인 것이다.
>
> 황실 공사는 훈련생들에게는 2년 또는 3년간 북경에서의 공부가 필수적이라고 거듭해서 강조했으며 아직도 1882년에 있었던 나의 휴가 청원 건에 대해서는 나를 위해 어떤 변호도 행사될 수가 없었는데, 이는 황실 공사가

그 기간의 만료 전까지는 어떤 훈련생들에게도 휴가를 부여할 수 없다고 주장했기 때문이었다.

이 점을 근거로 하고, 1873년 3월 31일자, 국가 공무원법 제 46조 4항에 따라 정부의 비용을 들이지 않고도 공직에 재임할 수 있었던 나의 중국어 지식을 고려하여, 2년 혹은 3년은 나의 공직 기간으로 산정되어 있어야 했을 것이며, 상환 의무란 결코 말도 안 되는 소리였다. 이미 위에서 알 수 있듯이, 그 동안 나는 이 항의를 관철시킬 수가 없었으며 대금 청구는 이미 완전히 변제했다.

1879년 10월 1일에 내가 천진의 영사직에 취임하기까지 나로서는 나의 상관들이 나의 그때까지의 공무 집행에 불만스러웠으리라는 사실을 받아들일 만한 아무런 이유가 없었다. 나는 2년 이상 특히 매우 곤란한 여건에서 천진의 영사관을 관리해 왔다. 과중한 업무에 재정적으로는 궁핍했다. 통역관이나 비서의 도움도 받지를 못했다.

심지어는 1년 동안 꼬박 내 자신의 천진 영사관 업무와 더불어 휴가 중인 북경 주재 공사관 통역관 아렌트(H. J. E. Arendt)의 업무를 떠맡아야 했었다. 그러한 상황에서는 우선 보고한다는 일이 무엇보다 괴로운 일임에 틀림없었다는 것은 자명하다. 그럼에도 불구하고 이런 관계 속에서도 황실 공사에게 가능한 대로 많은 개인적인 서한을 보냈고 나의 편지에 대한 공적인 보고를 그가 해 주도록 위임했다.

한편으로는 이홍장 총독 각하가 베풀어준 특별한 호의 덕분에 독일의 이익들을 위해 특별 봉사를 할 수 있었다. 최초로 슈테틴시에 있는 불칸상사 제품의 전함을 주문하도록 한 일이나, 북중국 군대에 크루프상사 제품의 대포만을 매입하도록 중국 측에 의무를 지우게 한 일 등이 나의 재임 중 맺었던 가장 중요한 협정들이었다. 그와 같은 2년 동안의 공관 업무에서 오직 한 가지 인정해 주는 것으로서는 리바디아조약 건에 관하여 당국의 공표가 있었지만, 나의 공무 수행이 잘못되었다고 지적받은 일은 단 한 번도 없었다.

1881년 가을, 나는 지난날에 맡았던 상해의 통역관 자리로 복귀했다. 나의 공관 업무에 대해서는 감사장 하나도 받지 못했다. 감사는커녕, 유럽에서 온, 중국의 사정에 대해서 전혀 문외한인 젊은 동료 밑에서 일을 해야 했다. 오랫동안의 공관 업무를 끝낸 뒤에는 보통 있게 되는 휴가가 나에게는 거절되었다. 이러한 모든 현상들로부터 나는 독일 공직에서 희망이 거의 보이지 않으며, 또 영사직을 획득할 수 있는 기회가 거의 없거나 아주 없을 것이라는 사실들을 미루어 생각할 수밖에 없었다.

나는 프로이센의 "명예 법전"(Ehren Kodex)이 관리에게 의무를 규정하고 있는 바에 따라 이제 그것을 행사할 수 있는 자격을 가지고 있으므로 사표를 제출했다. 사표를 제출하기 전에, 이미 다른 직업을 찾으려고 운동했던 것은 당연한 일이었다. 나는 외무성의 한 고위 책임자가 나의 퇴직에 대해 지정한 시기까지, 나로서는 기다릴 수가 없었다. 또한 특히 이 점에서는 아직도 유효한 프로이센의 지방법이 그 관리의 사임으로 말미암아 국가 이익에 손실이 발생하지 않는 경우, 그의 사임은 신청한 뒤 1주일 이내에 확정된다고 명시하고 있었다. 나는 무보수의 대임을 했기 때문에 후자의 사항은 문제되지 않았다.

그 뒤 황실 공사 폰 브란트는 나에 대한 적대감으로 말미암아 어떤 방법으로든지 나를 괴롭혔으며, 끝내 나에게 외무성의 사퇴 신청을 강요하기에 이르렀다. 내가 퇴직한 뒤 그는 곧 중국의 총리아문 공직에 있는 나를 다시 해임시키려고 시도했다. 내가 조선에서의 일자리를 받아들이자마자 그는 당연히 독일에 반대되는 입장에 있는 대영제국의 공사의 모략에 한패가 되어 나를 반대했다. 이러한 모략은, 아프가니스탄 문제에 관여하고 있는 동안에 영국이 홍콩으로부터 블라디보스토크까지 이르는 길목에 영국 함대를 위한 군사적인 거점을 확보하고자 불법으로 조선의 거문도를 점거했을 때, 그 절정을 이루었다.

조선과의 양해 속에서 그러한 점거가 있었다고 도쿄와 세인트 페테르부르크 주재 대영제국의 외교관들의 시사가 있자, 조선 정부와 러시아 간에 충돌이 일어나게 되었으며, 그것은 단지 영국의 무법 행위를 향한 항의를 통해서만 조정될 수 있었다. 내가 나가사키에 주둔하고 있는 영국의 분함대장에게 직접 그러한 항의를 하자마자 이내 내 머리 위에 떠돌던 먹구름이 폭발하고 말았다. 내가 영국에는 반감을 가지고 있고 러시아에는 호감을 가지고 있다는 것이었다!

조선에서 살 때 지극히 절제된 생활을 했음에도 불구하고, 내가 빚을 지고 있다는 사실을 생각해 보면 이상하게도 충분히 눈에 띄었을 그런 얼토당토않은 부정 축재와 같은 비열한 내용의 고발 이외에도, 러시아에 대한 나의 친교가 주된 고발 요목이었다.

이 점이 결정적이어서, 총리아문은 나를 소환했다. 러시아와의 친교는 영국에 대한 배반이며, 영국에 대한 배반은 곧 중국에 대한 배반을 의미한다. 이와 같이 영국과 독일의 대표들은 효과적으로 주장하고 있었는데, 황실 공사 폰 브란트는 이상하게 이 문제에서 그의 영국 동료에 동조하고 있었다. 내친 김에 한 가지 언급하고 싶다. 그것은 도쿄 주재 황실 공사 폰 된호프 백작[33]과 작고한 총영사 차페(K. E. Zappe)가 특히 강조했던, 한독조약을 체결시킨 협상에 내가 관여한 일이다.

조선에 돌아온 뒤 나는 나를 실각시켰던 간계를 낱낱이 파헤칠 수 있었으며, 사람들이 나에게 전혀 정당하지 못했던 방법을 통하여 저지른 부당 행위를 이 총독에게 증명할 수 있었다. 그 순간부터 나를 조선으로 다시 파견한다는 것은 결정적인 것이었다. 이러한 사실이 세상에 알려지자마자, 1887년 10월 6일, 공사관 서기관 폰 케틀러[34]가 총독에게 나를 중국의 공직에서 해임토록 제의했다.

---

33) 폰 된호프(Otto G. von Dönhoff : 1835~1904) : 프러시아의 쾨니히스베르크 출신. 군복무(1856~1860)를 마치고 외무성에 들어가(1860), 플로렌스(1866~1868)에 근무한 뒤 퇴임. 독불전쟁 무렵 군에 복귀(1870~1877), 슈투트가르트(1878~1882), 도쿄(1882~1885), 리오데자네이로(1885~1893)에서 근무. 작위를 받고 추밀원 의원(1893~1894)을 역임. 담 슈타트(1894~1895)에서의 근무를 끝으로 은퇴.

34) 폰 케틀러(Klemenz A. von Kettler : 1853~1900) : 남작. 1881년에 중국에 들어가 공사관에서 번역관, 참찬관(1885), 공사(1899)를 지냄. 의화단 사건 당시에 타살됨.(1900)

그는 황실 공사 폰 브란트로부터 위임을 받았다고 주장하면서 나를 중국에서 떼어놓는 것이 독일에게 이익이 된다는 것을 이유로, 그 뻔뻔스러운 제의를 해 왔던 것이다. 나는 앞에서 기록한 내용을 알려 준 총독에게 감사하고 있다. 총독은 자기의 업무에 관해 그러한 근거 없는 간섭을 노골적으로 거절했다.

1888년 5월, 총독의 위임을 받아 다시 조선으로 갔다. 황실 공사 폰 브란트는 나에 관해서 서울 주재 영사 대리 크린(Krien)에게 전신을 보내는 한편, 자신은 총리아문을 상대로 나를 반대하는 운동을 계속했다. 그와 서로 뜻이 상통한 영국 공사가 다시 나섰으며, 나는 총리아문에서 보내 온 전보를 받고 소환되었다. 나의 존립 문제가 계속해서 위협받고 있는 상황에서 그러한 보호를 단념해 버린다면, 상황은 나에게 더 나쁘게 될 것인가? 나는 그 뒤 브란덴부르크주의 지방 장관에게 독일 외무성으로부터의 사퇴를 신청했다.

남편은 독일 외무성의 사퇴를 결정한 뒤 다시 중국의 공직에 취임하게 되자, 사퇴 신청을 철회했다. 그것은 그에게는 매우 괴롭고 자존심이 상하는 일이었으나, 그는 그 권유를 받아들였다. 그나마 그러한 체면 손상을 참아내도록 그에게 용기를 주었던 것은 그의 모든 생각을 압도하고 있는 가족들에 대한 걱정 때문이었다. 남편은 하트 경의 제안을 받아들여 1889년, 중국의 해관에 다시 들어갔다.

4월에 우리는 천진을 떠나 상해로 갔는데, 거기서 남편은 통계국 부국장의 지위를 맡았으며, 우호적이고 호감이 가는 해관장 매킨(M'Cean) 씨를 만나게 되었다. 우리의 생활은 기대했던 것보다 훨씬 살기가 좋았으며 평온했다. 또 남편은 학문 쪽에 많은 관심을 보였다. 그는 왕립 아시아 학회의 부회장이 되었으며, 그의 많은 연구 실적들이 인쇄되어 그곳에 소장되어 있다.

우리가 상해에 도착했다는 소식이 조선에 들어가자마자 왕은 다시 편지를 보냈다. 어느 날 깊은 밤중에 민영익이 나타났다. 그는 그 처참한 궁정 쿠데타가 일어났던 이후 홍콩에 거주하고 있었으며, 우리가 상해르 왔다는 소식을 듣자마자 곧 홍콩을 떠나 그의 사촌 민영준과 함께 상해로 옮겨왔다. 그러나 그는 항상 숨어 살았으며, 그의 주거가 드러날까 주거를 자주 옮겼다.

남편의 조선 귀환을 원하는 왕과 왕비의 요청은 늘 간절했고, 이 낌새를 안 일본인들은 곧 다시 남편을 반대하는 선동 기사를 쓰기에 광분했다. 1894년에 동학란이 일어나자 그들은 다시 조선의 통치권을 탈취하고자 시도했다. 조선의 원병 요청에 청국은 2천 명의 군사를 조선에 파병했다. 그러나 군대를 호송해 가던 영국 상선 고승호가 위해위의 위도에 이르렀을 때, 섬 밑에 매복해 있던 일본군이 급습하여 영국군을 수뢰로 격침시켰다.

물에 빠진 모든 군사들 가운데서 오직 영국 선장만을 구조했다. 일본은 그를 끌고 가서 1895년 강화 조약을 체결할 때까지 극진히 보호했다. 일본은 감히 영국을 적대할 수 없었다. 여순항을 탈취하려던 일본의 시도는 무렵 러시아의 반대로 좌절되었다.

1895년 10월, 널리 알려진 바와 같은 강력한 척족, 민씨 출신의 왕비가 일본인에 따라서 처참하게 학살되었다.(을미사변) 그 때문에 민영익이 조선으로 귀국하기는 어려웠고, 왕은 러시아 공관으로 피신했다(아관파천). 민영익은 나의 남편과 동행하지 않는 한 더 이상 귀국하려 들지 않았다.

1896년 봄, 민영익의 부인이 상해에 왔다. 왕은 부인에게 민영익의 귀국을 설득해 줄 것을 원했었다. 그러나 민영익은 이미 언급한 대로, 나의 남편 없이는 결코 돌아가지 않겠다고 설명했다. 이제 왕은 서면으로 남편의 자문을 구하기 시작했으며, 왕의 밀사들이 도움을 요청하기 위해 끊임없이 찾아들었다. 모든 것이 정확하게 북경에 보고되었다.

남편의 일기에서 발췌한 다음과 같은 내용에 나타나 있는 바와 같이 그는 조선의 운명에 끊임없이 몰두했었다.

조선 내 주요 인물에 관해 나는 다음과 같이 간략한 특징을 기술하겠다.

원세개 : 청국의 주재관이며 유능한 관리이고, 오직 전신상으로 접수된 총독의 결정에 따라서만 업무를 본다. 외국 사신들과의 교류에서는 부적당하며, 사적인 교제와 공적인 의견 충돌을 구별할 줄 모른다. 1882년(임오군란)과 1884년에 일어난 정변(갑신정변)에 그가 보여 준 강력한 중재를 통해서 그는 왕의 신임을 얻었으며, 조선 국민의 총애를 얻었다. 그렇게 생겨난 극도의 친밀감 때문에 그는 오늘의 반청 경향에 강력하게 행동할 수가 없었고, 그러므로 그의 공직 위치는 곤란하게 되었다. 그의 소환이 눈앞에 있다.

민영익 : 민 씨 문중의 인물로 국민들에게 미움을 받고 있으나, 왕에게서는 완전한 신임을 받고 있다. 쉽게 영향을 받는 명석치 못한 두뇌의 소유자이며, 왕비와의 불화의 관계에 있다.

조병직 : 외무아문의 총판(외무부장관)으로 선량한 성품의 노인이지만, 그의 지위에 맞는 지식과 능력을 갖추고 있지 못하다. 그는 쉽게 흔들리며, 내가 지난번 쿠데타에서 그의 친척 한 명을 구해 줄 수 있는 기회가 있었으므로, 특히 나의 환심을 사려고 한다.

한규설 : 법무아문의 대신(법무부장관) 겸 장군이며, 민영익의 꼭두각시이다.

김홍집 · 김병시 : 둘 다 초기의 총리대신이며 모든 조선 사람들 가운데서 월등하게 유능하고 수완이 좋다. 총명하고 신중하며 근면하고 성실한 그들은 왕이 거의 자문을 청해 오지 않을 만큼 조선 사람의 추잡한 음모에는 어울리지 않았다. 그러나 그들은 국민들로부터 존귀하게 여겨지고 있으므로 모든 직위의 관리들이 부단히 그들의 집에 출입하고 있다.

데니(O. N. Denny) : 사람들이 보통 그를 판사라고 부르므로 법률가로 여겨진다. 그러나 고작해야 오리건주의 선임치안판사에 불과하다. 다른 국가들의 국민성, 특히 아시아 국가들의 국민성에 대한 지식이 부족하므로 그가 자신의 자리를 차지하고 있는 것은 불가능하다. 청국에 반대하여 완전히 공공연하게 선동하고 있으며 또 청국에 대해 다른 나라들을 교란시키고 있다.

딘스모어(H. A. Dinsmore) : 미국 공사로, 그와 같은 나라 사람인 데니와는 공개적으로 반대 입장을 취하고 있다. 독일과 프랑스 대표들은 중립을 지키고 있다. 고작해야 영국 대표 한 명과 원세개만이 물론 청국 편이다. 일본은 청국에 찬동하지는 않지만 공개적인 문제에서는 조약에 따라서 청국과 일치하는 척한다.

웨베르(Karl I. Waeber) : 러시아 대표이며, 그곳의 무리 가운데서 반청파로 여겨진다. 왜냐하면 첫째로, 그는 데니와 매우 친밀하게 교류하고 있으며, 둘째로, 원세개와는 1년 동안이나 교제를 피하고 있기 때문이다.

소위 어린이 유괴를 통해서 몇 차례에 걸쳐 시가지에서 소규모의 폭동이 일어났던 바, 이로 말미암아 빚어진 지난번 서울의 소요 사태는, 아마 가톨릭과 개신교의 고아원들을 향한 혐의 속에 그 출처를 두었던 것 같다. 이에 놀란 유럽의 사절들이 그 밖의 위험을 쓸데없이 과장했다. 나는 소요가 일어났던 2~3일 동안 계속 거리에 나가 있었으나 반유럽적인 어떤 것도 인지하지 못했다.

남편은 계속해서 일기를 다음과 같이 쓰고 있다.

4. 조선의 정국

일본은 이미 몇 세기 전부터 조선을 그들의 영토 확장을 위한 대상 지역으로 생각하고 있었다. 16세기 말에 최초의 침략이 감행되었으며, 그것은 조선 반도 전역을 휩쓴 전쟁이었다.[임진왜란] 일본인은 더할 수 없이 무자비하게 조선을 파괴했다. 이는 몇 년 전에 우리가 일본의 고도인 교토에서 본 것인데 전리품으로 붙잡아간 조선 사람 희생자들의 코와 귀를 기념비 아래 매장한 것을 가리킨다. 이 전쟁을 통해, 조선 인구의 반 이상이 감소했다.

조선은 위기 속에서 중국에 원병을 요청했고, 그 당시의 명나라는 군대를 파견했다. 중국과 조선의 역사서에서 주장하는 것과 같이 실제로 원병에 의해 격퇴되었든지, 아니면 재산을 약탈당하고 주민은 멸절당한 땅에서 당연히 발생할 수밖에 없었던 기근과 질병으로 인한 어쩔 수 없는 현상이었든지 간에 마침내 일군은 퇴각했으며, 부산에서만은 그들이 잔류하여 그곳에 오늘날까지 현존하는 거류지를 남겨 놓게 되었다.[1)]

조선을 일본화하려는 일본의 국가 이념이 지금 또다시 머리를 들고 있다. 사전에 다각적으로 준비한 뒤, 김옥균과 그의 추종자들은 일본을 위한다는

1) 이 부분의 기록은 사실과 다르다. 일본군이 마지막까지 항전한 것은 울산이었으며, 그들이 잔류했다는 것은 그 뒤에 있었던 삼포의 재개를 오해한 것으로 보인다.

의미로 1884년 12월에 쿠데타를 일으켰다. 이를 통해 수구파가 밀려나고 그 자리에 일본의 영향력을 들여 넣으려 했다. 조정의 중신들 가운데 일곱 명이 처형되었고, 세 명은 도피했다. 중상을 입은 민영익, 지금은 다시 아문에 있는 김홍집 그리고 나, 이렇게 셋이다. 영국의 총영사 애스톤(W. G. Aston)으로부터 정신적으로 지지를 받았던 일본의 다케조에 신이치로는 자신의 졸렬함 때문에 일본 측을 위한 혁명의 이용을 수포로 돌아가게 했다. 청군은 일본인을 궁궐과 서울에서 몰아냈다.

그 무렵 나는 일본 정치가 앞으로 밟아 갈 과정을 명확히 알 수 있었다. 일본은 그 무렵 조선에서 청의 영향력을 근절시키고, 조선 반도에서 그들 자신의 잇권이 지배적인 것이 되게 하며, 그럼으로써 청에 대해서 동등한 권리를 강제로 획득하려는 것 등을 이미 결정했던 것이다. 나는 왕에게 내가 인지한 사실들을 보고했다.

나는 조선을 위협하고 있는 화에 대한 예방책으로서 조선의 군대가 러시아의 장교들을 통해서 조직되어야 할 것이라고 제안했으며, 그 방법만이 청과 일본 사이에 싸움의 원인이 되는 위협으로부터 보호될 수 있을 것이라고 진술했다. 누차에 걸쳐 상의한 뒤, 왕은 나의 의견을 받아들였고, 왕의 재가를 얻은 나는 도쿄 주재 러시아 공사에게 이러한 계획을 제시했다. 이것은 1885년 봄, 내가 조선의 사절로서 도쿄에 가 있을 때 일어난 일이었다.

그 해 여름 러시아 공사관 서기관 스페이어(A. de Speyer) 씨가 그 제안에 대해 협상하러 서울에 왔다. 왕은 대신들을 불러 어전 회의를 열었으나 그들은 그 제안을 거절하는 태도를 취했으며, 왕은 그 문제에 관여하지 말라는 맹렬한 반대에 부딪쳤으므로 스페이어 씨는 협상을 타결하지 못한 채 떠났다. 그러나 이 일이 세상에 알려지게 되었을 뿐만 아니라, 더욱이 영국의 거문도 점령에 대해서 내가 왕명으로 항의한 것 때문에, 북경 주재 유럽의 사절들은 조선으로부터 나를 파직·소환하라고 주장하기에 이르렀다.

지난번의 전투[청일전쟁]을 통해서 조선은 표면상으로는 민주적인 국가가 되었다. 그러나 사실상 조선은 명분상으로 중국에 대한 공신국이었던 지난날보다 더 나쁜 상태에 있는 것이다. 왕은 마치 포로처럼 격리되고 아무런 실권도 없다, 그를 지지하던 당파의 인물들은 아무도 관직에 없다.

오히려 모반자, 김옥균의 두 동지인 박영효 및 서광범 등, 이 극악한 적들이 대신의 자리에 올랐다. 일본의 공사인 이노우에 가오루 백작은 마치 군주처럼 명령을 내리고 있다. 각 아문에는 일본 관리가 한 명씩 고문으로 배치되어 있고, 일군과 일경이 도처에 있다.

일본은 즉시 그들의 의도대로 선례에 따라 세차게 혁신을 추진해 가고 있으며, 학교와 신문을 통해서, 특히 그들의 사관학교에 조선 청소년을 입학시킴으로써, 자신들의 목적에 부흥할 확실한 민중 계층을 확보하는 데 힘을 쏟고 있다. 이미 명문가의 자제 130명이 일본에 파견되었다. 이들은 해가 감에 따라, 1884년 일본의 명령을 받아 조선 대신들의 살해를 자행했던 군국주의의 생도들처럼 광신적인 일본인이 되어 갈 것이다. 그렇게 해서 일본은 조선에 대해 300년 동안이나 노력해 온 그 영향력을 점차로 행사하게 될 것이며, 조선 군대가 일군에 병합된 한 부분으로 종결될 때까지, 그리고 조선의 동·서해안에 군항을 설치함으로써 일본을 막강한 군국의 위치로 올려놓을 때까지 그것은 계속될 것이다.

고관이며, 왕이 신임할 수 있는 친구이자 왕비의 조카인 민영익은 갑신정변 이후 홍콩에 살고 있으며, 나와는 여러 해 동안 서신 교환으로 교분을 나누고 있었다. 전쟁이 일어난 뒤에 오가는 편지들은 두말할 나위도 없이 정치적인 성격을 띠고 있었다. 그는 처음부터 러시아만이 일본에 대항하는 데에 도움을 줄 수 있을 것이라는 점에서 나와 의견이 일치하고 있었다. 한편 계속되는 왕과의 서신 거래를 통해 그는 왕의 의중을 알고 있었다. 이노우에 백작이 온 뒤부터 서신 왕래는 중단되었으며, 단지 무의미한 사신에 국한되었다.

민영익은 몇 주 전에 상해로 갔으며, 이곳에서 일본인들로부터 추방된 평안도 관찰사인 사촌형 민영준과 함께 살았다. 나는 이 두 사람과 함께 많은 것을 상의했다. 특히 민영익은 존경할 만큼 성실한 사람이었다. 그들은 나에게 이렇게 말했다.

"왕과 마찬가지로 왕비와, 다수의 부유한 민 씨 일족 전체, 그리고 일본에 매수당하지 않은 다른 모든 척족들까지, 특히 300년 전의 일본인들의 잔인성을 잊지 않고 있었던 하층민들, 이들 모두가 일본인들을 몰아낼 희망으로 하나가 되어 있으며, 그들이 처한 질곡으로부터 구제된다면 기쁨과 고마움으로 러시아에 감사히 여길 것입니다."

이러한 문제를 어떻게 했으면 좋겠느냐는 질문에 나는 왕이 개인적으로 직접 웨베르 씨에게 의뢰하든가 그렇게 할 수 없는 경우에는 민영익에게 전권을 주어 그가 북경 주재 러시아 황실 공사에게 요청해야 할 것이라고 대답했다. 이 두 가지 다 지금까지도 이뤄지지 않고 있다. 왕이 웨베르 씨와 자유로이 의견을 교환하지 못한 것은, 부분적으로는 아마도 그가 어떤 외국 공사도 비밀리에 인견할 수 없는 부자유함 때문이겠지만, 부분적으로는 역시 일본에 대한 두려움과 전반적인 무기력 때문에 결정을 내리지 못하는, 그의 소심함에 기인할 것이다.

웨베르 씨에게 전권을 위임한다는 것이 왕으로서는 사실상 불가능할 것이다. 왜냐하면 그를 에워싸고 있는 대신들이 모두 국새 보관을 위임받은 친일파들이고 왕이 그러한 방향으로 가지고 있는 계획은 모두 좌절될 것이며, 또 계획을 실행하기도 전에 그때마다 일본인들에게 누설될 것이기 때문이다.

조선의 개혁

1882년 이래 조선의 개혁에 관해 마음속으로 품었던 바를 기억을 더듬어 다음에서 간단하게 요약하고자 한다. 내가 그 무렵 조선에서 달성하려고 노력했던 것 가운데 몇 가지 점은 대부분 사라져 버리고 말았다. 일본인들이 세력을 잡게 된 이래로 많은 변혁이 있었고, 일부분은 실제로 개선되었다. 그러나 유감스럽게도 그것을 실제로 진지하게 실행하려는 사람은 아무도 없었다.

(1) 정부 행정

왕이 강인한 성격을 지니고 있다면, 왕에 의한 절대주의적 통치 방법이 가장 적절한 것이다. 그러나 왕의 심성은 매우 훌륭하고 머리도 나쁘지 않지만 필요한 열정을 지니지 못했다. 외교 정책에서는 이미 일어난 일들을 일정한 방향으로 왕에게 제시해야 할 것이다. 조선 사람들에게 내재되어 있는 음모의 경향이 있을 때에는 유력한 당파가 쉽사리 연약한 왕을 분규 속으로 끌어들일 수 있었다.

국내 정치에서는 가장 영향력이 큰 당파에게 정부를 맡기는 것이 지금까지의 관례인데, 현재 이러한 영향력이 큰 당파가 넷이 있다. 모든 고관직, 이를테면 이 나라에서 세도가 있거나 수입 많은 자리는 모두 이들로서 채워지고 있다. 민 씨 일족이 소속하고 있는 노론이 현재 가장 강력하게 부유하며 영향력이 크다. 작고한 왕비(1895년 일본인에게 살해됨)는 이 노론에 속해 있었다.

한편 왕의 척족은 남인 출신이다. 남인은 늙은 섭정(대원군)을 그 우두머리로 하고 있으며, 그가 모든 야당 행위의 정신적인 장본인이다. 그러나 노론이 너무나 재력이 크고 강력하기 때문에 다른 당은 어떤 실질적인 영향력을 행사할 수 없었다. 그러기 때문에 일본이 연립 내각을 세우려고 시도한 것은 당시의 상황을 잘 이해하지 못한 소치였다.

지도적인 정치가로서 이제 김병시와 민영환이 초치되었다. 민영환은 모스크바에서 거행된 [니콜라이 황제의] 대관식에 참석하고 있었다. 김병시는 매우 총명하고 정직한 인물이지만 조금만 어려운 일이 생겨도 이내 사표를 제출해 버린다. 최근 몇 달 동안 아마 여남은 차례 사표를 제출했을 것이다.

민영환은 특별히 재능이 많지는 않으며, 게다가 그가 민 씨 척족의 우두머리가 아니기 때문에 그가 당의 지지를 얻을 수 있는지 확실하지 않다.

나라의 안정을 가져오려면 순수한 노론 내각이든지 또는 민 씨 내각이든지 둘 가운데 하나로 해야 할 것이다. 돌아가신 왕비의 조카이며 왕세자빈의 오빠였던 민영익이 현재로서는 민 씨 척족의 공인된 우두머리이다. 그가 내각의 수반으로 임명되고, 그에게 내각의 나머지 대신들을 선임할 수 있게 한다면 사람들은 그의 내각의 명령에 기꺼이 따를 것이다.

모든 개혁에 큰 장애가 되는 다른 당으로서는 남인, 소론 및 북인의 사람들이다. 이들은 직함도 없고 품위도 없는 미관말직의 관리이든지 그렇지 않으면 양반으로서, 지방에 거주하면서 백성의 고혈을 짜내고 있다. 이들의 모든 횡포를 법에 따라 징계해야 하는데, 백성들이 그들 밑에서 몹시 고통을 겪고 있는데도 지금까지 처벌하지 않았다. 특히 모든 계급 차별을 점차로 없애 버릴 수 있을 것인지, 그것이 문제이다. 양반, 중인, 백성—현재 이렇게 되어 있는 세 계급 신분 제도는 어려움을 가져올 뿐이다.

왕에 대해서는 규범으로서 다음과 같은 것이 더욱 분명해져야 할 것이다. 곧 지금까지 해 온 대로 각 업무에 대해 누구의 말에도 귀를 기울이지 말고, 공무에 관한 진술은 관련된 소관 부처의 대신으로부터만 받도록 해야 할 것이다. 또한 임명에서도 각의에서 승인된 다음에라야 비로소 왕에 의해 수여되어야 할 것이다.

(2) 재정

왕실의 유지비가 너무 많이 지출된다. 연간 예산 제도가 이미 실시되고 있다. 그러나 조세는 모든 계급에게 더 균등하게 부과되어야 한다. 화폐 제도와 국립 은행을 전문가의 의견에 따라 개선·설치해야 한다. 일본에서는 이러한 기관들이 잘 운영되고 있다. 왕실의 인삼 전매는 오래전부터 수입이 없다. 홍콩과 마카오의 아편 농장의 경우와 같이 매년 경매에 붙인다면 현재 수입의 4배를 가져 올 것이다.

해관은 1883년에 내가 설치했다. 내가 소환된 뒤, 하트 경(Sir R. Hart)은 자기가 해관을 물려받음으로써, 청국의 종주권이 계속 유지될 수 있을 것이므로, 해관을 자기에게 넘겨주도록 총리아문에 조언했다. 현재는 하트의 대리자인 브라운[2]이 해관을 맡고 있는데, 그는 해관총세무사로서 청국 해관에 소속되어 있다. 광산 특허에 과세하고 국유림과 일반 세금을 통해서 국가 수입은 현저하게 증가될 수 있을 것이다.

(3) 사법

아직까지도 사용하고 있는 중국의 명조시대(1308~1644)에서 유래한 야만적인 구법[대명률]을 개화된 법으로 대체해야 한다. 이 법들을 종래와 같이 한문으로 작성할 것이 아니라, 백성들이 알 수 있도록 순전히 한글로 작성해야 할 것이다. 행정과 사법을 분리하는 것은 지금의 단계로서는 권장할 바가 못 된다.

(4) 군사

러시아의 장교들이 이 부분의 개혁에 이미 종사하고 있다. 약리학은 군사와의 연결 속에서 발전될 것이다. 군악에 대해서는 유럽 음악이 도입될 것이다.

(5) 교육

조선은 일반 교육과 산업 활동을 통해서만 독립을 확보할 수 있을 것이

---

2) 브라운(John McLeavy Brown : 1842~1926) : 영국의 외교관이며, 법률학자, 법학박사. 중국에 진출하여 북경 주차 영국 공사관의 문부사(1864~1872), 참찬관(1871~1872), 해관(1872), 세무사(1877) 등을 지냄. 영국의 대한 진출의 일환으로 1893년 탁지부의 고문으로 부임했다가 러시아의 압력으로 1897년에 퇴진했다. 그 뒤 북경 주차 영국 공사관 참찬관(1906)으로 봉직함.

다. 비록 작은 나라이기는 하지만, 지력을 갖춘 유복한 국가가 됨으로써 이웃나라들의 존경을 받을 수 있으며, 이에 상응하는 자국의 본래 위치를 지킬 수 있을 것이다. 조선 민족은 총명하고 일본인들보다 재능이 우수하다.

일본인의 두뇌로는 유럽 학문의 연구라는 힘든 작업을 감당할 수 없을 것이라는 사실을 알았다. 옛 것에서 새 것으로의 급속한 변화는 어디에서도 권장할 만한 일이 못 된다 하더라도 조선 사람들이 이것을 두려워할 필요는 없다.

특히 공공 생활에서 일반적으로 사용되고 있는 한문은 완전히 없어져야 한다. 한자의 습득은 너무도 많은 시간을 요구한다. 조선어는 풍부하며 조선의 한글은 간단하면서도 합리적이다. 어떤 언어든지 관계없이 유럽어 가운데 어느 한 가지는 모든 학교에서 가르쳐야 한다.

초등학교에 주력을 기울여야 하며, 최초의 초등학교 교과서는 일정한 목표를 세워 신중하게 준비하는 것이 반드시 필요 불가결하다. 나는 그 무렵 1천만 인구의 8도에 800개소의 초등학교와 24개소의 중학교를, 그리고 수도에는 자연과학, 외국어 그리고 공업 부분의 전문학교를 각각 1개씩 세우려고 생각하고 있었다.

(6) 농업

조선의 농업은 매우 개발되지 못한 상태에 있다. 쟁기는 원시적이며 농기구는 대개 사용할 수 없는 것들이다. 타작은 옛날 팔레스티나에서 하듯 하고 있다. 인공 비료에 대해서는 꿈에도 생각지 못하고 있다. 훌륭하고 덩치가 크며 뿔이 짧은 품종의 축류가 있음에도 불구하고 축산은 소홀히 되고 있다. 낙농업은 전혀 없다. 산비탈을 그냥 방치했기 때문에 국토의 상당 부분이 굴러 떨어진 돌에 묻혀 있다.

뒷생각 없이 나무를 벌채해 버리고 아무도 다시 심을 생각을 하지 않는다. 기술적인 감독 아래 다시 잔디를 까는 것이나 산을 다시 조림하는 것을 법으로 쉽게 시행할 수 있을 것이다. 전반적인 반대에도 불구하고 목양은 가능하다. 그러나 염소를 기르는 것은 그리스에서와 같이 나무의 성장을 해치므로 나는 권하지 않는다.

대부분의 농작물은 쉽게 개량될 수 있다. 중부 이남에서는 쌀농사가 뛰어나게 잘된다. 북위 35° 이북에서는 수확이 언제나 불확실하기 때문에 북부에서는 다른 곡식을 심어야 한다. 목화는 중국이나 일본에서와 마찬가지로 섬유의 길이가 짧다. 나는 나무들이 너무 조밀하게 들어서지 않도록 시험해 보았으며 이 시험에 성공했다.

뽕나무는 전국 곳곳에 퍼져 나가고 있으며, 산의 남쪽 기슭은 특히 뽕나무를 기르는 데 적당하다. 우수 품종을 야생 나무에 접목시킴으로써 양잠을 점차로 번성시킬 수 있다. 몇 군데의 화산 작용에 의해 형성된 골짜기 땅에는 포도 종류가 잘 자란다. 서북쪽과 서쪽의 담배는 맛이 좋으며 내가 1883년에 이것을 런던으로 시험적으로 보내 봤는데, 좋은 이익을 냈다.

크고 노란 콩은 중국과 일본에서 수요가 많다. 기름과 콩깻묵을 분리해서 수출한다면 소득이 증가될 것이다. 삼은 우수 품종이므로 산출을 높이면 훌륭한 수출 품목이 될 것이다. 황마는 최상품으로 간주된다. 남쪽에서는 올리브 나무가 잘 자랄 것이다. 과실은 대개 개량되지 않았으며 조선의 감으로 만드는 곶감은 일본의 가키에 해당하는 것으로, 매우 훌륭한 과실이다.

여기서 잠깐 언급하건대, 어장은 매우 수확이 많은 데도 해산물의 수출에 대해서는 전혀 생각을 하지 않고 있다. 생선을 냉장, 건조, 염장, 훈제 등으로 하는 것에 대해서는 거의 완전히 소홀하고 있다. 어선은 빈약하고 어망과 어구들은 원시적이다. 동해안에서는 정어리가 잡히는데 지금 비료로 일본에 나가고 있지만, 이내 스페인 및 프랑스와의 경쟁을 유발시켰다.

(7) 수공업과 산업

일상적인 수공품들은 전반적으로 낙후되어 있다. 대장장이 일은 특별한 충고가 필요하다. 재단사란 전혀 없는데, 그 이유는 모든 옷을 만드는 일이 가정에서 이루어지기 때문이다. 염색공도 마찬가지로 없다. 목공들은 훌륭하지만 단지 몇 가지 옛 모델만을 가지고 있을 뿐이다. 선반공이나 제철공은 도대체 없다. 비누는 나쁘고 불 켜는 등은 아마 더욱 나쁠 것이다.

가죽을 정식으로 무두질하는 법을 모른다, 시장에 내놓으려고 뛰어난 모피 제품을 만들어 내지 않는다. 종이는 그 질이 탁월하지만 생산비가 너무 높다. 손으로 하는 작업을 기계로 대체해야 한다. 유리, 성냥, 융단, 자리, 발, 부채 등은 별로 큰 비용을 들이지 않고, 또 사치스러운 공장 설비를 갖추지 않고도 쉽게 수출 상품이 될 수 있다.

서울에서 그리 멀지 않은 곳에 옛 고령토장들이 있다. 앞에서 언급한 바와 같이 조선에서는 도자기업이 성행했던바, 일본군이 1600년 무렵에 철수할 때 모든 조선 사람 도공들을 끌고 갔으며, 그로 말미암아 요업 기술이 일본의 사쓰마 지방으로 건너갔으나 조선에서는 소멸되었다. 나는 적지 않은 노력과 비용을 들여서 청국으로부터 몇 명의 기술자를 불러왔으며, 그들이 이미 일을 시작했을 때, 나는 그만 떠나야만 했다. 내가 떠나간 뒤에 그 기술자들도 해고되었다니 참으로 딱한 노릇이 아닌가!

광산의 운영에는 전문가가 필요하다. 모든 산업의 기간이 되는 철과 석탄은 관청의 통제 아래 두어서 국가에 이익을 가져오게 해야 할 것이다. 산업박람회를 개최하는 것도 필요 불가결하다. 처음에는 소규모로 시작하더라도 점차 확대될 수 있을 것이다.

(8) 무역과 교통

조선의 교통 수단은 빈약하기 그지없다. 도로는 나쁘고 교량도 드물다. 주요한 교통 수단은 소와, 작지만 힘이 센 말이다. 수레는 보잘 것 없이 만들어져 있다. 선박은 극히 원시적이며, 전마선과 나룻배는 초라하기만 하다. 대상인은 중국의 영향이 가장 강하게 나타난 서북 지방의 평안도에만 있다.

우편 제도가 도입되어 있고 전신의 주요선이 가설되어 있다. 도로와 교량이 일정한 계획에 따라 건설되고 간선과 지선을 가진 합리적인 철도망이 설치된다면 조선이 정상적인 방법에 따라 복지 국가로 발전하지 못할 이유가 없다. 해상 교통을 위한 새 항구의 개항은 주로 탄광의 개발과 관련되어 개설되어야 한다.

철도 문제는 이미 1882년 내가 조선에 체류한 뒤에 일어났다. 철도부설권을 놓고 여러 곳으로부터 시달림을 받은 정부는 어쨌든 결정을 하지 않으면 안 되었다. 신청해 온 회사 가운데 일부는 영국 회사이고 일부는 일본 회사들이다. 이 문제에 대해서 나는 각서를 작성했는데, 조선 정부에서는 이를 위한 자금이 없었기 때문에 나의 각서에 따라 잠시 보류하게 되었다.

1885년과 1895년에 비로소 이 문제가 다시 거론되었는데, 특히 광산과 석탄의 채굴 특허와 연관되어 있었다. 미국의 한 기업체(현재, 서울-제물포 구간의 철도 부설을 맡고 있는 사람들이 아님)의 도움으로 나는 (1) 서울-제물포, (2) 서울-의주, (3) 서울-부산, (4) 서울-마산포, (5) 목포, (6) 동해안, (7) 평양-부산, (8) 서울-원산 간의 철도 부설 등 주요 구간에 중점을 둔 계획을 완성했다.

미국의 기업체가 이 모든 노선을 순서대로 착공·완성하겠다고 나섰다. 조선 정부는 투자된 자본에 대해서 5%의 이자를 보장해야 했다. 일본인들은 특히 서울-부산 노선에 집착했는데, 이제 또다시 이것을 획득하려고 가능한 모든 노력을 기울이고 있다.

조선 남부의 모든 항구는 1년 내내 부동항이므로, 만일 러시아의 철도망이 조선의 철도와 연결된다면 조선의 남부 항구는 시베리아철도의 종착역이 될 수 있을 것이다. 중국과 일본의 물자 수송과 여객 수송이 이곳을 통해 왕래될 뿐만 아니라 또한 군사적인 견지에서도 이러한 장소는 적당한 요새화에 의해 동아시아에서 최강의 항구가 될 것이다.

다다넬스해협이나 발해만의 어귀에 있는 만주의 항구보다는 훨씬 좋을 것이다. 이러한 점에서 볼 때 러시아는 이익의 반액을 쉽게 양보할 것이며, 이에 대해서 러시아 군대가 자유로이 통과할 권한을 보장해 주면 될 것이다.

1897년 1월 상해에서

5. 영파에서의 최후

1897년, 마침내 8년이나 기다린 끝에 1889년 남편이 천진을 떠날 때 주기로 약속되었던 통계국장으로 임명되었다. 우리는 그 무렵 신선한 미풍이 항상 강어귀로부터 불어오는 영파 부두의 맞은편, 건강에도 좋은 위치에 훌륭한 집 한 채를 지니고 있었다. 그래서 뜨거운 북경 거리에 있는 관사로 이사하는 것은 여름의 더위가 지난 9월에야 하기로 했다.

남편의 휴가가 끝나기 전, 뜻하지 않게 6월에 남편의 동료 T 씨가 가족과 함께 왔는데, 그들은 하트 경(R. Hart)의 결정을 기다리고자 곧 관사로 옮겨왔다. 그러나 하트 경은 오랫동안 침묵을 지키고만 있었다. 왜냐하면 T 씨가 뜻밖의 도착으로 그의 계획들이 연기되어야 했기 때문이었다.

9월 17일, 남편에게서 "영파행 준비"라는 전보 한 장이 왔다. 그리고 T 씨는 남편이 6월에 맡고 있던 상해의 자리를 맡게 되었다. 남편이 그토록 몇 년 동안 고대했던 전권 책임자로서의 임명은, 한편으로는 매우 기쁘게 받아들였지만, 또 한편으로는 파괴적인 충격과도 같이 우리를 찾아온 것이었다. 왜냐하면 영파에는 그 무렵 기껏해야 8명의 유럽인이 살고 있었고, 학교라고는 전혀 없어서 성장한 아이들의 교육이 불가능했으므로, 우리 가족의 헤어짐이 불가피했기 때문이었다. 남편은 영파에서 폭넓은 활동 분야를 가지게 되었고 그의 학문적인 연구를 다시 시작할 수 있었다. 우리는 공부를 위해 아이들을 이따금 상해로 데리고 가려 했지만 그것도 제대로 되지 않았다.

2년간이나 괴롭기만 한 생활이 계속되다가, 1899년 가을, 마침내 운명의 시간이 다가 왔으니, 나는 아이들과 함께 유럽으로 가야 했고 남편은 황량한 영파에 홀로 남아 있어야 했다. 그는 특히 『중·독사전』과 『독·중사전』을 만들고 있었는데, 그것은 청도에 있는 행정 당국과 독일의 황실 해군성이 주문한 것이었다. 그는 이 일을 완성하고 나서 1900년 봄에 독일로 오겠다고 약속했다.

부모에게 자녀의 교육 문제가 생겨 가족이 서로 갈라지게 된다는 것은, 특히 이 작은 항구에서는, 동양에 살고 있는 유럽인의 생활 가운데서 언젠가는 겪게 될 비극이 아닐 수 없다. 9월 초, 우리는 영파를 떠났으며, 상해에서 귀국할 채비를 갖추었다. 남편의 편지에는 다음과 같이 기록되어 있었다.

> "9월 13일에 가족과 함께 프로이센호를 타고 홍콩까지 전송한 뒤에 거기서 그들과 작별하고 아픈 마음으로 육지에 내렸소. 홍콩에서 몇몇 옛 친구들을 만나고 그들을 방문했소. 16일에야 비로소 귀로에 오를 수가 있었으며 하문을 거쳐 가는 긴 항해였기에 상해에는 나흘 뒤에 도착했소. 상해에서 민영익을 만나 보았는데, 그는 즉시 조선에 대한 얘기를 꺼내기 시작했지만, 나는 왕이 재정적으로 나를 보장해 주어야 하며 그렇지 못하다면 나는 조선에 갈 수 없다고 대답했지요. 민영익은 그 내용을 조선에 써 보냈소."

영파로 돌아간 뒤 남편은 그의 학문적인 일에 몰두하면서 영파의 개선을 위해서도 활동했다. 그는 선착장까지 부두를 증축했으며 아르뜨와식 우물[1]을 파게 했다. 왜냐하면 영파는 강이 바다와 합쳐져 있으므로 어디고 지독히도 물이 귀해서, 식수 수송선이 산에서 물을 받아 와야만 했기 때문이었

1) 아르뜨와(artesisch)식 우물 : 프랑스의 아르뚜아(Artois) 지방에서 이용하는 샘으로서 지하에서 분출식으로 올라오는 물을 샘물로 이용하는 방법을 뜻함.

다. 그뿐만 아니라 남편은 여학교를 하나 세웠으며, 1902년에 설립되었던 영국의 한 미션 학교의 신설을 위해서도 노력했다. 또한 이곳에서 중국 당국은 노련하고 사욕 없는 고문으로서 그에게 어려운 문제들을 의뢰했다.

9월 20일, 남편은 유명한 선교사 화버 박사[2]의 죽음에 심한 충격을 받았다. 그는 이상적 목표를 추구하는, 비길 데 없이 고귀하고 공로가 많은 사람으로, 남편은 광동에 체류할 때부터 학문적으로 그리고 친구로서 그와 밀접한 교분을 나누고 있었다.

파리에서 개최되는 전람회에 출품하려고 가톨릭계 고아원에서 자수품과 레이스 장식을 만들었는데 매우 성과가 좋았다. 그것들을 겨울에 보내야만 했다. 또한 남편은 방언들을 원통 축음기에 담는 작업을 끝마치고 독·영·불 3개 국어의 입문서를 상해에서 인쇄했다.

9월 30일, 그는 다음과 같이 편지를 보냈다.

> "하고 있는 우리 일들은 활발히 진척되고 있다오. 조선에 대해 괴로운 문제가 없다면 사전 편찬이 끝나는 대로 휴가를 떠나려 하오. 그러나 휴가는 아마 1년은 지나야 할 것이오. 인쇄가 지연된다면 그것은 내 책임이 아니오."

그는 이미 싱가포르에서 보낸 우리의 소식을 받았고, 10월 15일에 제노아에서 우리가 도착했다는 전보를 보내 주기를 고대하고 있었다. 그는 다시 다음과 같이 쓰고 있다.

> "다시 한 번 왕이 전보를 보내 왔기에 나는 그에게 나를 하트 씨로부터 빼내어 조선에 파견시켜 달라는 부탁의 내용을 담은 긴 편지를 보냈다. 왕은

---

2) 화버 박사(Ernst Faber : 1839~1899) : 중국에 피송된 독일의 선교사였는데, 중국학을 독일에 소개한 저명 학자였다. 『유교의 이해』(1875), 『중국의 종교』(1879), 『중국여성사』(1890), 『맹자』(1897), 『유교』(1895), 『중국사연표』(1902) 등의 노작을 남겼다.

그가 나의 요청을 받아 줄 것인지의 여부를 민영익에게 전신으로 보낼 것이다. 그러면 나는 하트 씨에게 편지를 쓰겠다. 그렇게 된다면 아마 하트 씨는 나를 조선으로 보낼는지도 모르겠다. 만일 왕이 이러한 조치를 취하지 않는다면, 그때에는 불쾌한 돈 문제에 관한 후속 교섭을 하게 될 것이다. 그 동안 나는 꽤 부지런히 일하고 있다. 유감스럽지만 그저 꽤 하는 정도일 뿐이다. 왜냐하면 고독에 익숙해지기까지는 정말이지 얼마간의 시간이 걸리기 때문이다. 수요일에 나는 중국의 관리들을 위해 성대한 오찬을 가졌다. 그 관리들은 지방 판사, 두 명의 도대, 지방 장관 그리고 지방 총책임자 등이었다. 나는 다음 소식으로 아든에서 온 가족의 편지를 고대하고 있다.

나는 상해로 와 달라고 초대하는 매우 우호적인 편지 한 통을 크나페[3)]에게서 받았다. 하인리히 공[4)]이 나와 함께 식사하고 싶다는 것이다. 나는 물론 즉시 떠났다. 만찬은 10월 25일, 수요일에 있었다. 모두 여덟 명이 모였다. 나는 공의 오른쪽에 앉았는데 그는 지극히 눈에 띌 정도로 우호적이었으며 조선에 대한 말을 꺼내었다. 그는 독일이 나를 본격적으로 지지할 것이며 예전의 방법에는 과실이 있었다고 나에게 말했다.

하인리히 공은 친절을 베풀며 충심으로 대해 주었는데 그것은 전적으로 기분 좋은 방법이었다. 민영익은 내 편지를 왕에게 계속 우송해 주었고, 우리는 지금 소식을 기다리고 있다. 공은 하트 씨가 왕의 청원을 거절할 수 없을 것이라고 생각했다. 북경 주재 공사는 그러한 의미로 훈령을 받고 있으나 그 일은 자연히 오래 걸릴 것이다."

---

3) 크나페(Wilhelm C. Knappe : 1885~1910) : 독일 에르푸르트 출신. 라이프치히대학, 괴팅겐대학, 베를린 대학에서 수학하고 독일 이민국에 들어감(1883). 그 뒤 사모아 영사(1885~1888), 트랜스바알의 국립은행 총재(1890~1894)를 거쳐 광동주재 영사(1895), 상해주재 총영사(1898~1906)를 지냄.

4) 하인리히 공(S. K. H. Prinz Heinrich : 1862~1929) : 독일 빌헬름 2세의 아들. 그는 1899년 6월 8일에 내한하여 재한 독일인의 실태와 독일어학교의 상황을 시찰하고 국왕에게 보고서를 올린 일이 있다. 그 뒤 제독이 되어 해군총사령관과(1909)과 동방함대사령관(1914~1918)을 지냈다. 그와 한국 관계에 관해서는, Kun-Hwan Kim, *Deutsch und Koreanisch* (Frankfurt am Mein : Peter Lang, 1994), pp. 33ff 참조.

11월 4일, 글을 계속된다.

"아든에서 가족으로부터 여태까지의 여행이 순조롭다는 편지를 받았다."

12월 초의 글에는 다음과 같이 썼다.

"조선에서는 영국과 일본 측이 나를 반대하는 선동을 하고 있고, 연약한 왕은 역시 그의 지지를 관철시키지 못할는지도 모른다. 이 지방의 지사가 이번 주에 방어 시설을 시찰하고자 내방하기로 되어 있다. 나는 천진 시절부터 그를 잘 알고 있는데, 원래는 항주로 그를 방문하려고 했었다. 아마 나는 중국의 공휴일 기간 동안에 그곳으로 여행을 할 것 같다."

1899년 12일 9일 자 :

"왕이 방금 전신을 보내 왔는데 그 내용은 러시아와 일본의 공사들이 나의 고문 임용을 반대하고 있으며 왕은 러시아인과 일본인 고문을 해임한 뒤에 두 번 다시 외국인 고문을 기용하지 않겠다고 말했다는 것이다. 그러나 왕은 나를 데리고 있고 싶어 하며 직책은 대수로운 문제가 아니므로, 나에게 학술원 원장 자리를 주겠다고 한다. 그렇지만 나로서는 아마도 금전적인 문제를 관철시켜야 할 것 같다. 이홍장이 광동 총독으로 임명되었으므로, 그가 온다면 상해에서 그에게 인사를 하려고 한다."

1899년 12월 25일 자 :

"러시아와 일본이 나의 등용을 반대하고 있으나, 왕은 한 번 더 전신을 보내어 내가 꼭 와야 한다고 했다. 나는 지금 민영익의 회답을 기다리고 있다."

1월 13일 자 :

"해관의 연말 결산은 훌륭했다. 이에 대해 하트 경이 감사히 여기기를 바란다. 나의 전근에 관한 소문이 이미 작년부터 떠돌고 있으나, 영파는 나를 보내려 들지 않을 것이다. 그러나 나는 기꺼이 떠날 것이다. 좀 더 다양한 생활을 할 수 있고 보다 큰 항구가 나에게 무언가 나은 것을 약속해 줄 수 있을 것이다."

1990년 1월 20일 자[5] :

"오늘 화버(E. Faber)의 묘소에 쓸 중국어 비명을 귀주로 보낼 예정이다. 그것은 동판에 새겨지게 될 것이다. 『동아시아 로이트』지에 중국어와 독일어로 된 본문을 게재하고 시험적으로 인쇄한 것을 가족에게 보내겠다. …… 조선에서는 고작 왕의 안부 편지만이 왔다. 모든 외국의 열강들이 나를 받아들이는 일에 관해서 그에게 어려움을 줄 적마다 그는 이 일을 어떻게 해야 할지를 모르고 있다니 참으로 답답하다."

2월 17일 자 :

"중국인 참모진이 나의 생일 축하로 연극에 초대했는데, 서 씨의 집안 테니스 코트에서 상연되었다. 무대는 천막으로 만들었다. 공연단은 북경에서 왔는데 아주 재미있었다. 공연은 저녁 7시부터 12시까지 계속되었는데, 끝날 때까지 바람도 비도 없었다. 또 나는 전임 도대 무 씨와 이 총독에게서 매우 정중한 생일 축하 및 신년 축하 편지를 받았으며 현직 도대로부터 나

5) 원문에는 1월 13일자와 1월 20일자가 바뀌어 있으나 여기에서는 일자 순에 따라서 편집했다.

묄렌도르프의 묘지(상해)

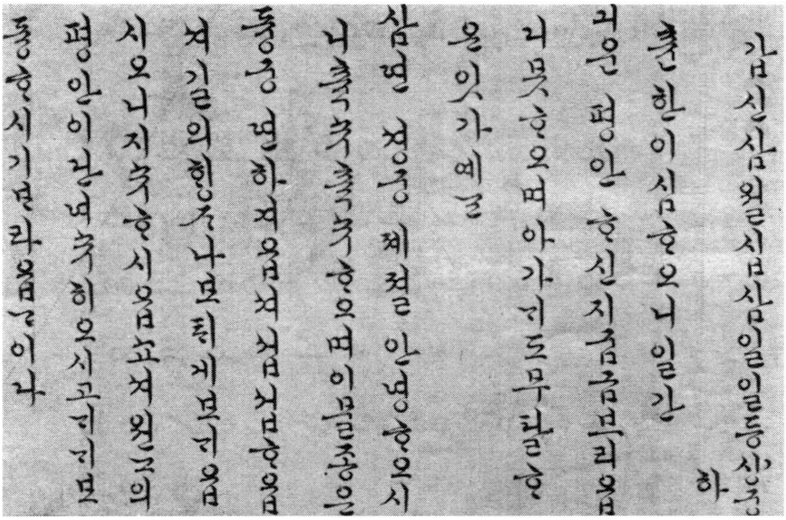

유럽 여행을 떠나는 목참판에게 민비가 하상궁을 통해 보낸 편지

와 가까운 교분을 나누도록 마음을 쓰겠다는 편지를 받았다. 유감스럽게도 나의 일은 많이 밀려 있으며, 시내에서 이곳저곳을 방문하느라고 많은 시간을 뺏겼다.

3월 11일 자 :

"왕은 민영익에게 공한을 보냈으며 나는 북경의 소식을 기다리고 있다. 3월 16일 상해에서 민영익과 얘기를 나누었다. 왕은 다시 편지를 써 하트 씨에게 보냈다. 나는 하트 씨가 이를 거절하리라고 생각한다. 왜냐하면 그는 내가 결코 영국의 이익을 위해 일하지 않으리라는 것을 알고 있기 때문이다. 왕의 편지는 21일 북경으로 갔으며, 나는 오늘 그에게 편지를 써야 한다.

나는 영파에 한 여학교를 설립했다. 아이들은 감독을 받지 않고 하루 종일 마음 놓고 뛰어다닌다. 그들에게 여자들이 할 수 있는 수공예를 가르칠 예정이다. 상해로부터 몇 대의 편물 기계와 재봉 도구를 가져오게 했으며 두 명의 여선생들도 이미 확보되었다."

4월 7일 자 :

"나는 지금 매우 힘들게 일하고 있다. 조수 두 명이 모두 가버렸기 때문이다. 뿐만 아니라 유관과 해문의 두 곳에 우편사무소를 신설했기 때문에 몹시 분주하다. 조선에는 무언가 조짐이 보이고 있으나, 나는 관여하고 싶지 않다. 러시아는 어수선한 틈을 타 한몫 보려 하고 있고 일본과 승강이를 벌이는 가운데 조선은 이번 주에 한 관리를 상해로 파견했다. 아직도 하트 씨에게서 전혀 회답이 없기 때문에 극도로 긴장이 되기는 하지만, 되어 가는 일을 조용히 기다릴 수밖에 없다."

5월 15일 자 :

"상해에서 로셔의 자리에 있던 쉐니케(Schönike)가 인플루엔자를 앓고 있었기 때문에, 나에게 자기를 방문해 주기를 요청했다. 업무상으로 의논할 것이 있었기 때문이었다. 한때는 하트 씨가 그 자리를 나에게 주기를 나는 바란 적도 있었다. 그랬다면 가족들에게 돌아오라고 전보를 쳤을 텐데.

민영익과 다시 조선에 대해 많은 얘기를 나누었다. 모든 것이 그토록 지연되고 있기 때문에, 그는 불안한 생활을 청산하리라고 어려운 결심을 했다. 경제적인 문제를 확실히 해줄 경우에만 나는 조선으로 돌아갈 수 있을 것이다."

6월 7일 자 :

"6월에 왕의 전보가 다시 왔다. 그 내용은 하트 씨가 나를 왕에게 보내 주기를 거절한다는 것이었다. 또 왕은, 이제 내가 간다면 민영익이 내가 요구한 액수를 지불해 줄 것이라고 전해 주었다. 그러나 이제는 그 사이에 일어난 이곳의 소요가 끝이 나야만 내가 떠날 수 있게 됐으니!"

1900년 7월에 의화단의 난이 일어났다. 이것 때문에 남편은 휴가를 얻지 못했다. 이미 6월에 남편은 북중국의 정치 상황이 심상치 않게 움직이고 있으며, 커다란 사건이 절박해 있다는 것과, 그러나 영파와 그 주변은 조용하다는 글을 보낸 바 있었다. 그러나 그 뒤 곧 보내 온 7월의 소식은 독일 공사 폰 케틀러가 피살되었으며 황후가 모반자들을 지지하고 있고, 선교사들도 피살되었으며, 전신은 파괴되었다는 것이었다.

그런 뒤로 북경에 대한 소식은 오지 않았다. 질서를 잡으려고 이홍장이 북쪽으로 갔다는 소식이 온 뒤로 두절되었다. 엄청난 소요 때문에 9주 동안이나 북경에 갇혀 있게 된 유럽인들의 운명과 생사에 대한 불확실함과 아울러 끔찍한 소문들이 도처에 떠돌았다.

역시 예상한 대로 영파에도 외국인 피해에 대한 포고가 내려졌으며, 남편은 그러한 공포 사태를 저지하고, 어느 곳이든지 적대 행위가 보일 때면 포함으로 진압하려고 도대 및 지사와 함께 토의하면서 14일간이나 아침 일찍부터 밤늦게까지 시내의 중국인 구역에 머물러 있었다.

선교사들이 매일같이 남편을 찾아 왔고, 주교도 역시 대단히 동요하고 있었다. 남편은 영파를 단 하루도 떠날 수가 없었으며 하루라도 보이지 않으면 의심을 샀다. 마침내 8월, 9주나 지난 뒤에야 북경의 해방에 관한 소식이 왔다. 1900년 중국의 정치 상황에 관한 남편의 회고록을 부록에 첨가했다.[6]

모든 어려움들을 성공적으로 해결한 뒤에 남편은 유급 휴가를 얻기를 희망했다. 8월 25일자 그의 일기에 그것에 관해 적혀 있다.

---

6) 본서에서는 이 부록을 삭제했다. 그것은 한국사와는 무관한 것이다.

"양자강 이남 지방은 모든 지역이 안정되고 평화롭게 되었으며 유럽인들도 이러한 상황을 받아들이게 될 것이다. 왕은 이제 내가 급히 필요하다고 재촉하지만, 결심을 하기에 앞서, 나는 우선 공사를 만나야 한다. .... 중국인들이 나에게 이홍장을 위해 공사에게 말해 주기를 부탁했다. 만일 이홍장이 예전의 위치로 돌아갈 수만 있다면, 그를 위해 기꺼이 공사를 만날 수 있다. 그는 질서를 바로잡을 수 있으며, 강화 조약을 유도해 낼 수도 있을 것이다."

10월에 남편은 고든[7]이 저술한 『유대·독일 노래집』을 편찬 작업을 완성했다. 그리고는 이제 다음의 편지에 나타나 있듯이, 그의 휴가에 대해 진지하게 생각하기 시작했다.

"10월의 날씨는 아주 훌륭하다오. 나는 영파의 주변을 돌아보고 싶은 마음이 간절했는데, 책상을 떠날 결심을 굳혀야 할지 모르겠구려. 그토록 많은 작업을 시작해서 지금은 절반가량 혹은 거의 끝나 가고 있소. 봄에 휴가를 얻게 되더라도 나는 일거리를 가져가고 싶소. 이 작업들은 줄곧 해야 하지만, 이곳 학자들의 도움이 없이도 독일에서 나 혼자 끝낼 수 있을 것이오. 고든의 노래집에 관한 일은 고향에서 그것들을 출판하도록 이미 동생에게 보냈소."[8]

1901년 3월에 남편은 『영파편람』과 『영파철음표』를 완성했다. 『영파편람』은 15개의 단원으로 구성되어 있다. 『영파철음표』는 『영파편람』의 열

---

7) 고든(Jehuda Löb Gordon : 1830~1892) : 유대계 러시아인으로서 저명한 히브리 시인이었다. 『탈무드』와 『성경』을 깊이 연구하여 랍비가 된 뒤 『다윗과 미카엘의 사랑』(1857), 『옥중의 시드기아 왕』(1879), 『유다의 비유』(1859) 등의 작품을 남겼다.

8) (원저자 주) 그러나 쿠노 주재 독일 영사였으며 그 당시에는 마인강가의 프랑크푸르트로 전근되었던 남편의 동생 오토 폰 묄렌도르프 박사는 병중이었는데 매우 중증이어서 고든의 노래집을 출판하도록 남편이 위탁한 일을 실행할 수가 없었다. 그가 곧 별세하자 그 이후로도 그 저술은 출판되지 못한 채 있다.

쇠가 되는 저서로 남편이 죽기 직전에 발간되었다. 한편 남편의 유산 관리인이 재출판한 바 있던 『영파편람』은 1910년에야 비로소 쉐파트 목사(G. W. Sheppard)의 호의로 발간되었다.

남편은 사천 지방에 대한 저서도 발간했는데 그것은 소현과 태주의 방언을 해독하는 열쇠의 구실을 하는 것이었다. 왜냐하면 사천에는 만주의 방언으로 된 서적만이 존재하기 때문에 선교사, 미션 학교, 그리고 해관 관리들이 필요에 상응하도록 그것들이 모두 사천 방언으로 번역되어야 했기 때문이다.

남편의 휴가에 관련하여 상해에서 브레든 경[9]과 의논한 결과, 남편은 4월에 휴가를 보장받았다. 그러나 도대와 지사는 남편을 보내려 하지 않았다. 왜냐하면 그들이 새로 맺어진 조약으로 말미암아 발생되는 사태에 대처하려면 남편이 필요했기 때문이었다. 그래서 하트 경은 그들에게 호의를 베풀어 휴가를 연기시켜 버렸다. 12월에 남편은 다음과 같이 썼다.

> "민영익은 나에게 기대를 걸게 하지만 왕은 어떤 결정도 할 수가 없다. 동시에 중국에서도 아직 모든 일이 깨끗하게 처리되지 않았다. 그러나 나는 독일에 가고 싶다. 또 대단치는 않으나 나의 병이 다음 여름을 중국에 밖에서 보내려는 결심을 더 서두르게 했다. 그래서 휴가 문제를 가지고 브레든과 의논하게 되었다. 크리스마스 축하로 "즐겁고 기쁜 성탄을, 4월 휴가"라는 전문을 가족에게 띄웠다."

1901년 3월 9일, 민영익 공의 부인이 조선으로 돌아갔다. 그러나 민영익은 나의 남편과 함께 가지 않으면 결코 조선에 가지 않겠다고 말했다.

---

9) 브레든(Sir Robert E. Bredon : 1846~1918) : 아일랜드 더블린 출신. 트리니티칼리지 졸업. 육군 군의관 시험에 합격한 뒤 군대에서 복무(1867~1873)한 뒤 예편하여 중국 해관에서 근무함.(1873~1910)

3월 19일에 왕의 사신이 와 남편과 상의를 하려고 했다. 그 사신은 남편이 무슨 일이 있어도 유럽에 가야만 한다는 내용이 부언되었던 서찰을 남편으로부터 받았다. 남편은 곧 휴가를 떠날 수 있다는 생각에 매우 기뻐했는데, 한 편지에는 다음과 같은 귀절이 눈에 띈다. "아직 남아 있는 네 개의 우편물을 처리하면 나는 여행을 떠난다오. 만세!"

그러나 남편은 고향을 다시는 볼 수가 없었다. 왕이 보낸 한 편지를 C. S. 김 박사[10]가 번역해 주었는데 그 내용은 다음과 같다.

> "우리는 당신에게 정중히 전하건대 우리가 헤어져 있는 동안 해바라기의 연정과도 같이 우리에게 사무친 우리의 지란지교를 내내 아쉬워했습니다. 오래도록 당신의 명성을 들어오면서 늘 당신을 존경했습니다. 그러나 우리 사이는 운우처럼 멀기만 하군요. 우리는 당신을 생각하고 있으나 당신을 만날 기회가 없습니다. 우리가 당신에게 알리고자 하는 것은 황제가 데니 씨를 와병 때문에 해임하고 나서, 후임자를 발견하지 못하다가 묄렌도르프 씨가 예전에 조선에 있었으며 이 나라와 이 나라 사람들을 경험을 통해서 익히 잘 알고 있다는 것을 생각하고 계시다는 것입니다.
>
> 우리는 묄렌도르프 씨가 현재 해관세무사이며 영파에서 하트 경의 밑에 있는 것으로 알고 있으며, 그것에 대해서 하트 경에게 왕의 고문으로서 묄렌도르프 씨를 조선에 보내 주고 2년 동안 영파의 자리는 대리인에게 맡겨 주도록 부탁했습니다. 옛날에 정치가가 재능 있는 사람을 기용했을 때 했던 바와 같이, 2년 뒤에는 그를 돌려보낼 것입니다. 우리는 하트 경에게 묄렌도르프 씨를 조선에 보내 주도록 부탁하며, 그는 조선에 필요한 사람이라는 글을 써 보냈습니다.
>
> 광무(4년 1월 29일에, 총세무사 하트 경과 한국 정부 사이에 채결된 계약."

---

10) 고병익 교수는 그의 이름을 김종세라고 표기하고 있다. 고병익(역), 「목인덕 수기」, 『진단학보』(24)(서울 : 진단학보, 1963), p. 195 참조.

조선어로 쓴 왕의 모든 편지와 함께 조선어와 중국어로 된 증서 및 기록들이 원본으로 보존되어 있다.

남편은 12월 초에 부주의로 감기에 걸려, 앓기는 했지만 곧 회복되었다. 크리스마스에 남편은 우리에게 선물을 보내 왔는데, 그것은 바로 한 통의 전보였다. 4월에 있을 그의 휴가가 수락되었다는 소식을 전해 주는 것이었으니 얼마나 기뻤는지!

2월과 3월에 그는 상해로 가서 그곳 의사에게 진찰을 받았다. 마지막 몇 달은 공무로 바쁘게 지냈다.

4월 20일, 남편은 자신이 기선 하인리히호 편으로 오리라는 것을 알려 주는 전보를 보내 왔다. 같은 날, 오후 6시 클럽에서 집으로 돌아왔을 때 그는 심한 위경련으로 쓰러졌다. 그날은 토요일, 아무도 집에 없을 때였다. 그는 하인들이 누군가를 부르려 하는 것을 말렸다. 곧 좋아질 것으로 생각했던 것이다. 그러나 통증은 계속되었고 두세 시간 뒤에는 끝내 실신해 쓰러졌다. 뒤늦게야 비로소 하인들이 몇 명의 유럽인들을 불러왔다.

그러고서 더욱 늦게 선교사 의사를 불렀는데 그는 강 건너 선교 기관에 살고 있어 몇 시간인가 지나서야 도착하게 되었다. 비극적인 운명이 사랑하는 사람들로부터 그를 앗아가 버렸다. 우정의 손길이 그를 위해 무엇인가를 해보지도 못한 채, 밝혀질 수 없는 어두움만이 그의 최후에 드리워져 있다. 그를 담당했던 의사가 다음날 오후에 외출에서 귀가했을 때, 장례식은 이미 끝나 있었다.

반청한론 : 데니 씨의 『청한론』에 대한 답변

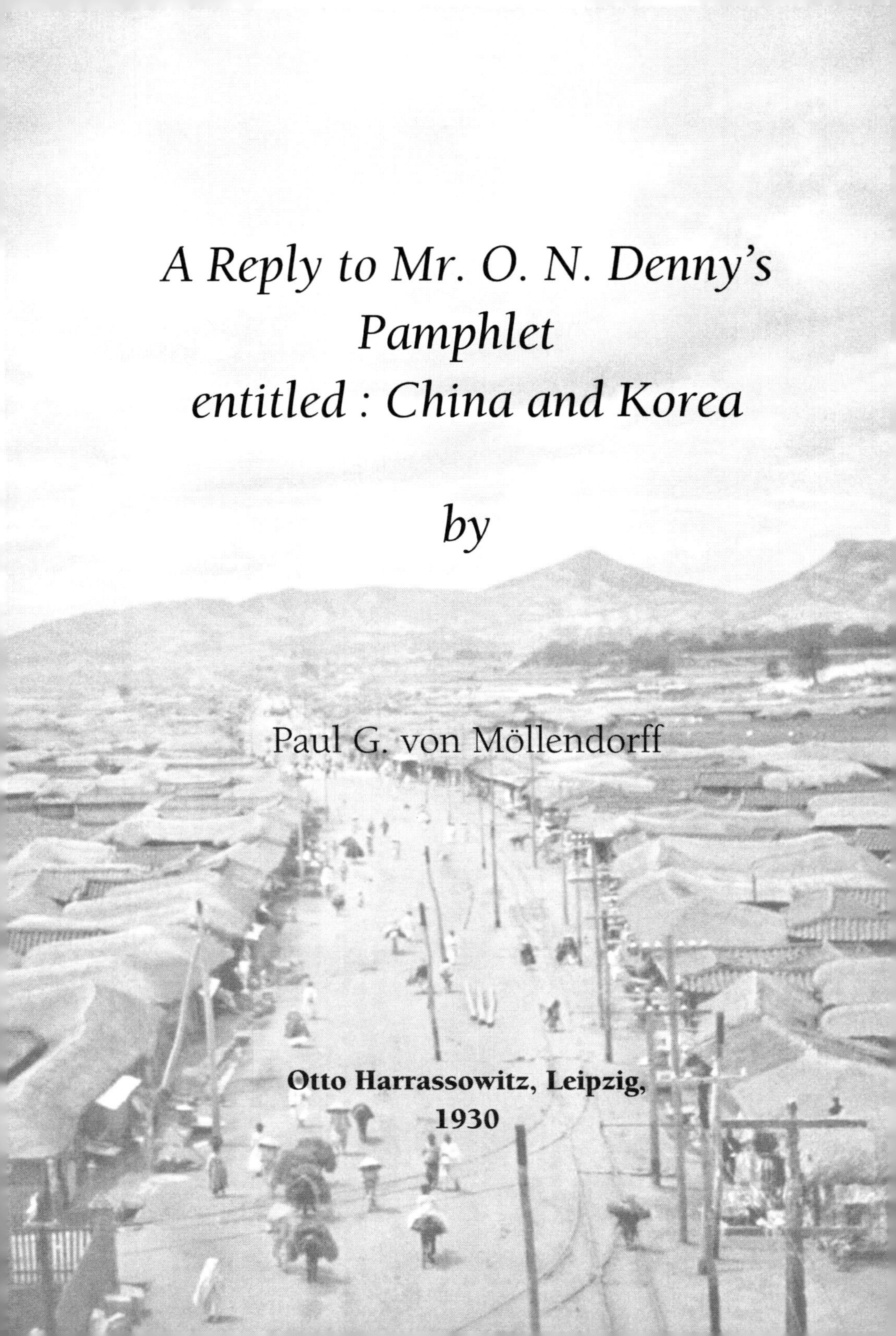

A Reply to Mr. O. N. Denny's Pamphlet entitled : China and Korea

by

Paul G. von Möllendorff

Otto Harrassowitz, Leipzig,
1930

반청한론 : 데니 씨의 『청한론』에 대한 답변

전 중국 주재 영국 영사였고 지금은 한국에 고용되어 있는 데니 씨(O. N. Denny)는 『청한론』이라는 소책자를 발간했는데, 여기서 그는 다음과 같은 것을 언급했다.

> (1) 봉신 관계를 요구하는 청국 측 주장, 곧 조선과의 예속 관계.
> (2) 청국이 조선을 이른바 봉신국으로 취급하는 것.
> (3) 조선의 왕은 조선을 다스리기에 너무 나약하고 적합하지 않다는 주장.
>
> 나는 이 글을 끝맺기 전에 조선이 기반이 없는 것만큼이나 청국도 허구로 가득 찼음을 밝히도록 노력하겠다.

고 그는 덧붙였다. 책 전체를 통한 그의 목적은 한국의 독립을 위해 세계가 청국에 대해 편견을 갖게 하는 것이다. 그는 이 일을 수행하면서, 그 문제의 여러 사실들에 대한 충분한 지식이 없었고 논리가 부족하며, 더구나 전략이 크게 결여되어 있었다. 왜냐하면 그는 청국에 대해서뿐만 아니라 조선에 주재한 청국 대표에게 악담을 늘어놓음으로써 자신의 주장을 약화시켰는데, 이것은 그의 책자 전문에서 그가 주지했듯이 그는 자신을 조선의 황에게 천거한 나라[淸]와 좋지 않은 관계를 유지하고 있었던 것이다.

그리하여, 그의 책은 한 정부 고문의 솔직하고 냉정한 추론이라기보다는, 오히려 지금 자신이 공박하고 있는 쪽[청]에게 개인으로 감정이 상해 있는 정치가의 격앙된 함성으로 받아들여진다. 나는 그를 반박하면서 사실에 기초하여, 조선은 지금까지 몇 백년간 중국의 봉신국이었음을 밝히는 데 노력할 것이다.

옛날의 한 · 청 관계

당나라 때(618~907)에는 중국이 한국을 정복했다.[1] 연나라 초에 고려는 완전 예속 상태였다.[2] 명나라 때 고려의 왕은 명의 신하처럼 행세했고 1368년에는 명의 황제에게 사절을 보내어 공식적으로 고려의 왕임을 인정받았다. 고려 왕의 아들과 형제들은 중국에 가서 중국어를 공부했다.[3] 만력 연간[4](1573~1629) 조선의 군대는 몇 차례에 걸쳐 명의 군대와 손잡고 몽고족과 만주족을 몰아냈다.[5]

1592년에 일본이 조선을 침략하자 조선의 왕은 몸소 중국의 도움을 청하러 갔다.[6] 조선은 명의 충실한 봉신국이고, 만주족이 1627년에 조선을 쳐들어 왔을 때 거세게 반항하였다. 그러나 조선은 새로이 만주족의 종속국임을 인정하는 조약을 맺어야만 했다. 명나라의 마지막 승리를 기대하면서, 조선은 1634년에 그 조약을 파기했고 그 결과 만주족이 두 번째로 조선을 쳐들어와야 했다.[7]

---

1) J. Ross, *Corea : its History, Manners and Customs*, Paisley, 1880, p. 181.
2) *ibid.*, p. 267.
3) *ibid.*, p. 268.
4) (역주자 주) 만력(萬曆) : 명 신종황제의 연호.
5) *China Review*, Vol. XI, 1882, p. 200.
6) (역주자 주) E. H. Parker, in *China Review*, Vol. XIV, 1885, p. 62; J. Ross, *op. cit.*, p. 271. 이 부분은 사실과 다르다. 조선의 국왕이 직접 가지는 않았다.

봉신 조약

만주족이 조선의 도성에 다다르자, 조선의 왕은 조약을 체결하고자 했다.[8] 1637년에 마침내 이 조약은 이루어졌고, 명나라의 예속 관계를 대신하여 청나라의 봉신국이 되었고 중국식 달력을 받아들였다. 조선은 매년 조공을 보내야 했고, 종주국의 전시에는 군대와 말, 그리고 소 등을 보내야 했다. 종주국의 승인이 없이는 요새나 방비된 지역을 건설하지 못하게 되었다.[9]

도성 바깥에 제단이 세워지고 하늘에 제물을 바친 다음, 조약을 엄중히 지킬 것을 천명하였다. 다음으로 조선의 왕이 황제에게 세 번 무릎 꿇어 절하고 청국의 신하임을 인정했다.[10] 매년 청의 특사들이 청의 달력을 북경으로부터 가져 왔고, 모든 공공 서류는 청의 연호와 더불어 한자로 날짜를 기록했다.

조선은 정기적으로 조공을 보냈다. 초기에 만주의 황제들은 자주 공물을 경감해서 단지 약간만을 요구했고, 조선 사람을 한인처럼 대우했다. 1638년에 조선은 두만강 너머에 살고 있는 부족과 싸우던 만주군을 돕고자 군대를 파견했다. 1654년과 1658년, 조선의 군대는 만주족을 도왔다. 새로운 왕이 즉위할 때는 자신을 승인해 줄 것을 황제에게 요청한다.

이에 청국은 사절을 파견하고, 그들은 황제의 칙령이 담긴 임명서를 가지고 왔다. 서울에는 특별한 궁전[남별궁][11]이 있어 사절을 맞이했는데, 조선 국왕이 제일 먼저 그들을 방문했다. 황제의 칙령을 제단에 올리기에 앞서, 조선 국왕은 무릎을 꿇고 땅바닥에 4번 머리를 조아리고 일어서서 그의 손

7) E. H. Parker, *op. cit.*, p. 63.
8) J. Ross, *op. cit.*, p. 284.
9) *ibid.*, p. 285 ; Du Halde, *The General History of China*, (London : J. Watts), 1741.
10) J. Ross, *op. cit.*, p. 285.
11) (역주자 주) 남별궁(南別宮) : 지금의 조선호텔 자리에 있던 경정공주(태종의 공주)의 별궁. 임진왜란 당시에 이여송이 주둔한 이후로는 중국의 사신들이 이곳에서 머무름.

을 경건하게 아마까지 올리고 "황제 폐하 만세"라고 외친다.

왕세자 책봉도 비슷하다. 조선의 왕이 죽으면 제왕의 사제가 특별 사신에 의해 조선에 전달된다. 조선의 왕이 황제를 주인으로 여겼던 것은 1863년에 죽은 마지막 왕[12]의 경우에 특히 잘 나타나 있다. 이때 조선은 그의 혈통이 소위 서출이 아님을 증명하고자 중국으로 사절을 보냈었다.

청에서는 조선의 왕을 황제의 왕자 정도로 취급하여 전하라고 부른다. 황제와 서신을 교환하면서, 조선의 왕은 서한을 청의 예부로 보내게 되어 있다. 청은 조선이 조용히 지내는 것 이외에 더 이상 요구하지 않았고, 조선의 평화를 깨지도 않았다. 청국은 어려울 때면 항상 봉신국을 도왔다. 명군은 1592년에 일본의 침략을 격퇴했다. 강희제(1662~1723) 이후로, 조선이 기근으로 위협을 받을 때면 해상으로 곡물을 조선에 보냈다.

반란이 일어나면 이 평정을 위해 군대를 보냈다. 그래서 1882년의 반란[임오군란]은 조선 왕의 요청에 따라 청국이 진압했고, 1884년의 반란[갑신정변]도 같은 식으로 평정되었다. 이 두 차례에 걸쳐 원세개는 그의 지혜와 용기로 탁원한 역량을 발휘했다. 이것이 바로 조선 사람이 그를 존경하는 가장 큰 이유이며, 조선의 국왕이 총독 이홍장에게 보내는 서한에서 그에 대한 칭찬을 아끼지 않은 까닭이다. 1882년의 반란이 일어난 뒤에 청국의 M.S.N. 회사는 총독 이홍장의 명령에 따라 총 2만 냥을 조선 국왕에게 빌려주었다.

1881년에 조선 국왕은 조선을 외국 무역에 개방하겠다고 이홍장에게 제의했다. 언제든지 봉신국을 도와주고자 하는 청국은 이에 동의하고 다른 여러 나라의 대표들에게 보여줄 조약 초안을 작성해 주었다. 조선이 아무런 훈령도 없이 조약 초안을 거절하자, 미국의 제독 슈펠트(R. W. Schufeldt)가 그 임무를 위임 받았다. 이것과 후속 조약들은 청국이 보낸 문서의 초안

12) (역주자 주) 25대 철종을 의미함. 그를 마지막 왕으로 표현한 것은 고종 시대에 이르러 국호가 바뀌었기 때문임.

에 의거하여 결정되었고,[13] 왕은 자필 서한을 통해 다른 나라 관료에게 조선이 중국의 신하국임을 알릴 것을 지시받았다.

이러한 외국과의 조약 때문에, 1637년의 봉신 관계 조약[14]의 연장이 필요하였다. 그리하여, 통상 조약이 결정을 보게 되고, 전문에는 두 나라 간의 봉신 관계를 간단히 언급하고, 조선이 외국과 맺은 조약에 따라 통상 관계를 성립시켰다.[15] 나중에 언급할 1883년에 맺어진 또 하나의 통상 조약[16]에 따라, 청국과 조선의 관리들이 한국 밖에서 만나는 관행이 행해지게 되었다. 이 협정의 조선 측 협상자는 어윤중이었다.

데니 씨의 주장에 대해

이상은 데니 씨가 알고 있어야만 했던 사실들이다. 나는 이제 이 사실에 근거하여 데니 씨의 의견을 재검토하겠다.

"속토국"이라는 표현에 대해

그러나 이런 것을 재검토하기 전에, 언어학적인 조사가 필요하다. 조선의 예속적인 입장을 고려해 볼 때, 이에 해당하는 한국말은 속국인데 이것은 외국인들이 무분별하게 봉신국이니 조공국 등으로 번역하는 말이다. "속"(屬)이라 함은 한 사람의 권력하에 있는 부하들과 같이, 어떤 민족에 종속되

---

13) (역주자 주) 이 부분은 묄렌도르프가 사실을 왜곡하고 있다. 청국측이 초안을 작성한 것은 사실이나 입약 과정에서도 이는 미국 측의 슈펠트와 조선 측 실무 초안자인 이동인의 주장으로 많이 수정되었다. 이를테면 청한종속론을 명문화하자는 이홍장의 주장이 폐기된 것이 그 예이다.

14) (역주자 주) 병자호란 무렵 삼전도의 성하지맹을 의미함.

15) (역주자 주) 한청상민수륙무역장정을 의미함. 그러나 이 조약은 한청간의 기본 조약은 아니므로, 이 서문을 빙자하여 묄렌도르프가 한청종속을 주장하는 것은 사실을 확대 · 왜곡하는 것이다.

16) (역주자 주) "봉천여조선변민교역장정 24조"를 의미함. 국회도서관 입법조사국, 『구한말 조약휘찬』(下)(서울 : 국회입법조사국, 1965), pp. 407ff 참조.

어 있는 것을 포함하는 말이다.

볼드윈[17]은 중국어 사전에서 속국은 봉건 영지에 대한 지배권을 갖는다고 정의하고 있다.[18] 이런 관점에서 중국을 상국이라 부른다. 그래서 적당한 번역은 종속 내지 예속국이며, 종주국이나 봉신국과 대동소이한 말이다. 조공이란 말은 예속국, 또는 중국어로는 진공국의 의무 가운데 하나를 표현할 뿐이다.

이런 설명으로 해서 데니 씨의 순한 주장은 무너지고 만다. 『청한론』의 p. 5와 p. 12에서 그는 "조공"이라는 말을 강조하고, p. 4에서는 주권과 종속에 대한 오스틴[19]의 말을 인용하고 있다. 여기에서 그는 종주권과 예속을 언급하면서 예속국도 여전히 주권을 가질 수 있다는 것을 모르고 있는 것처럼 보이며, 이는 그가 국제법의 술어에 익숙하지 못함을 보여주는 것이다.

이에 대해 그가 그의 저서 p. 14에서 블런칠리[20]의 말을 인용한 것을 참조하기 바란다. 예속이라는 단순한 사실만으로는 한 나라가 국제법상 독자적이며 확실한 주권국임과 그 권리를 누릴 수 있고, 그 조건에 부수되는 의무를 초래하는 것을 막을 수 없는 것이다.[21] 그러므로 다른 국가에 대한 어느 국가의 종속이란 주권에 대한 제한을 의미한다.

그러나 종속이란 주권의 절대적인 부정을 의미하는 것은 아니다.[22] 국제

---

17) (역주자 주) 볼드윈(MacLay Baldwin : 1835~1902) : 미국 뉴저지주 섬머빌 출생. 감리교회 선교사이며 교회행정가. 1858년에 중국에 입국하여 「중국지」를 창간하여 토착 교회의 방향을 잡는 데 많은 의견을 제시함. 1882년에 귀국하여 뉴욕에서 시무함.

18) (역주자 주) MacLay Boldwin, *Chinese Dictionary*, p. 821.

19) (역주자 주) 오스틴(John Austin : 1790~1859) : 영국의 법률학자. 런던대학 교수(1828~1832)를 역임했고 「법률학 강의」(1861~1863)라는 명저를 남겼으며 아내(Sarah Austin : 1793~ 1867)는 역사학자로 유명함.

20) (역주자 주) 블런칠리(J. K. Bluntschli : 1808~1881) : 스위스의 법학자이며 정치가. 취리히대학(1833~), 뮌헨대학(1848~), 하이델베르크대학(1861~)의 교수를 역임했으며 국제법학회를 창설(1873). 「일반국제법」(1852)과 「근대국제법」(1868)을 저술했다.

21) Henry W. Halleck, *Internatinal Law*, p. 60.

22) C. Calvo, *Le Droit International Theórique et Pratique*, Vol. I. 1863, p. 147.

관계에서 한 국가가 조공을 진상한다거나, 명목상으로 봉건적 예속을 당한다 하더라도 그 나라의 주권은 그 이상 변화되지 않는다.[23] 한 나라의 보호를 받고 있는 나라는 어떤 면에서는 자주적이나, 완전한 주권을 가진 것은 아니다.[24]

데니 씨는 p. 3에서 이러한 나라들은 계약에 표현된 조건에 따라 반자주국 내지는 속국으로 분류해야 한다고 말하고 있으며, p. 4에서는 휘튼[25]의 말을 인용하여, 힘으로 열세에 있는 나라의 주권이 다른 나라와의 관계에서 법적으로 피해를 입는다는 명시된 계약에 관해 언급하고 있다. 계약이나 맹약을 맺는 이유가 바로 이것이며 이런 점에서 데니 씨의 노력은 헛수고인 것이다.

p. 4에서 "원주민법에서 인정하는 종속 관계에서는 정복, 국제적 동의, 혹은 일종의 협정에 따라서만 봉신 관계가 비롯된다"고 데니 씨는 말하고 있다. 우리는 이러한 조건, 곧 정복과 조약이 이행되었음을 알기 때문에 데니 씨가 기술한 그 후의 결론은 필수적인 근거가 부족하다. 이홍장이 미국의 대표에게 한·청간의 봉신 또는 종속 관계를 요구했다는 사실에 비추어 볼 때, 데니 씨가 그의 저서 p. 6에서 서술한 내용은 그의 주관적인 발상에 지나지 않는 것으로 보인다.

데니 씨는 봉신국이 할 수 있는 것과 할 수 없는 것에 관해 꽤 장황하게 설명하고 있는데 어떤 권위 있는 근거도 인용하지 않았다. p. 13에서 봉신국은 그 종주국을 돕고자 병사를 보내야 한다고 했다. 그래서 조선은 요청이 있을 때마다 그렇게 했다. 같은 페이지에서 종주국은 휘장이 그 나라의 상

---

23) *loc. cit.*

24) (역주자 주) Theodore D. Woolsey, *Introduction to the Study of International Law*, p. 36. 울세이는 뉴욕 출신의 정치학자로서 예일대학 총장(1846~1871)을 역임했다.

25) (역주자 주) 휘튼(Henry Wheaton : 1785~1848) : 미국의 국제법학자이며 외교관. 로드 아일랜드의 프로비덴스에서 출생하여 그곳에서 법학을 공부한 뒤 외교계에 투신, 프러시아 주차 미국 공사(1837~1846)를 역임했다. 대표적 저술로는 『국제법의 본질』(1836)이 있다.

징, 주화, 법률 등에 찍혀 있든가 혹은 그 밖의 다른 방법으로 존재해야만 한다고 했다. 모든 공문서에는 중국 왕조의 연호가 날짜 앞에 찍혀다. p. 14에서는 봉신국은 협상과 공사관에 대한 권한이 없고, 심지어는 총영사(c.g.)를 파견하지 못하고 단지 서신(cors.)만이 허용되었다. 이것은 전적으로 종주국의 의사에 달린 것이다.

p. 18에서 데니 씨는 봉신국 사절과 전권 대사를 사자라고 했는데, 이는 개화된 나라의 법과는 완전히 일치하지 않는 것이다. 이제 위와 같은 인용문에 맞서서 나는 데니 씨가 그러한 "국제법"을 만들어 내길 바란다.

청은 조선에서 요구가 있을 때면 외국과의 조약을 위한 초안을 작성해 주었고, 공사관 권한을 봉신국에 주었는데, 이것은 어윤중협정[26]과 최근에 발표된 황제의 칙령[27]에 따라 부과된 제한 아래 이뤄졌다. 시기는 확실치 않으나 언제인가 루마니아의 왕이 아직 터키의 봉신으로 있을 때, 콘스탄티노플에는 대리 대사를 두고, 다른 나라에서 오는 공사를 영접하였다.[28] 보호를 받거나 예속적인 나라도 정치 분야나 다른 분야의 대리인을 고용할 수 있다.[29]

일반적으로 말해서, 자기 영토와 다른 주권국에 대한 봉신국의 주권 행사는 봉신이라는 상태와 모순을 일으키지 않는다.[30] 이것은 단지 종주국에 대한 관계에서만 봉신국이 반 주권을 가진 것으로 간주한다.[31] 피보호국가들은 다른 나라 국민들과 외교 관계를 지속하고 있는 한 국제적인 권리를 가지고 있다. 봉신의 입장이 얼마나 다를 수 있는가 하는 것은 모든 국제법 교재가 보여 줄 것이다.[32] 베를린조약[33]이 체결되기 전의 루마니아, 불가리

---

26) (역주자 주) 어윤중이 서명한 한청수륙상민무역장정을 의미함.
27) (역주자 주) 영약삼단을 의미하는 것으로 보임.
28) C. Calvo, *op. cit.*, p. 476.
29) T. D. Woolsey, *op. cit.*, p. 136.
30) August W. Heffter, *Das Europäische Völkerrecht der Gegenwart*, 1844, pp. 42, 358.
31) *ibid.*, p. 38.
32) C. Calvo, *op. cit.*, p. 174.

아, 그리고 이집트는 1840년 이래 봉신국에서 반주권국으로 바뀌었으나 여전히 이집트의 군대는 터키의 일부였으며, 모든 터키의 법과 조약은 이집트 내에서 실시되었고, 더구나 이집트는 대표의 권한도 없었다.[34] 공사의 파견에 관한 권리는 주권과 불가분의 관계에 있기 때문에 종속 국가와 보호령의 경우에는 이들 국가가 종속되고 있는 종주국의 특별한 허락을 받지 않고서는 공사를 파견할 권리를 행사할 수 없다.

현존하는 조약과 협정을 알지 못하고, 조선의 국왕이 청과 서신 왕래를 한 것도 모르는 데니 씨는 이제 조선의 완전한 독립을 주장고자 선례를 만드는 것이 필요하다고 생각했다. 유럽과 미국에 사절단을 파견하여 선수를 침으로써 중국에 우위를 차지했다고 데니 씨는 생각했다. 데니 씨의 조언은 p. 15에서 그가 주장하는 만큼 사려 깊은 것은 아니다.

조선의 국왕은 이 문제에서 청국의 명령을 따랐는데, 이는 그들이 봉신 관계에 일치를 보고 있었기 때문이다. 그러나 데니 씨는 진정한 한·청 관계에 대한 충분한 지식도 없이 그와는 반대되는 조언을 해주고 있다. 그 결과 미국으로부터 조선 공사[박정양]가 소환되고, 홍콩에서는 다른 공사가 발이 묶이게 된다. 청국의 신문에 실린 기사는 어떠한 조건 없이도 아주 믿을 만한 것이다.

이제 조선 국왕은 청의 황제에게 보내는 청원에서 항상 청국의 종주권을 인정했다고 말하고 있다. 왕은 총독 이홍장에게 보내는 전문에서 자신의 나라를 속국이라 자칭했는데, 데니 씨는 p. 15에서 이는 경솔하고 용서할 수 없는 발언이라고 서슴없이 말하고 있다. 조선 국왕은 공문서와 모든 조약에 청조의 연호와 함께 중국식 달력을 항상 사용했다.

---

33) (역주자 주) 베를린조약 : 러시아 · 터키전쟁(1877) 이후 러시아의 지배권을 재조정하고자 비스마르크(O. von Bismarck)의 주선으로 1878년 7월에 체결된 조약. 자세한 것은 김경창, 『근대외교사』(서울 : 집문당, 1980), pp. 99~106 참조.

34) C. Calvo, *op. cit.*, p. 176.

왕은 정기적으로 공물을 보냈으며, 데니 씨의 주장에도 불구하고, 조선의 왕은 조약을 맺은 열강에게 그가 청국의 봉신국임을 시인했고 진공국은 속국의 정당한 번역이라고 전달했다.(p. 11) 그는 한청수륙상민무역장정 전문에서 봉신국임을 명확히 인정했는데, 오직 데니 씨만이 변호사의 버릇으로 "현재 형태의 이 전문이 조약 당시에 조인되었던 것인가?" 하는 것을 조심스레 의심하는 것이다.

p. 10에서 데니 씨는 그의 상투적인 방법으로 현실적으로 아주 명백한 것을 애매모호하게 하려고 애쓰고 있다. 덧붙여 "만약 청이 봉신 관계의 정당성을 믿는다면"(청국은 바로 1882년의 무시무시한 반란인 임오군란을 평정했다!) 조선에 살고 있는 중국인을 위해 치외법권과 통행권을 위한 법률 조항이 만들어져야 한다고 생각할 수 있는가?

결코 그렇지 않다. 왜냐하면 그렇게 했었다면 한 주권 국가가 자기 나라 안에 살고 있는 백성에게 치외법권과 특혜를 요구하는 격이 되어 남의 웃음을 사게 되었을 것이다. 이것은 어리석음의 극치라고 말하고 있다. 주권과 종주권을 또다시 혼동하는 데니 씨에게 이러한 어리석음이 전적으로 달려 있음을 알 수 있다.

p. 18에서, 데니 씨는 청국 황제에게 보낸 왕의 주(奏)에 대해 언급했는데, 이것은 청국의 황제 앞으로 조선 국왕이 써 보낸 편지를 말한다. 이것은 다시 한 번 데니 씨가 중국식 서식에 대해 얕은 지식을 가지고 있음을 말해준다. 만약 그가 청나라의 예부에 보내진 이러한 청원의 하나라도 보았다면 (약 2′×8″ ft 크기), 그는 편지라는 말을 쓰지 않을 것이다.

왕은 총독에게 공식적으로 동등한 말씨와 서식을 썼으나, 황제에게 보낼 때는 "주"를 썼고 자신을 신(臣)이라 칭했다. 중국 출판물에 종종 나타나는 조선 국왕의 청원서의 번역에 관해서 데니 씨는 주로 그의 주장에 걸맞지 않는 논조로써 "최고의 권위에 맹세코" 그 번역문의 신빙성을 부인했다. 이제 나는 그것이 완전히 그릇됨을 제시하고자 한다. 그는 이 "최고의 권위"라는 말로 단지 왕을 의미할 수 있는데, 왕은 이 논쟁에 결코 개입되어서는 안 될 사람이다.

조선이 평온하게 있는 한, 청국은 결코 간섭하지 않으며, 조선이 국제 관계에 들어서려고 허가를 요청하기 전까지 청국은 조선을 있는 그대로 내버려 두었다. 외국과 상업 교류가 시작되자마자 청국은 통상을 규정하는 협정으로 1637년의 조약을 매듭지었다. 내가 위에서 입증하였듯이 개항과 국제적인 통상의 허락을 청국에 요구한 것은 조선이며, 데니 씨가 p. 14에서 말하고 있는 것과 같지 않다.

그는 말하기를 "조선은 신비에 싸여 있는, 대영제국만한 크기의 작은 왕국으로 몇 세기 동안의 은둔으로부터 사실상 끌려 나간 것이다. 그래서 압력이나 부당한 대우가 있을 때에는 도와 줄 것을 보장 받는다는 미명 아래 개화된 나라의 가족으로 동참하게 된 것이다. 그러한 열강들은 국제 무대에 신참 회원인 조선이 국제 생활을 막 시작하려 할 때 질식되어 죽게 함으로써 이러한 보증이 무의미하게 되는 것을 허락지 않을 것임이 확실하다"고 하였다.

이는 감상적인 터무니없는 소리이다! 데니 씨 자신은 이 신참 회원을 질식으로 몰고 갈 수도 있는 "압박과 부당한 대우"의 단 한 가지 행위도 언급하지 않고 있다. 그가 주장하는 모든 것을 들어보면, 조선은 홀로 "그러한 열강"에 저항할 수 없기 때문에 오히려 청국의 보호가 필요하다. 데니 씨는 열강의 도움을 간청하고 있다는 것을 보여준다.

데니 씨는 p. 15에서, 조선이 외교권을 가진 것처럼 말하고 있다! "조선은 중국의 친구이자 우방이 되고자 하는 것이지 스스로 노예가 되려고 하지는 않는다"라고. 다시 한 번 나는 데니 씨에게 묻겠는데, 어떤 면에서 청국이 조선을 노예화하려 했단 말인가? 그의 문장은 호언장담에 지나지 않는다. 나는 1637년의 봉신 조약의 모든 항목은 국제법에 상응하는 것임을 입증했다.

그럼에도 불구하고 데니 씨는 그로티우스,[35] 화텔[36], 휘튼이 이러한 원리를 이해하지 못할 것이라고 주장한다. 나는 그에게 칼보[37], 할레크[38] 그리고 헤프터[39]는 이해할 수 있을 것이라고 확언할 수 있다. 그러나 데니 씨가 냉철하지 못하고 사실과 원리에 대한 충분한 지식이 없이 그 책을 쓴 당연한 결과로, 그는 조작한 것 같이 부자연스럽고 자극적인 것이 되었다.

p. 18에서 그는 말하기를, 만약 예속 관계가 협박을 받은 왕에 의해 수락된 것이라면 지난 2년 반 동안(그 기간은 데니 씨가 머문 시간과 같음)의 중국의 범죄적이고도 폭력적인 처사는, 자신에게는 차마 부과할 수 없는 야비한 방법으로 봉신을 강요했을 것이라고 한다. 따라서 그러한 위협 아래에서의 수락은 어떠한 사실의 증거일 수가 없고, 또한 그것은 수락도 아니기 때문이라는 것이다.

그러한 논리는 개인 간에는 법정에서 좋은 변론이 될 수 있지만, 국가와 국가 사이의 논리로는 단지 우스갯소리가 될 수 있다. "수수(授受)의 원리"에 근거하지 않는 모든 계약은 압력 아래에서 이루어진 것인데, 예를 들어 평화 조약이 그와 같은 것이다. 1637년의 봉신 조약은 확실히 위협 아래에서 이루어졌으나, 청국은 자기를 부강하게 하려고 이를 행한 것이 아니라, 동쪽 변방을 평화롭게 하고자 하는 의도에서였다. 조선 국왕과 그의 사절은

---

35) (역주자 주) 그로티우스(Hugo Grotius : 1583~1645) : 네덜란드의 법률학자. 델프트 출신. 라이덴대학에서 법률학을 공부하고 정치 음모가 발각되어 프랑스에 망명(1621). 뒤에 스웨덴에 귀화하여 주불 대사(1634~1645)를 역임. 주저로는 『전쟁과 평화의 법』(1625)이 있으며 근대 국제법의 아버지로 추앙됨.

36) (역주자 주) 화텔(Emrnerich von Vattel : 1714~1767) : 스위스 출생의 법률학자. 색슨에서 활약. 주저로는 『국제법』(1758)이 있음.

37) (역주자 주) 칼보(C. Calvo) : 아르헨티나의 외교관이며 국제법학자임. 런던(1860~1864), 베를린(1883), 러시아(1889), 오스트리아(1890), 파리(1899)에서 외교관 생활을 했음.

38) (역주자 주) 할렉크(1815~1817)는 미국의 군인으로서 남북전쟁 무렵 미주리주 사령관을 지냈고 전후에는 중장으로 진급하여 태평양함대사령관(1865~1869)을 역임했다.

39) (역주자 주) 헤프터(August W. Heffter : 1796~1880) : 프러시아 슈바이니츠 출신. 본대학을 졸업하고(1823), 할레대학과 베를린대학의 법학 교수를 지냄. 그 뒤 제1차 양원 위원회 위원(1849~1852)과 국정 상임 법률 고문(1861)을 지냈으며, 『독일일반형법론』(1833)과 『현대 유럽 민법』(1844)을 씀.

청의 황제로부터 공물의 댓가 이상을 받았다.

pp. 19~30에서 데니 씨는 원세개의 책략, 범죄성, 부정당성, 야만성을 비난하고, 그를 냉혈한이라 매도했으며, 또한 허풍선이, 밀수장이, 음모자, 외교의 무법자라고 불렀다. 데니 씨는 마크 트웨인(Mark Twain)이 지은 『주지사 출마』라는 재미있는 글을 읽어 보았는지?

이런 식으로 원세개를 매도했지만, 그는 세 가지 경우밖에 인용할 것이 없었는데, 원세개는 네 번째 항구로서 평양 개항을 반대했고, 인삼을 밀수했으며, 왕의 폐위를 기도했다는 것이다. 원세개는 국내 발전을 지향하는 것의 모든 노력을 반대했다고 주장함으로써 데니 씨는 이러한 비난을 시작했다. 그러나 데니 씨는 단 한 가지 노력, 곧 평양 개항에 대해서만 언급하고 있다. (p. 25)

데니 씨의 계획에 반대한 것은 원세개가 아니라 청국이었다. 조선의 무역이 유아기적 단계에 있는 한, 새 항구의 개항은 나머지 다른 항구에서 무역량을 경감시키게 될 뿐이다. 이러한 계획에 반대하는 입장에 서서 청국이 조언했음은 물론, 다른 나라의 사절들도 같은 의견이었고 지금도 그러하다. 원세개를 아는 사람이라면 그가 청렴한 관리라는 점과 의심할 바가 없는 사람임을 알 수 있을 것이다.

원세개가 인삼을 밀수하다 잡혔다는 데니 씨의 말은 이런 점에서 다른 각도의 설명을 필요로 한다. 조선의 국왕이 선물을 주는 데에 가장 후덕하다는 것은 세상이 다 알고 있다. 그 선물에는 인삼이 항상 포함된다. 그의 선임자들은 물론 원세개도 외무아문에서 허가를 얻은 뒤 인삼을 청국에 있는 친구에게로 보내는 것이다. 마치 다른 곳에선 전혀 밀수가 알려지지 않은 것처럼, 일부 중국인 선원들이 밀수를 한 것을 아무도 부인하지 않는다. 이것은 청국과 조선의 봉신 관계와 거의 혹은 전혀 무관한 것이다.

pp. 21~22에 언급된 폐위 음모에 대한 이야기는 매우 믿을 수 없는 일이다. 내가 생각하건대 공정한 독자라면 민영익과 데니 씨가 공모하여 원세개를 제거하려고 터무니없는 음모에 그들의 정적인 원세개를 끌어들이려 했음을 알게 될 것이다. 그러나 전체적인 이야기는 데니 씨의 너무도 생생한 상상력과 원세개에게 향한 그의 심한 적개심에서 비롯되는 것 같다.

p. 24에서 그는 원세개를 1884년의 음모를 조종하고 주도한 모반자 김옥균과 비교하고 있다. 전혀 정치적인 것이 아니고, 처음부터 개인적인 원한으로 조선의 훌륭한 인물을 흉포하게 살해하는 일이 벌어졌을 때 그가 조선에 있었더라면 김옥균과 같은 인간적인 친구에게 사과의 말을 한마디 하는 데도 수치심을 느낄 것이다.

p. 23에서 데니 씨는 통상 조약의 조항에 대해 언급했는데, 이 조항에 따르면 못마땅한 관리들을 소환하게 되어 있다. 이홍장과 조선 국왕은 서로 맞서지 않았는데 이런 소환이 있었을까? 전혀 그렇지 않다. 조선의 국왕은 그의 전문에서 원세개를 거듭 칭찬했다. 단지 그의 정적인 데니 씨의 개인적인 비난 때문에 이홍장이 그의 정예 관리 가운데 한 사람을 소환할 이유가 전혀 없는 것이다. p. 24에서 인용된 근거는 적확하지 못하며, 더욱이 p. 23에 인용된 통상 조약의 조항은 이러한 이유를 보충해 준다.

청국은 동쪽 변방을 평화스럽게 유지하는 데 중요한 이해 관계를 가지고 있고, 조선은 이런 점에서 청의 자연스러운 외항 구실을 한다. 만약에 조선이 청국의 우방으로서 자주성을 유지할 만큼 강해진다면, 청국은 자국의 이해 관계에 비추어 이제 겨우 기어 다닐 수 있는 어린 아이를 혼자 걷도록 내버려 둘 것이다. 조선이 현재의 허약한 상태에서 독립이 된다면, 그러한 상태는 얼마나 오래 갈 것인가?

지금은 큰 나라들이 보다 많은 영토를 얻으려고 하는 시대이며, 한 두 나라는 조선을 쉽게 삼켜 먹으려 하고 있다. 그렇다면 데니 씨가 말하듯이 그 국가들은 우방이나 맹방이 되려고 그러는 것인가? 그렇지 않다. 역사는 그와는 다른 교훈을 가르쳐 준다. 조선을 어려울 때 도움 받는 봉신국으로 만들려고 그럴까? 전혀 그렇지 않다. 데니 씨의 주장에 따르면 현대의 봉신국은 시대착오적이라고 한다. 그러나 그게 아니라, 조선은 국왕이 없는 단지 하나의 지방이 될 것이고, 지배자는 그의 예절과 풍습을 그 땅 위에 옮겨 심을 것이다. 그래서 오래지 않아 한민족이라는 말을 더 이상 들을 수 없게 될 것이다.

이것은 제반 환경을 모르는 데니 씨가 조선에 제공하고자 하는 일종의 봉사 형태의 전망일 뿐이다. 더 이상의 비평은 필요치 않다. 우리가 말할 수 있는 모든 것은 오직 침묵(*si tacuisses*)뿐이다.

역주자 참고문헌

高炳翊(譯),「穆麟德手記」,『震檀學報』(24)(서울 : 진단학회, 1963)

『舊韓末條約彙纂』(下)(서울 : 국회도서관, 1965)

金景昌,『근대외교사』(서울 : 집문당, 1980)

金源模(譯),「淸韓論」,『東洋學』(10)(서울 : 단국대학교 동양학연구소, 1980)

金源模(編著),『近代韓國外交史年表』(서울 : 단국대출판사, 1984)

金源模,『근대 한미관계사 : 한미전쟁론』(서울 : 철학과 현실사, 1992)

『데니文書』(*Owen N. Denny's Documents on Korea*) :『한국사료총서』(18)(서울 : 국사편찬위원회, 1987)

朴大憲,『서양인이 본 조선』(서울 : 壺山房, 1996)

성황용,『근대동양외교사』(서울 : 명지사, 1992)

『世界大地圖』』(서울 : 서문당, 1987)

『세계인명대사전』(서울 : 문공사, 1973)

신복룡(역주),『대한제국멸망사』(서울 : 집문당, 2018) ; H. B. Hulbert, *The Passing of Korea*(London : William Heinemann Co, 1906)

신복룡(역주),『조선견문기』(서울 : 집문당, 1998); H. N. Allen, *Things Korean*, Fleming H. Revel Co, New York, 1908)

申福龍 · 姜錫燦(譯),『韓末 外交 顧問의 硏究 : O. N. 데니의 활동을 중심으로』(서울 : 평민사, 1987)

이광린,『개화당연구』(서울 : 일조각, 1973)

이광린,『한국 개화사 연구』(서울 : 일조각, 1970)

이홍직,『국사대사전』(서울 : 지문각, 1965)

『通理交涉通商事務衙門日記』

『한국인명대사전』(서울 : 신구문화사, 1967)
洪淳鎬, 「舊韓末 外國人 法律·外務顧問의 外交史的 研究」, 『월간 조선』(1980년 7월호, 조선일보사)
『辭海』(上海 : 辭書出版社, 1979)
李盛平, 『中國近現代人名辭典』(北京 : 新華書店, 1989)
臧勵龢, 『中國人名辭典』(臺北 : 商務印書局, 1985)
『中國地理區域圖』(臺北 : 衆文圖書, 1978)
彭澤周, 『近代中日關係研究論集』(臺北 : 藝文印書館, 1978)

Barhart, Clarence L. (ed), *The New Century Cyclopedia of Names*(New York : Appleton-Century-Crofts, Inc, 1954)
Brock Haus Enzyklopaedie(Wiesbaden : F. A. Brock Haus, 1969)
Encyclopedia Britannica(Chicago : The University of Chicago, 1963)
McCune, George M. and Harrison, John A.(ed.), *Korean-American Relations*. Vol. I(Berkeley and Los Angeles : The University of California Press, 1951)
Palmer, Spencer J.(ed.), *Korean-American Relations*, Vol. II(Berkeley and Los Angeles : The University of California Press, 1963)
Swartout, Robert R., *Mandarins, Gunboats, and Power Politics : Owen Nickerson Denny and the International Rivalries in Korea*(Hawaii : The University Press of Hawaii, 1980;
Webster's Biographical Dictionary(Springfield : and C. Merriam Co., 1951)
Webster's International Dictionary of the English Language(Springfield : G. and C Merriam Co., 1948)
Who Was Who : 1929~1940(London : Adam and Charles Black)
Who was Who among English and European Authors : 1931~1949, Vol. 1(Detroit : Gale Research Co. Book Tower, 1978)

조선 서해 탐사기

Account of a Voyage of Discovery to the West Coast of Corea

B. 홀 지음/신복룡 · 정성자 역주

집문당

Account of a Voyage of Discovery to the West Coast of Corea

by

Basil Hall

John Murray, London, 1818

배질 홀의 초상

B. 홀 일행을 문정하고 있는 비인 현감 이승렬

헌사

나는 존경하는 마음으로
배드의 기사(Knight of Companion of the Bath)인
머레이 맥스웰(Murray Maxwell) 선장에게 이 책을 바친다.

이 책에 흥미롭거나 유익한 것이 있다면,
그것은 이번 여행을 수행하면서 보여준 그의 능력과,
온갖 탐구심을 격려해 준 그의 열정과,
자연의 섭리를 탐구하면서 보여준 그의 명민함과,
신뢰감과 호의를 끄는 그의 언행 덕분이다.

역주자 서문

한국에는 해양 정신이 있는가?라는 의문은 내 학문의 오랜 화두(話頭)였다. 왜 이 질문은 중요한가 하면, 우리는 일제 시대를 거치면서 반도 민족이라는 식민지 사학에 너무 익숙해 있기 때문에 이 미혹(迷惑)을 깨려면 한국사의 대륙성과 해양성을 정확히 조망해 볼 필요가 있기 때문이다. 우리가 7세기에 고구려와 백제의 멸망을 거치면서 고구려의 대륙적 기상을 잃었고 백제의 해양 문화가 핍박을 받으면서 우리 문화의 원형은 신라 중심사의 반도성에 국한되었을 때 비극은 잉태되었다.

그 뒤 조선왕조에 들어와서 중국의 주자학적 세계관, 곧 중화사상과 그의 사생아인 소중화사상은 우리의 삶의 터전을 반도로 구속했고, 양이(洋夷)의 출몰 이후에는 공도(空島) 정책에 따라 해양 진출을 스스로 제약하면서 국력의 쇠잔을 맛보게 되었다. 그러나 역사를 되돌아보면 우리에게는 많은 해양 문화의 유산이 있었다. 신라 장보고(張寶皐)의 활약이 있었고, 고려의 일본 원정이 있었고, 조선조의 이순신(李舜臣)이 있었다.

그러나 이러한 해양 정신이 쇠퇴하면서 우리는 끝내 일본에 의한 점탈의 비극을 겪게 된다. 한일 합방은 일본의 해상권에 대한 한국의 해상권의 패배를 의미하는 것이었다. 여기에 소개하는 홀(Basil Hall)의 『조선서해 탐사기』는 위와 같은 한국의 해양사를 되돌아보게 하는 좋은 자료가 될 것이다.

◆ ◆ ◆ ◆ ◆

이 책의 필자인 홀은 1788년에 제임스 홀 경(Sir James Hall)과 헬렌 더글라스(Helen Douglas) 여사 사이의 차남으로 태어났다. 그의 아버지는 케임브리지대학의 크라이스트 칼리지(Christ's College, Cambridge)의 지질학자 겸 화학 교수로서 명문의 후예였다. 배질 홀은 에딘버러대학을 졸업하고 해군에 입대하여(1802), 초급 장교 시절에는 주로 북미주에서 근무했다.

배질 홀은 1812년부터 프리기트함 볼테이지(Voltage)호의 장교로 동인도회사에 근무했다. 이때 그는 스루프형의 범선 리라호(Lyra)를 타고 중국 광동성을 찾게 되는데 그 귀국길에 알세스트호(Alceste) 선장 맥스웰(Murrey Maxwell)[1]과 함께 조선의 서해를 탐사하고 이 기록을 남겼다.

그가 한반도 서해안을 탐사한 것은 1816년(순조 16년) 9월 1일부터 10일까지였다. 그는 서해 5도와 군산 앞바다 일대를 측량하고 해도를 작성했는데 그 정확도는 180년이 지난 지금에 보아도 경탄을 금할 수 없다. 그는 잠시 육지에 상륙하여 비인(庇仁) 현감 이승렬(李升烈)과 마량진(馬梁鎭) 첨사(僉使) 조대복(趙大福)을 만나 수화(手話)로써 의견을 나누었고 몇 가지의 토산품을 모아 귀국했다.

홀은 귀국길에 대서양의 세인트 헬레나(St. Helena)에 들려 자기 아버지와 프랑스 브리엔(Brienne)학교 친구로서 당시 이곳에 유배되어 있던 나폴레옹(B. Napoleon)을 만나 조선의 풍물을 소개하고 귀국했다. 그때 "조선은 남의 나라를 쳐들어가 본 적이 없는 평화의 나라"라는 홀의 설명을 들은 나폴레옹은 "내가 다시 천하를 통일하는 날 반드시 그 나라를 찾아보고 싶다."는 말을 남겼다.

1817년에 영국으로 돌아온 홀은 선장으로 승진하여 주로 북미와 남미에 근무했으며, 1825년에는 스페인 총독 헌터(John Hunter)의 딸과 결혼했다. 그는 1831년 이후 영국 런던에 정착하여 여생을 마쳤다. 그는 왕립천문학회

---

1) 맥스웰(Captain Sir Murray Maxwell, 1775~1831) : 영국의 선장. 프랑스 혁명 시대에 나폴레옹의 해군에 항전한 해군 장교로서, 지중해에서의 해상권을 장악하는 데 공로를 세운 뒤 알세스트호(Alceste)의 선장이 되어 중국왕복선을 운행했다. 난파와 해적 등의 고초를 겪으면서도 임무를 충실히 이행한 공로로 작위를 받고 프린스 에드워드 아일랜드(Prince Edward Island)의 부총독(Lieutenant Governor에 임명되었으나 부임하기에 앞서 병으로 죽었다.

(Royal Astronomical Society), 왕립지리학회(Royal Geographical Society), 왕립지질학회(Royal Geological Society)의 정회원이었다.[2)]

◆◆◆◆◆

언제인가 출판할 날이 있으려니 생각하면서 이 책을 번역한 지는 오래 되었지만, 『한말외국인기록』 전집 19권을 출판하겠다는 집문당 임경환(林京換) 사장님의 제의를 들었을 때 기쁘기도 했으나 너무도 엄청난 일이라 엄두를 낼 수가 없었다. 그러던 차에 이러한 고충을 들은 1998학년도 건국대학교 정치외교학 과목의 나의 수강생들 300명이 한 장씩 컴퓨터에 입력해 주겠다고 나섰을 때 나는 한없이 고마왔고 크게 용기를 얻었다.

나는 그 300명의 이름을 여기에 일일이 적을 수 없는 것이 미안하고 유감스럽다. 모두가 고생했고 고맙지만, 특히 이형구(李衡求) 군과 김(金)한길 군이 많은 몫을 타이핑했으며, 변영욱(邊泳旭) 군은 교정 작업을 하느라고 많은 고생을 했다. 사내답지 않게 수줍음이 많은 조교 박성진(朴城進) 군은 마음이 넉넉치 못한 나의 방에서 마음 고생이 많았으리라고 생각되며, 주석을 찾기 위해 각국의 대사관과 문화원을 찾아다니면서 싫은 내색 한 번 하지 않았다.

건국대학교 대학원 박사 과정의 고경민(高敬旼) 군과 석사 과정의 형은숙(邢恩淑) 양은 컴퓨터 작업을 하느라고 많은 고생을 했다. 그들의 고생이 단순한 고생으로 그치지 않고 앞날의 그들의 학문 생활에 좋은 경험이 될 수 있다면 나로서는 미안함을 덜 수 있을 것이다.

끝으로 편집 교정과 출판 과정에서 고생하신 집문당의 우진주(禹軫柱) 상무님과 편집부 직원 여러분, 그리고 신세 진 모든 분들에게 깊이 감사한다.

---

2) 홀의 생애에 관해서는, L. Stephen & S. Lee(ed.), *The Dictionary of National Biography*, Oxford University Press, London, 1937~1938, pp. 942~943, 952~953 참조.

이 책은 본시 한국만을 다룬 단행본이 아니라 유구편을 포함하고 있었으나 이 번역서에서는 유구편을 생략한 것임을 독자들이 양해해 주시기 바란다.

1998. 10. 17.

역주자 신복룡 씀

서 문

이 글에는 한국의 서해안과 유구열도를 항해한 이야기가 담겨 있다. 부록으로 항해도와 유구열도에서 사용되고 있는 단어집도 덧붙였다. 그 무렵에 쓰인 잡지들을 토대로 하여 이야기를 정리하는 데는 클리포드(H. J. Clifford) 해군 대위가 쓴 비망록에서 큰 도움을 받았다.

비록 자신이 비용의 절반을 부담하기는 했지만 해군성으로부터 나와 동행하도록 허락을 받은 이 장교는 특별한 임무가 없었으므로 완전히 지식의 획득에만 몰두할 수 있었다. 항해를 하면서 일어난 많은 재미있는 일들을 기록하는 것은 그의 권한에 속하는 것이었다. 나는 내게 주어진 수많은 의무 때문에 관찰하고 기록할 틈이 거의 없었는데 그가 그 일을 맡아 주었다.

모든 지도와 도표, 항해 기록은 부록에 넣었다. 그런 세부 기록들을 잡지에 삽입하면 방해가 되기 때문이다. 해양에 관한 독자들도 아마 이러한 자료들을 여러 페이지에 걸쳐 흩어 넣기보다는 이 부분을 따로 간결하게 해두는 것이 도움이 된다고 생각할 것이다. 나는 이 부록을 작성하면서 필요한 자료들을 수집하고 정리하는 데 클리포드 씨에게 크게 도움을 받았다.

부록에 있는 항해도의 북쪽 부분은 봄베이 함대(Bombay Marine)의 로스(Daniel Ross) 선장의 그림에서 얻은 것이다. 그는 과학적이고 유능한 탐험대장으로서, 유명한 동인도회사가 자유주의적 확장 정책의 정신에서 중국해(中國海)를 탐사하려고 9년간 용선한 함정을 지휘하고 있었다.

유구의 어휘 사전은 전적으로 클리포드 씨가 만든 것인데, 그는 일상 쓰이고 있는 낱말과 문장을 수집하느라고 많은 고생을 했다. 그러나 우리가 체류한 기간이 짧아 이 부분은 아주 불완전하지만, 바라건대 앞으로 이곳을 여행하는 어떤 사람이 토착민들과 대화하는 데 크게 도움이 되기 바란다.

풍경이나 의상 그림은 하벨(William Havell) 씨가 그렸다. 그는 함대에 동승한 뛰어난 예술가로서 알세스트호(Alceste)의 해군 생도인 브라운(C. W. Browne) 씨와 내가 직접 그린 스케치를 토대로 하여 그림으로 그렸다.

한국의 서해안에 관한 한 지금까지 정확하게 유럽인들에게 알려진 것은 아무것도 없다. 대개의 지도에 그려진 해안은 유명한 예수회(Jesuit Society)의 지도에서 따온 것인데 중국에 관계되는 것은 매우 정확하지만 한국에 관한 한 오류가 많다. 예수회 사람들은 사실상 이 나라를 측량해보지 않았다. 내가 생각에는 일본 당국자들의 자료를 그들의 지도 속에 삽입한 것으로 보인다.

브로튼(Captain Broughton)[3] 선장이 그의 북태평양 항해 중에 한국의 동해안을 방문했는데 주민에 관한 그의 설명은 대개의 경우 우리의 것과 일치했다. 이 유명한 항해사는 유구(Okinawa)에 부속된 섬의 하나인 티핀산(Typinsan) 근처에서 조난을 당한 뒤 1797년에 유구열도를 방문한 적이 있었다. 그는 나파캉(Napakiang)에서 며칠을 머물렀는데 주민들에 관한 그의 이야기는 매우 흥미 있다.

선교사인 고벨(A. Gaubil)[4] 신부가 유구열도에 관해 쓴 글이 『놀랍고도 신기한 글』(Lettres Edifiantes et Curieuses)이라는 책의 23권에 있다. 이는 강희황제(康熙皇帝)[5]가 유구열도로 파견한 중국인 대사의 공식 보고를 번역한 것인데 기회가 충분치 않아 이 진기한 기록의 정확성을 판단할 수가 없었다.

---

3) 브로튼(William R. Broughton : 1761~1821) : 영국의 항해사이며 탐험가. 차담(Chardam)호의 선장으로서 조선의 동해안을 항해했다. 동래(東萊)의 용담포에 기항했다가 경상관찰사 이형원(李亨元, 1739~1798)의 명을 받고 퇴거했으며 영흥만(永興灣)에 이르러서는 스스로 Broughton's Bay라 명명한 뒤 블라디보스토크까지 항해했다.

4) 고벨(Antonie Gaubil : 1689~1759) : 프랑스 제수이트교파의 신부. 중국에 파송되어 징기스칸(成吉思汗)을 연구하고 「서경」(書經)을 번역했다.

5) 강희제(康熙帝, 재위 1661~1722) : 청의 4대 황제로서 순치제(順治帝)의 아들. 밖으로는 삼번(三藩)의 난을 평정하고 러시아를 구축했으며, 안으로는 문무(文武)를 장려하고 제정(帝政)을 확립하여 청조의 기틀을 세움.

차 례

1. 알세스트호와 리라호의 출항

중국 주재 대사인 맥스웰(Murray Maxwell, C. B.) 선장은 앰허스트(Count Amherst) 백작의 지시에 따라 1816년 2월 9일, 알세스트호를 타고 영국을 떠나 8월 11일에 황해에 있는 발해강 어귀에 상륙했다. 곧바로 대사와 동행한 돛단 함 리라호와 알세스트호는 황해의 동쪽 경계인 한국 해안으로 더 나아갔다. 대사가 육로로 광동으로 돌아오기에 앞서서는 중국에서 할 일이 없었으므로 이 선박들은 그가 돌아올 때까지 거의 아무런 정확한 정보가 없었던 그 바다의 몇 곳을 조사해 보기로 했다. 다음들은 이 항해를 자세히 기록한 것이다.

맥스웰 선장

2. 서해 5도

9월 1일

오늘 아침에 동쪽에 조선의 육지가 보였다. 그곳을 향해 나아가다가 우리는 9시에 3개의 높은 섬 근방에 닿았다. 그 섬들은 꼭대기까지 나무로 덮여 있었고 저지대에는 경작지가 있어서 우리가 떠나온 중국과는 다른 모습을 보여주고 있었다. 그러나 우리가 중국에서 지난번에 방문했던 곳처럼 편평한 대지가 있는 것은 아니었다.

우리는 그 섬들의 남쪽으로 더 나아가 남쪽 섬으로부터 2~3마일 떨어져 있는 아름다운 한 만에 정박했다. 막 정박하고 난 뒤에 5~6명의 토착민을 태운 보트 하나가 해안으로부터 나와 범선의 50야드 이내쯤에서 멈췄다. 그들은 우리의 신호에 아무런 관심도 보이지 않은 채 호기심과 못 미더워하는 표정을 보이면서 우리를 쳐다보고 있었다.

주민들은 우리가 배로 그들에게 다가갔을 때, 아무런 놀라움도 보이지 않았고 또 우리가 해변 쪽으로 배를 저어 고을 근방에서 상륙할 때까지 우리를 따라 왔다. 그들은 우리가 지금까지 보아 왔던 것과는 여러 면에서 다른 묘한 떼거리를 지으며 우리를 보려고 몰려왔다. 그들의 피부는 짙은 구릿빛이었고 외모는 험상궂고 조금은 야만스러웠다.

나머지 다른 사람들보다 상급자인 것으로 보이는 몇 사람들은 다른 사람들과 달리 직경이 거의 3피트나 되는 테를 두른 모자와 높이가 약 9인치가 되고 끝을 자른 원추형의 모양을 한, 머리를 거의 덮는, 큰 관을 쓰고 있었다. 이 이상한 모자의 피륙은 잠자리 날개 같은 아름다운 투시 세공으로서 겉은 말총으로 꾸며져 끈으로 턱 밑에 묶여 있다. 그런데 그 끈은 거의가 흑백이며 가끔 빨갛고 노란 구슬이 꿰어져 있다. 몇몇 노인들은 그들의 머리 위에 빳빳한 비단으로 된 모자를 쓰고 있었는데 그것은 머리 꼭대기에서 높다란 원추형 매듭 모양을 하고 있었다.

그들의 옷은 헐렁하고 넓은 바지와 거친 풀로 만든 천으로 거의 무릎까지 닿을 정도로 길었고 위아래가 달린 것이었다. 발에는 짚신을 신고 있었다. 짚신은 중간 크기로 아주 잘 만들어졌으며 튼튼해 보였다.

처음에 그들은 우리의 의복을 살펴보고는 놀라는 것 같았으나 곧 우리가 가진 모든 것에 별로 관심을 보이지 않았다. 그들의 주된 불안은 가능한 한 빨리 우리를 몰아내는 것이었다. 이러한 뜻은 그들의 태도에서 너무나 분명히 나타나 오해의 여지가 없었다. 왜냐하면 우리가 마을로 들어가려고 하자 그들은 처음에는 다른 길로 우리가 가도록 가르쳐 주었고, 우리가 계속 가려고 고집하자 거칠게 팔을 잡고 우리를 밀쳐 냈다.

그들을 달래고 싶은 마음이 간절했으므로 우리는 그들의 이러한 대접을 참았다. 그러나 우리들의 인내심도 아무런 효과가 없었다. 우리 자신을 이해시키려고 몇 번인가 헛되이 노력하다가 우리는 그들의 태도에 기분이 상해 그곳을 떠났다. 우리와 동행한 중국인[1]도 소용 없었다. 왜냐하면 한국인들이 그에게 써 준 글이 비록 한자였지만 그는 그것을 읽을 수 없었으며 그들이 하는 말을 한 마디도 알아듣지 못했다.

이 비사교적인 마을을 떠나 우리는 그 섬의 제일 높은 산의 꼭대기로 올라갔다. 꼭대기까지는 굽은 길이 있어서 올라가기는 쉬웠다. 이렇게 올라오는 동안에 우리는 동쪽에 수많은 섬들을 보았다. 그리고 그 너머 아주 멀리에는 본토가 보였다. 언덕 위는 부드러운 풀과 향기가 좋은 관목으로 덮여 있었고 아래쪽에서 질식할 것 같이 뜨겁던 공기도 여기에서는 서늘하고 선선하여 앉아서 들놀이 점심이라도 먹고 싶은 충동을 느꼈다.

우리는 언덕의 다른 쪽으로 되돌아왔는데 거기에는 길이 없었으며, 표면은 바위가 많고 가팔랐는데 두꺼운 덤불로 덮여 있었다. 그래서 우리가 거

1) (원저자 주) 그는 대사의 하인으로서 일이 생겨 발해강에서 뒤에 남았다.

의 가운데 있는 언덕의 북쪽을 따라 난 길에 닿았을 때 우리는 적지 않게 할퀴고 상처를 입었다. 그 길을 따라 우리는 토착민들에게 들키지 않으면서 동네를 내려다볼 수 있는 지점에 이르렀다.

우리가 상륙했을 때 마을을 버리고 도망갔던 여인들도 돌아왔다. 그들 대부분은 나무절구에 쌀을 찧고 있었는데 모두들 등에 어린이를 업고 있었다. 그들은 하던 일을 갑자기 멈추더니 사육장의 토끼들처럼 오두막으로 도망갔다. 그리고 잠시 뒤 우리는 마을 가까이를 돌고 있는 보트 하나를 보았는데 이것은 그들이 왜 우리에게 경계심을 보이는지의 원인을 설명해 주었다.

우리는 여인들을 다시 보려는 기대 속에 얼마 동안 그곳에 남아 있다가 마을로 내려 왔는데 주민들은 이번에는 우리들을 지나가도록 내버려두었다. 이때 우리 일행 가운데 한 사람이 잠깐 동안 그리 멀지 않은 곳에 있는 한 여자를 보았는데, 그의 주장에 따르면 그 여자의 발이 중국에서처럼 죄이지 않은 보통의 크기였다는 것이다.

그 동네는 진흙을 바른 갈대로 대강 지은 40채의 집들이 있었는데 지붕의 모양은 모두 같고 갈대와 짚으로 시원찮게 지붕을 이어 새끼로 묶어 내렸다. 이 오두막들은 길에는 없었지만 깔끔하지도 않고 깨끗하지도 않게 무질서하게 흩어져 있었다. 오두막 사이의 공간에는 쓰레기 더미와 진창 투성이의 물구덩이가 있었다.

그러나 이 아늑하지 않은 동네가 위치해 있는 골짜기는 비록 나무가 무성하지는 않았지만 꽤 아름다웠다. 골짜기를 만들고 있는 언덕은 울퉁불퉁하고 꼭대기에는 풀과 향기로운 꽃들로 덮여 있고 아랫부분에는 조, 메밀, 일종의 프랑스 완두콩, 그리고 담배를 재배하고 있었는데 아주 무성하게 자라고 있었다. 그리고 여기저기에 어린 떡갈나무가 있다.

우리는 황소와 집짐승들을 보았는데 주인들은 돈이나 우리가 내미는 다른 어떤 것들과도 그것들을 바꾸려 하지 않았다. 그들은 선물로 준 달러도 받지 않았으며 술잔을 제외하고는 우리가 그들에게 보여준 어떤 것에도 아무런 가치를 부여하지 않는 것처럼 보였다. 한참 동안 설득한 뒤에 유리 잔 하나를 받은 우두머리 중의 한 사람은 그것을 특히 좋아하는 것 같았다.

그러나 약 5분 뒤에 그와 잔을 받은 또 다른 한 사람이 되돌아와서는 그 선물을 되돌려주겠다고 주장했다. 그리고 더 이상의 설득에 귀를 기울이지 않고 한 사람을 남겨 놓은 채 한 사람은 마을로 돌아갔다. 그런데 남은 한 사람은 다른 사람들이 보이지 않게 되자마자 잔 하나를 넙죽 받았다.

우리는 스스로 자랑스럽게 생각하는 운반 도구를 가지고 있었는데 그들은 이에 대해 냉정하고도 침착한 분위기였으며 그에 대해 아무런 호기심도 보이지 않는다는 것이 우리를 무척 놀라게 했다. 가끔 손짓과 그림으로 질문의 성격을 나타내는 데 성공하면 그들은 경멸감과 무례함으로 대답했다.

한번은 갈대로 만든 보잘것없는 갈퀴가 있기에 나로서는 이상하게 보여 하나를 사고 싶어 마을에서 하층에 속하는 그의 주인에게 내 뜻을 전하는 데 성공했다. 그는 처음에는 기분 좋게 웃었다. 그러나 곧 내 손에 있는 갈퀴를 잡더니 뭐라고 말을 하면서 거만하게 팔을 뻗쳐 그것을 내게로 거칠게 내밀었는데 내가 보기에는 우리가 떠나기를 바라는 것 같았다. 한 사람은 돛배 모양과 같은 종이조각을 들어 올려 바람 부는 방향으로 흔들더니 동시에 배를 가리키면서 이제 바람이 좋으니 우리가 떠나가기를 바라는 의사를 나타냈다.

우리는 배를 띄우고 그 섬을 떠나지 않을 수 없었다. 몇몇 사람들 가운데에는 얼굴에 천연두 자국이 있었다. 어린이들은 처음에는 우리에게서 멀리 떨어져 있었으나 우리가 떠나기에 앞서 그들의 두려움이 어느 정도 가라앉았다. 여자 같은 외모로 우리는 처음에는 계집애인 줄로 잘못 알았던 사내아이들이 마을에서부터 제법 멀리까지 우리들을 좇아왔다.

맥스웰 선장은 이 섬들을 에딘버러 왕립학사원 원장의 이름을 빌어 제임스 홀군도라고 명명했다.[2)] 그 섬들은 동경 124° 46′, 북위 37° 50′에 위치하고 있다.

저녁 8시에 우리는 닻을 올리고 남쪽으로 떠났다. 그러나 해안이 너무 낯설어 우리는 밤이면 해안에서 좀 떨어져 항해했는데 아침에 보니 시야에 들어오는 섬이 하나도 없었다. 두 번째로 우리는 동쪽을 항해했으나 낮 동안에 해안에 닿지 못했다. 비록 수심이 깊었으나 밤에는 닻을 내리지 않을 수 없었다.

3. 지질 구조

9월 3일

오늘 아침에 북위 36° 33′, 동경 126° 가까이[3]에 다다르니 본토로부터 6~7리그(league)[4]이다. 우리는 거리의 남·북쪽으로 시선의 끝까지 뻗어 있는 섬들 사이를 항해했다. 2시쯤 우리는 다도해의 언저리 가까이 이르렀다. 섬들 사이에 분명히 보이는 항로를 따라 우리는 안쪽에 닻을 내렸다. 배로 이 섬들 가운데 하나를 지날 때 멀지 않은 곳에서 보니 너무나 이상하게 생긴 것이 있기에 우리는 닻을 내리고 그 구조를 더욱 자세히 살펴보기 위해 배를 저었다.[5]

---

2) 홀(Sir James Hall : 1761~1832) : 스코틀랜드의 지리학자겸 화학자. 허튼(James Hutton)의 지리학 이론을 실증하기 위해 노력했다. 이 글의 필자인 홀(B. Hall)은 그의 차남임. 제임스 홀 군도는 지금의 서해 5도이다.

3) 위도상으로 볼 때 이 지점은 안면도와 격렬비도의 중간 지점이다.

4) 1league=약 3mile.

5) (원저자 주) 우리가 살펴보니 섬의 북동쪽 끝은 결이 고운 화강암으로 되어 있고 가운데는 짙은 청색의 깨지기 쉬운 운모 모양의 편암들로 덮여 있었다. 지층은 거의 수평이었으나 남서쪽으로 약간 기울어 있었다. 이 지층은 화강암 암맥으로 가로 잘라져 있고 어떤 곳은 넓이가 40피트이고, 어떤 곳은 10피트를 좀 넘는 것도 있었다.
암맥 가까이 있는 지층은 망가지고 아주 많이 굽어 있었으며 이렇게 흩어지고 찌그러진 것이 암맥의 벽까지 미치지는 않았으나 화강암의 암맥은 거기서부터 아주 멀리까지 뻗어 나갔으며 넓이는 3피트에서 1/100인치에 이르기까지 다양했다. 암맥은 절벽 꼭대기에서부터 물의 끝에까지는 보였으나 그와 반대되는 맞은편 절벽에서는 거리가 겨우 30야드밖에 안 되는 데도 보이지 않았다. 이 섬도 똑같은 편암들로 되어 있었고 현무암 암맥은 수직으로 4피트 넓이로 절단되어 있다.

우리가 그것을 조사하고 있을 때 원주민들이 우리 위에 있는 절벽 끝에 잔뜩 몰려들었다. 그들은 우리가 그들의 바위를 깨뜨리는 것을 좋아하지 않는 것처럼 보였다. 왜냐하면 우리가 상륙한 순간부터 그들은 소리를 지르는 등의 온갖 몸짓을 다해 우리가 그 섬을 빨리 떠나는 것이 좋다는 표시를 멈추지 않았기 때문이다. 절벽의 높이는 200피트쯤 되었고 거의 수직을 이룰 정도로 가파른 것이었다. 그들이 몸짓이나 소리만 지르고 우리에게 돌멩이를 마주 던지지 않은 것이 우리로서는 다행이었다.

북동쪽과 남서쪽에 닿아 있는 평야는 남동쪽과 서북쪽으로 달리고 있는 거대한 화강암 암맥과 직각을 이루고 있었다. 현무암 암맥 가까이에 있는 지층은 몹시 뒤틀리고 깨어졌으나 화강암 암맥과 부딪혀서 이루어진 정도는 아니었다. 현무암 암맥은 흔히 가로놓여진 다섯 개의 지층이나 프리즘 세트로 되어 있었다. 우리는 40~50피트 거리의 현무암 암맥으로 절단된 조그만 섬 너머에 바다로부터 불쑥 솟아 있는 섬에 올랐다. 그 섬에는 높고 험악한 각력암 절벽이 있었고 화강암 암맥이 매우 두드러지게 맞서고 있었다. 이 바위와 화강암과 현무암에 절단된 편암들의 접합은 누구에게나 흥미가 있을 것이다. 우리는 거기로부터 몇 야드까지 접근해 보았지만 바닷물로 말미암아 실제 접촉은 번번이 이루어지지 않았다. 이 섬의 남서쪽 끝은 전부 각력암으로 이뤄져 딱딱하고, 물에 닳은 편암 조각들, 석영, 그 밖의 다른 돌로 모여 있어서 전체적인 외양은 거대한 자갈 해변으로 보였다. 이 바위에 있는 편암의 파편은 처음에 언급한 절벽의 모양과 비슷하다.

섬의 중앙을 형성하고 있는 거대하고도 수많은 지층은 지난날 대양의 바닥이었다는 것이 이 지점에 대하여 우리가 제시한 이론이었다. 그리고 이제는 견고한 각력암이 된 서쪽은 지층에 대한 파도의 작용에 따라 생겨난 자갈 해안이었다. 섬의 동쪽 끝을 이루고 있는 화강암은 그 근방의 바닥을 흩으러 놓고 찌그려 놓는 엄청난 힘으로 말미암아 지층의 아래에서 현재의 모습으로 만들어졌으며, 지층의 융기 작용에 의해 화강암의 용암이 골짜기에 덧붙여진 것이다. 이들 틈의 측면을 이루고 있는 더덜더덜한 지층은 침식 활동에 의해 이루어진 것으로 추정되며, 이때 좀 멀리 떨어진 지층은 이것을 피할 수 있었을 것이다.

화강암 암맥의 전 코스를 따라 지나치게 뒤틀리고 심하게 분리된 것도 이런 식으로 형성된 것이라고 설명할 수 있다. 거기에서 뻗어 나온 지맥은 물론이고 암맥에도 수많은 편암이 섞여 있었다. 이 암맥의 마지막 부분이 부드러운 것은 틈을 만들지 않으면서도 뒤쪽으로 굽어질 때 흔히 나타나는 현상이다. 주변의 화강암 용암에 의해 퍼진 열은 그들 가운데 흩어져 있는 모래에 포함되어 있는 용액의 도움을 받아 자갈 해변을 반용해의 상태로 바뀌었다고 추측해 볼 수 있다. 우리는 앞에 언급한 두 개의 암맥의 상대적인 연륜을 확인할 수 있는 어떤 상황도 발견하지 못했다.

4. 비사교적인 원주민

그 지점의 조사를 끝내자마자 우리는 배를 타고 돌아서 상륙하기 좋은 작은 만에 닿았다. 여기에서 만난 원주민들은 높은 목소리로 우리에게 몇 마디 길게 말했다. 그들에게 우리는 영어로 우리의 목적을 단지 섬을 조사하는 것으로 아무의 간섭도 받고 싶지 않다고 대답했다.

아울러 우리는 보트로 언덕 가장자리로 나아갔다. 원주민으로서는 이런 행위가 전혀 달가운 것 같지 않았다. 그들은 분명히 그들의 염려를 나타내는 표시를 했지만 우리는 그것이 누구를 가리키는지 정확히 알 수가 없었다. 그들은 부채로 그들의 목을 가로지르고 때로는 우리의 목을 가로지르기도 하여 우리가 계속 나아가면 목이 달아나는 것을 나타내는 것 같았다.

그러나 피해자가 그들인지 아니면 우리인지는 분명하지 않았다. 그들은 우리를 섬으로 들여놓은 것 때문에 그들의 우두머리로부터 불려 가 설명해야 되는 것을 겁내고 있는 것 같다고 우리 일행 가운데 한 사람이 설명했다. 그러나 이런 모든 태도도 우리가 나아가는 것을 막지 못했다.

우리는 길이 닿는 가장자리에 도착했다. 이곳에서는 1마일 반 정도의 거리에서 마을을 바라볼 수 있었는데 앞서 말한 장소보다 훨씬 잘 볼 수 있었다. 약간 후미진 곳 바닥의 여기저기에 있는 집들 사이로 나무들이 군데군데 서 있었다. 그 가까이에는 고깃배가 닻을 내리고 있었다. 우리는 우리의 목적이 마을로 가는 것임을 이미 충분히 설명했다. 그러나 그것은 모두 허사였다. 시간이 갈수록 그들의 우려가 더욱 커져 우리는 더 나아가기를 단념했다.

이들의 옷은 헐렁하고 하얗다. 그들은 천으로 만든 신발을 신고 있었으며 몇 사람은 앞에서 이야기한 넓은 모자를 쓰고 있었다. 대부분 머리칼은 머리 꼭대기에 원추형으로 높이 묶었으나 몇 사람들은 그냥 풀어헤친 채로 있어 약간 야만스럽게 보였다. 어떤 사람들은 조그만 그물 띠로 그들의 짧은 머리를 조였고 한쪽에는 상투 쪽으로 별을 달아 머리를 장식했다.

그들의 턱수염과 구레나룻은 분명히 한 번도 깎은 적이 없었고 그들의 부채와 기다란 담뱃대, 그리고 이상한 언어와 태도는 모든 사람들에게 괴상한 분위기를 주고 있어 글로 표현하기가 불가능하다. 그들은 우리 주위를 둘러싸고 계속 소리를 지르면서 우리의 의복의 천과 모양에 대한 놀라움을 나타냈다.

그러나 시계를 보자마자 다른 모든 것은 내버려두고 그것을 자세히 살펴보게 해 달라고 졸랐다. 그들은 시계를 처음 본 것이 분명했다. 그들 가운데 몇몇이 초침을 보자 마치 그것이 살아 있는 것처럼 바라보았다.

그들의 관심은 시계로부터 도장과 열쇠로 옮겨갔다. 그들은 그들의 손에 도장 찍는 시늉을 함으로써 그들이 도장에 익숙해 있음을 보여주었다. 우리가 소총을 쏘자 그들의 관심은 시계로부터 멀리 떨어져 나가 몰려 있던 사람들은 몇 발자국씩 물러났다.

5. 지도(Hutton's Island)

한참 동안 이러한 방법으로 즐긴 뒤에 우리는 보트 쪽으로 걸어갔다. 주민들은 대단히 기뻐하며 온갖 수단을 다해 우리가 출발을 서두르도록 도와주었다. 그들은 우리들의 손을 잡고 해안에 있는 미끄러운 바위들을 지나는 것을 도와주었다. 그리고 보트 하나가 뭍에 올라와 있는 것을 보자 그들 가운데 몇몇이 옷을 벗고 물로 뛰어들어 배를 밀어내었다. 이것 때문에 우리는 그들의 팔이 놀랄 만큼 균형이 잡혀 있고 튼튼함을 볼 수 있었다. 그러나 그들의 긴 머리가 목과 어깨에 늘어져 있어서 그들의 모습은 정말 야만인 같았다.

이번 방문 동안에 우리는 여자를 보지 못했다. 그러나 어린이들은 아무런 두려운 표정 없이 우리 주위를 둘러쌌다. 전체적으로 사람들은 더욱 자유로

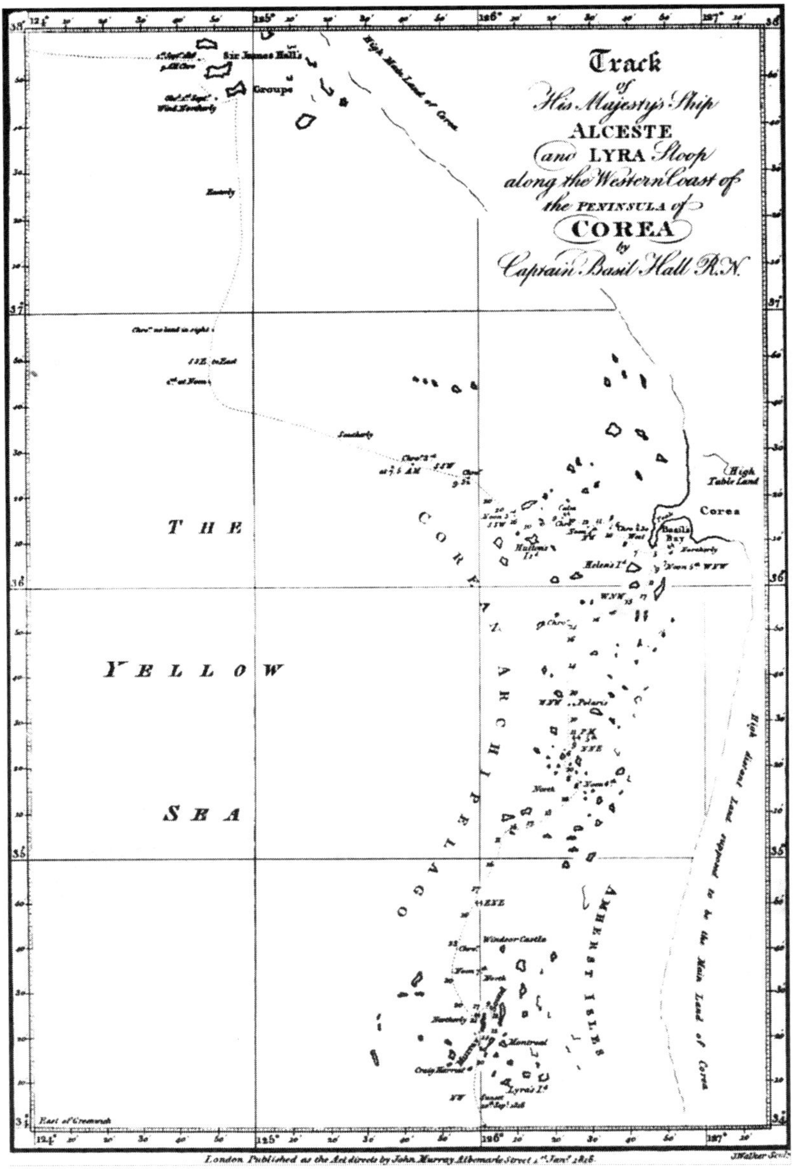

알세스트호와 리라호의 서해 탐사로

웠고 우리가 알고 있는 제임스 홀 군도[서해 5도]에서 만난 사람들과는 전혀 같지 않았다. 그들은 거의 고함에 가까운 높은 목소리로 이야기하는 이상한 풍속을 가지고 있다. 맥스웰 선장은 지질학자 허튼 박사[6]의 이름을 따서 이 섬을 허튼도라고 명명했다.[7]

9월 4일

지난밤은 매우 고요했다. 아침 9시에는 시원한 바닷바람이 불었다. 우리는 섬 가까이에 있었다. 바로 가까이에는 잘 경작된 많은 섬들이 있었다. 중심이 되는 섬에는 사람이 살고 있었다. 우리는 여러 개의 큰 마을을 지나왔다. 땅은 산의 상당한 높이에 이르기까지 경작되고 있었다.

오늘 아침의 우리의 목적은 주된 섬에 안전하게 정박할 수 있는 장소를 발견하는 것이었다. 그러나 어떤 빈자리가 나타나기까지에는 우리는 상당한 거리를 해안을 따라 항해해야만 했다. 약 3시쯤에 우리는 섬의 끝을 돌아 만을 하나 발견했는데 처음 보기에는 적당한 정박 장소 같았으나 물이 너무 얕아 리라호조차도 5패덤[8] 밖에 닻을 내려야 했다.

그 지점에 몰려든 주민들은 떼를 지어 우리가 지나갈 때 소리를 쳐 우리가 너무 가까이 다가오는 데 대해 화를 내고 있는 것 같았다. 이 만은 직경이 약 4마일이고 주위에는 삼림 가운데 지어 놓은 큰 마을이 있었고 경작지로 둘러싸여 있는데 이 모든 것이 어울려 대단히 아름다웠다.

---

6) 허튼(James Hutton : 1726~1797) : 스코틀랜드의 지리학자. 지각 연구의 권위자로서 『지구론』(Theory of the Earth, 1795)을 씀.
7) 본서 p. 10 수록된 지도에 따르면 북위 36° 10′, 동경 126° 10′에 위치하고 있는 이 섬은 전남 신안군 지도면의 지도이다.
8) 1fathom=183cm.

6. 장항만(Basil's Bay)에 상륙

알세스트호가 정박하자 곧 맥스웰 선장, 클리포드 씨 그리고 나, 세 사람은 포구에서 가장 가까운 동네 쪽으로 갔다. 해안으로 가까이 가자 우리는 해안의 주민들 사이가 대단히 소란스럽고 마을에 정박한 배에서도 마찬가지인 것을 발견했다. 해안의 사람들은 황급히 통나무배 속으로 들어갔으며, 닻을 내리고 있던 큰 배에 있는 사람들은 얼마나 급하게 닻을 올렸던지 우리가 정박지에 가까이 갔을 때는 한 덩어리가 되어 있었다.

배마다 수많은 사람이 타고 있었고 수많은 깃발과 장식이 치장되어 있었다. 그러나 그 가운데 하나에는 커다랗고 푸른 우산이 돋보여 우리는 이것이 지위를 나타내는 것이리라 생각하고 그쪽으로 저어 갔다. 이러한 우리의 생각은 곧 이 배 위에서만 울려오는 음악 소리로 확인될 수 있었다.

가까이 다가가서 우리는 우산 아래 앉아 있는 잘생긴 현감[9]의 모습을 보

---

9) 『순조실록』 16년(1816) 7월 병인조에 따르면, 이때 홀 일행을 만난 사람은 마량진 첨사 조대복과 비인 현감 이승렬로 되어 있다. 그 날자 실록에 실린 충청 수사 이재홍의 장계에는 다음과 같이 기록되어 있다.

"마량진 갈곶 밑에 이양선 두 척이 표류해 이르렀습니다. 그 진의 첨사 조대복과 지방관 비인 현감 이승렬이 연명으로 다음과 같이 보고했습니다.

'인력과 선박을 많이 사용하였으나 표류하여 도착한 이양선을 끌어들일 수 없었습니다. 그래서 14일 아침에 첨사와 현감이 이상한 모양의 작은 배가 떠 있는 곳으로 같이 가서, 먼저 한문으로 써서 물었더니 모른다고 머리를 저어, 다시 언문으로 써서 물었으나 또 모른다고 손을 저었습니다. 이와 같이 한참 동안 힐난했으나 마침내 의사를 소통하지 못하였고, 끝내 그들이 스스로 붓을 들고 썼지만 전자와 같으면서 전자가 아니고 언문과 같으면서 언문이 아니었으므로 알아볼 수가 없었습니다. 그들이 좌우와 상하 층각 사이의 무수한 서책 가운데에서 또 책 두 권을 끄집어내어, 한 권은 첨사에게 주고 한 권은 현감에게 주었습니다. 그래서 그 책을 펼쳐보았지만 역시 전자도 아니고 언문도 아니어서 알 수 없었으므로 되돌려 주자 굳이 사양하고 받지 않기에 받아서 소매 안에 넣었습니다. 책을 주고받을 때에 하나의 작은 진서가 있었는데, 그 나라에서 거래하는 문자인 것 같았기 때문에 가지고 왔습니다. 사람들은 모두 머리를 깎았고, 머리에 쓴 모자는 검은 털로 만들었거나 노끈으로 만들었는데 모양이 동로구(구리로 만든 거푸집)와 같았습니다. 의복으로 상의는 흰 삼승포로 만들었거나 흑전으로 만들었고 오른쪽 옷섶에 단추를 달았으며, 하의는 흰 삼승포를 많이 입었는데 행전 모양과 같이 몹시 좁게 지어서 다리가 겨우 들어갈

았다. 그의 백발 수염은 그의 가슴을 완전히 덮고 그의 허리 밑에까지 닿았다. 그의 옷은 푸른 비단으로 풍성하게 만들어졌는데 그 흘러내린 모습이 장관이었다. 그의 단검은 조그만 끈으로 허리에 매어 있었다.

그러나 현감의 직위를 나타내는 기장은 가느다랗고 끝에 은을 묻힌 검은 지팡이인 것처럼 보였는데 그것은 길이가 1피트 반이고 한쪽 끝에는 조그만

정도였습니다. 버선은 흰 삼승포로 둘러쌌고, 신은 검은 가죽으로 만들었는데 모양이 발막신과 같고 끈은 달았습니다. 가진 물건으로는 금은환도를 차기도 하였으며, 마른 거북을 차거나 천리경(千里鏡)을 가졌습니다. 배의 칸칸마다 가득히 실어서 사람의 수는 자세히 계산하기 어려웠으나, 80~90명에 가까울 듯하였습니다. 또 큰 배에 가서 실정을 물어보았는데, 사람의 복색, 패물, 소지품이 모두 작은 배와 같았고, 한문이나 언문을 막론하고 모두 모른다고 머리를 저었습니다. 사람의 숫자는 작은 배에 비하여 몇 갑절이나 될 것 같은데, 배 위와 방 사이에 앉아 있기도 하고 서 있기도 하였으며, 가고 오는 등 매우 어수선하여, 하나 둘 세어 계산하기 어려웠습니다. 서책과 기물은 작은 배보다 몇 갑절이나 더 되었습니다. 큰 배와 작은 배를 물론하고 그 제도가 기기괴괴하며, 층이나 칸마다 보배로운 그릇과 이상한 물건이 있었고, 그밖에 이름을 알 수 없는 쇠와 나무 등의 물건이 이루 다 셀 수 없을 정도로 많았습니다. 그 가운데에는 여인이 있었습니다. 눈앞에서 본 것은 단지 한 명뿐이었는데, 흰 베로 머리를 싸매고 붉은 색 치마를 입었습니다. 두 배에 모두 대장간이 설치되었는데, 만드는 것은 모두 대철환, 화살촉 등의 물건이었습니다. 첨사와 현감이 배에 내릴 때 그 가운데 한 사람이 책 한 권을 가지고 굳이 주었는데, 작은 배에서 받은 두 권과 합하면 세 권입니다. 그러는 사이에 서북풍이 불자 크고 작은 배가 불시에 호포를 쏘며 차례로 돛을 달고 바로 서남쪽 연도 밖의 넓은 바다로 나갔습니다. 그래서 첨사와 현감이 여러 배를 지휘하여 일시에 쫓아갔으나 마치 나는 새처럼 빨라서 붙잡아 둘 수 없었으므로 바라보기만 하였는데, 앞의 배는 아득하여 형체가 보이지 않았고 뒤의 배는 어슴푸레 보이기는 하였으나 해가 이미 떨어져서 바라볼 수가 없었습니다. 두 배에 있던 여러 가지 물건들을 검열 · 조사한 목록과 작은 배에서 얻은 한 폭의 진서 편지를 모두 베껴 쓴 다음, 첨부하여 올려 보냅니다.'

라고 하였습니다. 작은 배에서 얻은 한 폭의 편지 내용에,

'영길리국(영국) 수사 관원에게 사정을 적은 글을 보내니 해당 관헌이 잘 알고 있을 것입니다. 금년 윤 6월 초순 사이에 우리 영길리국에서 5척의 배로 우리 영국 왕이 파견한 사신과 수행한 사람들을 보내어 천진 북연하 입구에 도착하여, 지금 왕의 사신 등이 모두 북경에 나아가 황제[萬歲爺]를 뵈었으나 천진 외양의 수심이 얕은데다가 큰바람까지 만나 배의 파괴를 면할 수 없기 때문에, 각 선척이 그곳에 감히 정박하지 못하고 지금 월동(광동의 별칭)에 돌아가서 왕의 사신이 돌아오기를 기다려 귀국하려고 합니다. 이에 이곳을 지나게 되었으니, 해당 관헌은 음식물을 사도록 해 주고 맑은 물을 가져다 마시고 쓰도록 해 주십시오. 왼쪽에 우리 왕께서 보낸 사신의 인장이 찍혀 있으니 증거가 될 것입니다. 가경 21년(1816년 순조 16년) 월일에 씁니다.'

고 하였습니다."

가죽 끈이 달려 있고 다른 쪽에는 검은 띠가 묶여 있었다. 그는 이것을 그의 손에 잡고 있었다. 그의 모자는 넓이가 우리가 지금까지 본 어느 것보다 넓었는데 생각건대 거의 3피트는 되는 것 같았다.

7. 현감의 걱정

그는 그들의 우두머리임이 분명했으므로 우리는 다가가 그의 배에 올라탔다. 그는 매우 친절하게 우리를 맞아 주었으나 이렇게 배에 타는 것을 그는 좋아하지 않는 것 같아서 우리는 우리들의 배로 돌아와서 협의를 계속했다. 우리들을 이해시키려고 애쓰는 동안에 다른 배들이 점점 떨어져 나가 우리를 둘러싸고 원을 만들기 시작했다. 우리는 배반당했다는 생각에서 무기를 준비하고 조금 멀리 배를 밀어냈다. 이를 지켜본 그 노인은 우리가 경계심을 갖게 된 원인을 찾으려고 두루 살폈다.

마침내 무슨 일이었나를 우리들의 태도로 알아채고는 그는 모든 배들이 다른 편으로 가도록 명령했다. 우리는 상당한 시간 동안 그들을 이해시킬 수 없었다. 왜냐하면 우리와 같이 있던 중국인은 그들의 언어를 전혀 몰랐기 때문이다. 우리는 해안을 가리키면서 상륙하고 싶다는 우리들의 바람을 나타내려고 노력했다.

한편 노인 현감은 비슷한 표시로 배에 가고 싶다는 그의 바람을 나타냈다. 따라서 우리는 알세스트호보다 해안 가까이에 있는 리라호로 노를 저어 갔다. 현감의 배가 범선의 10야드 이내쯤 접근해 왔을 때 그들은 닻을 내리고 그들 배에 실려 있는 밧줄을 던져 뱃사람들 스타일로 배를 옆으로 끌어당겼다.

그 노인은 배 위에서 일어서는 것이 쉬운 것 같지 않았다. 왜냐하면 그의 빛나는 옷이 방해가 되었기 때문이다. 그러나 그의 배에 타자마자 우리는 주민들에 둘러싸였다. 어떤 사람들은 가구에 올라가 후갑판을 내려다보았고 또 다른 사람들은 상갑판에 올라 한 범선의 끝에서 다른 끝으로 쳐진 그물 침대를 따라 줄을 만들고 있었다.

그날 저녁은 날씨가 좋았으므로 갑판 위의 존귀한 현감을 즐겁게 하기에는 최적인 것 같았다. 왜냐하면 우리가 보기에 모든 일행을 위해서는 너무 작아 보이는 오두막집으로 그를 내려오게 하는 불편을 주는 편보다 이것이 더 좋았기 때문이다. 갑판 위에는 의자들이 가지런히 놓여 있었다. 그러나 현감은 의자에 앉지 않겠다는 표시를 했다. 또한 그의 측근 한 사람이 실어 온 그의 담요를 사용하는 것에 대해서도 동의하지 않았다.

우리가 보기에는 그가 회의를 공개하는 것을 반대하는 것 같아 보였다. 그는 처음에 당황하고 불쾌해하는 것 같았으나 우리는 그 이유를 알 수가 없었다. 드디어 그는 그의 담요 위에 앉고서는 아주 무게 있고 침착한 목소리로 말하기 시작했다. 그러나 얼굴에는 전혀 아무런 표정도 없었고 우리는 그가 말하는 것을 단 한마디도 알아들을 수 없었다. 물론 우리는 그의 말을 중단시킬 생각은 없었으므로 그가 한가하게 이야기하도록 내버려두었다. 그러나 그의 말이 끝났을 때 그는 우리가 대답하도록 잠깐 멈추었고 우리는 영어로 똑같은 무거운 목소리로 대답했다. 그는 이것을 참지 못하고 우리가 잘 못 알아듣는 말로 열변을 토했다.

아무튼 그는 아마 우리가 읽을 수 있도록 하려고 서기를 불러 글을 받아쓰게 하기 시작했다. 서기는 정중하게 그의 앞에 앉아서 돌 위에 있는 벼루를 문질렀다. 그리고는 붓을 꺼내더니 그의 무릎 위에 기다란 두루마리 종이를 놓고 쓰기 시작했다. 그 글은 일부는 현감의 지시를 받고 또 일부는 그 자신의 생각에 의해 또 가끔 그의 주위에 서 있는 사람들의 이야기를 듣고 하여 마침내 완성되었다.

그런 뒤에 서사는 글 쓴 부분을 찢어 그에게 넘겼고 그는 그것이 잘 전달되리라는 것을 의심하지 않으면서 그것을 나에게 넘겨주었다. 그러나 그가 우리들의 학식을 과대평가했다는 것을 알자 그의 노여움과 실망은 극도에

이르렀다.[10)]

이제 그 현감과 그의 부하들은 우리와 의사를 소통하는 방법에 관해 토의하기 시작했다. 한편 우리들 자신도 똑같이 어쩔 줄 몰라 그 노인에게 우리가 할 수 있는 모든 것을 보여 주어 그의 난처함을 풀어 주도록 애쓰게 되었다. 그에게는 체리 브랜디 몇 병을 주고 그의 부하들에게는 럼주(를 나누어 줌으로써 드디어 우리는 그를 기분 좋게 만드는 데 성공했다.

지금까지 설명한 이러한 시도들이 진행되고 있는 동안 주민들의 무리는 늘고 그들의 호기심 또한 너무나 대단해서 우리 주위를 아주 불쾌하게 압박하기까지 했다. 그들 가운데 어떤 사람들은 배 위를 어슬렁거리면서 눈에 보이는 모든 것을 대단히 즐기는 것 같았다. 그러나 현감 자신은 편안해 보

---

10) (원저자 주) 그 지방의 문자의 특성에 관한 노트. 중국 · 일본 · 한국, 그리고 근접해 있는 섬에서는 구어가 서로 다르다. 반대로 문어는 모두 같다. 따라서 중국 출신이 말을 하면 한국이나 일본 사람은 이해하지 못한다. 그러나 그들의 생각을 글로 표현하면 서로 이해한다. 이 원인은 이렇게 설명될 수 있다. 유럽에서 우리는 마음속에 생각을 가지면 우리는 이것을 나라마다 다른 어떤 소리로 표현한다. 이 소리는 오직 소리를 상징할 뿐인 알파벳 문자로 썼으므로 당연히 유럽에서의 글은 그것을 쓴 데에서의 구어를 모르는 사람은 누구라도 그것을 이해하지 못한다.

그와는 달리 중국인과 이 섬의 사람들은 알파벳이 없어 소리를 나타내지 못한다. 그들의 생각은 소리가 끼어들지 않고 곧바로 글로 쓰며 따라서 그들의 글자는 생각의 상징으로 볼 수 있다. 따라서 이들 모든 나라에서 똑같은 생각을 표현하는 데는 같은 글자를 사용하므로 비록 그들의 문어가 전혀 이해될 수 없더라도 그들의 글이 서로 완벽하게 이해되리라는 것은 확실하다.

유럽에서의 로마 숫자의 경우가 이런 상징어로 좋은 본보기를 제공한다. 1, 2, 3등이 눈앞에 제시되었을 때 그들의 발음에 의해서는 아무런 상징도 없다. 그러나 그들의 소통되는 의미는 발음과는 별개의 것이어서 유럽의 다른 나라 사람들에게도 각각 이해된다. 또한 동시에 한 나라에서 쓰인 1, 2, 3등을 구별해 주는 발음은 나머지 나라 사람들에게는 이해되지 못한다.

쓰는 데 대한 지식은 한자를 쓰는 많은 나라에 널리 퍼져 있는 것으로 보인다. 그리고 최하층의 서민들을 제외하고는 그것을 모두 알기 때문에 그들의 문서를 우리가 읽지 못하는 것을 알았을 때 그들의 놀라움은 매우 당연한 것이다. 우리 생각에는 이런 일이 전에는 그들에게 있은 적이 없으며 그렇게 신기한 사건이 만들어 낸 결과를 지켜보는 것이 매우 재미있어 보였다. 처음에 그들은 우리들의 무지를 의심하는 것처럼 보였고 약간 안달했다. 그러나 이러한 생각은 오래 가지 않았으며, 그들은 완전히 당황해서 놀라운 표정으로 서로 쳐다보았다.

이지 않았고 관리와 주위 사람들에게 끊임없이 지시를 하는 것으로 보아 마음이 편치 않은 것 같았다.

현감은 그들에게 그들의 배로 돌아가라고 몇 차례 명령했지만 그들은 항상 몇 분 뒤에는 되돌아왔다. 한 사람은 현감 가까이 있는 그물 침대에 계속 올라앉아서는 어떻게 되어 가고 있는가를 보고 있었다. 숨어 있으려다 낸 소리 때문에 그를 보게 된 현감은 수행원 한 사람에게 곧 그를 데려가라고 명령했다. 그의 운명이 어떻게 되었는지는 곧 알게 될 것이다.

8. 복식

현감을 수행하고 있는 사람들의 옷은 천이 그렇게 풍성하지 않고 흰색이라는 것만 제하고는 현감과 거의 모양이 같은 것을 입고 있었다. 그들은 커다란 모자를 쓰고 무릎 위를 묶은 넓은 바지를 입고 코끝이 약간 올라간 무명천으로 만든 신발을 신고 있었다.

역시 군인으로 보이는 가까이 있는 수행원들은 다른 복장을 하고 있었다. 그들은 널따란 소매가 붙은 헐렁한 분홍 도포 위에 소매가 없고 군인 제복의 스커트처럼 귀퉁이에 주름이 잡힌 꼭 끼는 또 하나의 옷을 입고 있었다. 그들의 모자는 두꺼운 풀로 만든 넓고 평평한 원추형이었는데 아랫부분은 다른 색깔의 비단으로 장식되어 있었다. 모자의 꼭대기의 도금한 장식물에는 공작의 깃털과 붉게 염색한 털로 만든 술을 매달아 놓았다.

어떤 이들은 활과 화살로 무장하고 어떤 사람들은 손에는 아무것도 없이 단검만 차고 있었다. 낮은 계급의 사람들은 소매가 없는 조악한 천으로 만든 도포와 허벅지를 덮는 바지를 입고 있었는데 차라리 속옷에 가까웠다.

날이 거의 어두워지자 현감은 배를 준비하라고 명령하더니 수행원 둘을 불러 그가 일어서는 것을 돕게 했다. 부하들이 양편에서 팔을 잡아 그를 일으켜 세웠다. 사람들은 이것을 보자마자 재빨리 그들의 배로 뛰어 들어갔다. 현감은 여러 차례 머리를 숙이고는 배 쪽으로 걸어갔다. 이번에는 그가 배에 오를 때와 같은 불편을 그에게 주지 않았다. 왜냐하면 그가 방문한 동안에 우리는 그가 편안하도록 문과 널빤지로 만든 계단을 준비했기 때문인데, 그는 이를 매우 만족해하는 것 같았다.

지금까지는 모든 것이 잘 되어 가는 것처럼 보였다. 그러나 또 뭔가 잘못된 것이 있었다. 왜냐하면 양산 아래에 앉은 그 노인이 주위 갑판 위에 수행원들을 쭉 늘어서게 해 놓더니 그와 주민들이 모두 쥐죽은 듯이 조용한 채로 그의 바람을 설명해 주는 어떠한 표시도 없었기 때문이었다.

마침내 그의 바람이 제시될 때까지 우리는 그 노인이 원하는 것을 알 수가 없어 매우 당황했다. 그것은 그가 우리를 한번 방문했으니까 그 답례를 기대하는 것이었다. 이 생각을 알자마자 우리는 곧 그의 배로 그에게 존경을 표하러 갔다. 그는 그 자신의 자리를 권하면서 우리에게 앉으라는 표시를 했다. 우리가 앉자 그는 마치 우리를 즐겁게 해 줄 것이 아무것도 없음을 미안해 여기는 듯이 보였다.

한 부하가 술병을 들고 들어와 그에게 주었다. 그는 수행원에게 그것을 몇 주발 붓게 하고는 병을 치우고 우리에게 마시라는 시늉을 했다. 그러나 우리 모두에게 술이 주어지기까지 그 자신은 그것을 맛보지 않았다. 그는 이제 손님을 그들이 즐겁게 해 줘야 한다는 데 대해 불안해하는 것 같았다. 그러면서도 그는 모든 일을 너무 유쾌하고 편안하게 처리하여 가끔 우리가 우리 자신에게 그랬던 것처럼 그 괴상한 상황과 장면을 즐기고 있는 것이 아닌가 하는 생각을 들게 했다.

약 10분쯤 앉았다가 우리는 기분 좋게 현감을 떠나 당연히 그는 해안으로 갈 것이라고 생각하면서 배로 돌아왔다. 그러나 이것은 우리가 잘못 생각한 것이었다. 왜냐하면 우리가 그를 떠나자마자 곧 그는 배를 10~12야드 정도 밀어내고 그의 주위에 있는 배를 불러 회의 동안에 억류당하고 있던 그 불행한 죄인을 대나무로 벌하라는 명령을 내렸다. 이것은 분명히 우리에게 보이기 위한 의도였는데 아주 이상한 효과를 가져왔다. 왜냐하면 잇달아 수많은 의식이 뒤따랐고, 또 너무나 엄숙하고 질서정연하게 수행되었기 때문에 마치 관례의 핵심적인 부분인 것처럼 보였다.

이렇게 벌을 주는 동안 모든 사람들은 깊이 침묵에 싸여 있었고 5~6명의 즉석 범죄자만이 대나무로 때릴 때마다 노래인지 고함소리인지 모를 그런 소리를 질렀다. 이러한 신속한 처벌은 의심할 바 없이 우리에게 한국인들의 높은 준법 의식을 보여 주고자 함이었다.

9. 현감의 선상 방문

이제 날이 너무 어두웠으므로 현감이 오늘 저녁에는 더 이상 방문하지 않으리라 생각했다. 그러나 우리는 그의 예의를 과소평가했다. 왜냐하면 위에 언급한 장면이 끝나자, 그는 알세스트호로 찾아 왔기 때문이다. 줄곧 리라호에 승선하고 있던 맥스웰 선장은 그의 배에서 그에게 적절한 영접을 준비하려고 서둘러 그의 배로 돌아갔다.

맥스웰 선장은 현감이 도착하기에 앞서 겨우 웃옷을 코트와 견장이 달린 옷으로 바꿔 입을 수 있었다. 약간 어렵게 배로 올라와 불이 켜진 후갑판에서 정식으로 영접을 받은 뒤 그는 맨 앞 선실로 안내되어 거기에서 맥스웰 선장을 만나고 선실 뒤의 의자로 인도되었다. 그러나 그는 의자에 앉기를 거부하고 그의 담요를 기다렸다.

그러는 동안에 그는 방의 훌륭함을 놀라운 눈으로 둘러보았다. 맥스웰 선장이 옷을 바꿔 입었기 때문에 그는 아주 낯선 사람을 대하듯 했다. 그러나 그는 곧 선장을 알아보고는 자신의 실수를 즐기는 것처럼 보였다. 그리고 태도를 바꾸어 자리에 앉기를 굳이 사양하지 않았다.

이제 그는 그의 담요가 어떻게 되었나 뒤돌아보다가 선실 안에 우리와 함께 그가 혼자인 것을 발견하고 놀랐다. 바로 그때 그의 측근을 막고 있던 문

앞의 보초는 그의 보다 더 가까운 수행원을 구별하기가 불가능하다는 것을 알고 아무도 통과하지 못하게 했다.

문이 열리자 현감은 담요를 진 사람과 다른 주요한 네 사람을 불렀다. 우리 모두가 갑판 위에 겨우 앉자, 그는 서기에게 쓸 것을 준비하도록 지시했다. 그는 앞서와 똑같은 방법으로 구술을 받아 적었다. 현감은 필담 종이를 보여 주는 것이 필요한 예의라고 생각하는지 아니면 이번에는 전보다 좀 더 이해되기를 진심으로 바라는 것인지를 알 수가 없었다. 그러나 맥스웰 선장이 그를 깨우쳐 주고자 선택한 방법은 명확했다.

매스웰 선장은 곧 종이를 요구하더니 그 위에 영어로 "나는 당신이 하는 말을 한마디도 모르겠다"고 써서 이번에는 그에게 행해졌던 모든 형식과 의식을 갖춰 필담 용지를 돌려주었다. 그것을 받은 현감은 주의해서 글자를 살펴보았다. 그리고는 전혀 이해할 수 없다는 표시를 하며 종이와 맥스웰 선장을 알 수 없다는 표정으로 번갈아 쳐다보았다. 다만 맥스웰 선장이 그의 손에 들고 있는 필담 용지에 대해서 꼭 같은 표정과 몸짓을 되풀이하는 것을 보자, 그는 우리가 어색한 궁지에 빠졌다는 것을 알았다.[11]

10. 수화

현감은 이제 다시 수화를 시작했으며, 그 뒤에도 그는 이것을 사용했다. 그는 아주 기분이 좋았으며, 그를 기쁘게 하려는 모든 노력을 즐기는 것처럼 보였다. 그는 거울에 관심을 보이더니 보자고 했다. 손에 거울을 잡은 그는 거울에 비친 자신의 모습에 매우 만족해하는 것처럼 보였다. 그리고는

---

11) (원저자 주) 광동에 돌아와 모리슨 씨(Mr. Morrison)에게 이 글을 보여 주고 번역을 부탁하였더니 그 내용은 다음과 같았다. "여러분은 어떤 땅 어떤 나라의 사람들입니까? 무엇 때문에 당신들은 여기에 왔습니까? 이 배 안에는 이 필담을 완전히 이해하고 설명할 수 있는 식자가 없습니까?"

한참 동안 아주 자기 만족에 취해 그의 턱수염을 이쪽에서 저쪽으로 당겨 보았다.

수행원 가운데 한 사람이 자기도 그와 같이 거울을 들여다보는 것이 해롭지 않으리라고 생각했으나 현감의 생각은 달랐다. 수행원이 거울을 들여다 보는 것을 보자마자 그는 매우 화가 나서 거울을 내려놓고 객실을 나가 버렸다. 서기도 역시 현감의 비위를 상하게 했다. 그는 우리가 필담을 할 때 넘겨다보았다는 이유로 매우 신랄하게 징계를 받았다.

그가 화내는 모습을 보이지 않으면서 머무른 것은 5분 정도였다. 그러나 우리는 그가 화를 낸 것이 다만 그의 심기가 불편해서 그런 것인지 아니면 우리에게 그의 중요성을 과시하려는 것이었는지 알 수 없었다. 왜냐하면 휴식 시간 동안에 그는 매우 유쾌하고 기분이 좋았기 때문이다.

현감은 우리와 같이 있으면서 차와 체리, 그리고 브랜디를 나누었으며 그러는 동안 그는 어느 모로 보나 편안해 보였다. 그는 우리가 그를 방문해 줄 것을 바라는 뜻을 표명한 것이라고 우리는 생각했다. 이에 대해 우리는 기꺼이 동의하고 이어서 이와 비슷한 수화로 아침에 상륙하기 위한 절차를 상의했다. 이에 현감은 매우 만족하고는 가려고 일어섰다.

그러나 그가 객실 문을 넘자 그의 평화스런 기분은 다시 한 번 깨어져 버렸다. 하급 장교실의 천장을 지날 때 그는 장교들이 아래로 데려간 그의 부하들의 목소리를 들었다. 그들은 새로 사귄 사람들과 매우 유쾌하게 즐기고 있었다. 노인은 아래를 내려다보더니 술 마시고 떠드는 자가 누구인가를 살핀 뒤에 아주 큰소리로 그들을 불렀는데, 그 소리에 그들은 잔을 떨어뜨리고 무서워하며 사다리로 기어 올라갔다.

거기서부터 낮은 갑판을 따라 또 다른 사람들이 술 마시고 떠들고 있던 수습 장교의 생일 잔치로 경고가 내려갔다. 그들이 마시고 있던 술과 포도주는 이들에게는 너무 독한 것처럼 보였다. 왜냐하면 그들은 승강구에 서서 누가 그런 짓을 했나를 일일이 확인하는 노인 현감을 별로 상관하지 않는 것 같았기 때문이다.

이번에는 그의 자그만 집무 지팡이가 매우 유용했다. 그는 이것으로 사람들을 찔러 말하게 하고 그것으로 그들의 얼굴을 보려고 사람들을 치켜 올렸다. 한 남자는 그의 차례가 되어 오는 것을 지켜보다가 현감이 막 올라온 다른 사람을 보는 동안에 슬그머니 빠져서 도망쳤다. 그러나 그 노인의 빠른 눈을 속이기는 그렇게 쉽지 않았다.

현감은 그를 뒤쫓아 후갑판으로 갔다. 그 남자는 사관 생도들이 그에게 준 비스킷이 가득 찬 앞치마를 두르고 있었는데 그것이 그가 도망치는 데 방해가 되었다. 그래서 그가 헐렁한 옷을 입었는데도 불구하고 마침내 현감이 그를 따라 잡았다. 그가 그의 막대기를 휘젓는 동안에 다른 사람들은 그들의 빵 덩어리를 밧줄 더미 속으로 버리고 조용히 현감의 뒤를 따라갔다.

노인은 마침내 돌아와서 비스킷을 보았다. 그는 우리를 가리키면서 그것이 치워지지 않은 것을 지적했다. 그는 승강구에 더 많은 사람이 있으리라 생각하고 잠시 살펴보았으나 아무도 올라오지 않자 스스로 주갑판으로 내려가 총을 들고 샅샅이 뒤졌으며, 누가 숨어 있지 않나 찾으려고 돛대 위를 돌아다녔다. 그러나 아무도 없다는 것을 알자 다시 갑판으로 올라와 곧 그의 배로 돌아갔다.

리라호로 돌아오면서 우리는 리라호 주위에 우리를 철저히 감시하려는 듯이 보이는 많은 배가 정박해 있는 것을 보았다. 우리가 배를 타고 그들의 배로 접근해 보니 거기에는 한국인 사공이 잠들어 있었다. 그들은 현감을 따라 군함으로 오지 말고 기다리라는 명령을 받고 여기서 대기하고 있는 것처럼 보였다.

우리가 해안을 가리키면서 긴 수염과 큰 모자를 쓴 노인이 상륙했다는 표시를 하자 그들은 곧 닻을 올리고 다른 배들도 닻을 올리라고 했다. 몇 분 뒤에 그들은 모두 움직여 배에 있는 모든 사람들이 "호야 호야"라는 두 말을 되풀이했는데 많은 숫의 사람이 내는 그 소리는 기분 나쁘지 않았다.

11. 한국의 배

한국 배의 밧줄은 커다란 얼레나 통에 감겨 있고 두 바퀴의 끝은 손잡이에 고정되어 있어 한꺼번에 많은 사람이 힘줄 수 있게 되어 있었다. 닻은 기다란 축과 갈고리가 붙은 어두운 색깔의 무거운 나무로 만들어졌으며 짧은 받침이 갈고리를 지나 닻의 꼭대기 근처에 있어 축의 끝에 있는 서구의 그것과는 다르다.

돛의 천은 가느다란 대나무로 가로로 나누어져 있다. 돛을 달지 않을 때에는 끝에 묶여 있는 둥그런 나무로 만든 노로 배를 움직이며, 선미 위에 있는 커다란 노로써 조종한다. 뱃머리는 위가 네모졌으나 수면과는 비스듬한 각도를 이루고 있어서 물의 저항을 적게 하며 삐죽이 나오기는 했지만 석탄을 실는 배의 끝처럼 보인다. 널빤지는 각진 나무못으로 함께 고정되어 있으며 그 못은 우리들처럼 똑바로 박혀 있지 않고 널빤지에 비스듬히 꽂혀 있다.

9월 5일

오늘 아침 새벽에 육지에서는 아주 야단법석이었다. 잠시 뒤에 우리는 조그만 배로 이루어진 선단을 이끌고 현감과 그의 수행원이 우리 쪽으로 배를 저어 오고 있는 것을 보았다. 그런데 이 배들은 모두 화려한 깃발로 장식되어 있고 밝고 화사한 옷차림을 한 사람들을 가득 싣고 있어서 전체적으로 근사하고 당당하게 보였다.

행렬이 천천히 함께 움직이자 현감의 배에 있는 악대가 지난밤에 들었던 것과 비슷한 악기로 힘차고 활기 있는 곡을 연주하기 시작했다. 그 가락은 백파이프의 느릿한 소리 같기도 하고, 기다란 나팔이 내는 낮고 붕붕거리는 소리와도 같았고, 네 개의 트럼펫의 찍찍거리는 소리와도 같았다. 그 가운데 두 개가 중간에서 멈추자 가락이 확실히 달라졌다.

현감의 방문이 뜻밖으로 일러서 우리는 그를 맞을 준비를 제대로 하지 못했는데 그는 이미 가까이 와 있었다. 배에 올라온 그는 갑판 위를 이리저리 걸어 다니며 여러 가지를 한가로이 살펴보는 모습이 행복해 보였다. 객실이 정리되었을 무렵에 현감은 상갑판을 둘러보는 것을 즐기고 있는 것처럼 보였다. 우리가 그에게 내려오라고 요청하자 그는 그것이 무엇을 뜻하는가 이해하고 곧 승낙했다.

그러나 그의 모자가 지날 만큼 넓지 못한 좁은 승강구를 통과한다는 것은 쉬운 일이 아니었다. 그럼에도 그는 결코 모자를 벗지 않았다. 그가 객실에 들어올 때면 그의 옷과 모자가 완전히 문을 꽉 채웠다. 이제 그는 의자에 앉기를 거부하지 않으므로, 테이블에 앉으면 그는 방 전체의 적지 않은 부분을 차지했다. 그는 한참 동안 의자에 앉아 객실 안에 있는 모든 것을 매우 주의 깊게 살피면서, 그가 좀 더 자세히 보고 싶은 것이 있을 때마다 조그만 작대기로 그것을 가리켰다.

12. 환자의 치료

이런 식으로 책, 장갑, 안경 등을 손에 쥔 늙은 신사가 어린아이처럼 장갑을 빙빙 돌리며 그림을 보려고 책을 뒤적이는 것을 보는 것도 매우 즐거웠다. 오늘 아침에 현감을 수행한 관리 한 사람이 그와 함께 객실로 안내되었다. 그런데 그 관리가 자리에 앉자 우리는 곧 그가 매우 창백한 것을 발견했고 그 상황이 기묘한 실수를 한 원인이 되었다.

지난 밤 회의 때에 현감이 그의 친구 몇 사람이 건강하지 못하다고 암시하는 것처럼 보였고 따라서 아침 회동을 준비할 때는 양쪽 배의 의사들을 육지로 데리고 가서 그를 방문하자고 이야기되어 있었다. 그러나 현감 스스로가 배로 찾아와 우리가 육지로 가려는 계획이 틀려졌으므로 우리는 이렇게 일찍 그가 찾아온 것은 그의 친구의 건강에 대한 염려 때문이라고 생각했다.

그리하여 이 병색 있는 현감의 동반자는 우리에게서 "아침꾼"이라는 명칭을 얻었다. 우리는 그가 지난밤에 거론되었던 바로 그 환자이리라고 생각하여 객실에서 첫인사가 있자마자 곧 처방하려고 의사를 부르러 보냈다. 의사 앞에서 그는 혀를 내밀고 맥박을 재고 여러 가지 검사에 따랐으나, 이 불쌍한 사람은 그 목적을 알아채지 못했으며 특히 그 자신의 건강에 관한 것은 전혀 몰랐다. 그는 이 모든 것을 아주 잘 참았고 현감도 이 모든 검사를 매우 정중하게 지켜보는 것으로 보건대 그들은 이 모든 장면을 의식적인 에티켓의 일부로 생각하는 것이 분명했다.

이 사람이 의사의 손에서 풀려났을 때 그는 자기의 직분이 무엇인지를 이해하고 있는 사람처럼 책을 조사하기 시작했다. 그는 문자를 알고 싶어 하는 것 같았다. 그는 우리를 지켜보다가 거칠게 책을 우리에게 넘겨주고는 다시 애원하는 표정으로 그것을 자기에게 당겨 하나를 가지고 싶다고 했다.

그가 『대영백과사전』 한 권을 뽑자 나는 그것을 거절할 수밖에 없었으며, 대신에 더 화려해 보이나 덜 비싼 책을 주자, 그는 매우 고맙게 받았다. 물론 그것은 아무런 댓가를 바라지 않는 것이었다. 그래서 그가 책상 밑으로 내 손에다 그의 부채를 쥐어 주자 그것이 무엇을 의미하는지 몰라 한참 동안 당황했다.

그는 현감이 다른 곳을 보고 있을 때 아주 교묘하게 이런 짓을 했으므로 나는 그가 자신의 행위를 숨기고자 하는 것이 그의 뜻임을 알아채고 부채를 슬쩍 치웠다. 그러나 불행하게도 잠시 뒤에 이러한 내 예방책이 소용없게 되었다. 왜냐하면 사람이 가득 찬 객실이 더워지자 나는 부채를 찾았고 그가 한 장난을 눈치 채지 못한 하인이 아첨꾼의 선물을 가져왔다.

그 부채가 노인의 눈에 띄자마자 그는 의자에서 반쯤 일어나 그 불쌍한 사람을 대단히 화난 얼굴로 쳐다보니, 그는 온몸을 벌벌 떨었다. 그러나 우리가 이것을 매우 재미있는 듯이 보는 것을 알자 그 현감은 곧 화를 가라앉

혔으며 아침꾼은 책을 가져도 좋다고 허락받았다.

반 시간가량 앉았다가 콘스탄티아[12] 한 잔을 마신 뒤 노인은 갑판 위로 올라가자고 제의했다. 당연히 내가 길을 인도했다. 앞서서 사다리를 조금 올라가다가 나는 그가 장교들이 잔뜩 모여 있는 하급 장교실 문 앞에 멈춰서 예의 그의 호기심을 가지고 들여다보고 있는 것을 발견했다. 내가 그에게 들어가기를 요청하자 그는 장교실로 들어와 한참 동안 장교들의 여러 객실들을 둘러보고 흐뭇해했다.

뭔가 새로운 것을 볼 때, 그가 기뻐하는 것을 보고 나는 그에게 함께 갑판을 둘러보자고 제의하면서 내가 통로를 가리키자 그는 아주 기뻐했다. 그 자신은 물론 주위의 사람에게도 항상 불편함에도 불구하고 줄곧 쓰고 있었던 그의 의식용 모자가 여기서는 떨어질 수밖에 없었다. 왜냐하면 두세 발자국 나아가다가 모자를 쓰고서는 더 이상 나아가기는 어렵다는 것을 알자 매우 호기심이 많은 그는 모자를 벗는 쪽을 택함으로써 아무런 방해 없이 구경을 계속할 수 있었다. 닫혀 있거나 묶여 있거나 한 것은 열어 보라고 하면서 노인은 모든 것을 다 살폈다.

이와 같은 방법으로 그는 사관 생도들의 상자와 수병의 가방 등 아래 갑판에 있는 모든 것을 샅샅이 뒤졌다. 그는 짐칸을 들여다보고 보일러의 뚜껑을 열어 보면서 모든 것을 뒤죽박죽으로 만들었다. 머리 위 갑판에 매어 있는 단도를 보자 그는 그것을 내려 칼집에서 뽑았다. 칼의 광택과 끝의 날카로움을 보고 그가 하도 놀라고 좋아하기에 그에게 그것을 가지라고 했다.

처음에 그는 가질 것처럼 보였으나 5분 동안 아침꾼과 의논하고 나서는 할 수 없이 그것을 제자리에 두었다. 그는 나가면서 쉽게 그의 소매에 들어가는 것이면 무엇이나 견본으로 택해서 자루 구실을 하는 그의 소매 속에 넣었다. 그리하여 그가 갑판에 올라왔을 때 그의 소매는 제법 채워졌다. 그

---

12) 콘스탄티아(Constantia) : 케이프타운에서 생산되는 포도주.

는 그의 생애에서 처음으로 쇼 구경을 온 학생처럼 만족하며 둘러보았다.

우리가 아래에 있는 동안 주민 한 사람을 서둘러 뽑아 끈으로 배의 크기를 재고 그의 아래에 다른 사람은 총, 포탄, 가구를 세어 이 모든 것은 자세히 기록하도록 했다. 그는 승선한 사람의 정확한 숫자를 확인할 수 없어 내게 물었다. 이에 대해 나는 양쪽 손의 손가락을 여덟 번이나 펴보였다.

배에서 그가 마음대로 접근할 수 없는 부분은 상갑판 아래 있는 객실이었다. 들어가지 말라고 하자 그는 무척 난처해했다. 그러나 한 신사가 거기서 면도한다는 이야기를 듣자 그는 그 설명에 매우 만족하게 여기면서 그를 위해 문이 열릴 때까지 끈기 있게 기다렸다.

노인과 그 부하들이 대포 쏘는 것을 매우 보고 싶어 하는 눈치기에 나는 그들 앞에서 18파운드의 함포를 장전하여 총구를 매우 낮추어 발사했다. 대포는 우리들 가까이 물에 떨어졌으며 그때 해면이 8~10번이나 올라갔다 내려갔다 하니 그들 모두는 매우 놀라고 또 즐거워했다. 그러는 동안에 맥스웰 선장이 배에 올라왔다.

아침이 준비되어 우리는 현감이 우리와 같이 식사하도록 권고했다. 그는 나이프, 포크, 스푼을 사용하여 앞에 놓인 것은 무엇이나 기꺼이 우리 요리를 먹었다. 아마 그는 생애에 포크와 나이프를 처음 보았겠지만 어색하지 않게 잘 사용했다. 그는 우리가 그에게 준 중국식 젓가락과 바꾸지 않았다.

사실 그는 모든 면에서 우리 풍습을 따르려고 단단히 결심하고 있어서 중국식으로 그에게 차를 제공하자 좌우로 들여다보더니 우리의 것은 다르게 준비되는 것을 알고서는 그의 잔을 하인에게 들어 올려 그에게 주어진 우유와 설탕을 넣게 했다. 노인은 매우 만족스러워했다.

13. 예의 바른 현감

현감이 다른 사람들의 낯선 습관에 자신을 적응하는 데 보여 준 예의 바름과 여유는 참으로 놀라운 것이었다. 지금까지의 모든 것으로 보아 그는 우리들의 존재조차 몰랐었다는 것을 생각해 보면 그의 예의 범절은 그가 그 사회에서 높은 신분임을 보여 주는 것일 뿐만 아니라 그 사회의 문화 수준을 나타내 주는 것으로서, 다른 상황에서는 확인되지 않는 것이었다.

그렇다 하더라도 이제까지 본 바와 같이, 벌어진 사태들이 신기하기는 했지만, 나라마다 사회상이 아무리 달라도 예절의 형태는 모두가 같다. 이와 같은 세련된 성격을 그 노인 현감은 잘 갖추고 있었다. 그는 우리가 그에게 베푼 호의를 기뻐했고 우리가 염려하는 모든 것에 대해서 곧바로 관심을 보였다.

현감은 매우 호기심이 많았으며, 처음에 그를 놀라게 했던 것의 용도를 알았을 때는 항상 매우 만족스러워했다. 그러나 쓸데없는 놀라움이나 어떤 과장된 경탄의 소리를 내지도 않았다. 그는 분명히 이 세상 어디에서도 날카로운 관찰력을 갖춘 훌륭한 가문의 자손으로 기억될 것이다.

현감은 그의 주민들에게는 항상 성급하고 참을성이 없었다. 그러나 이것은 주민들이 자신보다 덜 민감하고 덜 신중하여 끊임없는 통제가 필요하다는 것을 알고 있었고 그러한 주민들의 공격성을 우리에게 보이고 싶지 않은 그의 걱정 때문이었다.

아침 식사가 끝나자 노인은 다시 갑판으로 올라갔다. 우리는 어제 저녁의 우리 약속에 따라 우리가 상륙할 예정이라는 것을 그에게 나타내 보이려고 노력했다. 그러나 그는 이것을 못 알아들었는지 들으려고 하지 않는지 우리가 해안을 가리킬 때마다 우리의 주의를 군함으로 돌렸다.

마침내 그는 그의 배를 저어 알세스트호 쪽으로 갔다. 이때 맥스웰 선장은 그의 보트로 그 옆으로 다가가 그가 우리를 데리고 마을로 가줄 것을 설득하려고 애썼다. 현감은 머리를 저어 반대 의사를 표기했다. 그는 수행원들을 향해 돌아서서 토의하더니 얘기를 끝내고는 그의 아첨꾼과 함께 맥스웰 선장의 배로 올라왔다.

현감의 이러한 태도는 그 자신이 직접 우리를 초대하지 않되 다만 우리의 상륙 요구를 받아들인다는 것을 공개적으로 보여 주려는 것이라고 우리는 해석했다. 우리가 얼마 걸어가지 않아 현감은 그의 순순한 응낙을 후회하면서 우리가 되돌아가도록 하려고 애썼다. 그러나 보통의 몸짓이 소용없는 것을 알자, 그는 마치 그의 머리가 잘려지는 것처럼 그의 머리를 내려뜨리고 손으로 그의 목을 가로질렀다.

이번에는 우리가 그 표시를 이해하지 못했다. 이렇게 좋은 기회를 놓치는 것이 부질없다고 생각한 우리는 우리의 상륙에 대해 노인을 설득시키려고 애썼다. 그러나 이런 식으로는 성공할 수 없었다. 왜냐하면 우리가 해안에 가까이 다가가자 그의 불안은 고조되어 만일 우리가 더욱 계속한다면 그의 목을 잃을 것처럼 자주 그의 손을 목에다 가로질렀기 때문이다.

우리는 그에게 우리가 마을 가까이 갈 생각은 없고 단지 잠시 동안만 걸어 다니다가 저녁을 먹으려 함대로 돌아올 것이라고 설명하면서 그를 안심시키려고 애를 썼다. 물론 그도 이 초대에 포함되었다. 그러나 그는 우리를 향해 먹는 시늉을 하며 그의 손을 그의 목에다 대었다.

이는 먹는 이야기를 하는 것은 좋으나 그러다가는 그의 목이 잘릴 위험에 빠진다는 것을 의미하는 것이라고 우리는 이해했다. 우리는 그러한 걱정을 할 필요가 없다고 생각했기 때문에 이에 대해 웃을 수밖에 없었다. 잠시 뒤에 우리는 마을에서 반 마일 정도 떨어진 곳에 상륙했다. 몇몇 사람들이 배에서 노인을 들어올렸다. 그들이 그를 뭍에 내려놓았을 때 우리는 그가 울고 있으며, 또 모든 사람들이 매우 슬픈 표정을 짓고 있는 것을 보고 놀랐다.

잠시 뒤에 백 명도 넘는 사람들이 우리 주위에 몰려들었고 우리는 우리의 호기심에 대해 비싼 댓가를 치러야만 한다고 생각했다. 그러나 그 가엾은 노인은 앙갚음을 할 생각도 없었으며, 그가 병사들에게 백성들을 분산시켰으면 좋겠다고 말하자 포졸들이 곧 군중들에게 커다란 돌멩이를 던지는 것으로 보아 그는 우리를 둘러싼 사람들을 우리만큼도 좋아하지 않았음을 알 수 있었다.

현감은 이제 큰소리로 울기 시작했으며 마을 쪽을 향해 걸어가면서 머리를 한 주민의 어깨에 기대었다. 그는 걸어가면서 훌쩍거리고 눈물을 흘릴 뿐만 아니라 때때로 큰 소리로 엉엉 울기도 했다. 우리는 그러한 장면을 전혀 예상하지 못했으며 또한 일을 그렇게까지 만든 것이 정말 미안했다. 그래도 현감의 목숨이 정말로 위험에 빠져 있다는 생각은 들지 않았다. 지금까지도 우리는 그가 진심이었는지 아니면 단지 우리를 돌려보내기 위한 행동이었는지 알 수가 없다.

이러는 동안에 계속 우리와 함께 있던 아첨꾼의 지극히 평온함이, 아니 오히려 유쾌하기까지 한 모습이 우리를 더욱 당황하게 만들었다. 또한 우리는 그러한 일은 매일 있는 일인 것처럼 침착하게 바라보고 있는 다른 수행원들의 무관심도 이해할 수 없었다.

그러나 아무튼 더 나아가기 전에 노인을 달래야만 했다. 그러려고 우리가 해변에 앉았더니 그가 방향을 돌려 우리에게 다가 와서 다시 울었다. 그는 우리와 함께 앉아서 우리가 그의 행동의 부당함을 이야기하는 동안에 매우 참을성 있게 기다렸다. 우리는 지금 그의 이상한 행동과 우리가 그를 영접하던 것을 비교해 보았다.

우리가 장항만에 정박한 뒤에 일어난 모든 일은 수화의 방법으로 표현했는데 현감은 이 모든 것을 이해했다고 우리는 생각했다. 왜냐하면 그들도 역시 한마디 말도 사용하지 않으면서도 우리에게 그렇게 했기 때문이다. 그러나 서로 다른 국민들이 같은 것을 표현하는 때 이용되는 몸짓은 흔히 다를 수 있다. 그리고 몸짓으로 의사를 표현하는 동족의 사이에는 서로가 의사를 충분히 교환할 수 있다고 하더라도 그것이 실패하는 경우도 흔히 있는 일이다.

노인은 대답으로 긴 설명을 했는데 그 가운데는 목을 자르는 몸짓을 자주 되풀이했다. 그가 이러한 행동을 하고 난 다음에 틀림없이 그의 손을 목으로 가져가는 것이 이상했다. 그리고는 기운차게 그의 손을 씻었는데 이것은 아마 처형할 때의 의식을 흉내 내는 것 같았다.

한번은 현감이 우리에게 이틀이란 기간을 언급하며 이를 설명하려 애를 썼다. 이것을 그는 태양을 가리키면서 동쪽에서 서쪽으로 두 번 굽히는 몸짓을 하고 한 번이 끝날 때마다 자는 것처럼 그의 눈을 감았다. 이 수화는 여러 가지로 해석되었다. 어떤 사람들은 이것이 이틀 뒤에 그의 목이 달아날 것이라는 것을 의미한다고 믿었고 어떤 사람은 이틀 뒤에 그의 정부와 교신이 이뤄질 것이라고 생각하여 우리를 영접하라는 명령이 전달될 것이라고 생각했다.

이 특별한 수화가 의미하는 것이 무엇이든 이 해안 전역에 낯선 사람들의 대우를 규정해 놓은 어떤 일반적인 명령이 실시되고 있다는 것이 거의 확실했다. 아마도 그전에는 배가 들어와 본 적이 없는 이곳에서 우리가 마주친 민속과 우리들의 상륙을 반대하는 그 완고함이 정부의 강경한 조심과 경계심을 보여 주는 것 같았다.

우리는 노인의 환대를 기대하면서 무엇을 좀 먹고 마시고 싶다고 하고 또 그가 그의 집에서 우리를 즐겁게 해 주기를 바랐다. 그러나 그는 마을 쪽으로 움직이지는 않고 다만 하인 한 사람을 보내 물과 작은 조개를 가져오게 했다. 이 보잘것없는 음식물이 해변에 놓였을 때 노인은 우리에게 먹으라고 시늉했다.

그러나 우리는 연회 자체도 또 그 음식물이 주어진 장소나 매너에도 기뻐할 수 없었다. 우리는 그에게 먹기에 적당한 장소는 집안이지 물기 있고 더러운 해안은 아니라고 설명했다. 그러나 그는 다른 것을 내놓지 않고 다만 그의 머리를 그의 손에 우울하게 기댄 채 완전히 그의 운명을 포기한 것처럼 보였다.

이제 형편은 전혀 희망이 없었다. 그를 다시 유쾌하게 하려는 노력이 실패하자, 우리는 우리가 그에게 줄 수 있는 마지막 호의로서 배에 올라탔다.

그리고 우리는 한 시간도 못 되는 동안 머무른 뒤에 이 불친절한 해안을 떠났다.

이 동안에 우리는 우리 배로부터 20야드를 벗어나지 못했다. 그러나 우리는 그 마을을 약간 더 잘 볼 수 있었다. 동네는 깨끗하게 지어졌고 조그만 네모의 땅에 가꾸어진 정원 같은 골짜기에 아름다운 나무 아래 아늑하게 자리 잡고 있었다.

14. 장항만을 떠남

이제 우리는 남쪽으로 항해를 하기로 결정했다. 따라서 리라호는 평상시처럼 군함의 항해 소리를 내며 앞서 나가도록 명령했다. 그러나 얼마 가지 않아 아직도 정박해 있던 알세스트호가 보트에 둘러싸여 있는 모습이 보였다. 약 1시간 동안 알세스트호는 닻을 끌어올리고 바다로 진로를 잡았다.

맥스웰 선장은 모습이 아주 달라진 늙은 현감의 방문을 받았다. 그의 쾌활함과 호기심은 모두 사라지고 그의 편안하고 의식에 얽매이지 않은 태도는 차갑고 장엄한 정중함으로 바뀌었다. 그는 자신이 맥스웰 선장을 기분 나쁘게 했다는 것을 알고서는 당황하면서 언짢게 여겼다. 이를 안 맥스웰 선장은 온 힘을 다해 불편해야 할 이유가 전혀 없다고 그를 설득했다. 그는 어떤 선물도 받지를 않았지만 뜻밖의 친절에 훨씬 안심이 되는 것 같았다.

돌아가기에 앞서 그는 어느 정도 그의 일상의 안정 상태를 회복했다. 객실에 있는 책들을 살펴보면서 그는 수많은 성경에 정신을 빼앗겼다. 그러나 우리가 성경을 그에게 주자 그는 받으려 하지 않았다. 그렇게 명백하게 거절했지만 그가 배로 돌아갈 때 그에게 다시 그것을 주자 그는 이제 그것을 매우 감사한 표정으로 받으면서 매우 호의적인 예를 갖춘 뒤 떠났다.

우리는 큰 후회 없이 장항만을 떠났다. 늙은 현감은 그의 나부끼는 수염과 호화로운 복장 그리고 매력 있는 매너로 우리 모두에게 참으로 강한 인상을 주었다. 그러나 원인이 무엇이었든, 그의 비루하고 어린이 같은 비탄은, 그렇지 않았더라면 우리가 그에게 가졌을 존경심을 앗아갔다. 비록 이러한 상황이 마무리된 것은 아니라 하더라도 이는 사건을 더욱 흥미롭게 했다. 그 노인의 성격에서 보여 준 어리석은 일들은 그의 앞으로의 운명에 다가올 고통스러운 불확실성에 묻혀 버렸다.

15. 고군산열도

장항만으로부터 우리는 남서쪽 6~7° 안에 있는 섬 가운데를 향해하다가 얼마 가지 않아 다시 원주민들을 만났다. 우리는 그들을 똑똑히 보았지만 그들과 이야기할 수 있을 만큼 가까이 가지 못했다. 때때로 우리가 지날 때 그들은 섬에 몇몇씩 앉아 우리를 지켜보고 있는 것이 보였다. 우리는 일종의 상갑판 위에 10여 명의 사람을 태운 몇 척의 고기잡이배를 보았다.

약간 떨어진 곳에서 보면 이 배들은 함께 묶은 것처럼 보였다. 그 이유는 배의 한쪽에 현외부재가 있기 때문이라고 우리는 생각했다. 여기에 그들은 노, 돛, 돛대 같은 것을 쌓아 놓았는데 아마 이것은 그들이 고기를 잡으려고 정박할 때 배를 정돈하는 데 쓰는 것 같았다. 그들의 닻은 템스강의 거룻배들처럼 돛대 꼭대기로부터 선미까지 튼튼한 밧줄로 감아올리거나 내렸다.

우리는 사방에 수없이 모여 있는 섬 가운데를 100마일쯤 위쪽으로 나아갔다. 처음에 우리는 이 섬들을 세어 우리가 만들고 있는 이 해안의 해도에 그들의 위치를 표시하려고 시도했었다. 그러나 숫자가 너무 많아 도저히 불가능했다. 그 섬들은 길이가 2~3백 야드에서부터 5~6마일에 이르기까지 크기가 매우 다양했고 모양도 모두 달랐다. 돛대 꼭대기에서 보니 여러 개의 섬들이 시야가 닿는 데까지 동쪽과 남쪽으로 겹겹이 있었다.

가끔 갑판에서 보면 잠깐 동안에 백여 개의 섬들이 바로 가까이 보였다. 바다는 아주 잔잔하고 물은 맑았으며 대부분의 섬에는 나무가 울창했고 경작된 골짜기의 경치는 항상 선명했다. 우리가 해안을 따라 빠르게 지나가자 더욱 재미있는 모습을 볼 수 있었으며, 우리들의 모습도 끊임없이 바뀌고 있었다.

이 해안에 관해서 우리는 정확한 해도를 가지고 있지 않았다. 우리가 지나온 곳들 중에서 본토로부터 60마일 안에는 해도에 나타난 섬이 하나도 없었다. 몇몇 지도에는 단지 두서너 개의 섬이 나와 있었다. 그러나 거의 200마일에 이르는 해안에는 본토로부터 15~20리그 떨어진 곳에 섬들이 산재해 있었다.

해도가 이렇게 정확하지 못한 것은 이곳의 항해를 매우 흥미롭게 했다. 그러나 항해는 항상 불확실하고 때로는 위험했으므로 그렇게 새롭고 놀라운 경치를 봄으로써 얻는 만족감과 불안감이 뒤섞여 있는 것은 당연했다. 우리는 늘 밤에는 닻을 내렸고 또 조수가 너무 빨라 우리가 항해하는 데 자연 조건이 신중을 요구할 때면 닻을 내리고 정박했다.

9월 7일

이러한 조심을 필요로 하는 사례가 9월 7일 오후 4시에 발생했다. 이때 바다는 매우 잔잔해서 우리는 물결을 따라 흘러가고 있었는데 배가 갑자기 암초 쪽으로 급히 떠내려갔다. 강한 물결이 우리에게 위험을 보여줄 때가 되어서야 우리는 그 암초를 발견했다. 우리는 서둘러 닻을 내렸다. 그러나 너무 다급히 던지는 바람에 리라호의 밧줄이 끊어졌다. 그러나 두 번째 닻을 던져 암초로부터 충분히 떨어진 곳으로 배를 옮겼다.

파도가 가라앉자 우리 주변에 있는 섬의 다른 쪽에 정박지를 조사하고자 보트를 하나 내려 보냈다. 해질녘에 선원이 섬에 올라가 그 꼭대기에서 저편의 육지에 크고 좋은 만에 자리 잡고 있는 마을을 발견했다. 그 뒤 그는 정박지를 타진하고 그 깊이가 알맞다는 것을 발견했다. 돌아오는 길에 그는 마을 근방에 상륙했다. 그러나 달이 밝았는데도 그는 주민을 한 사람도 보지 못했다.

9월 8일

정오쯤에 우리는 닻을 올리고 지난밤에 방문했던 섬의 북쪽 끝 근방을 항해했다. 알세스트호는 닻 모양을 이루고 있는 두 섬의 거의 가운데에 정박했다. 그러나 리라호는 흘수선이 낮으므로 마을에서 떨어지는 것이 안전하여 해안에서 약 1/4마일 떨어진 곳에 자리 잡았다.

이 거리에서 망원경을 상갑판에 고정시켜 놓고 우리가 관찰하고 있다는 것을 주민들이 모르게 우리는 마을에서 일어나고 있는 것을 관찰할 수 있었다. 맥스웰 선장과 나와 함께 상륙하기를 꺼려하던 클리포드 씨도 망원경 앞에 앉아 망원경이 아니었으면 보지 못했을 많은 것을 관찰했다.

먼저 사람들이 언덕 꼭대기에 앉아 우리를 지켜보고 있는 것이 보였고 마을 자체는 매우 황량했다. 그러나 우리가 정박한 직후부터 섬의 여러 곳에서 주민들이 모여들기 시작했다. 이들 가운데 몇몇은 여자였는데 등에 아기를 업은 사람도 있고 팔에 안고 있는 여자도 있었다.

여인들은 건장했으며 남자들보다 안색이 깨끗했다. 그들은 무릎 약간 아래까지 닿는 같은 색깔의 치마와 헐렁하고 앞이 트인 기다란 흰 웃옷을 입고 있었다. 그들의 머리는 커다란 마디로 뒤에 묶여져 있고 햇살로부터 머리를 가리려고 머리 위해 흰 천을 느슨하게 걸치고 있었다. 몇몇 여자들은 나무절구에서 벼의 껍질을 벗기고 있었는데 이들은 윗도리를 입고 있지 않았다. 어깨에 지겟짐을 지고 가는 남자와 소년들도 보였다.

마을 근처의 네모난 평지에 많은 여자와 어린이들이 곡식을 높이 쳐들어 밑으로 부어 껍질이 날아가도록 하는 키질을 하고 있었다. 대개의 집에는 그물을 널어 말리고 있었다. 우리는 약 5시쯤에 상륙했는데 마을에서 오직 남자 둘만 보았다. 그들은 말없이 또 우리가 가 버리기를 바라는 표정을 지으며 한곳에 고집스럽게 서 있었다.

그들은 우리가 주는 단추도 받지 않고, 우리를 마을 위쪽으로 데려가 주면 단지 우리는 구경만 하고 어떤 것도 해칠 의사가 없다는 것을 보여 주어도 거절했다. 우리는 우리끼리 그냥 걸어가다가 외딴집에 도착하여 그곳을 살펴 볼 좋은 기회라고 생각했다.

16. 신안해협(Murray Sound)

단정하고 깨끗한 평지에 향기로운 흰 꽃으로 덮인 울타리에 둘러싸인 문 앞에서 우리는 몇 개의 곡식과 짚더미, 그리고 벼를 찧는 몇 개의 나무절구, 쌀과 물이 채워진 수많은 그릇들을 보았다. 조리 도구가 여기저기에 놓여 있고 많은 낚싯줄은 바구니에 깨끗이 감겨 있었다.

안마당 한쪽의 조그만 볏가리 위에 생선을 말리려고 펼쳐 놓았다. 안쪽은 어둡고 불쾌했다. 진흙 마루는 움푹한 곳이 많고 벽은 그을음으로 새까맸으며 모든 물건들은 더러워 보였다. 입구 왼편에는 깊이가 20인치 되는 두 개의 커다란 쇠솥이 벽돌로 쌓은 곳에 걸려 있었는데 그 윗부분은 마루 위쪽으로 1인치 정도 올라와 있었다.

솥 사이에는 풍로가 있고 뜨거운 불 위에 배를 가른 생선 세 마리가 놓여 있었다. 불 반대편 벽에는 선반이 있었는데 거기에는 수많은 잔, 물동이, 조리 기구들이 있었다. 그들은 대게 거친 돌 제품이었고 그 가운데 몇 개는 청동 제품이었다. 그들의 식기나 그릇의 숫자들로 미루어 보면 한집에 사는 사람의 숫자가 많은 것이 틀림없었다.

선반 한쪽에는 세 개의 조그맣고 깨끗한 가구가 있었는데 그것이 무엇에 쓰이는지 우리는 알 수가 없었다. 그들은 넓이가 약 1피트 되는 둥근 꼭대기와 1피트 반 정도 길이가 되는 네 개의 다리가 달렸는데, 예쁘게 조각하여 칠한 나무로 만들어진 것이었다.

지붕은 잘 구성되어 있었다. 서까래는 수평의 가로 대들보의 끝에 짜 맞추어 수직 들보 또는 왕대의 가운데에 묶여 있었다. 서까래 위에 긴 막대가 그물 모양으로 놓여 있고 거기에 지붕이 이어져 있었다.

이 집에는 굴뚝이 없고 가느다란 나무막대기 두 개로 3인치의 사각형을 만들어 얇은 반투명의 종이를 바른 창문이 하나 있을 뿐이었다. 그 창문은 지붕의 보호를 받고 있었다. 지붕은 벽보다 더 이어져 나와서 비나 태양으로부터 창을 가려 준다.

대개의 집에는 처마 밑에 양쪽 문에서 집 끝가지 이르도록 땅에서부터 약 1피트 남짓 조금 높인 일종의 베란다처럼 생긴 뜨락이 있었다. 이곳은 말쑥하고 높이가 같았는데 시원하게 앉을 자리를 제공하는 것이 틀림없다. 집 벽들은 높이가 6~8피트, 길이가 14~20피트 정도였고, 지붕 꼭대기는 약 14피트였다.

벽은 돌과 진흙으로 되어 있고 문은 그 측면을 이루고 있는 기둥에 매달려 움직이고 있었다. 이 기둥은 더 이어져 위의 들보 속에 있는 구멍에서 작동되었고 그 아래에는 돌이 있었다. 우리가 조사해 본 집에는 뒷문도 있었다. 문을 열자 벽으로부터 3피트 거리에 집만큼 높은 헐벗은 흙더미와 그 위에 올린 울타리를 보았다. 이것은 실제로 모든 빛을 차단했다.

이와 같이 자세히 집을 조사해 보는 것을 끝내자 우리는 이제 어느 정도 안심한 것처럼 보이는 우리들의 친구에게로 되돌아왔다. 우리는 그들이 우리를 따라와 우리가 얼마나 평화적으로 처리하는가를 보면 나머지 집들도 보게 해 주리라는 희망으로 그들을 설득하려고 애썼다.

맥스웰 선장은 그가 생각해 낼 수 있는 모든 시늉을 다했으나 소용이 없자 마침내 제일 나이 든 사람의 손을 잡아 자기의 팔짱을 끼고 함께 걷는 시도까지 했다. 나도 다른 사람과 함께 그의 예를 따랐다. 이러한 허물없음이 원주민들을 즐겁게 하여 이제 기분 좋게 우리를 동행했다. 그들이 우리와 같이 걷는 것에 대해 편안히 여기고 무관심한 것이 놀라웠고 또 너무나 어색해하지 않아 팔짱을 끼고 걷는 것이 한국의 유행인가 싶은 생각이 들 정도였다.

우리가 앞서 구경한 집에 도착하여 마루에 앉자 우리는 그들과 함께 담배를 피우고 싶다는 시늉을 했다. 이럭저럭하는 사이에 보트 하나가 상륙 지점으로 오는 것이 보였다. 선원들이 배에서 내려 빠른 걸음으로 우리에게로 다가왔다. 이 사람들의 빠른 태도가 지금까지 우리가 보아온 한국인들의 태도와 너무 달라서 폭력을 쓸는지도 모른다는 생각이 들었다.

그러나 그것은 우리가 잘못 생각한 것이었다. 왜냐하면 그들은 우리와 함께 앉아 그들의 담배를 권하고 우리의 어떤 말에는 거침없이 웃어댔다. 우리는 그들로부터 눈치로 그들 사이에서 어떤 좋은 일이 이야기된 것처럼 보일 때는 언제나 기꺼이 함께 웃었다. 이 방법이 잘 받아들여졌다. 나중에 밝혀진 것이지만 이것은 훌륭한 소개 방법이었다.

그들은 우리들의 의복을 보고 대단한 호기심으로 자세히 살펴보았다. 그들이 우리 옷의 어떤 부분은 벗어서 보기를 원하자 우리는 그들을 기쁘게 해주려고 코트, 구두, 양말, 모자 등을 벗어 주었다. 다른 무엇보다 그들은 양말을 보고 놀랐으며 가끔 "좋다! 좋다!" 하고 소리 질렀다. 이 말은 강한 바람을 의미하는 것처럼 들렸기에 우리는 그것이 양말을 의미하는 한국어라고 기록했다.

그러나 나중에 그것은 그들이 매우 훌륭하다고 생각하는 것은 무엇이나 구별 없이 사용하는 칭찬을 나타내는 표현임이 밝혀졌다. 잠시 이들과 앉아서 담배 몇 대를 피운 뒤에 우리는 거기에 있는 동안에 마을 사람들이 돌아오는 것을 보려는 희망을 포기했다.

밤이 되자 우리는 친구들과 잠시 걷고 싶다는 뜻을 전하면서 배 쪽으로 걸어갔다. 그러나 우리가 배로 돌아가는 대신에 언덕으로 올라가는 것을 보자마자 그들은 매우 불안해하며 우리가 돌아가기를 바랐다. 우리는 언덕 다른 편에 여자와 어린이들이 있으리라고 추측하고 어둡기 전에 그들을 보려는 생각으로 계속 올라갔다.

그러자 한국인들은 우리가 가는 데마다 소리를 지르며 따라와 우리가 가는 것을 경고하면서 막았다. 아마 여자와 어린이들은 우리를 피하여 섬의 북쪽 협곡에 숨어 있음이 분명했다. 왜냐하면 우리가 그쪽으로 접근하자 한국인들은 전보다 더욱 열심히 우리가 돌아가기를 원했기 때문이다.

우리가 계속 나아가는 것을 본 한 남자는 내 팔을 잡고 심하게 꼬집었다. 나는 그를 돌아보며 "참으세요!"(Patience Sir!)라고 소리쳤다. 그는 물러나서 내가 불쾌해하는 것을 보고는 잠시 뒤에 그 자신도 "Patience Sir!" 하고 소리쳤다. 이것을 들은 다른 사람들도 역시 따라 해서 한참 동안 그들 사이에는 완벽하게 발음되는 "Patience Sir!"라는 말 이외에는 아무것도 들리지 않았다. 그들 자신도 지금까지 해본 적이 없는 그들의 모방 능력을 발견하고 스스로 놀라는 것처럼 보였다.

이 사건은 우리를 더욱 친숙하게 했으며 우리는 어두워질 때까지 그들에게 영어를 가르치면서 언덕 꼭대기에 남아 있었다. 그들은 확실히 우리가 가르치는 것을 즐기는 것 같았다. 그러나 언덕을 내려가 다시 우리들의 배로 함께 가는 것을 더욱 좋아했다. 배에 타기에 앞서 우리는 다음날에 열기로 되어 있는 파티에 그들을 초대했다.

한 사람이 먼저 잠자리 준비를 하고 눈을 감고 팔베개를 베고 코를 고는 시늉을 했다. 한참 뒤에 그는 눈을 뜨고 그의 주위를 둘러보고 난 다음 그의 손을 맥스웰 선장의 어깨에 얹으면서 환영하는 뜻을 표시했다. 우리 가운데 어떤 사람들은 아침까지 우리가 떠나기를 원하는 것으로 이것을 해석했고 또 어떤 사람들은 그 자신이 낮에 우리를 방문하겠다는 것으로 풀이했다.

그러나 그가 결코 배에 승선하지도 않았고 우리가 다음날 상륙했을 때 결코 환영하지 않은 것으로 보아 아마 두 추측이 다 틀렸던 것 같다. 한 가지 분명한 사실은 그가 우리를 쫓아 버리고 싶었다는 점이며 아마도 그의 몸짓은 이제 모든 정직한 사람들이 잘 시간이라는 것을 의미하는 것인지도 모른다.

17. 해안 무속

9월 9일

해뜰녘에 우리는 같은 마을에 상륙해서 전처럼 그곳이 황폐하다는 것을 발견했다. 우리는 그곳을 떠나 2~3명의 한국인을 데리고 섬의 가장 높은 꼭대기로 올라갔다. 이 한국인들은 우리가 절반 정도까지 올라갈 동안 우리를 방해하지 않았으나, 작은 전나무 숲에서 전에 이것을 본 적이 있다는 시늉을 하자 그들은 우리가 그곳에 들어가려는 것을 막았다.

그러나 우리는 계속해서 올라가 고목나무에 이르자 그 한국인은 무릎을 꿇고 그의 머리를 땅에 숙였다. 그리고 다시 머리를 들더니 그의 손을 맞붙잡고 우리를 숲 쪽으로 밀어붙였다. 이것은 여자들이 숨어 있는 그 방향으로 우리를 더 이상 못 가게 하려는 계책임이 분명했다. 그 동기를 인정하더라도 우리를 저지하고자 종교적인 형태를 보여 주었다는 것이 이상했다.

더욱 주목할 것은 종교적인 지식이나 종교적인 의식을 의미하는 것을 이 해안에서 우리가 보았다는 점이다. 여기에는 사원이나 우상이나 무덤이 없다. 그러나 중국에는 조선의 마을보다 훨씬 적은 곳에도 구석구석에 이러한 것들이 있다. 다른 한국인들은 그 고목을 주목하지 않았다.

고목나무 앞에 엎드렸던 그 사람은 자신의 행동으로 말미암아 우리가 그 나무의 성격에 관해 더 많이 의혹을 품게 된 것을 알고는 일어나 심통스럽게 걸어가 버렸다. 우리가 걸어가는 길에 살진 여섯 마리의 작은 소를 보았는데 그들은 우리가 그들에게 주려는 어떤 것과도 그것을 바꾸려 하지 않았다.

그 밖에 우리가 본 네 발 짐승이라고는 개뿐이었다. 비둘기, 매, 독수리는 있었으나 작은 새들은 거의 없었다. 이곳에는 세계의 어느 곳과 마찬가지로 까마귀가 많았다. 우리는 아침을 먹으려고 배로 돌아왔다가 우리가 있는 곳에서 남동쪽으로 몇 리그 떨어진 곳에 있는 높은 섬으로 소풍을 갔다. 돌아오는 길에 우리는 뭍에 올라 인공 수평기로 태양의 자오 고도를 재보았다.

우리는 그곳의 고도가 북위 34° 22′ 39″라는 것을 확인했고 두 개의 정밀 계기로 측량한 결과 그곳은 동경 126° 2′ 45″라는 것을 알았다.

18. 원주민과의 교류

우리는 섬을 따라 5마일을 지나갔는데 아주 작은 섬을 제외하고는 모든 섬에 사람이 살고 있었다. 마을은 골짜기에 형성되어 있었고 집들은 나무와 울타리에 가려 잘 보이지 않았다. 언덕 옆에는 기장과 콩 종류를 경작하고 있었고 마을 근처의 수많은 조그만 밭에는 여러 종류의 작물들이 자라고 있었다.

우리가 오르기로 한 뾰족한 섬은 가파르고, 길고 거친 풀로 덮여 있어서 바다에서부터 약 6백 피트 솟아 있는 꼭대기까지 올라가는 것은 우리를 매우 지치게 만들었다. 이 고도에서 북동과 동쪽에 한국의 본토를 볼 수 있다. 그러나 시야가 미치는 한 북서쪽에서 돌아 동쪽에서 남쪽으로 이루어진 밀집한 다도해는 매우 아름다웠다.

우리는 그것들을 세어 보려고 했다. 분명하게 분리된 섬들만 세어서 어떤 사람은 그들의 수가 120개나 된다고 했다. 다른 두 사람은 각각 연결된 덩어리의 숫자로 짐작해서 각각 136개와 170개로 이야기했다. 따라서 각각 달리 그 숫자를 정확히 이야기하기는 어려웠다. 그러나 꽤 높기는 하나 중앙이 아닌 지점에서 120개의 섬을 셀 수 있었다. 앞으로 나아가는 1백 마일에 이르는 우리 뱃길에 섬이 많이 있었으나 그보다 많지는 않았다는 것을 고려하면 이 거대한 군도가 어느 정도인지를 상상할 수 있다.

한참 동안 정상에서 다도해의 장면을 즐긴 뒤 우리는 덜 가파른 쪽으로 내려왔다. 우리는 시원한 물이 있는 우물가의 나무 아래에서 우리를 위해 저녁 준비를 하고 있는 선원들을 보았다. 그 우물이 있는 마을은 그렇게 멀리 떨어져 있지 않았다. 그 마을을 살펴보니 한 늙은 여자와 남자 한 사람외에는 마을이 텅텅 비어 있었다. 그 여자는 마을 가운데 있는 돌무더기 위에 앉아 있었는데 우리가 지나가도 전혀 관심을 보이지 않았으며, 그가 너무 수수하게 생겨 우리도 관심을 기울이지 않았다.

남자는 오두막의 문에 앉아 짚신을 만들고 있었다. 우리가 울안으로 들어오는 것을 잠시 올려다보고는 마치 마을 사람이 찾아온 것처럼 침착하게 곧 그의 일을 다시 했다. 단추 하나를 그에게 주자 그는 망설이지 않고 그것을 받았다. 그리고 이내 그는 그의 미완성된 짚신을 단추와 바꾸는 데 동의했다. 이 미완성된 짚신은 그의 곁에 있는 자루에 아무렇게나 담겨 있었는데 그는 우리가 그의 집을 샅샅이 뒤지는 것을 거들떠보지도 않고 짚을 좀 꺼내어 그의 일을 다시 시작했다.

그는 우리가 만난 사람들 가운데에서 호기심을 보이지 않은 유일한 한국 사람이었다. 그는 우리가 머물든 가든 또는 그의 집에서 우리가 무엇을 하는지에 대해 정말 전적으로 무심한 것처럼 보였다. 우리는 그의 무관심이 두려움 때문인지 아니면 전적으로 어리석기 때문인지 알지 못한 채 그와 헤어졌다.

마을에서 배로 돌아오는 길에 우리는 가까운 언덕에 모여 있는 원주민 무리를 보았다. 우리는 몸짓으로 저녁 식사에 그들을 초대하였으나 그들은 움직이지 않았다. 우리가 저녁 식사를 하는 동안 산보하던 선원들이 원주민들과 어울렸다. 몇 분 뒤에 그들은 매우 좋은 친구가 되었다. 원주민들은 곰방대 대신에 선원들이 그들에게 준 궐련을 태웠다. 우리는 이번 항해 동안에 선원들이 장교들보다 훨씬 빨리 원주민들과 친해진다는 것을 주목했다.

이것은 우리의 매너의 차이에 따른 자연스러운 결과인 것처럼 보인다. 원주민을 만나면 우리는 달래고 싶은 마음이 너무 커서 공격적인 것을 피했다. 따라서 우리의 행동은 조심스럽고 경계하는 모습이어서 긴장된 분위기를 풍기고 이것은 그들에게 의심과 우려를 낳게 한다. 그와는 달리 선원들은 생각이 깊지 않고 공격적이지 않으며, 그들의 호의와 꾸미지 않는 솔직함을 다른 사람들이 오해하리라고 의심하지 않는다. 따라서 그들은 편안하고 자유로운 태도를 가지며 이것이 곧 신뢰와 친밀감을 불러일으킨다.

우리가 자리에 앉고 한 시간쯤 지난 뒤 원주민 한 사람이 서둘러 일어서더니 깊이 생각하지 않고 마치 갑작스런 충동을 느낀 것처럼 우리에게 달려내려왔다. 그리고는 전혀 아무런 격식이 없는 방식으로 우리에게 불이 붙은 그의 파이프를 피우라고 주었다.

우리는 가능한 한 친절하게 그가 포도주 한 잔을 들도록 설득했다. 그것을 마시고 나자마자, 그는 "좋다! 좋다!"라고 소리쳤다. 이 소리를 듣자 나머지 사람들이 우리 곁으로 와서 앉아 자유롭게 마시며 매우 유쾌하게 이야기를 나누었다. 그들은 우리가 지적하는 모든 것들의 한국 이름을 말해주었고 반대로 우리의 의복에 대한 영어 이름을 물었다.[13)]

그러나 비록 포도주가 우리가 보아 온 누구보다 이들을 훨씬 사교적이게 만든 것은 사실이지만 그들은 그들 생각의 기본 목표를 결코 잊지 않았다. 그리하여 이따금 우리의 배를 가리키면서 우리가 떠나가기를 암시했다. 해가 지자 그들은 우리가 머무르는 것을 매우 불안하게 여기며 참지 못했다. 그러나 마침내 우리가 그들의 간청에 굴복하자 모든 사람들이 우리를 따라 물 가까이까지 와서 우리들의 떠남에 대한 만족을 가장 생생하게 표시했다.

19. 제주도

9월 10일

오늘 아침 10시쯤에 우리는 닻을 올리고 남쪽으로 내려갔다. 해질녘에 우리는 모든 섬으로부터 벗어나니 이제 남동쪽에 있는 제주도를 알아볼 수 있었다. 우리는 이 해안에 잠시 머물렀다. 주민들과 소통하는 데에 어려움을

---

13) 부록 : "한국어 어휘" 참조.

겪은 것은 정보가 부족하고 의사 소통이 제대로 되지 않았기 때문이었다.

다음의 여행자는 한문을 쓸 수 있는 사람을 데리고 오는 것이 좋겠다. 그리고 인내심을 가지고 있게 일을 처리함으로써 이 비사교적인 사람들이 보여 준 낯선 사람들에 대한 불신을 극복할 여유를 가져야 한다.

우리가 탐사했던 이 해안의 해도는 앞으로의 여행자에게 도움이 되었으면 하는 희망으로 이 책에 추가했다. 아주 황급한 상황에서 작성된 것이기 때문에 이 책은 틀림없이 불완전할 것이다. 그러나 지금까지 발행된 어떤 지도나 해도보다 더욱 정확하다는 것이 밝혀질 것이다.

조선의 서해안 주민들에게서 전해 들은 단어들[1)]

English	Corean
No	Poodong(不同)
Water	Bool(Mool/물)
A pipe	Dewton(대통)
Hair	Bodee(Merri/머리)
Eyes	Doon(Noon/눈)
Mouth	Jeep(Ip/입)
Nose	Ko(코)
Hand	So-an(손)
Bread	Shee-om(수염)
Tongue	Chay(Hyee/수염)
Ear	Quee(귀)

1) 이 부분에 관한 연구서로서는 이응호, "Hall의 "Words Obtained from the Inhabitants of the West Coast of Corea"에 대하여", 『명지어문학』(9) : 무돌 김선기 교수 고희기념호, 별책(서울 : 명지대학교 국어국문학과, 1977), pp. 29~48이 있다. 이 부분은 이응호의 글을 참조했다.

Teeth	Jee(Ee/이)
*Tree	Phang na moo(팽나무)
*Grass	Phee(피/稷)
*Good	Hota(Jota/좋다)
*Earth	k,hool(Hurk/흙)
*Knife	kuhl(칼)
Jacket	Chouksa(적삼)
Trowsers	Choongay(중의)
Shoe	Po schien(버선)
Stocking, or boots	Hung inn(행전)
Tabacco	Samb-jee(쌈지)
Rice(food) pouch	Pa-ap(밥)
Fan	Pootsa(부채)
Strove	Tok(독)
White hat	Pan-a-ee(패랭이)
Black hat	Kat(갓)
A Cock	Tac(닭)

* 표가 있는 5개의 단어에는 h의 발음이 너무도 강렬하여 우리로서는 원주민이 만족할 만큼 발음할 수 없었다.

조선어는 대체로 듣기에 나쁘지 않으며, 거친 중국 발음이 포함되어 있지 않다. 원주민들은 영어를 따라서 발음하는 데 매우 탁월한 기능을 가지고 있다. 그들의 목소리는 대체로 저음이다.

역주자 참고문헌

『구한말조약휘찬』(상 · 중 · 하)(서울 : 국회도서관 입법조사국, 1964~1965)

『기독교대백과사전』(서울 : 기독교문사, 1983)

金良善, 「빠실 홀의 한국항해기(抄譯)」, 『불기둥』(19)(서울 : 해병대사령부, 1959)

金源模, 『근대 한미관계사 : 한미전쟁론』(서울 : 철학과 현실사, 1992)

文一平, 『湖岩全集』(서울 : 韓光社, 1945)

朴大憲, 『서양인이 본 조선』(서울 : 壺山房, 1996)

『세계인명대사전』(서울 : 문공사, 1973)

『세계지도』(서울 : 서문당, 1980)

신복룡(역주), 『조선견문기』(집문당, 1999); H. N. Allen, Things Korean(New York : Fleming H. Revel Co, 1908)

신복룡(역주), 『대한제국멸망사』(서울 : 집문당, 1999; H. B. Hulbert, The Passing of Korea(London : William Heinemann Co, 1906)

이병도(역주), 『하멜표류기』(서울 : 일조각, 1954)

정기서(역), 『조선교회사서론』(서울 : 탐구당, 1966; Charles Dallet, Histoire de L'Eglise de Corée(Paris : Victor Palme, 1874)

이선근, 『한국사 : 최근세편 · 현대편』(서울 : 을유문화사, 1961)

이응호, 「Hall의 "Words Obtained from the Inhabitants of the West Coast of Corea"에 대하여」, 『명지어문학(9) : 무돌 김선기 교수 기념호 : 별책』(서울 : 명지대학교 국어국문학과, 1977)

이지호(외)편, 『표준지리부도』(서울 : 삼화출판사, 1968)

이홍직, 『국사대사전』(서울 : 지문각, 1965)

『조선왕조실록』

『한국인명대사전』(서울 : 신구문화사, 1967)

『한국학대백과사전』(서울 : 을유문화사, 1972)

Atlas of the Encyclopaedia Britannica(Chicago : The University of Chicago Press, 1963)

Barhart, Clarence L.(ed), *The New Century Cyclopedia of Names* (New York : Appleton-Century-Crofts, Inc., 1954)

Critical Dictionary of English Literature and British and American Authors, Vol. 1(Philadelphia and London : J. B. Lippincott Co., 1897)

Encyclopedia Britannica(Chicago : The University of Chicago, 1963)

McCune, Geroge M. and Harrison, John A.(ed), *Korean-American Relations*. Vol. I (Berkeley and Los Angeles : The University of California Press, 1951)

McGraw-Hill International Atlas(New York : McGraw-Hill, 1963)

Palmer, Spencer J.(ed.), Korean-American Relations, Vol. 2. (Berkeley and Los Angeles : The University of California Press, 1963)

Stephen, L. & S. Lee(ed.), The Dictionary of National Biography (London : Oxford University Press, 1937~1938)

Webster's Biographical Dictionary(Springfield : G. and C. Merriam Co, 1951)

Who Was Who : 1929~1940(London, Adam and Charles Black)

Who Was Who among English and European Authors : 1931~1949, Vol. 1(Detroit : Gale Research Co. Book Tower, 1978)

역주자 **최수근(崔水根)**

건국대학교 정치외교학과 졸업 · 동 대학원 수료(정치학석사)

동 대학원 정치학과 박사과정 수료, 도미 유학

역주자 **김운경(金雲卿)**

서울 출생/ 건국대학교 독어독문학과 및 동대학원 석사과정 수료/ 독일 마인츠(Mainz)대학교 언어학과 수학/ 숭실대학교 독어독문학과 박사과정수료(문학박사)/ 독일 프랑크푸르트 한국학교 교감 역임/ 주간신문 유로저널 독일지사장 역임/ YTN 독일 리포터(現)/ KTV 국민기자(現)

역주자 **정성자(鄭聖子)**

건국대학교 정치외교학과 졸업

서울대학교 대학원 국민윤리학과 석사과정 수료

건국대학교 정치학과 박사과정 수료(정치학박사)

건국대학교 강사

역주자 **신복룡(申福龍)**

충북 괴산 출생/ 건국대학교 정치외교학과 · 동 대학원 수료(정치학박사)/ 고등고시위원 역임/ 건국대학교 정치외교학과 교수 역임/ 미국 Georgetown 대학교 객원 교수 역임/ 건국대학교 중앙도서관장 · 대학원장 역임/ 한국정치외교사학회 회장 역임/ 건국대학교 정치외교학과 석좌교수 역임

저서 및 역서

저서

『한말 개화사상연구』(평민사, 1987)/ 『전봉준평전』(지식산업사, 1996)/ 『한국분단사 연구 : 1943-1953』(한울, 2001, 한국정치학회 저술상 수상)/ 『한국사 새로보기』(풀빛, 2001)/ 『이방인이 본 조선 다시 읽기』(풀빛, 2002)/ 『한국정치사』(박영사, 2003)/ 『대동단실기』(선인, 2004)/ 『동학사상과 갑오농민혁명』(선인, 2006)/ 『서재 채워드릴까요?』(철학과 현실사, 2006)/ *The Politics of Separation of the Korean Peninsula 1943-1953*(Edison, NJ : Jimoondang International & Seoul : Jimoondang, 2008)/ 『한국정치사상사』(지식산업사, 2011, 한국정치학회 인재상(仁齋賞) 수상)/ 『해방정국의 풍경』(지식산업사, 2016) 외 다수

역서

『민족자결주의』(A. Cobban, *National Self-Determination*, 1968 : 共)/ 『외교론』(H. Nicolson, *Diplomacy*, 1979)/ 『군주론』(N. Machiavelli, *The Prince*, 1980)/ 『칼 마르크스』(I. Berlin, *Karl Marx*, 1982)/ 『공산주의 간부 제도 연구』(Cho Jaekwan, *A Comparative Analysis of the Communist Cadre System*, 1985)/ 『모택동자전』(E. Snow, *Red Star over China : Genesis of A Communist*, 1985)/ 『데니의 생애와 활동』(R. Swartout, *O. N. Denny and the International Rivalries in Korea*, 1988 : 共)/ 『묵시록의 4기사』(E. Penchef, *Four Horsemen : Pollution, Poverty, Famine, Violence*, 1988)/ 『한국분단보고서』(1992 : 共)/ 『현대정치사상』(L. P. Baradat, *Political Ideologies*, 1995 : 共)/ 『정치권력론』(C. E. Merriam, *Political Power*, 2006)/ 『入唐求法巡禮行記』(2007)/ 『林董祕密回顧錄』(2007 : 共)/ 『한말외국인기록』 전 23권 외 다수